여래장과 불성

시모다 마사히로 외 저
김성철 역

씨아이알

SERIES DAIJŌ BUKKYŌ 8 - NYORAIZŌ TO BUSSHŌ
Supervised by TAKASAKI Jikidō
Compiled by KATSURA Shōryū, SAITŌ Akira, SHIMODA Masahiro, SUEKI Fumihiko

Originally published in Japan by Shunjusha Publishing Company
Korean translation rights arranged with Shunjusha Publishing Company
through BESTUN KOREA AGENCY

이 책은 2007년 한국정부(교육과학기술부)의 재원에 의하여 한국연구재단의 지원을 받아서 간행된 출판물입니다. (NRF-2007-361-AM0046)

머리말

이 시리즈 제8권은 인도, 티베트, 동아시아 여러 지역의 여래장사상·불성사상을 주제로 한 논문 여덟 편을 싣고 있다. 여래장·불성이라는 두 술어를 통해 불교가 표명하고자 하는 것은 모든 중생이 붓다가 될 존재라는 사실 하나가 전부다. 그 의미에서 양자는 완전히 동일한 사상이다. 다만 이 두 개념은 동아시아에서는 독자의 뉘앙스를 띠는 일이 있다. 그 의의를 확보하기 위해 양자를 병렬해서 이 책의 제목으로 삼았다.

여래장·불성사상은 인도대승불교사상의 한 완성 형태로서 밀교에 가교를 놓는 사상사적 위치를 차지한다. 이러한 완성기에 있는 사상은 그 이전 불교사상의 긴 역사의 변천을 포섭하고 있기 때문에 상반하는 극성을 내부에 품고 있다. 환언하면, 여래장사상은 다른 극성을 띤 불교사상의 여러 개념이 해석의 노력에 의해 높은 차원의 평형상태에 놓여 있는 것으로서 성립하고 있다. 이러한 긴장관계를 내포하는 사상을 연구대상으로 하는 경우, 존재하는 극성 한 쪽을 선택하면 같은 사상이 전혀 다른 양상을 노정하는 경우가 있다. 이러한 문제는 사상이 소박한 단계에 있을 때, 곧 '원시불교' 단계에서는 일어날 수 없다. 하나의 개념을 깊이 파고 들어, 그 내부에 자기 모순인 방향의 요소가 발견되는 곳까지 도달할 때, 비로소 불가피하게 나타난다. 그렇게 깊이 파고들어가는 하나의 개념이란 '불' '여래'다.

단일차원의 언어에 의해 정의 가능한 소박한 개념을 대상으로 하는 경우와는 달리, 몇 가지 개념으로 이루어진 구조를 내포하는, 곧 자기 자신이 작은 체계인 고도의 개념을 대상으로 하는 연구는 그 자체가 대립하는 견해를 산출하는 원천도

된다. 여래장사상은 그 대표적 사례다. 근대가 되면서, 서양철학에 대항할 수 있는 사상으로서 일본과 중국 양쪽에서 『대승기신론』의 여래장사상이 요구되고, 특히 중국에서는 신해혁명 일부 지도자들의 이론적 지주까지 되었다.

한편, 역사주의가 불교연구방법의 주류가 되고 '원시불교'의 이념이 강고하게 되면서, 여래장사상은 거기에서 일탈한 사상으로서 학자의 비판에 노출되기 시작했다. 중국의 '세간불교' 흐름에 선 연구자들에게 나타난 비판은 시간과 장소를 바꾸어 일본에서 비판불교로 출현했다. 거슬러 올라가면 티베트의 불교사상사에서도 마찬가지 평가와 비판을 확인할 수 있다.

이것은 여래장사상이 자기의 내부에 이반하는 요소를 품은 잠재적인 운동체인 것을 보여주는 것이고, 이 사상을 둘러싸고 학계에 나타난 다양한 논의는 이 운동이 때때로 현재화 한 것일 뿐이다. 지금 학계에 요구되고 있는 것은 이러한 사태를 객관적으로 분석하고, 논의의 치우침을 적절히 보정하면서 불교사상 연구의 심화에 기여하는 것이다.

이 요구는 지금 한층 절실하게 되고 있다. 최근 여래장·불성사상은 인도불교, 티베트불교 사상연구 분야에서 연구가 급속히 진전하고, 일찍이 없었던 형태로 새로 주목받고 있기 때문이다. 여기서 명확해 지고 있는 것은 중관과 유식에 필적하는 해석학으로서 깊이를 가진 여래장사상의 의의다. 이 책은 이러한 현재 학계의 사정을 수용하여 국내외 최신 연구 성과에 기초하면서, 불교사상에서 여래장사상이 가진 의의를 가능한 한 망라적으로 소개하는 것을 목적으로 한다.

제1장은 이 책 전체의 서론 역할을 목표로 방금 서술한 여래장사상 연구 의의를 그 성립지인 인도불교를 대상으로 하면서, 불과 법을 둘러싼 동일성과 차이성이라

는 과제에 초점을 맞추어 넓은 시야에서 조망하고자 한다. 일견 중생론으로 보이는 여래장사상이 실은 붓다론으로 일관하고 있는 것, 그 사상적 의의는 종교사상 일반에서 구제론이나 변신론으로 평가할 수 있는 것, 이 사상의 성립에는 사상적으로 심화한 서사경전으로서 대승경전의 존재가 깊이 관련해 있는 것 등을 최신 성과에 기반하여 논하고 있다.

제2장은 이제까지 여래장사상 출현의 기원이라고 간주되어 온『여래장경』의 형성과정을 면밀히 재고증한다. 그 결과, 이 경전에서 여래장이라는 개념은 시대를 내려와 부가된 이차적인 것이고, 따라서 이 경전이 여래장 개념을 낳은 부모는 아님을 논하고 있다. 그 중에서도 여래장의 '장'이라는 개념을 면밀히 검토하고, 태아라는 의미를 기본적으로 거부하는데 이르렀다. 여래장사상의 기원 재고를 촉구하는 논문이다.

제3장은 불성사상을 선언한 경전으로 이름 높은『열반경』을 산스크리트어 단편의 상세한 해독 결과로부터 다시 파악하고자 한다. 특히 이 경전의 명칭이『대반열반대경 *Mahāparinirvāṇa-mahāsūtra*』이고, 부파불교에 공통하는 '대경'이라는 카테고리에 포함된다는 새로운 지적은 여래장사상과 부파불교의 관계를 생각할 때 중요하다.

『열반경』은 적어도 대승경전 편찬에 영향을 주면서, 자신도 다른 경전으로부터 영향을 받아 편찬되었을 가능성이 있다. 제4장은 이러한 대승경전 편찬과정에 관한 중요한 문제를 다룬다.『열반경』제1류,『대운경』『열반경』제2류,『앙굴마라경』『대법고경』의 상호 영향 관계를 원문의 비교 분석을 통해 명확히 하고, 개별경전으로서 뿐 아니라 경전군으로서 대승경전의 편찬 문제를 고찰해야 할 것을 논한다. 스티븐 호지 Stephen Hodge나 마이클 래디치 Michael Radich의 최신 연구에도 영향을 준 주목할 만한 내용을 포함한 장이다.

제5장은 여래장사상의 골격을 이루는 『보성론』 사상과 그것을 둘러싼 해석학적 논의의 전개를 간단하면서도 요령있는 논술로 명확히 한다. 방대한 연구사에서 여래장사상을 이해하기 위한 테마를 적절히 선택하고 사계의 동서 양대 석학인 다카사키 지키도 高崎直道와 데이빗 세이포트 루엑 David Seyfort Ruegg의 업적에 기반하면서 새로운 성과를 가미하여 더 진전된 내용을 논하는 이 장은, 인도·티베트 여래장사상사에 대한 현재 고려할 수 있는 최고의 연구 서론이다.

여래장사상의 의의를 부정적 측면에서 철저히 논하여, 불교학계에 큰 충격을 준 여러 논문을 모아 『연기와 공 縁起と空』이라는 제목으로 출판한 것이 4반세기 정도 이전이다. 제6장은 일본뿐 아니라 동아시아 불교학계에 큰 영향을 준 이른바 비판불교 입장에 선 여래장사상 비판이고, 여래장사상을 고찰할 때 현재도 중요한 논문이다. 여래장·불성이라는 말의 이해에 대해 모호함을 허용하지 않는 논자의 자세는 모순하는 요소를 내포한 개념을 더 정확히 파악하는데 시금석으로 작용할 것이다.

제7장과 제8장은 중국과 한국에서 전개한 여래장·불성사상을 다룬다. 인도에서 동아시아에 전해진 여래장·불성사상은 『열반경』 『불성론』 『대승기신론』이라는 세 불전을 근거로 한 것이었다. 그 중에서도 일본에 이르기까지 불교사상을 고려했을 때 『열반경』의 영향은 절대적인 면이 있다. 제7장은 중국에서 이 『열반경』이 동진 이래 어떻게 수용되고 전승되어 왔는가를 '열반종'의 성쇠를 개관하면서 명확히 하고 있다. 불성의 존재와 그 의의를 둘러싼 논의에는 불교 교리체계 전체의 문제, 나아가서는 관련한 중국사상의 문제가 항상 반영되어 있다. 『열반경』 수용의

역사는 그 자신이 하나의 불교사고, 중국사상과 교섭사이기도 하다.

제8장은 번뇌장과 소지장이라는 두 가지 번뇌의 해석을 둘러싼 사상의 변천을 고찰하여, 중국에서 한국으로 전개한 유식사상과 여래장사상의 중요한 상위점을 밝힌다. 정영사 혜원, 천태 지의, 현장, 그리고 원효와 중국의 북조, 수, 당, 신라의 불교학을 형성한 사상사의 해석을 면밀히 비추어 봄으로써 두 사상의 상위를 명확히 하면서, 원효 사상의 독자성을 부감하고 있다.

여래장사상 연구는 '원시불교'를 구해 자료를 취사선별해 가는 태도와는 달리, 모든 자료를 포괄적으로 고찰대상으로 하는 불교사상연구 방법으로서, 최근 반세기 정도 사이에 불교학의 새로운 지평을 열어왔다. 그 중에서도 다카사키 지키도 박사의 공헌을 절대적이었다. 여기에 최신 성과가 국내외에서 집약되자, 박사의 존재 없이는 여래장·불성사상의 연구는 성립할 수 없었음을 새삼스레 간절히 실감한다. 이 시리즈의 전신인 '강좌대승불교'의 편자로서 홀로 '시리즈 대승불교' 감수를 맡은 다카사키 박사는 지난 5월 돌아올 수 없는 사람이 되셨다. 이제 이 시리즈의 완결을 다카사키 지키도 박사에게 삼가 고함과 더불어, 다하지 않는 학은에 만강滿腔의 감사를 담아 이 책을 박사께 바치고자 한다.

2013년 음력 섣달

시모다 마사히로

목

차

제8장 번뇌와 인식을 획정하다 – 유식과 여래장에서 2장설의 기원

A. 찰스 뮐러(요시무라 마코토 일역)

제1장

여래장·불성사상의 새로운 이해를 향해

시모다 마사히로

1.
여래장사상 연구 서설로서

1) 이 장의 목적

고통스런 현실의 밑바닥에 침잠하여 어디서도 출구를 찾지 못하는 범부가 예외 없이 붓다가 될 존재라는 것을 붓다의 시점에서 밝혀낸 사상, 그것이 여래장사상이고 불성사상이다. 여래장 혹은 불성이라는 개념은 최신 연구에 따르면 아마도 기원후 2세기경 『대반열반경』(*Mahāparinirvāṇa-mahāsūtra* 이하 『열반경』)을 효시로 하는, 몇몇 대승경전에서 등장했다고 간주된다. 그 후 이들 개념은 미혹이나 깨달음에 관한 불교사상의 여러 주제를 흡수하면서, 불교 구제론 soteriology 혹은 변신론 theodicy이라고 해야 할 체계적 사상으로서 『보성론』에서 완성되었다. 이 장은 이 『보성론』의 여래장·불성 이해를 고찰의 중심에 놓고, 그 사상의 성립에 불가결한 여러 개념과 그 상호 관계를 밝히고 여래장사상의 개요를 파악하고자 한다.

『보성론』을 중심으로 하는 여래장사상에 대해서는 일본에서 다카사키 지키도 高崎直道의 불멸의 업적이 존재한다. 2010년에 완결한 『다카사키 지키도 저작집 高崎直道著作集』(春秋社) 전9권 중 족히 3분의 2를 여래장사상의 형성과정과 불교사상사에서 의의에 대한 정치한 문헌 연구가 차지하고 있다. 최근 인도·티베트불교 분야에서 여래장사상은 급속히 연구가 깊어지고, 장래에 이 사상의 풍경은 크게 변해갈 가능성이 있다. 그러한 가운데서도 반세기 이상 쌓아올린 이 장대한 규모의 업적은 이후에도 오래도록 연구의 귀감이 될 것임에 틀림없다.

이 다카사키의 연구 성과에 의거하여 서술하는 이 장이 새롭게 기여할 것이 있다면, 최신 연구 성과를 소개하면서 몇 가지 이해의 수정을 더하는 것이다. 그것은 첫째 여래장·불성을 여래·불이라는 개념을 중심으로 더 명확히 하는 것, 둘째 사상적으로 심화한 서사경전으로서 대승경전의 출현이라는 새로운 대승불교 기원론 관점에서 여래장사상의 형성 과정을 다시 보는 것, 셋째 그 사상의 의의를 종교사상 일반의 문맥에 놓고 구제론과 변신론이라는 관점에서 재평가하는 것이다.

약간 결론을 미리 제시해 보자. 이미 미혹이나 고뇌에서 해방되어 진리가 실현된 입장에서, 아직 미혹이나 고뇌 안에 있는 자들의 깨달음이나 구제의 완성을 밝히는 것이 여래장사상이다. 이 여래장사상은 시간을 넘은 절대적 진리가 역사적·인격적인 차원에 어떻게 나타나는가를 과제로 하는, 넓은 의미에서 구제론 혹은 변신론이라는 특징을 갖고 있다. 이 술어들은 창조신을 세우는 유대교나 기독교 신학에 연원을 두고 있다. 따라서 단어의 적용에 대해서는 신중을 기할 필요가 있다. 다만 이 단어들을 적용한다면, 대승불교 성숙기에 출현하여 다양한 관계 개념을 끌어들이면서 중생과 붓다의 관계를 체계화한 여래장사상의 의의를 적절히 평가하는데 크게 도움 받을 수 있다.

실제 근대 불교학계에서 여래장사상을 처음으로 소개한 오버밀러 E. Obermiller는 『보성론』에 담긴 사상을 '구제 salvation에 관한 대승의 궁극학'이라고 이름하고 (Obermiller 1931), 인도와 티베트에서 여래장사상의 장대한 체계를 재현한 루엑 D. S. Ruegg(1973)은 그 대저의 부제를 '불교 구제론 sotériologie과 인식론 gnoséologie'이라고 했다. 특히 현재 래디치 M. Radich가 여래장사상의 연원을 『열반경』에서 구하고,

'kathaphatic gnostic docetism'(긍정 인식론적 붓다 가현론)이라고 명명하고 이 사상의 해명을 진행하고 있는 것은 이러한 관점에서 여래장사상 파악의 중요성을 새롭게 인식시키는 것이다(Radich 근간).

2) 세계의 이원성과 존재 차원의 전환

이러한 방향성을 가지고 여래장사상을 해명하고자 하는 이 장은 인도불교사 문맥에 들어가기 전에, 모든 종교에서 예외 없이 보이는 단순하고 명백한 사실을 확인하는 것에서 출발하고자 한다. 그 사실이란 여래장사상을 포함해 불교사상이나 종교사상 일반에서, 구제론이 세계의 양상을 인간의 왕국과 신의 왕국, 차안과 피안, 윤회와 열반 등 상대·유한·무상의 세계와 절대·무한·영원의 세계라는 이원적인 것으로 파악하고, 그 위에 양자를 통합적으로 보는 관점을 갖고 있다는 것이다.

전자의 양상에서 후자의 양상으로 이행하는 것은 결코 연속적이지 않다. 그것은 여러 가지 조건을 정비해 성취하는 회심 혹은 깨달음이라고 하는, 존재 차원의 전환이라고도 해야 할 사건을 필요로 한다. 개인 안에서 일어나는 이 경험은 단층으로만 보였던 세계의 양상을 일변하고, 그 때까지 숨어있던 세계의 새로운 면을 드러낸다. 종교에서 다양한 회심 차원의 연구가 보여주듯이, 이 전환을 거쳐 나타난 세계는 청정하게 빛나고, 평온과 자비로 가득 차 있다. 종교가 설하는 것은 세계의 이원성의 자각이고, 전자에서 후자로 생의 차원을 전환하는 것이다.

종교에서 이 같은 경험의 의의를 해명한 연구 중에 윌리암 제임스 William James의

『종교적 경험의 다양성』은 출판에서 백년 이상이 지난 오늘날에도, 종교연구의 고전으로 변하지 않는 광채를 계속 발하고 있다. 철학과 종교학의 노벨상이라고도 해야 할 에딘버러 대학의 기포드 강의를 19세기에서 20세기 이행기에 행했던 제임스는 유럽 사상가들의 시선을 처음으로 아메리카 대륙에 주목시킨 심리학자다. 앙리 베르그송Henri-Louis Bergson의 철학과 찰스 샌더스 퍼스Charles Sanders Peirce의 실용주의에 큰 영향을 준 이 사상가는, 종교를 무엇보다 개인의 정서나 감정이 관련된 종교 체험의 문제로 파악해야 함과, 많은 연구자들이 관심의 중심으로 하는 신학적 교리나 교회제도는 2차적인 산물에 지나지 않음을 비할 바 없는 분석력과 표현력으로 보여주었다.

『종교적 경험의 다양성』에서 제임스는 회심을 경험한 사람에게 발생하는 특성, 곧 성스러움saintliness이 가진 마음 상태와 그것이 생활에 가져오는 결과를 대략 이하와 같이 정리하고 있다.

> 회심을 경험한 사람에게는 첫째, 이기적이고 좁은 이해관계로 이루어지는 이 세상의 생활보다 훨씬 넓은 생활 안에 있고, 이상적 힘의 존재를 지적으로뿐 아니라 감각적으로 실감하고 있다는 확신이 생긴다. 둘째, 이상적 힘과 사람의 생명 사이에는 어떤 친밀한 연속성이 있고, 그 힘의 지배에 적극적으로 자기를 맡기고자 하는 의지가 생긴다. 셋째, 폐쇄적인 자아의 껍질이 녹아 가는데 따라 정신이 무한히 높아져 자유가 되었다는 감각이 나타난다. 넷째, 감정의 중심이 조화있는 사랑의 감정으로 이행하고, 비자아가 주장하는 여러 요구에 대해 무조건 긍정하는 의식이 발생한다.
>
> 이러한 마음 상태가 생활세계에 가져오는 결과는 첫째, 자기희생을 즐기는 금욕

주의다. 둘째, 지복의 평인과 공존하는 견인불발의 정신성이다. 셋째, 세속의 오염이나 관능적 요소로부터 몸을 깨끗이 하겠다고 원하는 순수성이다. 넷째, 원수도 사랑하는, 자애로 가득 찬 의식의 확대다(James 1990: 249-251, ジェイムズ 1970: 29-32).

생의 차원 전환이라는 경험에 의해 한 사람의 인격 안에 실현된 이들 여러 특성은 대승불교에서 6바라밀로 집약되는 보살의 특성과 그대로 겹친다. 여래장사상을 설하는 여러 경전을 포함해 많은 대승경전이 이러한 기술을 얼마나 풍부하게 포함하고 있는지는 일부러 언급할 필요도 없을 것이다. 개인의 몸에 일어난 종교적 경험이라는 주제에 착목했을 때, 여래장사상 혹은 대승불교사상 일반은 세계관이 일변하는 회심 체험과 공통의 지평을 갖고 있다.

3) 종교 경험 연구를 참조하는 의의

제임스의 연구를 인용하여 이상을 확인한 것에는 두 가지 이유가 있다. 첫째, 이미 미혹이나 고뇌에서 해방되어 궁극적 이상을 실현한 차원에서, 아직 고뇌와 미혹에 묶여 있는 자에게 깨달음이나 구제의 완성을 밝히는 여래장사상을 세계의 이원적 양상을 전제 하지 않고 단순히 현실을 긍정하는 일원론으로 해석해 버리면, 그것은 수행의 존재 의의를 무화하고, 해결해야 할 문제를 은폐하는 강압적 이론이 되기 쉽기 때문이다. 실재 하카마야(袴谷 1989)나 마츠모토(松本 1989)가 대표하는 비판불교 입장에서는 여래장사상이 이러한 세속 일원론으로 이해되어 왔다.

그러나 윤회와 열반, 차안과 피안 등 이원 구조로 제시되는 세계의 양상은 모든 종교의 전제다. 세속을 그대로 긍정하는 것이라면 처음부터 종교가 존재할 이유는 없다. 모든 종교가 각자의 구제론에서 제시하는 것은 첫째, 일원적으로 보였던 세계의 이원성의 자각이고, 둘째, 양자 사이에 있는 간격과 차이의 해석과 회복이다. 간격이나 차이가 발견되었을 때, 그 발견 과정과 상응하는 형태로 양자의 관계를 해석하여 회복하고자 하는 노력이 발생한다. 이 차이 회복 행위는 차이의 무화가 아니다. 일견 사라지는 듯 보여도, 그것은 차이가 동일차원에서 소실한 것이 아니라 더 높은 차원에서 지양되어 존재하고 있다.

이제까지 여래장사상을 둘러싼 논의에서는 이러한 차이의 발견과 지양의 과정이라는 사상연구에서 중요한 과제를 고려하지 않았다. 이것은 근대불교학에서 적지 않은 사상연구가 모든 사상에 보편적으로 타당한 일원적 논리의 추구에 전념한 나머지, 이원적 세계의 양상이라는 종교의 전제를 간과하고, 결과적으로 세속 일원적 입장에 빠져버렸기 때문이다. 여기서는 불교사상사의 성숙기에 나타난 여래장사상에 내재하는 동일성과 차이성을 둘러싼 문제는 해명할 수 없다.

종교의 회심 체험의 예에서 논의를 시작한 두 번째 이유는 구제론적 내실을 품고 있는 여래장사상의 고찰에서는 지적 행위뿐 아니라, 감정을 포함한 종교적 경험까지 고려할 때 비로소 완전한 의의가 드러나기 때문이다. 회심이나 깨달음에서 확인되는 의식 차원의 전환은 성스러운 덕성의 특징에서 보이듯이 지적 요소보다 감정 요소 쪽이 훨씬 큰 역할을 수행한다. 세계의 이원적 양상을 확신하는 것은 윤리적 지성이기보다 정서를 포함한 전체적 의식 쪽이다.

그렇다고는 하지만, 주관적 영역에 속하는 감정이나 정서라는 문제를 객관적 학문의 장으로 가져오는 것은 연구방법으로서는 매우 어렵다. 이 영역에 준비 없이 들어가면 설령 취지로서는 정곡을 찌른 주장이라 해도, 개인의 감상적 언설 영역에 빠져버리고, 연구에서 가장 중요한 객관성을 확보할 수 없게 된다. 이 실패의 예는 적지 않다. 그런 가운데 방대한 피험자의 언설과 그 배후에 있는 의식의 흐름을 깊은 의학과 심리학 지식에 뒷받침된 냉정한 지견으로 섬세하고 선명히 분석하여, 연구자에게 이용 가능한 형태로 제공한 제임스의 연구는 보기 드문 성과다.

4) 종교 경험의 지평에서 본 여래장사상의 의의

여러 종교의 장대한 교리적 철학체계가 지적 호기심을 만족시키려는 목적에서 생산되었을 리는 없다. 원래 그것은 개인의 몸에서 실증된 현실적 사건에서 탄생하고, 이윽고 지적 관심의 영역으로 전달되는 과정을 거치고 있다. 여래장사상이라는 체계를 고찰할 때, 이 점을 염두에 두는 것은 중요하다. 종교에서 철학적 체계나 신학의 존재 의의에 대해 제임스는 이렇게 말하고 있다.

> 내가 [종교의] 신학적 형식 formula을 이차적 산물이라고 말할 때는 다음을 의미한다. 곧 종교적 정서라는 것이 일찍이 전혀 존재했던 적이 없는 세계에서 처음부터 철학적 신학 등이 형태를 가졌는지가 의심스럽다는 것이다. 한편에서는 내적 불행과 행복의 요구 및 다른 한편에서는 신비적인 정서와 분리된, 우주에 대한 무감동적이고 지적인 숙고가 과연 우리가 지금 갖고 있는 종교철학으로 결실을 맺었는지 나는 의심스럽다(James 1990: 388, ジェイムズ 1970: 261. 이하 본고에서 원저서의

번역문은 모두 역서를 참고하면서 필자가 적절히 교정한 것이고 문자 그대로의 인용은 아니다).

일반적으로 연구자는 주지주의적 경향이 강하다. 그 때문에 종교적 대상을 논리적 이성이라는 자원에 의해서만, 곧 주관을 섞지 않은 여러 사실에서 엄격한 추론을 끌어내는 과정에 의해서만 재구성하고자 한다. 거기에 선 철학체계에는 논리적 정합성은 존재해도, 신앙자의 경험적 현실이 들어있지 않다.

여래장사상 비판에서 이 경향이 현저하다. 논자들은 여래장이나 불성이라는 해방 혹은 구제 원리의 존재로부터 논리적·필연적으로 현실긍정, 수행무화, 차별은폐가 도출된다는 논리의 정합성 확보에는 힘을 기울인다. 한편 무겁게 응고한 고뇌에서 해방이라는 절실한 요구와 그것이 실현될 때 지복에 가득 찬 자유라는, 종교사상 탄생의 핵인 개인의 종교적 감정의 의의는 전혀 고려하지 않는다. 감정이나 의지 문제를 객관적 학문인 불교학의 대상으로 하는 것 등은 논외라고 생각하고 있을 것이다. 이러한 자세는 다마키 요시지로 玉城康四郎 같은 주의주의적 입장에서 불교를 해명하고자 하는 연구에 대한 마츠모토(松本 1989)의 엄격한 비판에 나타나 있다.

그러나 여래장사상에서 구제론적 특징을 제거해 버리면 그 존재 의의는 거의 없어지고 만다. 개인에게 고뇌로부터 해방의 열쇠는 지성이 미치지 못하는 감정층이 쥐고 있다.

우리가 책임을 갖고 관심을 기울여야 할 것은 개인의 운명뿐이다. … (중략) … 개성은 감정에 기반하고 있다. 그리고 감정의 깊은 곳, 곧 성격에서 더 어두운

> 맹목적 층위야말로 사람이 진정한 진실의 생성과정을 취해, 사상이 어떻게 일어나는가, 사건이 어떻게 이루어지는가를 직접 지각하는, 세계 안의 유일한 장소다. 이 생생한, 개인화 한 감정 세계와 비교해 보면 지성이 관상하는 보편화 한 대상 세계란 알맹이도 없고 생명도 없다(James 1990: 448-449, ジェイムズ 1970: 360-362).

모색가능한 방도가 모두 사라졌을 때는 맹목적 층위에 있는, 곧 '안다'고 하는 지성이 미치지 못하는 감정이 그 힘을 부활할 수밖에 없다. 이 층위에서 발하는, 언어 이전의 힘을 알 필요가 있다. 이 점을 시야에 넣는다면, 모든 사람에게 구제 가능성의 존재를 선언하는 종교사상, 일체중생실유불성一切衆生悉有佛性을 설하는 여래장사상이 어떤 특이한 종교사상은 아니라는 사실이 명확해 질 것이다.

> 대부분의 종교적 인간은 단순히 자신뿐 아니라, 신이 현전해 있는 존재자들의 모든 우주가 자비로운 신의 손 안에서 평안히 보호되고 있다는 사실을 믿고 있다. … (중략) … 가령 지옥의 문이 나타나 있다고 해도 이 세상의 사상事象이 아무리 불운하고 불리해 보여도 우리 모두가 구제되어 있는 듯한 감각이, 어떤 차원이 존재하는 것을 그들은 확신하고 있다. 신의 존재는 영원히 유지되어야 할 어떤 이상적 질서가 존재한다는 증거다. … (중략) … 고래의 다양한 이상은 반드시 어딘가 다른 장소에서 훌륭히 성취될 터고, 따라서 신이 존재하는 곳에서는 난파와 붕괴란 절대적이고 궁극적인 사건이 아니다. 신에 관한 신앙의 발걸음을 이와 같이 다시 내디딜 경우만, 그리고 훨씬 먼 미래의 객관적 귀결이 예언될 경우만, 종교는 최초의 직접적·주관적 경험에서 완전히 해방되어 현실적인 가설을 활동시킨다고 나는 생각한다(James 1990: 462, ジェイムズ 1970: 385-386. 강조 원저자).

이 한 구절에서 '신'을 '붓다'와 바꾸면 거의 그대로 여래장사상에 대한 설명이 된다. 이하에서 논하듯이 붓다가 존재하고, 그 본성인 지혜(=자비)가 중생에게 침투해 있기 때문이야말로, 중생은 붓다의 세계에 감싸인 채 안심할 수 있다. 설령 영겁의 과거로부터 번뇌의 어둠에 계속 덮여 있어도 불성·여래장의 존재를 자각한 '모든' 중생들은 이미 그 어둠에서 해방될 힘이 주어져 있다고 알고 있다. 붓다의 존재를 확신하는 것이야말로, 이러한 이상적 질서가 존재한다는 사실의 증거다. '법성dharmatā' 혹은 '법계 dharmadhātu'라 불리는 이 이상적 질서는 아득한 과거로부터 계속 존재해 왔다. 붓다가 존재하는 곳에는, 아무리 먼 미래생이라도 해도, 윤회의 어둠으로부터 해방이 있다는 사실을 의심할 수 없다. 그것은 지금 여기에서 약속되어 있는 것이다. 이 단계에 도달한 사상은 개개인의 한정된 종교경험의 범위를 초월해, 일반적으로 구제론이라고 통하는 가설로서 현실에 기능한다. 여래장사상의 형성 과정을 고찰해 보면 이러한 사태가 명확해질 것이다.

5) 구제론이 의미하는 것

이제까지 여래장사상의 종교적 의의를 이해하기 위한 도입으로서 불교 독자의 문맥을 검토하는 일 없이, 다만 '넓은 의미에서'라는 한정을 붙임으로써 여래장사상을 구제론으로 간주하고 논의를 진행해 왔다. 확실히 자각이나 회심이라고 하는 종교경험을 주제로 하는 연구 성과에 비춰볼 때, 여래장사상은 현실에서 그 존재의 의를 더 선명히 한다. 그렇지만 가르침을 통해 스스로 깨달음에 도달하는 것을 정도로 간주한 불교에서, 구제라는 말을 도입하는 것에 대해서는 신중함이 필요하다. 여기서 다시 불교 내부의 문맥으로 돌아가자.

여래장사상에서 구제의 문제를 다룬 다카사키(2010)는 이 문제해결의 안내역할을 완수해 준다. 먼저 구제라는 말을 도입하는데 대해 다카사키는 다음과 같이 서술하고 있다(이하 인용문의 글자, 구두점에 대해서는 본고의 체재로 통일하고, 줄바꿈은 더러 고려하지 않았다).

> 불교에서 '구제'란 무엇인가. 사람들은 가볍게 깨달음과 구제를 나란히 하지만, '깨달음'이 이른바 불교의 간판으로서, 그 정의나 용법이 명확한데 대해 … (중략) … '구제'는 그 개념 규정이 반드시 명확히 이루어져 있지는 않다. '깨달음'은 무언가를 깨닫는 것이고, 본질적으로 자리적·자력적이지만 '구제'는 누군가를 구하는 것이어서, 구하는 자와 구해지는 자 양자의 존재를 상정한다. 그리고 구하는 것은 이타행이고, 구해지는 자에게는 타력적인 작용이다. … (중략) … 나아가 생각해 보면, 깨달았든 구제되었든 도달하는 곳은 하나고, 그것은 깨닫는다는 사실을 빼고는 생각할 수 없는 불교의 특색이 있다고 할 수 있을 듯하다. 이것은 불·여래의 작용을 자각·각타로 제시하는 것에서 보인다. 구제란 각타 覺他 곧 다른 사람으로 하여금 깨닫게 하는 것이다. … (중략) … 결국 구제의 경우에도 불교는 어디까지나 깨달음의 종교인 것이다(高崎 2010: 292-293).

구제론이라는 말을 불교에 도입할 때, 유의해야 할 기본 사항이 우선은 이 지적에 모두 포함되어 있다. 구제자와 피구제자라는 말에 창조주인 신과 피조물인 사람의 관계를 상정하면, 양자 간의 분리는 문자 그대로 절대적이다. 그래도 불교의 목적지는 중생이 붓다와 같은 깨달음에 이르는 것에 있다. 그 의미에서 양자 사이에 절대적 간격은 없다.

그래도 현실 세계에서 자각·각타의 완전한 작용을 행할 수 있는 자는 붓다로 한정되어 있다. 이렇게 유대교나 기독교의 구제론·변신론에 상당하는 논의가 불교의 독자성을 갖고 전개되기에 이른다.

이 이해를 불교에서 사용된 술어에 따라 확인해 보자. 한역어를 더듬어 보면, 붓다를 가리켜 구세주救世主, 구세자救世者, 구세도사救世導師, 구도자救度者, 구제자救濟者, 구호자救護者 등 구제를 의미하는 다양한 역어가 사용되고 있다(平川彰 編『佛教梵漢大辭典』'救' 항). 그 역어는 다카사키(高崎 2010)의 지적처럼 Trai – trāyate(보호하다)와 Tṝ – tārati/tirati(건너다)의 사역형 tārayati(건너게 하다)라는 두 계통으로 나뉜다.

후자의 사례에서 나미카와(並川 2005)는 유익한 고찰을 하고 있다. 『숫타니파타』를 중심으로 하는 모든 니카야 문헌을 대상으로, 붓다에게 적용된 언사와 불제자에 적용된 언사를 양자의 중첩과 괴리에 주목하면서 정밀하게 조사한 나미카와는, 각각에 고유한 종교적 특성을 도출했다. 그 결과 buddha라는 단어의 역사에서 불교 이전부터 존재한 보통명사 용법이 고타마를 가리키는 고유명사 용법으로 바뀌는 전환점이 존재하고, 그 시점에서 역사적 붓다에게 특유의 종교성이 부여되었다고 한다. 그 특성 중 다른 단어와는 '비교할 수 없을 정도로 주목하지 않으면 안 되는' 것이 '붓다의 구제성'이다. 그것은 '윤회를 건너게 하다'라는 의미에서 사용된 Tṛ(건너다) 동사의 사역형과 그 파생어에서 확인된다. 거기에 '타자를 깨달음의 세계로 안내하는 붓다의 구제 행위'가 있다. 두세 가지 예를 인용해 둔다.

그대는 깨달은 분buddha입니다. 그대는 스승입니다. 그대는 악마를 정복한 성자입니다. 그대는 번뇌의 뿌리를 끊고 스스로 [윤회의 흐름을] 이미 건넜고 tiṇṇa, 이 사람들을 건너게 합니다 tāres' imaṃ pajaṃ(Suttanipāta 545, 571).
그대는 고를 종결시키고 넘어서 완전히 깨달으신 sammāsambuddho 존경할 만한 분입니다. 저는 그대가 누漏를 멸진시킨 분이라고 생각합니다. 고를 소멸시킨 분이시여. 그대는 위광으로 가득하고, 사려 깊고 광대한 지혜를 갖추고, 저를 [윤회의 흐름에서] 건너게 해 주셨습니다 atārasi maṃ(Suttanipāta 539).

최초기 불전부터 인정되는 이와 같은 구제 행위는 이윽고 그 구제자가 제공하는 수단과 밀접한 관계를 갖고 논해지게 된다. 붓다는 어떤 방법으로 중생을 윤회의 흐름에서 피안으로 건너게 하는가. 다카사키는 질문한다.

여래는 어떻게 중생을 피안으로 건너가게 하는가. 기본적으로 그것은 설법에 의한 것이라고 할 수 있다. 널리는 화신 化身 … (중략) … 에 의한 다양한 불업 佛業에 의해 중생을 피안으로 건넨다는, 요컨대 깨달음에 도움을 주는 것이다. 이 여래의 도움을 널리 'adhisthāna 加持'라고 칭한다. 가지는 (지배자로서) 은혜를 베푸는 것을 말한다. 거기서 당연히 중생에게는 없는 초인적 힘이 상정되기 때문에, 'adhisthāna' 자체가 원래 (때로는 '神力'으로 번역되듯이) 그와 같은 지배력을 의미한다. 달리는 또 'anubhāva 威神力'라는 말이 같은 뜻으로 때때로 사용된다. 곧 여래는 그 위신력에 의해 중생을 가지하고, 고통으로부터 해탈시키고, 고통으로부터 보호한다. 이것이 이른바 '구제'라는 것이다(高崎 2010: 294).

가지력이나 화신이라는 교리 용어가 여기서 출현하고 있다. 거기에 새삼스레

'초인적 힘을 상정'하지 않아도 될 것이다. 여기서 묻고 있는 것은 구제를 위한 수단과 붓다의 관계다. 붓다가 중생에게 주는 도움은 무엇보다 가르침이다. 사람들은 붓다의 가르침의 힘, 곧 언어가 된 붓다의 힘에 지지되고, 안내되고, 윤회를 건넌다. 붓다의 가지력이란 붓다가 중생을 지지하는 이 힘을 가리킨다. 다카사키가 구제의 예증으로 이 설명 중에 인용하는 『여래장경』 『화엄경』 「여래성기품」 『승만경』 『능가경』이라는 여래장사상 관계의 여러 경전은 자신의 교설을 모두 붓다의 가지력에 의한 것이라고 설명하고 있다.

붓다의 힘이 나타난 가르침으로서 법은 동시에 붓다 자신의 나타남으로도 파악할 수 있다. 여기서 화신이라는 붓다의 신체를 은유하는 표현이 출현한다. 이 표현이 의미하는 것은 중생 구제에 합당한 형태로 현상세계에 붓다가 현현하는 방법이다. 이 때 과제가 되는 것은 가지력과 마찬가지로 붓다의 구제 행위와 그 수단의 관계다.

소박한 구제의 표현이 시대가 흐름에 따라 합리적 체계로 변해 가는 것은 지적 관심 때문만은 아니다. 깨달음이나 구제에 관한 종교적 감정은 아무리 깊은 것이라고 해도, 잠시성·변이성을 벗어날 수 없다. 이 유동적인 사태를 안정적이고 강고한 것으로 만들기 위해 지성의 힘을 빌려 언어로 고정하고 늘 회귀해야 할 부표로 삼을 수밖에 없다. 이것은 뛰어난 실천적 요청이고, 종교적 정서와 지적 행위는 언제나 상보관계에 있다.

이렇게 보면, 가령 창조주와 피조물이라는 관계는 존재하지 않아도, 그리고 붓다와 중생이 같은 깨달음을 얻는 것을 목적으로 하고 있어도, 바로 그렇기 때문이야말로 불교에는 독자의 구제론이 성립해 있다. 이러한 구제론 성립의 가능성을 인정하는 것은 일신교에 한정되어 있던 구제라는 개념을 더 풍부하게 다시 파악하는, 적극적인 시도가 될 것이다.

6) 붓다 중심의 사상 체계

붓다 buddha와 붓다가 설하는 수단으로서 가르침 dharma이라는 어떤 의미에서는 소박한 양자 관계를 전제로 성립해 있던 불교 구제론은 여래장사상에 이르러 구성이 한층 정치해 진다. 그 한 사례로 붓다와 가르침이라는 양자 관계 안에 진리 dharma라는 주제가 출현하고 진리와 그것을 깨달은 붓다 buddha의 관계, 진리와 가르침의 관계를 새롭게 다시 질문하는 것을 들 수 있다. 가르침과 진리가 모두 법 dharma이라는 같은 단어라는 것에 이 과제가 발생하는 필연성이 있다. 이것을 지적하고 있는 다카사키(高崎 2010)를 보자.

> 불교의 기본 구조는 다음과 같이 요약할 수 있을 것이다. 곧 붓다는 자신이 증득한 법을 다른 사람을 위해 설했다. 붓다가 내성內省을 통해 증득한 그 법이란 연기의 이법이다. 그것은 붓다의 입을 통해 4제 등의 형태로 설명되고 있다. 이 구조에서 불교의 궁극적 가치는 기본적으로는 진리인 법에 있고, 붓다는 사람들이 이해할 수 있는 언어로 진리를 전달한 단순한 매개자에 지나지 않는다. 그러나 종교적 감정에서 보면, 붓다는 최고의 가치고 숭배의 대상이다. 붓다는 사람들이 붓다의 가르침인 법을 통해 깨달음(bodhi 곧 붓다가 되는 것)에 도달한다는 의미에서 법의

교수자이고 실천상의 이상가이기 때문이다. 그리하여 붓다는 3보의 첫 번째고 법은 두 번째에 위치한다. 법이란 붓다의 교계고, 그 권위는 붓다에게 있다고 이해되어 왔다. 그러나 다시 말하면, 붓다의 권위란 붓다가 진리를 밝혔다고 믿는 것에 있고, 이렇게 믿는 것에 붓다는 tathāgata(如來 그와 같이 가고, 그와 같이 온 사람)라 불리고, 진리 혹은 진여와 일체가 된 자tathāgata로 이해되고 있는 것이다(173-174).

여래장사상에서 중심 주제가 되는 이 과제는 시대를 내려와 대승이 되어서 처음 출현했을 리는 없다. 그것은 대승 이전 여러 부파에서 공유된 '범천권청 梵天勸請' 설화에 이미 배태되어 있다. 불전의 중요 요소로서 율장에서 경전까지 널리 인정된 이 설화는 붓다 자신에 의거하고, 다른 힘을 빌리지 않고 증득한 진리로서 법(所證法 adhigama-dharma)과 그것이 언어로서 타자를 향해 개시된 가르침인 교계로서 법(所說法 deśanā-dharma) 사이에 큰 간격이 있는 것, 그것을 붓다 자신이 넘어서지 않으면 안 되었다는 것을 보여주고 있다.

이 에피소드는 지혜와 자비, 명상과 교설이라는 몇 가지 대척 개념으로 고찰해야 할 내용을 포함하고 있다. 여래장사상은 정치해진 붓다 개념을 중심으로 그것들을 체계화 하고, 유대교나 기독교 신학 변신론에 비견할 수 있는 내용으로 고양시켰다. 우선 이 개요를 이해하기 위해 『보성론』이 설하는 것을 보자.

제불의 [본래적 존재 양태로서] 법신dharmakāya은 두 가지라고 이해해야 한다. [첫 번째는] 이 위없이 청정한 [존재와 존재자의 영역인] 법계dharmadhātu고, [그 영역은 다양한 세계를 하나인 것으로 파악하는 지혜인] 무분별지avikalpajñāna가 작용하는 대상 viṣaya이다. 또 [그것은] 여래들이 내면적으로 증득한 진리(自內證 pratyātmam adhigamadharmam)에 관해 [말하고 있다]고 이해해야 한다. [두 번째는] 그 [진리를] 획득하기 위한 원인이고, 이 위없이 청정한 법계로부터 유출된 결과(等流 niṣyanda)로서, 교화해야 할 다른 중생들의 상태에 따라 알게 하는 징표 prajñapti다. 그것은 [여래들이] 교설한 법 deśanādharma에 관해 [말하고 있다]고 이해해야 한다(RGV 70, 高崎 1989: 123).

여기서는 깨달음의 순간 붓다가 인식 대상으로 하는 진리와 그 진리로부터 유출된 교설을 기초로 붓다의 본체를 파악하고 있다. 진리 法와 가르침 法이라는 속성에 의해 규정된 붓다의 본체이기 때문에 붓다는 법을 신체로 하는 '법신' 法身이라는 말로 지시되고 있다. 붓다를 진리나 가르침의 법으로 지시하는 것은 초기불전부터 계승된 전통적 용법이다.

여기서 법 dharma과 계(界/性 dhātu)로 이루어진 '법계 dharmadhātu'라는 말의 의미를 간단히 정리해 두자. 불교에서 법 dharma은 진리나 가르침이라는 의미 외에 사물, 사건 곧 존재자라는 의미를 가진다. 한편 계/성 dhātu이라는 말은 – 상세한 것은 제2절 6)에서 검토한다 – 무언가의 본질이라는 의미와 그 본질을 가진 것이 모인 영역이라는 의미를 가진다. 따라서 법계 dharmadhātu라는 말은 존재자 전체의 본질 혹은 존재자 전체의 영역이라는 정도의 의미가 된다. 이 『보성론』 구절은 청정의 극한인 법계 곧 완전히 청정한 존재자 전체의 세계 혹은 그 본질이 붓다가 깨달음의 지혜에 의해 관찰하는 대상이 되는 진리라는 것을 말하고 있다.

주목해야 할 것은 붓다의 진리는 전적으로 붓다 자신에게 의거하고 있는 점이다.

진리는 붓다 밖이 아니라 안에 있다. 환언하면 청정한 법계는 붓다의 의식에 출현한 붓다 내부 세계, 붓다 자신일 뿐이다. 붓다는 세계 그 자체가 되고, 깨달음은 붓다가 자기 자신을 대상으로 얻은 인식이다. 이것은 범천권청에서 붓다가 연기라는 법 – 연기는 세계의 출현과 소멸 전 과정을 가리킨다 – 을 자신 안에서 관찰하고 있는 정경이나 대승경전에서 붓다가 설법에 임하기 전에 무언의 명상에 있는 정경과 겹친다. 깨달음이 언어가 되기 이전, 붓다와 진리, 붓다와 세계는 구별이 없는 일체다.

자기 자신이 정화되지 않은 중생의 경우 그 인식 대상에 정화된 존재자의 영역이 출현하는 일은 없다. 그러한 중생이 대상으로 해야 할 것은 붓다가 인식대상으로 하는 청정한 법계에서 등질로 유출한 가르침으로서 법이다. 석가모니 붓다가 생애를 통해 표출한 가르침에 의거하여, 중생은 고통스런 윤회에서 해방된다. 붓다는 가르침이라는 법을 자신의 신체 대신에 후세에 남겼다. 가르침은 붓다의 신체고 법신이라 불리기에 합당하다. 가르침으로서 법은 진리로서 법이라는 원류에서 흘러나온niṣyanda 지류고 역사 안에서 다양하게 분기해 간다. 하지만 아무리 다양화해도, 이들 지류는 모두 붓다의 내적 세계를 발원점으로 하는 등질성을 유지하고 있다.

이러한 사상의 기본 구조를 가진 여래장사상은 붓다를 중심으로 하는 구제론 혹은 일종의 변신론이 되었다. 절대 진리와 현상 세계의 관계가 창조주 없는 종교에서 어떻게 실현되었는가. 여래장사상의 해명은 종교의 차이를 넘은 신학의 비교상대적 파악이라는 의미에서도 중요하다.

2.
여래장·불성사상을 구성하는 개념들

1) 『보성론』의 발견과 여래장사상 연구사

이제까지 여래장·불성사상에 대해 명확한 정의를 제시하지 않고 논의를 진행해 왔다. 이하 인도에서 여래장사상의 형성과 의의에 대한 고찰과 관련해, 다시 이 사상의 내실과 그 해명에 필요한 고찰 범위를 정해 둔다.

먼저 주의해야 할 것은 여래장사상은 중관파나 유가행[유식]파와는 달리, 인도 불교세계에서 독립한 학파를 형성한 명확한 흔적이 없다는 점이다. 이 점에서 여래장사상 연구는 이미 인도에서 학파로 분류된 문헌 내용을 충실히 재현함으로써 이루어지는 것이 아니라, 개개의 경전이나 논서 등에 산발적으로 설한 내용을 가설적으로 재구성하는 방법을 필요로 한다.

이 작업을 어떤 실마리도 없이 진행해야 하는가 하면 그렇지는 않다. 다행스럽게도 『보성론』(*Ratnagotravibhāga* 보성의 분석)이라는 주옥같은 논서가 남아있다. 508년에 늑나마제(勒那摩提 Ratnamati)가 한역한 것으로 늦어도 5세기 후반에는 인도에서 성립해 있었다고 간주되는 이 논서는 여래장·불성이라는 개념을 중심에 놓으면서 여러 관련 개념을 조직하고 하나의 체계적 사상으로 쌓아올리고 있다. 게다가 조직화 과정에서 다양한 대승경전을 논거로 인용하기 때문에 여래장사상의 성립에 깊이 관여한 대승경전류를 알기 위한 최선의 안내서가 된다. 무엇보다 귀중한 것은 산스크리트어로 남아있는 것이다. 이 덕분에 한역이나 티베트역이라는 번역을 통해서 밖에 접근할 수 없었던 여래장사상을 인도 원어로 직접 파악할 수 있게 되었다.

여래장사상을 근대 학계에 최초로 소개한 것은 1931년 오버밀러가 티베트어역 『보성론』을 영역하여 출판한 것이다. 이것을 계기로 일본에서도 우이(宇井 1932), 츠키와(月輪 1935)로 연구가 이어지고, 동아시아에서 여래장사상의 전통적 파악 방식이었던 『대승기신론』 『불성론』에 근거한 이해에서 『보성론』에 근거한 이해로 무대가 크게 이동했다.

존스톤E. H. Johnston이 교정한 산스크리트어 텍스트 『보성론』이 출판된 것은 1950년이었다. 이것은 여래장사상 연구에 일대전환을 야기했다. 여래장사상이 인도불교사에서 처음으로 명확히, 게다가 중요한 사상으로 인정되기 시작한 것이다. 유럽에서는 프라우발너E. Frauwallner가 1956년에 출판한 『불교철학』에서 여래장사상을 사라마티 Sāramati 학파에 편입시키고 용수 龍樹와 무착 無著·세친 世親 사이에 성립한 사상으로 소개했다. 3년 후 일본에서는 우이가 범문 일역 및 한역과 대조한 『보성론 연구 寶性論研究』를 출판하고, 이어서 7년 후 다카사키(Takasaki 1966)는 한역과 티베트어역 나아가 『보성론』에 인용된 여러 경전류에 대한 상세한 문헌학적 주석을 담은 영역을 로마에서 출판했다. 이에 대해 드 용(de Jong 1968), 슈미트하우젠(Schmithausen 1971)의 상세한 서평연구가 이어져, 『보성론』은 일본과 서양의 불교학이 동시 병행해서 해명하는 연구의 공유지가 되었다.

이어서 루엑(Ruegg 1969; 1973)이 등장한다. 이 연구는 티베트에 전해져 있던 『보성론』 해석에 기반한 여래장사상사의 존재를 해명한 것이다. 이 연구는 중관과 유식에 한정되어 있던 인도·티베트의 불교사상에 큰 전환을 가져왔다. 여기에 자극되어 1974년 다카사키는 『여래장사상의 형성 如來藏思想の形成』을 출판하고 대승불

교 사상사에서 여래장사상의 존재를 확고히 했다. 아함이나 아비달마 이외에 80편에 이르는 방대한 분량의 대승 경론을 대상으로 70개에 이르는 사상 개념을 주제로 분석하여 『보성론』에서 정점을 이루는 여래장사상의 전사前史를 재구성한 장대한 규모의 연구는 인도 대승불교 세계에 미지의 대륙을 출현시켰다. 범본의 출판에서 겨우 4반세기만에 출현한 이러한 여래장사상 연구의 전개는 참으로 괄목할 만하다.

그 후 연구사가 다시 한 번 움직인 것은 1980년대 후반에 들어서부터다. 그것은 여래장사상 전체를 다루는 것이 아니라 개별 텍스트 연구와 신자료 발견에서 시작했다. 마츠다(松田 1988)는 스타인A. Stein이 수집한 중앙아시아 사본에서 『열반경』 단편을 발견하고, 『열반경』에 출현하는 술어의 원어 확정에 기여했다. 이것은 이 책 제3장에 제시된 것처럼 하바타(Habata 2007)에 이르러 다시 정치하게 정리되어 있다.

시모다(下田 1997)는 『열반경』의 여러 이역을 비교하면서 이 경전의 원시형을 재구성하여, 의례로서 불탑신앙을 중생 안에 내재화하는 과정에서 『열반경』의 여래장사상이 탄생하였음을 확인했다. 침머만(Zimmermann 2002)은 『여래장경』의 고역과 바탕Bathang 출토 티베트 고역의 비교 검토하면서 그 성립과정을 밝히고 여래장이라는 원어의 의미를 '완성된 붓다'로 해석하고 '태아'라는 의미를 거부했다(이 책 제2장 참조). 최근 호지(Hodge 근간)와 래디치(Radich 근간)는 여래장이라는 개념의 탄생을 『여래장경』이 아니라, 이제까지 방계로 간주된 『열반경』과 그 관련 경전에서 구하는 논의를 전개하고 있고, 다카사키가 제시한 몇 가지 기본적 이해에 수정을 가하고 있다.

최근 티베트 여래장사상 연구는 눈부신 진전을 이루고 있다. 그 상세한 것은

제5장 가노 加納 논문에서 밝히고 있으므로 그것을 참조하기 바란다. 여기서는 동시에 마테스(Mathes 2008)를 주목해 둔다. 마테스는 티베트에서 『보성론』 해석의 모든 전통을 정밀히 조사하고, 11세기에서 12세기에 걸쳐 티베트불교가 『보성론』 해석을 둘러싸고 극적으로 전환하는 것을 밝혔다. 카르마파에 속하면서도 여러 파의 논의에 정통한 『청사 青史』의 저자 괴 로차와 쉰누팰('Gos Lo tsā ba gZhon nu dpal 1392-1481)은 마이트리파 Maitrīpa에서 감포파 sGam po pa로 이어지는 마하무드라 Mahāmudrā 전통에 서서 카규파 bKa' brgyud pa, 닝마파 rNying ma pa, 조낭파 Jo nang pa를 논쟁 상대로 하면서, 『보성론』에 대한 방대한 주석을 지었다. 마테스나 가노의 연구에 의해 이제까지 겔룩파 dGe lugs pa에 치우쳐 묘사되고 있던 티베트불교 사상사가 수정되면서, 그 중심에 『보성론』 해석 곧 여래장사상 해석이 위치하고 있는 것이 밝혀졌다. 그 의의는 크다.

2) 여래와 '차이' '차연 差延'으로서 여래장

이상 주마간산 격으로 연구사를 개관한 것은 여래장사상의 역사 자체가 연구에 의해 처음으로 가시화 한 것이고, 여래장사상사와 그 연구사 양자는 불가분의 관계에 있기 때문이다. 이러한 연구사에 기반했을 때, 여래장사상을 해명하는데 『보성론』을 중심에 둘 필요성과 타당성은 의심할 수 없다.

『보성론』이 설하는 사상의 요점을 한 문장으로 집약한다면 '모든 중생은 여래의 본성을 갖고 있다 sarvasattvās tathāgatagarbhāḥ'라는 소유복합어 有財釋 문장으로 정리된다. '장藏'이라고 한역되는 'garbha'가 가진 의미에 대한 문헌학적 논의는 제2장에서 침머만이 상세히 검토하고 있으므로 거기에 양보한다. 여기서 확인해 두고 싶은 것은 'garbha'는 하라(原 1987)가 보여주듯이 '혈통'이 중심 의미이고, 『보성론』을 비롯한 여래장사상 관계 문헌에서도 본성·본질·정수·혈통·핏줄이라는 의미로 사용된다는 점이다. 따라서 '아직 성장하지 않은' 이라는 의미에서 '태아'를 지시하고 있다고는 이해할 수 없다. 따라서 이 중요한 문장의 해석에 대해서는 필자 자신도 포함하여 많은 연구자가 공유해 온, 일체 중생이 '여래를 태아로 갖고 있다'는 이해를 철회하고, 일체 중생은 '여래를 본성으로 한다' 혹은 '여래의 본성을 가진다'고 이해해 둔다.

여기서 중생과 윤회는 동의어다. 곧 일체 중생이 여래를 본성으로 갖고 있다는 것은 윤회 세계의 한 복판에 여래가 계속 존재하고 있다는 사실을 표명하는 것이다. 덧붙여 『보성론』과 관련한 문헌에서 이 여래장 tathāgatagarbha은 불성 buddhadhātu이라고도 바꿔 말한다. 두 단어는 동의어다. 『열반경』에서 말하는 '일체중생실유불성'이라는 언명도 유위 전변하는 윤회세계 안에 붓다·여래가 변하지 않은 채 엄연히 계속 존재하고 있다는 선언이다.

이 점을 조금 이론적으로 보충해 보자. 여래 tathāgata에 장 garbha이라는 단어가 부가되어 여래-장 tathāgatagarbha이 되었을 때 여래는 '윤회=중생의 위상에 있다'는 새로운 차이를 띤다. 곧 garbha나 그 동의어로 사용되는 dhātu는 제일의적으로는 여래를 윤회=중생 위상으로 차이화 하는 – 강하시키는 – 징표다. 확실히 여래-장이라는 단어가 탄생하면서 중생은 가능태로서 여래라는 새로운 차이를 띠고, 승화하고 있다. 그러나 그것은 여래의 차이화에 의해 발생하는 이차적 차이다. 이 순서가 틀리면 안 된다. 중생 안에서 여래장을 발견하고 그것을 선언하는 것은 항상 여래고, 중생이 아니기 때문이다. 이것은 여래장사상을 설하는 문헌에서 일관하고 있다. 윤회=중생은 그 자체로서는 여래에 대해 어떤 차이도 산출할 수 없다. 모든 차이를 창출하는 원천은 여래에게 있다.

이와 관련하여 '일체중생실유불성'이라는 여래장사상의 언명을 이해할 때, 항상 주의해야 할 것은 여러 종교에서 전제로 간주하는 이원적 세계와 존재 차원의 전환이라는 제1절 2)에서 확인한 내용이다. 불성·여래장의 존재는 붓다의 시점에서 붓다의 선언으로서 중생을 향해 이루어진다. 이 메시지의 방향성은 절대적으로 불가역적이고, 언명의 배후에 감춰진 시점과 떨어져 논리필연적으로 타당한 명제로 이해해서는 안 된다.

제1절 6)에서 본 것처럼 이 세계의 모든 존재자와 그 영역 곧 법계가 완전히 청정해져 출현하는 것은 붓다의 지혜 안의 세계에서다. 중생이 붓다와 법에 관련할 수 있는 것은 이 붓다의 지혜의 대상인 청정법계에서 유출된 교설로서 법을 통하는 것으로 한정되어 있다. '모든 중생은 여래의 본성을 가지고 있다'고 천명된 것도, 이 교설로서 법에서다. 이 언명의 연원은 윤회=중생의 세계에서 완전히 떨어진 청정한 붓다의 세계에 있다. 떨어져 있는 세계에서 선언한 것, 중생을 향해 호소하는 것이기 때문이야말로 이 언명이 고뇌의 현실 한복판에서 의미를 가진다.

그런데 비판불교 입장을 취하는 당사자뿐 아니라, 여래장사상을 논하는 적지않은 식자들이 이러한 경위를 충분히 고려하고 있지 않다. 그 때문에 동일한 '기체基體'인 'dhātu'에서 여래와 중생, 모든 것 dharma이 동시에 산출된다는 이해에 동조해 버리고 만다. 다카사키가 여래장사상을 '법계일원론'이라고 부를 때도 – 이 호칭은 지금도 완전히 정당하다 – 그러한 관념에서 반드시 자유롭지는 않다.

다시 한 번 제1절 3)에서 서술한 문장을 확인해 둔다.

> 모든 종교가 각자의 구제론에서 제시하는 것은 첫째, 일원적으로 보였던 세계의 이원성의 자각이고, 둘째, 양자 사이에 있는 간격, 차이의 해석, 회복이다. 간격이나 차이가 발견되었을 때, 그 발견 과정과 상응하는 형태로 양자의 관계를 해석하여 회복하고자 하는 노력이 발생한다. 이 차이의 회복 행위는 차이의 무화가 아니다. 일견 사라지는 듯 보여도, 그것은 차이가 동일차원에서 소실한 것이 아니라 더 높은 차원에서 지양되어 존재하고 있다.

여래가 중생을 보고 자신과 동일하다고 선언할 때, 그 말에 의해 먼저 차이화되고 있는 것은 여래 자신이다. 윤회 세계로 강하하여 여래에서 여래장으로 변하고 있다. 여래와 동일하다고 선언된 중생은 그 호소에 응답함으로써 여래와 동화하는 존재로 변하고, 여래장 tathāgatagarbha이 된다. 따라서 여래장이라는 단어는 여래와 중생의 존재 차원의 강하와 승화라는 완전히 다른 방향성의 차이를 포함하고, 동시에 여래가 여래장이 되고 이어서 중생이 여래장이 된다는 차연을 포함하고 있다. 여래장이라는 말에 내포된 이 차이·차연의 존재를 간과해서는 안 된다.

3) 여래장사상의 핵심으로서 여래의 위상 전환

『보성론』에서 '일체중생실유불성'을 성립시키는 근거가 되는 것은 다음 문장이다.

붓다의 지혜가 중생의 무리衆生聚에 침투해 있기 때문에, 그 [중생취에서 해방된 시점에서] 무구인 것이 본성으로서 [붓다와] 불이不二이기 때문에, 붓다의 종성에 대해 그 결과를 상정하기 때문에, 일체 유신자(有身者=중생)들은 붓다의 본성을 가진다고 [붓다에 의해] 설해졌다.

buddhajñānāntargamāt sattvarāśes tan-nairmalyasyādvayatvāt prakṛtyā/ bauddhe gotre tatphalasyopacārād uktāḥ sarve dehino buddha-garbhāḥ//27//

이 게송을 산문 주석에서는 다음과 같이 설명한다.

요약하면 세 가지 의미에서 세존은 '모든 중생은 항상 여래를 본성으로 가진다'고 설하셨다. 곧 일체 중생에게 여래의 법신이 편만하고 있다는 의미(法身遍滿義 tathāgata-dharmakāya-parispharaṇārtha)에 의해, 여래의 진여가 무차별이라는 의미(眞如無差別義 tathāgata-tathatāvyatibhedārtha)에 의해, 그리고 여래의 종성이 존재한다는 의미(種姓存在義 tathāgata-gotra-sadbhavārtha)에 의해서다(RGV 26, 高崎 1989: 44-45).

이 문장은 여래장이 가진 세 가지 의미(여래장 3의)를 설명하고 여래장사상을 이론적으로 지지하는 중요한 문장이다. 따라서 이후 고찰에서도 반복해서 돌아올 것이다. 지금은 '여래장'이라는 술어의 의미를 확정하는 고찰에 집중한다. 중생이 여래장이라고 붓다에 의해 선언되었을 때, 그 근거는 여래의 지혜를 통해 본 중생과 여래의 무구별성에 있다. 그것은 바꿔 말하면 붓다가 중생을 '붓다의 종성 gotra' 위에 마련된 붓다의 위상으로 옮긴 것일 뿐이다. 이러한 조작이 더해져 중생 안에 출현한 여래를 여래장이라고 이름한다. 따라서 여래장은 여래가 보면 이미 완성된 결과로서 붓다·여래 그 자체다. 그러나 그 여래는 붓다의 지혜에 의한 중생의 미래 결과의 선취라는 행위를 포함하기 때문에 항상 중생은 이 붓다의 행위만큼의 차이·차연 – 붓다라는 결과에 대한 지체 – 을 자신 안에 있는 여래인 여래장에 대해 계속 안고 있다.

여래가 지혜를 발휘해서 중생 안에서 발견한 여래인 여래장을 어떤 말로 번역할 것인가는 어려운 과제다. 이제까지 연구자가 해왔듯이 'garbha'의 어의나 어원, 다른 문헌에서 용례를 해명하는 것에 의해서만 해결할 수 있는 과제는 아니다. 윤회의 위상에 있는 붓다, 번뇌에서 벗어나지 않은 여래라는 자가당착적 사태를 거기에 내포된 차이와 차연을 현재화시키면서 하나의 단어로 옮기고자 하는 것은 그 자신이 자가당착적이다.

마테스가 그의 저서 처음에 'tathāgatagarbha'를 'buddha nature'로 번역하고, '이미 붓다다' 혹은 '붓다가 될 가능성을 갖고 있다'는 두 의미 모두 허용하고 있는 것은 (Mathes 2008: 1), 여래장이라는 개념을 둘러싼 이상의 경위에 기반해 보면, 현명한 판단이다. 덧붙여서 'garbha'나 'dhātu'가 여래 tathāgata에게 야기시키는 차이를 'within'이라는 단어를 붙임으로써 명시하는 'buddha within'이라는 번역은 'garbha'의 뉘앙스도 잘 취하고 있어서, 단독 역어로 볼 때는 묘역이다. 그래도 이것이 문장 안에 나타날 때는 '내재화'라는 다른 의미를 띠고 있기 때문에, 윤회 안에 있는 '여래 자신'이라는 의미에서 멀어져 버리고, 새로운 문제를 불러 일으킨다.

이상의 차이·차연의 존재에 충분히 기반했다면, 여래장을 '여래의 본성'이라고 번역하면 거의 문제는 없다. 여래장=불성은 항상 중생, 여래, 윤회, 열반 등의 주어에 대한 술어로 존재하고, 주-술 관계에서 차이화 하고 있기 때문이다.

이 해석은 앞서 본 '여래장 3의' 전체에 들어맞는다. 지금 그 일례로 두 번째 설명 곧 진여 tathatā에 대한 『보성론』의 설명을 보자.

> 무한한 번뇌 및 고통스런 법과 결합하고 있음에도 불구하고 마음은 본성적으로 빛나고 있다. 그 때문에 변이한다고 설하지 않으므로, 미묘한 황금과 같이 불변이라는 의미에서 진여라고 불린다. 게다가 설령 잘못된 세계로 태어나도록 결정된 중생들 邪定聚이라도, 모든 중생들에게 본래 무차별인 이 동일한 진여가 모든 외래의 번뇌로부터 청정해질 때, 여래라는 명칭을 얻는다. 이렇게 황금이라는 하나의 비유에 의해 진여가 무차별이라는 의미에 관해 '여래 곧 진여가 그 중생들의 본성이다tathāgatas tathataiṣāṃ garbhaḥ sarva-sattvānām' 하고 설명된다(RGV 71, 高崎 1989: 125).

여래가 진여로 등치되고 그것이 그대로 중생의 'garbha'(단수형)라고 한다. 여기서도 중생=윤회라는 위상에 있는 여래, 혹은 여래가 중생=윤회의 위상에 있는 것, 윤회를 관통하여 여래가 계속 존재한다는 것, 그것이 여래장이고 불성이라는 것에 의문의 여지는 없다.

다카사키를 비롯한 많은 연구자가 이해해 온 것처럼 여래장이 '여래의 태아'를 의미한다면, 도대체 그 태아를 키우는 것은 누군가 하는 의문이 남는다. 그 육성 책임이 중생에게 있다면, 붓다가 여래장의 존재를 선언한 의미가 없다. 구제론으로서 여래장사상의 의의는 여래와 중생이라는 양자 사이에 본질적 차이의 존재에 있다. 양자가 미분화한 융합 형태인 '여래의 태아'가 이 차이를 매워 버렸을 때, 여래장사상이 가진 구제론의 의의는 소멸해 버린다. 중생에게 주어진 것은 이미 완성된, 그러나 윤회 안에 있기 때문에 아직 현현할 수 없는 여래 자신이지 않으면 안 된다.

4) 여래와 차이·차연의 내화內化와 미소화微小化

이 점은 다시 깊이 고찰해 둘 필요가 있다. 이미 본 것처럼 여래장·불성사상은 여래와 중생이라는 양극 구조를 기초로 하면서 무엇보다 붓다·여래의 의의를 논하는 사상이고, 그 이름에서 받는 인상에 관계없이 붓다·여래론이다. 실제로 『보성론』은 첫 부분에서 논서 전체의 골격을 다음과 같이 서술하고 있다.

> 요약하면 붓다 buddha와 법 dharma과 승가 saṃgha와, [불]성 dhātu과, 보리 bodhi와, 여러 덕성 guṇa과 마지막으로 불업(buddhakarman 붓다의 작용), 이것이 논 전체의 골격으로서 일곱 금강[과 같이 견고한] 구句다. … (중략) … 세존이 일체법의 평등성을 직접적으로 정각하고 법륜을 잘 굴리며 수많은 제자들을 잘 이끌었다고 하는 이들 [불·법·승] 기본 3구에 의해 차례로 3보가 생기하고 완성하는 상태를 알아야 한다. 나머지 [불성·보리·덕성·불업이라는] 4구는 3보의 발생을 결과로 하는 원인의 완성을 설한 것이라고 알아야 한다. … (중략) … 붓다에 기반하여 법이 있다. 법에 기반하여 성자의 승가가 있다. 승가 안에 지혜의 원인으로서 그것의 달성을 목표로 하는 여래장 tathāgatagarbha이 있다. 그 지혜의 달성이 최고의 보리

고, [10]력 등 일체중생에게 이익을 가져오는 여러 덕성을 갖추고 있다(RGV 3~7, 高崎 1989: 6, 11).

3보는 불보를 중심으로 하고, 불보에서 법보와 승보가 출현한다. 그 불보는 중생의 위상에 있는 붓다 곧 윤회 안에서 계속 존재하는 여래인 '여래장'의 존재 때문에 승가에 출현할 수 있다. 여래장이 윤회에서 벗어날 때 여래의 출현이 있고, 여래의 출현이란 이것을 말하는 것일 뿐이기 때문이다. 불보의 출생은 깨달음菩提의 여러 양상의 완비, 붓다의 모든 덕성의 완성, 붓다의 다양한 작용의 실현에 의해 야기된다. 따라서 불성=여래장·보리·덕성·불업이라는 네 요소는 불보가 출현하기 위한 원인이고, 이어서 법보와 승보가 출현하는 원인이다. 붓다의 출현을 둘러싼 원인과 결과의 총체를 해명하는 것, 그것이 『보성론』의 모든 과제다.

다만 한 가지, 붓다만이 진실한 세간의 귀의처다. [석가]모니는 법신이기 때문에, 그리고 [승가의] 무리는 그 [모니]를 목표로 하기 때문이다. … (중략) … 불생불멸로 나타나는 모니는 청정한 [멸제와 도제라는] 2제에 의해 특징지워지는 이욕離欲의 법을 신체로 하고 있기 때문에, 또 3승의 무리는 법신을 체득하는 것을 궁극으로 하고 있기 때문에, 다만 진실한 것 하나만이 이 구호자도 없고 의지처도 없는 세간에서 미래의 끝까지 다함없는 귀의처, 상주하는 귀의처, 견고한 귀의처다(RGV 20, 高崎 1989: 34).

여래장과 불성은 모두 중생의 위상에 있는 붓다·여래고, 여래장사상의 사상구조는 붓다의 존재를 해명함으로써 명확해진다. 이 점에서 다카사키(2010a)가 그 연구의 결론으로서, 인도 여래장사상을 '붓다의 절대성을 이론적으로 추구한 성과'고, '그 붓다의 절대성에 기반하여, 중생의 성불 가능성을 증명하는 것에 힘쓰고 있다'(p.399)고 이해한 것, 나아가 '여래장사상을 법신일원론이라는 이름 아래 붓다의 절대성을 이론화한 사상으로서 깨달음을 묻는 불교의 정통에 속하는 사상 조류라고 생각한다'(p. 401)고 결론지은 것은 정곡을 찌르고 있다.

다만 문제는 이 이후에 있다. 어떻게 하면 '붓다의 절대성에 기반하여 중생의 성불 가능성을 증명하는 것'이 가능할까. 이 질문에 대답하기 위해서는 '붓다의 절대성'과 '중생' 사이에 있는 차이를 추출하고, 그 차이를 '성불 가능성'의 구체적 내실로서 파악하는 수순을 밟아야 한다. 특히 중생=윤회의 위상에 있는 여래라고 하는, 중생과 여래의 차이를 무화하는 듯한 표현에 이른 사상을 다룰 경우, 언어표현의 미세한 차이를 간과하지 않도록 할 필요가 있다.

여래장·불성이라는 개념의 탄생에 의해 붓다와 중생의 차이는 중생 자신 내부로 자리를 옮기고, 개별적으로 미소화微小化 한 차이로 다시 태어나고 있다. 이 차이를 분석하기 위해서는 언어표현을 그 미소한 움직임에 대응 가능한 것으로 해야 한다. 이것을 잘못하면 중생이 현실태에서 그대로 여래라고 주장하는 듯한 오해에 빠지고 만다. 예를 들어 다카사키가 대저 『여래장사상의 형성如来藏思想の形成』의 「서문」 첫 머리에 기록한 다음 문장은 이 점에서 다소 주의가 필요하다.

불교란 붓다의 가르침이면서 동시에 붓다가 되는 가르침이다. 범부가 붓다가 되는 것을 목표로 하는 것은 불교 일반의 기본 성격이다. 특히 이 붓다가 되는 가능성의 근거를 범부 자신의 본성 안에서 구하는 교설이 여기서 말하는 여래장사상이다(高崎 2010: 1).

붓다가 되는 가능성을 문자 그대로 '범부 자신의 본성 안에서' 구한다고 한다면, 여래와 중생의 중요한 차이가 은폐되고 만다. 오해를 불러일으키지 않도록 하기 위해서는 장황하더라도 표현을 정확히 하지 않으면 안 된다. '여래가 붓다가 되는 가능성을 범부 안에서 발견하고 중생에게 알리는 교설'로 하면 여래와 중생 사이에 있는 차이가 그대로 범부 자신의 내부로 자리를 옮기고, 더 미소화한 차이로 전환하는 일련의 경위가 확보된다.

5) 법신

여래장사상에서 가장 중요한 개념은, 이 절 3)에서 다룬, 여래장사상의 기본 구조를 규정하는 세 가지 의미를 고찰함으로써 명확해진다. 첫째, 일체 중생에게 여래의 법신이 남김없이 침투해 있다는 의미 法身遍滿義, 둘째, 여래의 진여가 모든 중생에게 무차별이라는 의미 眞如無差別義, 셋째, 여래의 종성이 모든 중생에게 존재한다는 의미 種姓存在義가 그것이다. 또 그것은 자연스럽게 여래와 중생의 차이의 내화, 미소화로서 여래장사상의 해명으로 향한다.

첫째, 법신편만의란 무엇을 의미하는가. 여래가 존재한다는 사실의 구체적 내실은 자신의 인식 안에 출현한 위없는 청정한 법계고, 거기에서 유출된 가르침으로서 법이다. 앞서 인용한 부분은 다음과 같이 서술하고 있다.

제불의 법신 dharmakāya은 두 가지라고 이해해야 한다. [첫째는] 이 위없이 청정한 [존재와 존재자의 영역인] 법계 dharmadhātu고, [그 영역은 다양한 세계를 하나인 것으로 파악하는 지혜인] 무분별지 avikalpajñāna가 작용하는 대상 viṣaya이다. 또 [그것은] 여래들이 내면적으로 증득한 진리(自內證 pratyātmam adhigamadharmam)에 관해 [말하고 있다]고 이해해야 한다. [둘째는] 그 [진리를] 획득하기 위한 원인이고, 이 위없이 청정한 법계로부터 유출된 결과(等流 niṣyanda)로서, 교화해야 할 다른 중생들의 상태에 따라 알게 하는 징표 prajñapti다. 그것은 [여래들이] 교설한 법 deśanādharma에 관해 [말하고 있다]고 이해해야 한다(RGV 70, 高崎 1989: 123).

여래의 지혜에 의한 관찰 대상인 존재와 전 존재자 영역의 법과, 거기에서 발생하는 교계·교설의 법 총체에 중생들은 예외 없이 속해 있다. 관점을 바꾸면 이들 법을 신체로 하는 여래의 존재가 중생에게 남김없이 퍼져 있다.

법신 dharmakāya이라는 단어의 연원이 『디가니카야』로 거슬러 올라가고, '법(가르침, 진리)을 본질로 하는 것'이라는 소유복합어 有財釋로 이해해야 할 단어라는 것은 잘 알려져 있다. 이 해석은 불교사상사에서 일관되게 확인되는 용법이다. 붓다에 의해 소유된 그 법의 덕성이 시대와 문헌에 따라 달라져 간다. 아비다르마에서 붓다는 계·정·혜·해탈·해탈지견이라는 다섯 요소를 본체로 한다는 이해가 일반적이다. 그것은 비문에서 불사리에 대해 이루어진 이해와 일치한다(下田 1997: 87-88).

그에 대해 『보성론』의 이 부분은 청정한 일체법의 본질과 그 본질을 가진 존재자의 전 영역을 붓다가 지혜의 대상으로 하고 있는 것, 거기에서 발생하는 교계로서 법을 붓다가 타자에게 표현하고 설시한 것, 이 두 사실을 뿌리로 붓다는 자신의 본체가 법으로 구성되고, 법을 신체로 한다고 이름하게 된다.

주의해야 할 점이 두 가지 있다. 첫째는 여기에 설해진 두 가지 법신은 결과와 원인, 목적과 수단, 자와 타, 출세간과 세간, 일자성과 다양성이라는 상반하는 양면성을 갖고 있는 것이다. 둘째는 붓다의 지혜가 이러한 법신의 특징을 규정하고 있다고 간주되는 것이다. 첫 번째부터 보자. 법신의 첫 번째 특징 곧 청정한 일체법의 본질을 붓다가 지혜의 대상으로서 관찰하는 것은 깨달음의 결과로 얻는 상태고, 그 의미에서 사람들이 궁극적으로 도달해야 할 목적지다. 한편 그 결과로서 목적지로부터 설해진 가르침이라는 법신의 두 번째 특징은 사람들을 깨달음이라는 목적지에 도달하게 하기 위한 원인이고 수단이다.

따라서 붓다의 입장에 서서 깨달음으로부터 가르침이 발생한다는 순서를 존중하면, 첫 번째 법신은 원인이고 두 번째 법신은 결과가 된다. 한편 두 번째 법신에 의해 첫 번째 법신에 이르기 때문에, 중생에게는 첫 번째 법신은 결과고 두 번째 법신은 원인이다.

다시 이것을 자=타라는 관점에 서서 본다면 첫 번째 법신은 붓다가 스스로 깨달음의 세계를 즐기는 자리의 세계고 두 번째 법신은 붓다가 다른 사람을 이롭게 하는 이타의 세계가 된다. 언어와 세간이라는 관점에서는 전자가 언어를 넘은 출세간의 세계라면, 후자는 언어세계에 부활한 세간적인 것이다. 일과 다라는 관점에서는 전자가 순일한 일자성의 법신이라면, 후자는 다양성을 본성으로 하는 법신이다. 법신에 존재하는 이러한 두 가지 극성은 법신을 약동적이게 하는 근원적 차이가 된다.

다음으로 두 번째 문제, 곧 붓다의 지혜jñāna가 법신의 본질을 규정하고 있는 점을 보자. 이 『보성론』 구절이 명확히 보여주고 있는 것처럼, 첫 번째 법신은 붓다의 무분별지의 대상으로서 존재하고, 지혜에 의해 규정되고 있다. 이것은 '일체 중생이 여래장이다'는 것을 보여주는 근거로서 '중생에게 붓다의 지혜가 침투해 있다buddhajñānāntargama'는 것을 서술하는 문장에서도 그대로 나타나 있다.

지혜에 의해 규정된 붓다의 존재는 지금 막 본 법신이 가진 양극성과 직접 호응한다. 다카사키(高崎 2010: 182-183)는 『보성론』에서 설해진 이 지혜jñāna의 양면성을, 반야prajñā와 지혜jñāna, 무분별지avikalpajñāna와 후득지tatpṛṣṭhalabdhajñāna로 나눈다. 전자는 진리이자, 증득법adhigamadharma, 승의제paramārthasatya, 자리의 구족svārthasaṃpatti으로서 지혜jñāna, 출세간lokottara, 여소유성(如所有性=보편성 yathāvadbhāvikatā)을 나타낸다. 이에 대해 후자는 모든 존재, 교설법deśanādharma, 세속saṃvṛtti, 언설제vyavahāra, 이타의 구족parārthasaṃpatti로서 자비karuṇā, 세간적 성격laukika, 진소유성(盡所有性=개별성 yāvadbhāvikatā)을 가리키고 있다. 탁월한 정리다.

지혜에 의한 법계의 규정은 여래장사상의 특징이고, 니카야나 아비달마와 비교하면 그 특이성이 명백해 진다. 예를 들면 아비달마에서 5분 법신의 정의가 보여주듯이 붓다는 지혜뿐 아니라 계율과 선정을 모두 체현해야 하고, 이것을 지혜로 집약시킬 수 있다고는 인정되지 않는다. 이 특성이 어떻게 발생했는가는 여래장사상의 기원과 그 특징을 해명하기 위한 중요한 열쇠가 된다. 거기에는 사실은 대승경전의 영향이 있다. 이 점을 다시 제3절에서 고찰한다.

6) 법계와 법성

여기서 제1절 6)에서 간단하게 고찰을 끝내 두었던 법신의 성립에서 불가결한 '법-계 dharma-dhātu'라는 말에 대해 상세히 살펴보자. 이 고찰을 위한 중요한 요점은 다카사키(高崎 2010)가 『능가경』의 사례에 기반하여 행한 설명에서 모두 이루어져 있다. 『능가경』은 대보리 mahābodhi의 밤에서 대반열반 mahāparinirvāṇa의 밤까지, 곧 깨달음을 얻은 후부터 입멸까지 붓다가 사실은 침묵하고 있었다는 흥미로운 해석을 제시하고, '자기 자신에 의거하는 진리성(자내증의 법성) pratyātma-dharma'과 '과거로부터 확립한 진리성(本住의 법성) paurānasthiti-dharmatā'이라는 두 가지 진리성法性의 입장에서 설명한다. 붓다의 깨달음은 붓다의 자기인식으로서 존재하고 언어화가 불가능한 것이고, 그 진리성은 석가불 이전의 과거로부터 붓다들이 계속 전해 온 것으로서, 변함없이 계속 존재하고 있는 것이다. 침묵 avacana은 그것을 의미한다. 양자에 대해 『능가경』은 이하와 같이 설명한다.

> 법계의 확립성 dharmadhātu-sthititā이란, 여래들이 출현하든 출현하지 않든 이 제법의 법성이 확립되어 있는 것이다 sthititaivaiṣāṃ dharmāṇāṃ dharmatā. 곧 법의 확립성 dharmasthititā이고, 법의 결정성 dharmaniyamatā이다. 옛 도성으로 통하는 길처럼 paurāṇanagarapathavat. … (중략) … 나와 마찬가지로 저 여래들이 거기에 도달했다 yan mayā taiś ca tathāgatair adhigataṃ. 이 법성 dharmatā은 확립되어 있다. 곧 법의 확립성, 법의 결정성, 진여 tathatā, 실유성 bhūtatā, 진실성 satyatā이다(The Laṅkāvatāra, Nanjio (ed) Kyoto: Otani University Press, 1923, 143-144).

이 설명의 취지는 『능가경』에 고유한 것이 아니라 불교 전체에 공통한다. 여기서 여래의 출현·불출현에 관계없는 진실성의 존재라는 표현은, 법성=진리를 붓다보다 우선시키는 이해처럼 들릴지 모른다. 하지만 그 법성의 확립이 다름 아닌 붓다에 의해 밝혀졌다는 사실에 입각할 필요가 있다. 열반의 도성에 이르는 길은 확실히 옛부터 계속 존재하고 있었지만, 그것은 붓다가 발견하지 않으면 존재하지 않는 것과 같다. 붓다의 존재는 법의 존재와 부즉불리 관계에 있다. 그것은 진리가 붓다 자신에 의거하여 출현한 '자내증의 법'이라는 이해와 겹친다.

동일한 '여래출현불출현' 정형구 형태로 니카야를 비롯한 경전에 널리 나타나는 '연기의 도리'에도 마찬가지 주의가 필요하다. 여래의 출세·불출세에 관계없는 연기의 도리가 확립되어 있다고 할 때, 연기의 도리는 붓다의 존재에 일방적으로 우선하고 있는 것처럼 들릴 것이다. 그러나 이 이법理法은 '범천 권청' 이래 '붓다의 자내증'으로서 존재하고 있다. 붓다에 의한 언어화가 없다면 중생에게 인식의 기회가 주어지지 않았던 이법이다. 붓다와 연기의 이법의 불가분성은 여기서도 마찬가지다. 이러한 법성 dharmatā은 여래가 출현할 때의 조건을 설명하는 경우에도 『대인연경』에서 사용되고 있다(吹田 1993 참조). 여래와 법성의 불가분성은 의심할 수 없다.

『능가경』의 이 문장에서 법계 dharmadhātu는 먼저 속격한정복합어 依主釋로 해석해야 한다. 이것은 제법의 법성 dharmānāṃ dharmatā과 동의어다. 그것은 제불이 발견하는 제법의 진리성을 가리키고, 개별 법의 개별상(自相, 個別 svalakṣaṇa)이 아니라 그들 전체의 공통상(共相, 普遍 sāmānya-lakṣaṇa)을 지시하고 있다.

법성 dharmatā과 동의어로 법계 dharmadhātu가 사용되는 의의는 크다. 개개의 법 dharma을 추상명사화 하는 '-tā'라는 접미사 대신, 계(=性 dhātu)가 동의어로 사용될 때, 법dharma이라는 단어의 차원을 전환하여 차이화하기 위한 단어가 자립하고, 종교에서 중요한 '존재 차원의 전환'을 독립해서 논의할 수 있는 환경이 정비되기 때문이다. 이것은 법dharma에서 법성dharmatā으로 변화하는 데서는 일어날 수 없다. '-tā'라는 접미사는 독립한 단어로서 논의를 수행하는 힘을 갖고 있지 않기 때문이다.

제법의 공상·보편을 파악하는 것, 곧 모든 유위법에 공통하는 무상성·무아성을 파악하는 것은 '원시불교' 이래 일관되게 계속 존중되어 왔다. 하지만 불교인들에게는 그것을 효과적으로 언어화 하는 수단이 없었다. 당초 잠시 동안은 '제행' 무상sabbe saṃkhārā anitya, '제법' 무아sabbadhammā anattā라고 주어를 복수화 하는 것에 의해 사태를 나타냈다. 시대를 내려와 무상성aniccatā, 무아성anattatā으로 술어의 명사·형용사에 접미사를 붙여서 추상화하는 것으로 이에 대처했다. 이 접미사를 대신하여 'dhātu'를 도입함으로써 인식 차원의 전환을 도모하는 행위 표현이 자립하고 고찰의 대상이 되었다. 불교사상사에서 중대한 변화다.

실은 여기에 『대승아비달마경』의 유명한 게송의 존재 의의가 있다.

> 무시이래無時以來의 계(=性 dhātu)는 일체법이 동일하게 의거하는 근거. 그것(계=성)이 있을 때 일체의 [윤회의] 길이 있고 열반의 증득도 있다(RGV 72).

실번(Silburn 1955: 21)이 지적하듯이, 'dhātu'라는 단어는 베다에서는 다양한 존재자法를 계층화하고 질서화 하여 이른바 세계 내 존재자이게 하는 행위 개념이다. 이 용법은 『대승아비달마경』에서 'dhātu' 이해에 그대로 들어맞는다. 'dhātu'는 이른바 모든 존재자Seiende인 법dharma을 성립시키는 존재Sein에 해당한다. 하이데거의 해명대로 존재는 현실에서는 존재자로서만 나타나고, 존재자의 출현과 더불어 몸을 숨기지 않으면 안 된다.

이 계(=성 dhātu)를 이해하기 위한 적절한 은유 – 은유라기보다는 직유, 혹은 사태라고 하는 편이 어울릴지 모른다 – 는 동사 어근dhātu과 그로부터 발생하는 활용형·파생형 전체, 곧 언어 전체다. 산스크리트어에서는 단어가 어근dhātu으로 환원되고, 어근dhātu을 기원으로 생기한다. 이 단어 영역 전체는 세계 영역과 동일하다. 세계는 'dhātu'를 원인으로 생기하고 거기로 귀환한다. 그리고 'dhātu' 자신은 개개의 활용형이나 파생형으로 변용하는 이외에는 현실 세계에는 나타나지 않는다(어근명사는 곡용이 있고 어근 그 자체는 아니다). 하나의 단어가 세계 내 존재자가 되어 탄생했을 때, 그 기원인 존재dhātu 자신은 그것과 교대로 몸을 감춘다. 이 이해는 히라카와(平川 1990)가 지적하듯이, 『상윳타니카야』나 『잡아함』에서 보이는 계(=성)가 연기한 개개의 법이 아니라 연기의 이치 자체를 의미하고, 이 점에서 dhātu는 원인이라고 이해할 수 있다고 하는 예에도 적합하다.

이러한 이해를 전제로 하면, 앞서 인용한 『능가경』 구절은 거의 어렵지 않게 해석할 수 있을 것이다. "법계의 확립성dharmadhātu-sthititā이란, 여래들이 출현하든 출현하지 않든 이 제법의 법성이 확립되어 있는 것이다sthititaivaiṣāṃ dharmāṇāṃ dharmatā. 곧 법의 확립성dharmasthititā이고, 법의 결정성dharmaniyamatā이다. 옛 도성으로 통하는 길처럼paurāṇanagarapathavat. … (중략) … 나와 마찬가지로 저 여래들이 거기에 도달했다yan mayā taiś ca tathāgatair adhigataṃ. 이 법성dharmatā은 확립되어 있다. 곧 법의 확립성, 법의 결정성, 진여tathatā, 실유성bhūtatā, 진실성satyatā이다."

계(=성 dhātu)라는 단어의 도입에 의해 중생과 여래 양자 사이에 존재했던 차이가 'dhātu'와 중생 사이, 'dhātu'와 여래 사이에서, 일견 동등하게 말할 수 있는 질의 차이로서 분기적으로 전이되었다. 이것에 의해 여래와 중생이라는 두 가지 차원에서 성립해 있던 불교사상에, 중생의 위상에서 여래, 여래의 위상에서 중생, 윤회의 위상에서 열반, 열반의 위상에서 윤회라는 새롭게 미소화 한 차이를 포섭하는 언어지평이 출현한 것이다.

여기에 주의가 필요하다. 여기서 발생한 일견 동등하다고 말할 수 있는 질의 차이는 사실은 동등한 질의 차이가 아니다. 양자 사이에는 차연이 엄연히 존재하고 있다. 『보성론』이 근거로 인용하는 여러 대승경전이 이구동성으로 서술하는 것처럼 이 계(=성)의 발견은 여래에 의해 이루어지고, 그 선언은 여래로부터 중생을 향해 이루어지고 있다. 따라서 계(=성)에서 이 차이의 분기적 전이 중에는 먼저 여래를 차이화 하여 여래-계(=성, tathāgata-dhātu)로 하고, 이 여래의 차이화에 의해 발생하는 계(=성)가 이어서 중생을 향해, 중생 안에 있는 여래계(=성)가 된다는 불가역적 순서가 포함되어 있기 때문이다. 곧 계(=성) 안에 여래를 향한 중생의 지연-중생이 항상 아직 여래가 되어 있지 않은 것-은 계속 존재하고 있다. 그렇지만 사태는 오히려 역이다. 여래라는 사실에 대한 끊임없는 지연으로서 중생의 본성이 인정될 때, 거기에 여래장사상이 성립하고 있다. 따라서 계(=성)에서 여래와 중생의 차이의 존재를 여래장사상 비판론자들처럼 공간적·동시적인 것으로서 파악해서는 안 된다.

마지막으로 한 가지 보충해 둔다. '법-계 dharma-dhātu'를 속격 의주석으로 해석하는 이상의 논의는 자내증·소증의 법과 타자에 대한 교계·소설의 법이라는 법신의 두 가지 논리 중 전자에 들어맞는다. 하지만 여기에 더해 『보성론』에서 이 부분의

'법계'는 의식의 대상이 되는 '사건·사물'로서 법과 그 영역을 의미한다고 읽을 수도 있다. 그것은 유부계 아비달마에서 인정되어 온 'dharma라는 요소 혹은 요소 영역'이라는 동격한정복합어持業釋에 의한 법계 해석이다. 그리고 이 해석은 법신의 두 번째 의미 곧 교계·교설로서 법의 의미와 자연스럽게 연속한다. 교설로서 법은 중생에게 의식의 대상이 될 수 있는 법 그 자체이기 때문이다.

법신의 이러한 양극성을 고려하면 다카사키(高崎 2010)가 지적하고 있듯이 의주석에 의한 법계 해석은 진리·증득법·승의제·자리의 구족으로서 지혜·출세간·여소유성을 나타내는데 대해, 지업석에 의한 읽기는 모든 존재·교설법·세속·언설제·이타의 구족으로서 자비·세간적 성격·진소유성을 가리키게 된다. 전자가 존재 혹은 보편 차원이라면 후자는 존재자 혹은 개별 차원이다.

7) 진여와 자성청정심

다음으로 일체중생이 여래의 본성을 가진다고 간주되는 두 번째 테제, 곧 '그[중생취의] 무구인 것이 본성으로서 [붓다와] 불이고, 여래의 진여가 중생과 구별이 없다는 의미(眞如無差別義 tathāgata-tathatāvyatibhedārtha)'에 대해 고찰한다. 이 점을 『보성론』은 다음과 같이 해석하고 있다.

> 무한한 번뇌와 고통인 법이 결합하고 있음에도 불구하고 마음은 본성적으로 빛나고 있다. 그 때문에 변이한다고 설하지 않으므로, 미묘한 황금과 같이 불변이不變異

라는 의미에서 진여라고 불린다. 게다가 설령 잘못된 세계로 태어나도록 결정된 중생들 邪定聚이라도, 모든 중생들에게 본래 무차별인 이 동일한 진여가 모든 외래의 번뇌로부터 청정해질 때, 여래라는 명칭을 얻는다. 이렇게 황금이라는 하나의 비유에 의해 진여가 무차별이라는 의미에 관해 '여래 곧 진여가 그 중생들의 본성이다tathāgatas tathataiṣāṃ garbhaḥ sarva-sattvānām' 하고 설명된다(RGV 71, 高崎 1989: 125).

이른바 자성청정심(自性清浄心 cittaprakṛtiprabhāsvara)을 주장하는 것이다. 여기서도 이제까지 반복해 왔던 것을 다시 한 번 확인해 두고 싶다. 이 구절을 보면 중생의 심성을 그대로 긍정한 주장처럼 읽을 수도 있을 것이다. 하지만 진여무차별 때문에 심성본정 心性本浄이라는 사실은 어디까지나 붓다의 관점에서 언명한 것이다. 따라서 중생의 존재 의의는 이 언명을 듣고 응답하는 곳에서만 인정된다. 따라서 이것을 발화자인 붓다로부터 독립한, 중생의 심성 그 자체에 대한 언술이라고 이해해서는 안 된다.

확실히 이 구절의 '표현'으로서 연원은 팔리 증지부 경전에서 '마음은 빛나지만 … (중략) … 외래의 客塵 번뇌에 의해 오염되어 있다'(pabhassaraṃ … cittaṃ … āgantukehi upakkilesehi upakkiliṭṭam AN I 10)는 구절로 거슬러 올라갈 수 있을 것이다. 하지만 이후 제3절 5)에서 보듯이, 『아타카타 Aṭṭhakathā』에 따르면 팔리 경전의 취지는 여기서 설한 내용과는 크게 다르다. 팔리 경전에서 '마음의 빛남'은 중생의 현상면의 의식을 주제로 하고 있다. 그러나 『보성론』에서 혹은 그 연원인 대승경전에서 심성청정은 중생의 심의식에 관한 주장이 아니라 여래에 관한 주장이다. 붓다가 번뇌를 모두 정화하고, 깨달음=진여에 이른 것, 그 진여가 불변이 不變異 인 것, 그 진여의 불변이성을 전하는 것에 심성본정설의 의도가 있다.

따라서 여래장사상 관계 문헌에서 자성청정심은 산발적으로 언급되어 있지만, 왜 자성청정심이 오염되는가 하는 가장 중요한 질문에 대해서는 거의 관심을 보이지 않는다. 이것은 여래장사상이 무엇인가를 아는데 지극히 중요한 특징이다. 여래장사상은 유식사상과는 달리, 중생의 마음 상태를 주제로 하는 심성론이 아니라, 붓다의 절대성을 관심의 초점으로 하는 붓다론· 여래론인 것이다. 중생이 자신의 수행에 의해 스스로 심성을 제어할 수 있다면 3보 안에 법과 승만 존재하면 충분하고, 붓다는 궁극적으로 필요 없게 된다. 자성청정한 중생의 심성론에 근거하는 것은 여래장사상의 주지에서 일탈한다.

그렇기 때문이야말로, 여기서 『보성론』은 심성본정이라는 심성론을 테마로 하고 있는 듯이 보이면서도, 마음을 어떻게 다루어야 할까 하는 논의에 빠지지 않고, 붓다란 무엇인가 하는 주제로 일관한다. 자성청정심과 객진번뇌라는 테마의 진정한 의도는 여래가 여래인 연유를 묻고, 진여의 무차별성을 아는 것에 있다.

이 진여의 이해에는 『반야경』을 비롯한 대승경전 곳곳에서 확인되는 진여에 대한 이해가 전제가 되고 있다는 것은 먼저 틀림없다.

> 여래의 진여는 일체법의 진여고, 일체법의 진여는 여래의 진여다. 그리고 여래의 진여로서 일체법의 진여인것, 그것은 또한 수부티 Subhūti 장로의 진여다(*Aṣṭasāhasrikā: A Collection of Discourses on the Metaphysics of the Mahāyāna School of Buddhists*, Culcatta: G. H. Rouse Buddhist Mission Press, 1888, R. Mitra (ed.). 307).

진여 tathatā는 모든 상황 모든 위상에서 무차별· 평등하고 하나인 것이다. 이 진여에 도달하고 진여 때문에 출현할 수 있는 것, 그것이 여래 tathāgata다. 이 진여라는 개념을 도입함으로써 여래는 진여에 의해 근거를 확보하는 존재로 차이화 하고 있다. 여래에게 차이를 발생시킨 진여가 중생의 진여와 동일한 것이라는 형태로, 중생에게도 동질의, 다만 방향을 반대로 한 차이를 발생시킨다. 여기서도 여래와 중생에서 차이 발생의 순서, 차연은 중요한 것이다. 이 진여무차별의 상태에 의해 중생은 여래의 본성을 갖추고 여래장이라고 불린다.

8) 종성과 불성

마지막으로 '여래의 종성이 존재한다는 의미(種姓存在義 tathāgata-gotra-sadbhavārtha)'를 보자. 여래 종성의 존재에 관한 논의는 여래장사상의 이론적 골격에 관한 중요한 테마다. 『보성론』에서는 이하와 같은 이해를 보인다.

> 이들 [땅속의 보석함, 큰 나무, 보석으로 만든 불상, 전륜성왕, 주물 속의 금상이라는 『여래장경』에서 설한] 다섯 가지 비유에 의해 [자성신 自性身·수용신 受容身·화신 化身이라는] 세 가지 불신이 생기하는 종성(種性 gotra)이 존재한다는 의미에 대해 여래성 tathāgatadhātu이 이들 중생의 본성 garbha이라고 설명된다. 여래는 세 가지 불신으로 드러나기 때문이다. 그 때문에 여래성은 그것을 체득하기 위한 원인인 것이다. 여기서 성(性 dhātu)의 의미는 원인 hetu이라는 의미다(RGV 72, 高崎 1989: 126-127).

여래의 종성은 세 가지 존재양태로서 붓다를 산출하는 자궁이고 중생의 위상에 있는 여래를 산출하는 여래성에 다름 아니라는 말이다.

종성gotra이 인도 사회의 기초가 되는 성씨 개념을 은유로 한 술어라는 것은 틀림없다. 그것은 불전에서 선남자kulaputra 선여인kuladhitṛ이라는 표현에서 일찍부터 채용된 가계kula라는 개념과 동일하다. 여래의 종성이라는 것은 여래의 가계에 태어났다는 것과 같은 뜻이다. 그것은 동족의 성원을 낳는 혈통과 관련되어 있고, 여래가 되는 것이 약속된 자로서 존재하고 있다는 의미가 된다.

이 여래의 종성이 다시 여래성(=如來界 tathāgata-dhātu)으로 바꾸어 말해진다. 이 'dhātu' 界는 이미 이 절 6)에서 설명한 것처럼 존재자=법을 질서화하고, 세계 내 존재자화 하는 행위 개념으로 개별에 대해서는 보편에, 존재자에 대해서는 존재에, 법dharma에 대해서는 법성dharmatā에 상당한다.

여기서 여래를 체득하는 원인인 여래성(=如來界 tathāgata-dhātu)은 자성신·수용신·화신이라는 구체적인 세 가지 불신으로서 여래를, 그런 의미에서 존재자로서 여래를 현현시키는 이른바 존재의 위상에 있는 여래에 상당한다. 존재가 존재자로서밖에 나타나지 않는 것처럼, 여래성의 청정무구한 결과로서 측면은 세 가지 불신으로 나타난다. 세 가지 불신이 나타나 있을 때 여래성은 숨어있다.

『보성론』은 이후 'dhātu'가 원인이라는 것을 설명하기 위해, 출전 미상의 경전을 인용하여, '중생 하나하나에 여래의 본성tathāgatadhātu이 존재하고 'garbha' 상태에 있음garbhagata에도 불구하고, 중생은 그것을 알지 못한다'고 서술한다. 여기서 'garbhagata'라는 단어는 '중생=윤회의 위상에 있다'는 의미고, 거기서 존재하는 것은 여래 그 자체가 아니면 안 된다. 따라서 이 'garbhagata'는 미현현한 여래의 본질을 가리키고 있다. 그것을 다카사키 번역에서 보여주듯이 '태아의 상태에 있다'고 해서는 원의를 해치고 만다. 중생의 위상과 여래의 위상, 쌍방의 위상에 동일한 차이를 산출할 수 있는 것이 'dhātu'고, 그 의미에서 양자에게 원인이 되는 것이다.

'dhātu'가 원인이라는 의의를 다시 근거지우기 위해 『보성론』은 앞서 이 절 6)에서 인용한 『대승아비달마경』의 '무시이래 無時以來의 계(=性 dhātu)는 일체법이 동일하게 의거하는 근거. 그것(계=성)이 있을 때 일체의 [윤회의] 길이 있고 열반의 증득도 있다'는 게송을 제시한다. 이 구절에 나타난 계(=성)가 가진 '존재자의 질서화 행위'는 산스크리트어 동사 어근 dhātu에서 파생하는 단어에 부정·반대의 뉘앙스를 부가하는 접두사나 전접사를 붙임으로써, 정반대 의미의 단어가 출현하는 모습에 비교된다. 완전히 동일하게 여래와 중생 그리고 열반과 윤회라는 대극에 있는 개념이 붓다가 찾아낸 계(=성 dhātu)를 소의로 하는, 존재자로서 산출된 것이다.

이 인용문 중의 계(=성 dhātu)를 설명하면서 『보성론』은 『승만경』의 '이 여래장은 출세간의 본성 garbha이고, 본성청정한 본성 garbha이다'는 구절을 인용한다. 또 '일체법의 소의 samāśraya'에 대해서도 같은 『승만경』의 다음 구절을 인용한다.

> 그러므로 세존이시여. 여래장은 [그것과 본래] 결합하고, 불가분이고, 지혜에서 분리되지 않은 무위의 제법에 대해서도 소의所依, 토대, 기반입니다. 세존이시여. [그것과 본질적으로] 결합하지 않고, 분리되고, 지혜와 분리된 유위의 제법에 대해서도 소의, 토대, 기반인 것이 여래장입니다(RGV 73, 高崎 1989: 128).

여래의 지혜와 결합하고, 모든 것이 정화된 세계와 그 이면으로서 부정한 세계의 모습이 모두 여래장에 의해 존재한다. 무위와 유위, 열반과 윤회 쌍방의 전 존재자가 계(=성 dhātu)에 의거하여 출현하는 것의 원리적 설명에 대해서는 이미 더 말할 필요가 없을 것이다. 하지만 이 언명이 실천의 장에서 어떤 의미를 갖는가 하는 점에 대해서는 보충할 필요가 있다. 윤회와 열반을 동일시해 버리는 언설이 종교 실천에서 갖는 의미는 즉각 이해하기는 어렵기 때문이다.

몇 번 서술한 것처럼, 여래장사상은 이미 이상이 실현된 세계를 묘사하고 있다. 이상이 실현된 세계란 현실에서는 장애나 곤란이 극복된 세계다. 자기의 바깥에서 엄습해온 것이든 자기 안에서 발생한 것이든 그것은 항상 자기를 세계로부터 격리하는 벽으로서 현전하고, 깨달음이나 구제는 이 벽의 소실로 실현된다. 그리고 장애나 곤란을 극복했을 때, 세계로부터 분리되어 있던 자기는 세계와 하나가 되고 견고하게 막고 있던 벽이 소멸한다. 이렇게 전체가 하나인 세계가 되었을 때, 거기서는 일찍이 존재하던 곤란과 장애만큼의 빛이 발산된다. 빛을 방해하는 것에 빛이 반사하여 빛 자체가 가시적이 된다. 이 차원에서는 유위법과 무위법은 한 존재의 표리고, 이 사태를 여래장이라고 이름하는 것이다.

3.
대승경전의 전개와 여래장사상의 성립

1) 경전을 근거로 한 여래장사상의 형성

앞 절에서는 여래장·불성사상을 완성한 『보성론』에 의거하면서, 이 사상의 기본 구조와 개념을 개관했다. 그 과정에서 여래장사상이 가진 두드러진 특색 하나가 명확해 졌다. 그것은 여래장사상이 여래장이나 불성이라는, 마치 여래와 중생을 매개하고 공존시키는 듯한 개념을 창출하면서도, 중생론에 빠지지 않고 오직 붓다론을 전개하고 있다는 사실이다. 그 붓다론은 'garbha 藏', 'dhātu 界/性', 'gotra 種性'라는, 여래와 중생의 차이를 등거리로 그러나 차연을 포함하면서 제삼자화 하는, 하나의 고차 개념에 기반하여 전개된다. 이 점에서 그 이전의 붓다론보다 한층 높은 차원에 선 이론이 되고 있다.

여래장사상이 붓다론, 여래론을 사상 구조의 기둥으로 하는 점은 이미 다카사키 지키도가 그 방대한 연구를 통해 명확히 하고 있는 것이지만, 다시 한 번 강조해 둘 필요가 있다. 때때로 연구자는 – 다카사키 자신도 포함해 – 여래장사상은 수도론을 결여하고 있고, 거기서 이 사상의 결함이 있는 것처럼 간주해 버리기 때문이다. 물론 수도론 부재라는 사실의 지적은 타당하다. 그래도 원래 이런 고도의 붓다론에 현실의 수도론은 어울리지 않는다는 사실을 알 필요가 있다. 수도론이 필요 없다는 의미는 아니다. 논의의 초점이 다르기 때문인 것이다. 신의 존재증명 이론화 과정에서 신자의 기도 방법을 논하는 신학자는 없을 것이다.

이 점을 일부러 여기서 논하는 것은 인도불교사의 어떤 문맥에서 여래장사상이 형성되어 왔는가를 명확히 하고자 하기 때문이다. 『보성론』이 사용하는 술어나 그 논리 구성이 보여주는 것은 일견 유가행유식파 사상과 밀접한 관계다. 양자의 연원이 동일하다면, 여래장사상은 『유가사지론』에서 보이는 것처럼, 중생의 심성론·번뇌론을 중심 테마로 하고 무엇보다 수도론에 기반해야 할 것이다. 그것이야말로 유가행파의 관심의 초점이기 때문이다.

그러나 실재 여래장사상은 철저한 붓다론이고, 중생 문제도 붓다론 안에 포섭해 버린다. 심성본정설을 채용하면서도 그 메카니즘에는 관심을 보이지 않는 것

등, 결정적인 점에서 양자의 차이는 크다. 그렇다면 그 이론 구성의 외견적 상사성에도 불구하고 여래장사상은 유가행파의 문제의식과는 방향이 다르다.

그러면 붓다의 관점에서 불교사상을 재구축하려는 움직임의 기원은 도대체 무엇일까. 가능성은 두 가지다. 하나는 대승경전 제작 운동이고 다른 하나는 대중부 아비달마의 존재다. 전자는 문헌적으로 확실히 뒷받침되는데 대해, 후자는 제4절에서 논하는 것처럼 추측의 영역을 벗어나지 않는다. 이 절에서는 전자에 대해 조금 상세히 고찰해 보자.

붓다의 존재를 중심으로 하는 사상구축 운동이 특히 기원 전후에 대승경전 제작 운동으로서 현저하게 출현한 것, 그것이 서사경전 제작 운동이었던 것은 이전의 여러 논고에서 상세히 논했다(下田 2011a, 2013, 2013a). 그리고 『보성론』이 22경이나 되는 대승경전을 인용함으로써 논의 골격을 구성하고 있는 것을 알면, 이 새로운 붓다론을 구축하는 창조적 착상의 연원이 대승경전에 있었다는 것도 거의 의심할 수 없다.

실제로 다카사키의 『여래장 사상의 형성 如來藏思想の形成』은 대승경전사상 연구사라고 명명할 수 있을 정도로 여래장사상의 원천을 대승경전 그 자체에서 찾고 있다. 조사 대상이 된 경전 종류는 『보성론』에서 인용하는 경전 몇 배에 이른다. 주목할 것은 여래장사상을 구축하는데, 14세기 티베트불교 사상가인 부퇸 Bu ston도 완전히 같은 태도를 취하여, 『보성론』이 인용하지 않는 경전의 다양한 문장을 인용하고 있다(Ruegg 1973, 下田 1986). 여래장사상을 검토할 때, 대승경전에 그 근거를 구하는 것의 타당성을 시대와 장소가 크게 떨어진 두 불교학자의 우연한 태도 일치가 보여주고 있다.

이제부터 논하는 이 절의 결론 일부를 미리 제시하면, 『보성론』이 보여주는 여래장사상의 다양한 해석은 아마도 대승경전을 매개로 하는 일이 없었다면 발생하지 않았을 것이다. 최근 필자의 논고에서 살펴본 것처럼 서사경전의 출현에 의해 텍스트 외부의 제도 세계로부터 높은 수준으로 독립한 텍스트 내부의 언설 공간이 탄생하고, 그 공간 안에서 붓다의 '진의'를 밝히고 '진리의 정통학'을 묻는 것이 가능하게 되었다. 대승경전은 현격하게 심화한 언어세계를 가지고, 그것이 여래장사상의 형성에도 중요한 역할을 수행했음에 틀림없다. 이하 그 특징적인 면을 확인한다.

2) 대승경전에서 언설의 복층화와 『보성론』의 서술 구조

『보성론』의 구성에는 논이 이해하는 여래장사상 전체가 반영되어 있다. 논은 3보 triratna가 출생하는 원인으로서 보성 ratnagotra의 고찰을 주제로 하고 앞절에서 서술한 법신=법계, 진여, 종성이라는, 여래성 dhātu의 내실을 구성하는 여러 개념의 분석에 모든 정력을 쏟고 있다. 다카사키(高崎 1989)가 서술한 것처럼 여기서 주목되는 것이 법계나 진여라고 하는 이른바 객체적 진리나 도리가, 유구·무구라는 마음의 더러움을 지시하는 매우 주체적인 모습과 융합해서 논해진다는 점이다. 번뇌론과 진리론이라는 두 지평의 중첩은 깨달음에 도달한 붓다의 관점에서 사후적·회고적으로 인식된 세계의 모습을 보여주고 있다. 하지만 이것은 적어도 설일체유부계 아비달마에서는 생각할 수 없는 해석방법일 것이다. 법의 영역과 그것에 관련한 주제를 논하는 『구사론』 「계품」 및 「근품」을, 번뇌론과 수도론 그리고 성자론을 논하는 「수면품」 및 「현성품」과 융합시켜버린 것 같은 방법이다.

주체와 객체라는 두 가지 다른 지평의 공존은 법계 dharmadhātu 이해에서 가장 선명하게 나타나 있다. 『보성론』에서 법계는 붓다가 자기 자신에 의거하여 증득한 진리 그 자체인 법의 본성과 타자를 향해 설한 교계로서 법의 전체라는 두 의미를 동시에 갖고 있다. 전자는 붓다의 내적 주관인 깨달음의 정경이고 본래 언설화 할 수 없는 차원의 사건이다. 이에 대해 후자는 현실에 남겨진 교설이고, 이해의 실천과는 별개로, 만인에게 접근 가능한 객관적 법이다.

통상 논의의 대상이 될 수 있는 것은 후자뿐이라고 생각할 것이다. 실제로 아비달마의 역사는 역사에 남은 객관적 법=교설 지식의 정리와 해석을 기도한 것이다. 그러나 대승경전은 붓다 깨달음의 내적 풍경을 조준하고, 교설·교계로서 법이 흘러나오는 '원천' 쪽을 논하고자 하고 있다. 현존하는 대승경전은 전자인 법계 곧 붓다가 증득한 진리의 표출 쪽에 명백히 관심을 기울이고 있는 것이다.

아비달마 논사들과 대승경전 편찬자들의 의식 사이에는 이토록 커다란 괴리가 있다. 논사들도 예를 들면 『구사론』 첫 부분의 귀경게에 보이는 것처럼 증득법과 교계법이라는 두 가지 법의 구별은 숙지하고 있다. 그 구별의 연원은 나중에(제4절 2)) 보듯이 『바사론』에서 붓다와 샤리푸트라의 지혜 차이를 둘러싼 논의까지 거슬러 올라갈 수 있다. 그래도 그 위에 그들이 한 것은 역사를 따라 전개된 교설법을 심찰하고 해석하는 것이다. 이러한 역사의식에 뒷받침된 사상가들은 텍스트 밖에서서 교설을 객체화하고, 이른바 삼인칭 입장에서 해석하고 있다. 텍스트 해석자인 논사 자신의 개인명을 해석에 붙인 이유다.

한편 대승경전의 편찬자들은 전혀 다른 입장에 서 있다. 그들의 의식은 역사적 시간의 제약을 넘어 붓다의 시간과 겹치고, 붓다의 언어가 생겨나는 기원까지 거슬러 올라간다. 이러한 의식에서 태어난 대승경전은 아비달마 논서에 비하면 언설 구조가 훨씬 복잡하다. 인칭은 일인칭에서 삼인칭까지 구사하고 동사 서술법은 다양다기하며, 언설의 계층은 대략 서분·정종분·유통분으로 삼분화 하고, 이야기의 시간은 원환적이고 반복 가능한 구조를 갖는다.

이러한 언설구조의 복잡화는 거기에 관여하는 자의 의식에 상당한 변화를 불러일으킨다. 인칭이나 서술법의 전환은 세계를 비추는 관점을 전환하여 주객의 입장을 바꾸고, 독자의 심적 태도를 다양하게 변용한다. 서분의 시작에서 선정에 들어있는 붓다에게는 진리·증득의 법으로서 법계가 무분별지의 대상으로 유일성을 갖고 현현하고, 그것을 붓다는 자리의 경지에서 언어를 초월한 승의의 진리로서 향수하고 있다. 정종분에 들어가면 자비에 의한 교설의 법이 타자를 향한 이타적 언설이 되어 출현하고, 숨어있던 진리가 세속의 다양성에 상응하여 표출된다. 정종분이 끝나면 언설의 시점은 경전 외부로 나가고, 교설이 담긴 경권의 존재의의를 회고적으로 비춘다. 이러한 언설의 복층화와 정치화에 의해 자리에서 이타로 전환, 현재와 붓다가 재세 중인 과거의 연결, 전통 내부와 외부의 왕래 등을 교묘하게 실현한다. 대승경전 입장에 의해 붓다와 법의 관계를 둘러싼 이해는 현격하게 깊어지고, 불교에서 구제론 혹은 변신론이 형성되는 토대가 완성되었다.

『보성론』에서 말하는 두 가지 법신=법계가 가진 각각의 의의에 대해서는 누차 얘기해 왔다. 곧 한편이 진리·증득법·승의제·자리의 구족으로서 지혜·출세간·무분별지에 대응하는 여소유성(=유일성)·존재를 나타내는데 대해, 다른 한편은 모든 존재자·교설법·세속·언설제·이타의 구족으로서 자비·세간적 성격·후득지에 대응하는 진소유성(=다양성)을 나타내고 있다. 대승경전은 이들 법신=법계 전체를 붓다의 말씀이라는 내러티브에서 모두 담고 있음을 알 수 있을 것이다.

『보성론』 저자가 많은 대승경전에 정통하는 과정에서 이 두 가지 법신=법계의 차이성과 동일성에 주목하고, 여래장사상을 이론화할 때 그것을 지주로 한 것은 의심할 수 없을 것이다. 『보성론』이 인용하는 대승경전의 분량과 그 서술구조의 특징으로 보아, 입론의 핵심을 주는 것은 대승경전 이외에는 생각하기 힘들다.

확실히 『보성론』의 논 구성에는 유가행파의 영향이 인정된다. 하지만 그 구성의 바탕에서 전개된 내용은 논의 주장이 서술된 후에는 거의 반드시 대승경전을 교증으로 인용한다. 게다가 그 경전의 언설 구조가 『보성론』 서술 구조 안에 편입되어, 이른바 일체화되어 있는 것에 특징이 있다. 여래로부터 중생을 향하는 관점, 자리·이타라는 시점의 전환, 붓다의 의식으로 소급 등 대승경전의 언설에 의해 실현되는 것은 모두 확보되어 있는 것이다. 이러한 점을 다음 항에서 『보성론』이 인용하는 경전에서 확인해 두자.

3) 대승경전에서 지혜와 자비의 융합

『보성론』의 기술을 따라가면서 불교사상사에서 여래장사상의 탄생을 『화엄경』 「성기품」에서 『여래장경』으로 이행에서 발견한 다카사키 지키도의 「화엄교학과 여래장사상 – '성기' 사상의 전개 華嚴教學と如來藏思想 – '性起' 思想の展開」는 많은 논고 중에서도 중요한 것이다.

「여래성기품」은 여래의 지혜가 중생에게 침투해 있는 모습을 탁월한 비유를 이용하여 보여준다. 3천대천세계를 완전히 그대로 옮겨 그려진 장대한 크기의 캔버스가 있다. 그것이 모든 중생 안에 극미 크기의 입자로 담겨 있다. 중생들은 그것을 알지 못한다. 지혜의 눈동자로 그것을 꿰뚫어 본 현자 한 사람이 그 극미 하나하나를 파괴하고, 안에서 3천대천세계와 동일한 큰 캔버스를 꺼내 보인다는 것이다. 그것을 이어 경전은 다음과 같이 계속한다.

> 불자여. 바로 이와 마찬가지로 무량의 지혜, 일체중생을 요익하는 지혜인 여래지如來智는 일체중생의 심상속 안에 예외 없이 삼투해 있다. 그리고 그들 중생의 심상속은 모두 여래지와 동일한 크기를 갖고 있다. 그런데도 잘못된 상념에 집착하고, 속박되어 있는 어리석은 자들은 여래지를 스스로 확인하지 못하고 이해하지 못하며 실현하지 못하고 있다. 거기서 여래는 장애 없는 여래의 지혜로써 모든 법계 안에 있는 중생의 상태를 관찰하고, 교사라는 생각을 갖고 [다음과 같이 말씀하셨다.] 오 불쌍하게도, 이 사람들은 여래지가 [자신에게] 삼투해 있는데도, 여래지를 바로 이해하지 못한다. 나는 이 사람들을 위해 [8]정도를 설하고 모든 [잘못된] 상념에 의해 만들어진 속박을 제거해 주자. 그렇다면 그들은 자기 스스로 성도의 힘을 받아들여 커다란 상념의 결박을 제거하고 [그들 자신 안에 있는] 여래지를 자각할 것이다. 그리고 여래와 같은 상태를 획득할 것이다(RGV 23-24, 高崎 2010: 426-427).

진실로 알기 쉬운 문장으로 취지의 이해에는 어떤 설명도 필요 없을 것이다.

이 비유는 진리로서 법과 교계로서 법이라는 법계=법신이 가진 양극성을 중생의 신체라는 동일한 존재로 융해·조화시키는 것이다. 여래가 자기 자신에 의거하여 깨달은 자내증의 지혜가 그대로 중생에게도 침투해 있다. 이 지혜는 진리성 그 자체를 확인하는 법계=법신의 첫 번째 의미의 지혜인 여소유성(보편, 유일성)의 지혜다. 동시에 이 지혜는 이 세계를 같은 크기로 옮겨 취할 수 있는 지혜이기 때문에, 두 번째 의미의 법계=법신의 지혜인 진소유성(개별, 다양성)의 지혜이기도 하다. 이 사태를 자각하지 못한 중생을 위해 붓다가 설하는 법, 그것이 또한 두 번째 의미의 법계=법신의 지혜가 되어 있다. 이렇게 하여 '큰 캔버스'라는 단 하나의 비유 안에 첫 번째와 두 번째 법계=법신의 의미가 훌륭하게 담겨 있다. 다시 중요한 점에 주의가 필요하다. 설일체유부나 팔리 상좌부 수도론에서 지혜는 'prajñā, jñāna, vidyā, buddhi, darśana, dṛṣṭi, vipaśyanā, anupaśyanā, parijñā, abhijñā, ājñā, samprajāna, mīmāṃsā, parīkṣā, pratyavekṣaṇa, dharma-(pra-)vicaya, pratisaṃvid'라는 다양한 원어로 뒷받침되고, 개개의 문맥에서 무엇을 어떻게 비추는지 상세히 대답하는 개념이다. 무엇보다 그것은 수도나 실천을 통해 단계적·개별적으로 체득해 가지 않으면 안 된다. 그러나 이 「여래성기품」에서는 그것이 여래가 발하는, 중생 안에 침투해 있는 것으로 묘사되고 있다. 하지만 그와 같은 성질을 가진 것이 수도론의 지혜일 수는 없다. 슈미트하우젠(Schmithausen 1997)이 초기경전을 대상으로 정치하게 분석한 것처럼 그리고 그것을 기반으로 하라(原 2000)가 더 상세히 밝힌 것처럼, 한 사람의 주체로부터 발산되어 주위에 침투하는 것은 자비다. 곧 지혜와 자비의 교체 혹은 융합이라는 대단히 주목해야 할 현상이 대승경전에서 일어나고 있는 것이다.

이것을 어떻게 생각하면 좋을까. 지혜와 자비의 관계에 대해서는 불교의 중심 주제로서 이제까지 실로 많은 논의가 있어왔다. 하지만 양자의 융합 혹은 교체라는 사태는, 필자가 아는 한, 문제가 된 적이 없다. 여기서 이 문제를 본격적으로 논할 준비는 없지만 대략의 전망을 서술해 두자. 예를 들면 다음과 같은 경위를 상정해 둘 필요가 있을 것이다. 붓다 재세 중에 제자들이 붓다의 말씀을 접하고 고통으로부터 해방될 때, 그 붓다의 말씀은 자신의 의식에 각성을 가져온 지혜의 말씀이기도 하고 고통에서 해방시켜 준 자비의 말씀이기도 하다. 직제자들에게 이 두 가지의 구별은 이루어지지 않는다. 붓다의 지혜와 자비가 판연하게 나뉜 것은 말씀의 주체인 붓다가 입멸하고 말씀만이 남아 그것이 지혜를 주는 것으로서 타자로부터 발설되는 시점 곧 구두전승이 시작한 시점이다.

제자들에 의한 구전 단계에서 이해되는 자비가 있다면 그것은 직접적으로는 가르침을 전하는 스승의 자비지, 붓다의 자비는 아니다. 붓다의 자비는 유추에 의해서만 존재할 수 있다. 그러면 자비는 도대체 어디로 간 것일까. 유력한 하나의 행방은 지혜와 마찬가지로 수도론 안에서 발견된다. 초기불교나 부파불교에서 자비는 오래된 것으로는 『숫타니파타』 「자비경」에서 확인된다. 완성된 수도론에서는 '5정심관五停心觀'의 두 번째 '자비관'에 담기고, 수행자 자신의 태도양성으로 실천하는 수행법의 일부가 되어 있다. 곧 대승경전에서 자비의 이해와는 전혀 다르다. 자비를 붓다로부터 입는 것이라고 간주하지는 않는 것이다.

그런데 서사경전으로서 대승경전이 출현하면 사정이 일변한다. 붓다의 말씀과 그것을 듣는 자 사이에 서 있던 매개자가 사라지고 사람은 경권의 문자를 마주하는 방식으로 붓다의 말씀에 직접 대면하게 된다. 여기서 듣는(=읽는) 붓다의 말씀은 지혜를 여는 것이고, 경전으로부터 자신에게 직접 말하는 자비 그 자체다. 서사경전의 출현과 함께 지혜와 자비는 석가모니 붓다 재세시와 동일하게 다시 한 번 융합한다. 앞서 제1절 5)에서 본 것처럼 대승경전에서 그 말씀이 모두 '붓다의 가지력'에 의해 출현한 것이라고 집요할 정도로 기록되어 있는 이유도 이렇게 이해할 수 있을 것이다.

붓다의 지혜가 중생 차원의 법계에 침투해 있는가 하는 주제는 실은 여래장사상과 유식사상을 분명히 구분하는 대단히 중요한 주제다. 유부나 상좌부에서 전승된 아비달마에 따르면, 지혜는 수행자 스스로 수도를 거듭하여 단계적으로 획득하는 이른바 능력이고 수단이다. 그것이 붓다로부터 발산되어 중생 세계에 침투해 있는 것은 있을 수 없다. 이 아비달마 입장을 취하는 것이 유식사상이다. 법계가 청정할 수 있는 것은 수행자 주체의 존재기반이 전환轉依하는 것을 통해야만 가능하다. 거기서 붓다의 존재는 가르침으로서 법 곧 두 번째 법신의 의미에서 그 의의가 인정되고 있다.

한편 여래장사상에서 이 세계는 궁극적으로 붓다 한 사람의 활동으로 이루어진 것이고, 미혹의 세계인 중생 존재도 이 붓다의 활동 안에 들어가 있다. 수행을 한다고 해도 그 수단인 교계·교설의 법은 붓다의 자내증의 법에서 발생하고, 중생이 획득하는 지혜가 있다고 해도 그것은 붓다의 깨달음=진여의 세계에서 흘러나온 것이다. 그것은 엄밀한 의미에서 중생 자신의 능력이 아니다. 붓다의 지혜가 자내증의 법에서 교계의 법을 통해 한줄기 중생계로 흘러 중생 안에 침투하지 않았다면, 이 세계에 깨달음은 있을 수 없다고 여래장사상은 이해한다. 따라서 여래장사상에서 존재 기반의 전환·전의는 유식과는 전혀 다르다. 그것은 불변인 붓다의 세계에서 일어나는 위상의 전환인 것이다.

4) 『여래장경』이 전하는 것

다카사키(高崎 2010)에 따르면 이 『화엄경』 「여래성기품」을 기반으로 『여래장경』이 성립한다. 이 경전은 영취산 설법장 하늘에 찬연하게 빛나는, 수많은 대연화가 출현하고 그 연화대에 여래들이 아름다운 모습으로 단좌하는 장면에서 시작한다. 그 연화가 갑자기 여래의 힘에 의해 시들고, 악취를 풍기는 역겨운 모습으로 변하는 과정이 이어진다. 이 불가사의한 기서奇瑞에 놀란 보살 청중에게 붓다는 그 연유를 다음과 같이 설명한다.

선남자들이여. 마치 여래가 화작한, 색이 바래고 악취를 풍기며 시들고 혐오를 불러일으키는 이들 연꽃과, 아름다운 모습을 하고 이들 연화대에 단좌하여 수십만의 광명을 발하고 있는 저 여래들을 분명히 알고 직접 보며 사람들은 합장하고 공양한다. 그와 같이 선남자여. 여래·응공·정등각자들도 자신의 지혜와 여래의 눈으로 탐욕·진에·우치·갈애·무명 등 수천백만의 수많은 번뇌에 덮여 있는 모든 중생[을 관찰한다.] 또 선남자들이여. 번뇌에 덮인 그 중생들 안에 우리와 닮은 지혜를 갖추고, [우리와 같은] 눈을 가진 많은 여래가 있고, 결가부좌한 채 움직이는 일 없이 앉아있는 것을 관찰한다. 모든 번뇌에 의해 오염된 그들 안에 여래의 본성chos nyid=dharmatā이 있어서 움직이는 일 없이, 윤회 생존의 모든 씨앗에 의해 오염되지 않는 것을 보고 '그들 여래들은 우리와 닮았다' 하고 말씀하신다. 선남자들이여. 여래의 눈은 그와 같이 훌륭해서, 그 여래의 눈으로 '모든 중생은 여래장이다sems can thams cad de bzhin gshegs pa'i snying po=sarvasattvās tathāgatagarbhāḥ' 하고 관찰한다. 선남자들이여, 예를 들면 천안을 가진 사람이 그 천안으로 이와 같이 색이 바래고, 이와 같이 악취를 풍기고, 혐오를 불러일으키는 연화를 보고, 그 안의 연화대에 여래가 단좌하고 있다고 분명히 알고 여래의 상을 보고 싶다고 생각하고, 그 여래의 상을 잘 씻어 깨끗이 하기 위해, 색이 바래고 악취를 풍기며 시든 연잎을 제거한다. 선남자들이여. 그것과 마찬가지로 여래도 불안으로 일체 중생은 여래장이라고 관찰하고, 그 중생들의 탐욕·진에·우치·갈애·무명 등의 번뇌의 덮개를 열기 위해 법을 설한다. 그것을 완성하고 [중생 안에 있는] 여래들을 바로 안립하는 것이다(Peking ed. (Otani) Vol. 36, pp.241.1.7-3.5, 高崎 2009: 62-63).

이 문장은 앞 항 3)에서 본 『화엄경』「여래성기품」과 전혀 다른 비유를 사용하면서, 같은 취지를 전하고자 하고 있다. 곧 붓다의 지혜가 중생의 내부까지 침투하고 찬연하게 빛나는 여래처럼 계속 존재하고 있는 것, 그럼에도 불구하고 시들고 썩어 혐오스런 연꽃과 같은 번뇌에 덮인 중생은 그것을 알지 못하는 것, 여래가 가르침을 통해 그 본래의 지혜를 자각시키는 것이다. 여래가 중생 안에서 자신과 같은 지혜의 존재를 꿰뚫고, 그것을 '경전'의 교설을 통해 중생에게 전하고자 하고 있는 구조는 전혀 변함이 없다. 새로운 요소는 이 사태를 '중생이 여래장이다' 하고 부르는 점이다. 『보성론』은 이 구절로써 그 전체 논거를 세우고 있다. 무엇보다 경전형성사라는 관점에서 보면 『여래장경』의 이 비유는 시대를 내려가 부가된 것이고, 『열반경』보다 성립이 늦다(제2장 및 이 절 6)).

현재까지 이 경전은 오로지 여래장사상의 주장을 목적으로 편찬, 제작된 것으로 연구되어 왔다. 그런데 콜(Cole 2005)은 『법화경』이나 『유마경』과 같은 대승경전류에 이 경전을 넣고, '아버지로서 경전'이라는 독해가 가능하다는 사실을 보여주고 있다.

『여래장경』에서 내부의 붓다 internal buddha는 아버지 역할과 아들 역할이라는 이중화 한 역할을 동시에 연기하고 있다고 할 수 있을 것이다. 첫째, 내적인 붓다는 항상 자신 안에 있는 아버지다. 경전 안에서 설하는 붓다들도 그렇게 인정하고 있다. 둘째, 내적인 붓다가 타자 내부에 존재하고 있기 때문에 내적 붓다는 그 주체를 이으고 자신과 같이 되어 갈 아들로 삼고 있다. 다만 그것은 그 아들이 자기 안에 그 아버지를 확인하고 아버지가 아닌 요소를 자기로부터 모두 제거하여, 완전히 아버지와 동일하게 되고 싶다고 원하는 경우에 한하는 것이다. 이렇게 『법화경』에서 부자의 경우와 마찬가지로 [아버지를] 품고 있는 아들이 완전히 아들이 되는 것은 자신이 아버지로부터 와서, 아버지로 귀환하는 것에 다름 아니다. [이제] 아들 역할은 두 번째 상태 막간의 사건에 지나지 않는다는 이 사실을 알 때다. 따라서 [경전을] 읽는 주체로서 아들은 최종적 정체성을 달성할 때 어떤 의미에서 자살할 것이 요구된다. 그렇다면 얄궂게도 그 아들은 아버지만 남도록 아들로서 자신을 죽이는 것에 의해 내적인 아버지와 함께 아들이 되는 것이다. 이후에 보듯이 이 난문을 텍스트가 인정하고 있을 리는 물론 없지만, 수사의 논리가 피해갈 수 없는 것이다(Cole 2005: 202).

붓다가 되어야 할 자신을 알아차린 중생이 본래 자기 자신으로 회귀하는 과정에서 현재의 자신 사이에 발생한 차이와 차연을 훌륭히 표현하고 있다. 이 간격의 회복은 항상 자기부정인 것이다

이 과제에 대한 고찰은 콜 이후에 출판된 츠다(津田 2008)가 같은 취지로 행하고 있다. 『법화경』「방편품」 60–61송의 해석과 관련하여, 케른H. Kern, 마츠나미松濤, 이와모토岩本의 번역을 거부하고 자신의 해석을 제시하여, 『법화경』을 '원성취願成就의 철학'으로 규정한 이 논문은 신학적 관점에서 대승불교를 해명한 중요한 성과다. 그 입론의 핵심은 츠다가 인용하는 구마자와 요시노부熊澤義宣『불트만ブルト

マン』의 다음과 같은 문장에 나타나 있다.

> 바울이나 요한의 경우도 신앙자의 생활은 '정적인 상태'가 아니라 직설법과 명령법의 변증법적 통일에서 보이는 '동적 행위'다. 그들은 현재 그렇게 되어 있지 않으면 안 되는 것이고, 장래 그렇게 되어야 할 것에 현재 이미 그렇게 되어 있는 것이다(p.29).

여기서 서술하는 것은 전통의 계승 행위는 물론 자신의 정체성을 추구해 갈 때 불가피하게 현재화하는 차이와 차연을 둘러싼 물음이다. 인용한 구마자와의 문장은 차이·차연의 내실을 동사 서술법의 차이로 명료히 보여주고 있다. 물론 다른 종류의 차이를 이용해 보여주는 것도 가능하다. 아버지와 아들이라는 은유는 대표적인 것이다.

전통은 자신이 알지 못했던 역사를 온전히 수용하는 것에서 시작한다. 하나의 전통을 자신의 기원인 아버지로 인정하고 그것을 계승함으로써 전통 그 자체가 될 때, 고립된 자기는 거기서 목숨을 끝내야 한다. 자신에 앞선 큰 세계의 수용은 자립하고 있던 작은 자신의 죽음을 담보로 한다. 그것은 이루어져야 할 것과 차이가 있다는 것을 알아차리고, 그 차이를 자신의 것으로 한다고 결의할 때 필연적으로 발생한다.

이렇게 하여 실현된 전통의 수용은 현재 존재하고 있는 전통 형태를 그대로 유지하는 것을 의미하고 있지는 않다. 오히려 현실의 구성은 부정되고 쇄신되며 완전히 형태를 바꾸어 버리는 일이 적지 않다. 전통을 진정으로 수용함으로써 전통 그 자체가 이원적 세계로부터 다시 비춰지고 새로운 차이를 띠며 재창출되는 것이다. 불교의 역사야말로 바로 그런 발걸음이다. 불교라는 전통은 점점 새로운 경전을 낳고 조사를 낳으며 운동을 낳고, 그 때마다 전통을 쇄신하고 힘을 회복하여 앞으로 계속 진전했다. 전통의 수용이란 전통의 창출이다.

개인의 정체성도 마찬가지다. 사람은 자신이 진정으로 바라는 것을 알지 못한다고 대승경전 편찬자들은 보고 있다. 대승경전이 밝히는 것은 그 사람에게 이미 주어져 있으면서 아직 발견되지 못한 그 바람과 자신의 관계다. 그 바람은 늘 현재의 자신에 앞서고, 자신은 항상 그 바람에 뒤쳐져 있다. 자신이 되어야 할 것은 이미 자신 안에 있으면서 자신과 바람의 차연은 영원히 메꾸어질 수 없다.

이 차연을 알아차리는 것은 죽어야 할 현존재로서 자신을 발견하는 것과 공명하고 있다. 하지만 그것은 바람을 향한 죽음이라는 점에서 통상의 현존재에 있는 어쩔 수 없는 죽음과 전혀 다르다. 자기 안에 있는 바람과 만날 때마다 사람은 현재에 죽고 그 바람으로 다시 태어난다. 내재하는 붓다를 보는 것은 현재의 자신을 긍정하는 것이기는커녕 끊임없는 부정으로 내딛는 것이다. 여기에 이르면 여래장사상과 무아사상은 단 하나의 넓은 지평의 양쪽에 있다는 것을 알 수 있다.

5) 자성청정심의 의의

여래장사상에 불가결한 주제인 자성청정심과 객진번뇌客塵煩惱를 대승경전 전통이라는 관점에서 지금 다시 한 번 보자. 제2절 7)에서 다룬 것처럼 자성청정심은 여래장사상에서 이용되고는 있지만, 교리적으로 상세히 언급되는 일은 없다. 『보성론』은 이 주제에 대해 '마음의 본래 명정성 明淨性과 그것을 오염시키는 것 둘은 선심과 불선심 어느 한 쪽이 단독으로 작용하는 것 ekacara이기 때문에 두 번째 마음은 결합하지 않는다는 도리에 의해 무루계에 관해서는 대단히 이해하기 어렵다'(RGV 15, 高崎 1989: 26)고 서술하여 설명을 실질적으로 방기하고, 그 설명불가능성을 『승만경』 기술에서 구하고 있다. 만약 자성청정심과 객진번뇌가 여래장사상의 중심 교리라면, 이러한 소략한 취급은 있을 수 없다. 하지만 여래장사상에서 자성청정심은 실은 붓다론 안에 담겨야 할 것이기 때문에 청정한 마음이 어떤 과정에서 오염되는가 하는 질문은 이미 넘어서 있다. 중생의 심성이 본래 청정하다는 진리는 붓다만이 이해하고 중생들에게 그 사실을 밝힌 선언이지 이해를 위한 설명은 아니다. 역으로 만약 중생이 청정하다는 도리가 중생들에게 이해되어 버리면 그 시점에서 붓다의 존재는 필요 없어지고, 중생은 자신의 심성만을 상대로 하면 충분한 것이 된다. 자성청정심을 설명하는 것은 여래장사상을 중생론으로 간주하는 것이다. 그것은 자기 마음에 대한 중생의 긍정을 인정하는 것이 된다.

그러면 여래가 중생들에 대해 그 심성이 청정하고, 번뇌는 외래적인 것이라고 천명하는 것에는 어떤 의미가 있는 것일까. 답은 대단히 명쾌하다. 여래가 중생 안에 존재하고 있는 것을 해당 중생에게 밝히는 것이다. 바로 『화엄경』 「여래성기품」 『여래장경』에서 붓다가 중생에게 '여래의 지혜의 삼투' '여래의 존재'를 계시해서 보여준 것과 같다.

번뇌에 덮여있으면서도 자성청정한 심성이 존재하고 있는 사태가 붓다에 의해 선언되고, 그 근거를 밝히지 않은 채 중생에게 수용시키는 것은 대승경전에 공통으로 보이는 모티프다. 최근 논문에서 서술한 것처럼(下田 2013, 2013a), 대승경전 편찬자들에게는 석가모니 붓다의 입멸 이후, 오랫동안 상실되어 있던 붓다와의 해후가 경전 안에서 이루어지고 있다는 강한 확신이 있다. 그것을 심성론의 지평에서 표명한다면, 오랜 밤에 걸쳐 심성을 덮어왔던 번뇌가 경전의 언설에 의해 지금 제거되고, 잃어버렸던 본래의 청정한 광휘가 다시 한 번 되돌아온 것이다. 번뇌는 객진이고 심성의 광휘야말로 본래의 것이었다는 선언은 이 진리와 해후를 표현한 것이다.

이렇게 파악하면 자성청정심·객진번뇌론은 상실되어 있던 붓다의 계승을 경전에서 복권하는 이론으로 성립하고 있다고 간주할 수 있다. 그것은 종래 생각해왔던 것처럼, 현실의 수도론에서 경험적 사실에 뒷받침된 설이 아니라, 붓다로부터 중생을 향한 호소로 존재하는 언명이다. 실재 심성본정설·객진번뇌론을 본격적으로 설한 것은 『대집경』「혜해보살품」과 「허공보살품」『보녀경』 등의 대승경전이다. 그 모두는 번뇌의 무력과 심성의 본정이 붓다로부터 중생에게 일방적으로 밝혀지고 있는 것이다. 따라서 수도론은 존재하지 않는다.

이 추정을 방증하는 것이 현존하는 수도론 문헌에서 심성본정설의 내용이다. 미즈노(水野 1997)가 밝히듯이 현존하는 독립 문헌에서 마음의 명정이 설해진 것은 팔리 상좌부 『아타카타』와 아마도 법장부 소속이라고 하는 『사리불아비담론』뿐이다. 둘 다 대승경전이나 여래장 문헌의 내용과는 크게 다르다. 팔리 주석 문헌에서 자성으로서 청정한 것은 잠재심인 '유분심(有分心, bhavaṅga-citta)'으로 해석되고 있다. 그것은 여러 가지 선악에 오염되거나 청정해지거나 하는 표층의식에 대해 항상 청정한 상태에 있는 잠재심이다. 그것은 선악에 물들면서 활동하는 표면심의 기반으로서 중립적 상태를 가리키는 것이고, 그 이외 어떤 적극적 의미도 갖고 있지 않다. 『사리불아비담론』도 마찬가지다.

아마 자성청정심은 여래장사상과 부파 아비달마에서 수행상의 실질적 기반으로는 간주되지 않았을 것이다. 중생의 심성으로 본래 청정성을 인정해 버리면, 한편으로는 번뇌의 극복을 설하는 아비달마 수행론은 그 의의를 상실하고, 다른 한편으로 붓다의 절대성을 강조하는 여래장사상의 의의도 소실되고 만다.

여래장사상에서 심성본정이 실현되는 것이나 실유불성이 가능한 것도, 여래와 여래 자신에 의해 차이화된 여래장을 중생이 그대로 수용하는 행위, 곧 '믿음 śraddhā'에 의할 뿐이다. 『보성론』은 마지막 장에서 전체의 공덕을 이하와 같이 설한다.

> 불성·불보리·붓다의 덕성·붓다의 작용은 도사導師들의 영역이고, 청정한 중생에게조차 불가사의하다. 이 승자의 영역에 대해 신해하는 마음을 갖고, 지자(=보살)는 덕성의 모음을 담는 그릇이 된다. 그들은 불가사의한 덕성을 원하고, 일체중생이 산출하는 복덕을 능가한다(RGV 11, 高崎 1989: 205-206).

여기에 불성·여래장·자성청정심 등 모든 설의 의미가 집약되어 있다. 모든 것은 여래로부터 중생에게 향한 행위고, 중생에게는 그것을 수용하는 것만이 요구되고 있다.

서사경전으로 태어난 대승경전이 이윽고 시대와 함께 의례를 낳고 교단을 창출하여 그 내용을 역사 안에 실질화 해 가는 과정에 대해서는 이제까지 몇 번인가 논해 왔다(下田 2011, 2013, 2013a). 여래장사상에 대해서도 마찬가지 사태가 상정되어도 좋을 것이다. 여래만이 중생에게 밝혔던 사실로서, 그리고 실질적 수행을 동반하지 않은 개념으로서 자성청정심이 대승경전에 도입되었다 해도, 이윽고 그 사상이 실질화하고 현실화할 가능성이 있다. 아마도 루엑이나 마테스가 명백히 한 족첸 rDzogs chen 혹은 마하무드라 mahāmudrā 교리 및 실천과 결합한 티베트에서 여래장사상의 새로운 역사적 전개는 그러한 사례의 하나일 것이다.

6) 여래장사상 형성사에서 『열반경』의 재평가

대승경전과 여래장사상의 관계를 논하는 이 절의 마지막에 여래장이라는 개념이 처음 등장하는 문헌에 대한 최신의 성과를 소개하고 필자의 종래 이해에 대해 일부 수정을 해 둔다.

먼저 이제까지 이해를 확인해 두자. 다카사키 지키도는 여래장사상 구축의 기반이 된 경전으로 『여래장경』 『승만경』 『부증불감경』을 고르고 '여래장 3부경'이라고 이름 붙였다. 그것에 대해 『열반경』 및 그와 관계 깊은 여러 경전(『앙굴마라경』 『대법고경』 『대살차니건자소설경』)을 '열반경계통'으로 분류하고 여래장사상의 방계로 보았다. 이것은 『보성론』이 이해하는 여래장사상에 따른 판단이고, 그러한 한 타당하다.

시모다(下田 1997)는 방계로 간주된 『열반경』의 형성 과정을 현존하는 두 한역과 티베트역을 비교하여 전체의 원형이 되는 '원시열반경'을 가설적으로 구성하여 명확히 했다. 그 결과 원시 열반경에서 현존 열반경에 이르는 과정에서 경전의 담지자가 유행遊行적 성격의 법사에서 정주定住적 성격의 보살로 변하고 그에 동반하여 경전 안에 다양한 변화가 일어나고 있는 것을 보여주었다. 이 변화와 병행하여 『열반경』 사상은 법신상주 사상에서 여래장 · 불성사상으로 심화한다. 『열반경』에서 설해진 여래장·불성은 상주하는 붓다를, 나아가 그 상징인 불탑=불사리를 중생 안에 내재화하여 탄생한 것이다. 원시 열반경에서 붓다를 아트만이라고 부르고 현존 열반경에서 여래장·불성을 아트만이라고 부르는 것은 이 두 계층 모두 '붓다는 상주하는 존재'라는 이해를 전제로 하고 있는 것을 보여주고 있다. 양자 사이에 사상적 간격은 언뜻 보기에는 크지 않다.

이 가운데 스즈키(鈴木 1998, 1998a), 호지(Hodge 근간)는 이 시모다 가설에 기반하여 『앙굴마라경』 『대운경』 등 『열반경』 계통에 속하는 여래장사상 문헌의 해명을 진행하고, 새로운 지견을 더해 왔다. 그러한 성과의 전체에 대해 다시 정치한 분석을 가해 입론한 것이 래디치(Radich 근간)다. 이 장대한 논문에서 래디치는 여래장사상을 설하는 경전 안에서는 『열반경』이 성립시기로는 가장 오래되고, 『열반경』에 설해져 있는 '여래장대경'이란 현존하는 『여래장경』이 아니라 『열반경』 자신을 가리키는 것으로서, 이 경전에서 여래장과 불성 개념이 출현했다고 결론짓고 있다. 이에 의해 다카사키가 제창한 『여래장경』 『승만경』 『부증불감경』이라는 '여래장 3부경'의 역사적 선행성은 부정되고 여래장사상의 기원은 재고를 요하게 되었다.

래디치의 논고에 보이는 주목할 만한 몇 가지 견해 중에 특히 눈길을 끄는 것은 호지의 논의에 기반하여 『열반경』의 성립 시기를 샤타바하나 Śātavāhana 왕조와 쿠샤나 Kuṣāna 왕조의 붕괴기 곧 기원후 1세기 후반에서 2세기 중엽이라고 추정하고 그 성립 장소에 대해서도 이 두 왕조의 지배 영역이 깊이 관련되어 있다고 추측하는 점이다. 이 논의를 진행할 때 래디치는 문헌 내부 내용과 외부 증거라는 양자 관계를 크게 의식하고 있다. 그 위에 『열반경』과 그 계통 경전군의 편찬자에 대해서는 다른 대승 경전과는 다른 특이한 지리적·역사적 의식이 존재한다고 한다. 그는 경전에 등장하는 '불멸후 7백 년'이라는 기술을 다른 대승경전에서 편의적으로 사용하고 있는 '불멸후 5백 년'과는 전혀 의미가 다른 것이라고 판단하고 편찬 연대의 근거로 채용한다. 래디치가 논하는 것은 필자 자신이 일찍이 판단하기 어려워 결정을 유보하거나, 기존 설에 잠정적으로 따르고 있던 여러 사항을 명확히 한 것이다. 그 대강에 대해서는 여래장사상사에 새로운 공헌을 한 성과로 평가해야 할 것이다.

특히 『열반경』이 가진 지리적·역사적 의식의 존재에는 주목해도 좋다. 필자는 대승경전을 대상으로 하는 역사 연구 가능성에 대해 이 시리즈 여러 논고에서 부정적인 견해를 보여 왔다. '경장이라는 범주로 특징지워진 이념이나 가치의 표출을 목적으로 하는 텍스트'에서 밝혀지는 역사가 있다면, 그것은 통상 '그 이념이나 가치의 형성, 변용 과정으로서 역사고, 그 외부에 있는 객관적 사건으로서 역사는 아니'기 때문이다(下田 2013: 11). 그래도 '이러한 문헌도 특히 그 내부의 서술이 틈을 보이고 거기에 외부 세계의 빛이 흘러들어오는 경우도 있다. 서술은 그 서술을 구성한 당시의 현재를 반영할 수 있기 때문이다. … (중략) … 연구자는 그것을 예민하게 파악함으로써 일부 역사 복원에 성공하는 경우도 있고, 그것은 인도불교 연구에서 중요한 성과가 된다.' 대승경전 개개의 특성을 파악하고, 거기에 따른 연구 방법을 계속 모색하는 것은 매우 중요하다.

『열반경』은 다른 대승경전과 구별되는 두 가지 주요한 특징을 갖고 있다. 그것은 『열반경』의 율장적 요소와 논장적 요소다. 먼저 전자에 대해 처음부터 여러 부파에서 비대승계 『열반경』은 율장의 전승과 밀접히 관련되어 있었다는 사실에 주목할 필요가 있다. 대승 『열반경』에도 이 경향이 현저하다. 원시대승 열반경의 「금강신품」은 '재가자가 무기를 사용하여 법사를 지킨다'는 새로운 계율 규정을 설정한다. 후반부 「사법품」에서는 '육식 금지'라는 특이한 계율을 제정한다. 편찬자들은 'arthotpattika'라는 대중부 율에서 확인되는 제정법의 개념에 정통하고, 그것이 새로운 계율의 제정을 정당화하는 방법이라는 것을 의식하고 있다. 또 원시 열반경 상당 부분의 장명이 'parivarta'가 아닌 'skandha'라는 것에서도 이 경전이 율과 아비달마 편찬 지식을 전제로 이루어진 것이라는 사실을 엿볼 수 있다.

이러한 계율적 성격에 더해 『열반경』 후반부의 첫 번째 장 「사법품」은 붓다고샤Buddhagoṣa가 경전의 주석 방법으로 하는 'suttanikkhepa'와 동일한 해석 방법에 따라서 설하고 있다. 또 여래장사상을 설하는 부분은 편찬자들이 아비달마적 주석층이라고 의식하고 있다(下田 2013: 11). 실제로 마츠다(松田 1988)가 지적한 것처럼 『열반경』 안에는 주석서의 일부가 삽입된 듯한 불가해한 문장이 존재한다.

율의 편찬자들에게 어느 정도 역사적·지리적 의식이 존재했을 것이라는 사실은 다음 두 가지 점에서 각각 유추 가능하다. 첫째, 사자상승을 취지로 하는 율은 언제 어디서 누구로부터 수계하는가 하는 계통을 중시하기 때문에, '중성점기衆聖点記'설의 존재로 상징되듯이, 붓다의 입멸로부터 어느 정도 시간이 지났는가 하는 역사의식을 요구한다. 둘째, 새로운 율의 제정이나 변경 요청은 특정한 지리적 상황의 제약을 받아 생기기 때문에, 지역적 차이에 민감할 수밖에 없을 것이라는 사실이다. 역사의식의 존중은 아비달마 편찬자에게 마찬가지로 확인된다. 아비달마 논사들은 경전 내용을 밖에서 주석하는 의식을 명확히 가지고, 거기서 전개되는 논의가 편찬자들의 현재에 중요한 문제라는 것을 공언하고 논의하는 것에 어떤 주저도 보이지 않는다. 오히려 그것이야말로 아비달마의 역할이라는 사실을 자부하고 있다.

이 점에서 『열반경』과 그 영향 아래 있는 관련 경전은, 역사적·지리적 의식이 거의 필요 없이 항상 붓다 재세시와 장소만 요구되는 대승경전 편찬자들과는 태도가 꽤 다르다. 『열반경』에는 일찍이 제정된 적이 없었던 계율을 지금 여기에서 새로이 제정한다는 편찬자의 '현재' 의식이 명확히 엿보인다. 이러한 특성을 갖춘 『열반경』은 그 서술 일부가 편집된 당시의 현재를 반영하고 있을 가능성이 있고, 거기에서 어느 정도 역사적 사실의 복원도 이룰 수 있을 것이다.

4. 여래장사상과 불교연구의 가능성

1) 대중부계 아비달마의 가능성

앞 절까지 여래장사상에 대해 『보성론』의 이해를 중심으로 개관하고, 그 사상적 특색의 연원을 서사경전으로서 대승경전의 특징에서 구했다. 그 이유 두 가지를 다시 한 번 서술해 둔다. 첫째 『보성론』에서 확인되는 논의는 현존하는 아비달마 논의와 쉽게 어울리지 않고, 그 사상구축의 논거는 『보성론』 자신이 웅변으로 말하듯이 대승경전에서 구할 수밖에 없는 것이다. 둘째, 거기에 나타나는 대승불교의 중요한 특징은 서사경전으로서 대승경전이 가진 언어 세계의 심화에 부합하는 것이다. 이 두 가지 근거는 구체적으로는 붓다가 자내증한 지혜에 대한 추구, 지혜와 자비의 융합 혹은 교체, 붓다의 지혜가 침투해 있다고 하는 법계의 해석, 자성청정심과 객진번뇌를 둘러싼 논의와 수도론의 괴리 등에서 확인했다.

여기서 다시 한 번 물어야 할 것이 있다. 그것은 아비달마 문맥에서 확인할 수 없다고 서술한 이상의 논의가 어디까지나 설일체유부, 팔리 상좌부, 유가행유식파의 교리에 한정되는 것이고, 그 외 부파의 아비달마에서는 아니라는 사실이다. 물론 이 세 학파 이외에 체계적 아비달마는 남아있지 않기 때문에, 현실로는 다른 부파의 아비달마는 거의 알 방법이 없다. 학계에서도 이 세 교리 체계를 이해하는 것을 불교사상사의 기초를 이해하는 것과 동일시 해 왔다. 그러나 최근 정량부 교리와 그 실태에 접근한 나미카와(並川 2005)가 보여주듯이, 혹은 푸드갈라론의 재고를 촉구하는 가츠라(桂 2011)가 논하듯이, 인도불교사상사에서 다른 부파 아비달마의 가능성을 상정해 두는 것은 중요하다.

여래장사상의 연원을 이해하기 위해, 대승경전이 아니라 아비달마에 기원을 구한다고 하면, 탐구해야 할 것은 대중부계 아비달마다. 소속부파가 명확하지 않은 『분별공덕론』을 제외하면, 독립한 자료가 존재하지 않는 이 부파의 아비달마를 이해하기 위해서는 『이부종륜론』 등 분파사서와 그 주석서, 설일체유부나 팔리 상좌부 등 반대파 문헌에 남은 단편적 기술을 회수하여, 그것을 바탕으로 전체상을 복원할 수밖에 없다.

이 곤란한 작업을 진행한 이가 니시 기유西義雄였다. 니시(西 1968)는 『발지론』 『바사론』 『이부종륜론』 및 그 이역과 『술기』 등의 주석을 정밀히 조사하고, 『반야경』의 해석에 영향을 받지 않은 대중부의 반야prajñā 사상 해석을 추구했다. 논적의 주장을 통해 제시된 기술만으로는 그 사상의 일관된 내실이 반드시 보이지는 않는다. 니시는 아비달마에 대한 깊은 지식으로 복잡한 논의의 행간을 독해하면서, 대중부에 전해졌다고 보이는 아비달마 논의를 재구성했다.

확실히 이 방법으로 복원된 것은 설일체유부에 대해 다양한 이견을 제창한 것의 총칭으로서 사상적으로 상정된 대중부에 머물 뿐이고, 역사상 존재한 특정한 대중부와 동일시되어야 할 것은 아니다. 실제로 니시가 대중부 설로서 이해한 주장 내용을, 예를 들면 『구사론』「현성품」 4제현관에 관한 논의에서, 야쇼미트라 Yaśomitra는 법장부 설로 이해하고 있는 등 상세히 검토하면 주장 내용과 담지자인 부파명의 증언이 일치하고 있지는 않다. 그렇다고 해도 타 학파 문헌을 소재로 일관된 체계의 이견을 복원한 의미는 크고 그 결과도 매우 흥미롭다.

그 중 『보성론』과 관련한 두 가지 중요한 문제에 대해 살펴 보자. 하나는 붓다의 자내증법과 교계법의 차이에 관한 것, 또 하나는 지혜와 실천행 혹은 지혜와 선정에 관한 것이다.

먼저 전자에 대해 대중부와 유부 양쪽 다 붓다의 지혜와 제자·성문의 지혜 사이에 큰 차이가 있다는 사실은 공통적으로 인정하고 있다. 나아가 양자 사이에는 대중부가 붓다의 지혜의 본질을 추구하고자 하는 것에 대해, 유부는 거기에 관심을 기울이지 않고 성문의 지혜의 완성을 목적으로 한다는 차이가 있다. 논의는 『바사론』에서 붓다와 제자인 샤리푸트라의 지혜 차이를 문제 삼는 부분에 나온다. 붓다와 성문의 차이는 다음과 같다. 곧 붓다는 12처 전체의 자상(自相=특수)과 공상(共相=보편)을 다른 가르침에 의지하지 않고 스스로 파악하고, 일체지(一切智=보편지)와 일체종지(一切種智=개별지) 양쪽을 6식에 의거하지 않고 파악하고 있다. 반면 샤리푸트라는 어디까지나 붓다의 교계의 법을 통해 공상만을 파악하고 자상의 파악과 일체종지를 결여하고 있다는 것이다. 또 6식신에 의하기 때문에 주객의 차이를 넘지 못한다고 한다(T 27, 383-384).

붓다의 지혜에 대한 『바사론』의 설명은 일견 『보성론』에서 서술한 '붓다의 법신의 연원인 두 가지 법계=법신'의 이해와 그대로 통하고 있는 듯 보인다. 다만 니시는 여기에 남겨진 문제점을 지적하고 다음과 같이 서술한다.

그러나 붓다가 일체법을 증지證知하는데 6식에 의거하지 않는 것, 곧 사유분별에 의거하지 않는 것을 특히 다시 추구하면, 붓다는 무엇에 의해 일체법을 증지한 것일까 하는 문제가 전개되어야 할 것이다. 곧 6식신은 반드시 소의인 6근과 소연인 6경을 필요로 하기 때문에 6식신은 능연인 주관적 법과 소연인 객관적 법에 의해 발생한 분별식이다. 또 사리자舍利子에 대해서는 다른 가르침을 사유하는 것도 말하는데 대해, 불지에 대해서는 다른 사람의 가르침으로서 사유하고 분별해야 할 대상을 갖지 않고, 능관能觀 곧 능연能緣과 소관所觀 곧 소연所緣이 없기 때문에 분별에 의하지 않고 일체법을 증지한다고 말하는 것이다. 이 때문에 만약 이것을 연기관으로 말하면, 사리자가 증지한 것은 식識과 명색名色이 상호간에 연이 되는 유전문流轉門 상의 증지라고 말하는 것이 되고, 붓다의 증지는 식과 명색이 없는 환멸문還滅門 상의 '명明' 곧 반야의 입장에서 증지한 것이 된다. 이것은 또 3세 측면에서 말하면 자기 이외에 대상을 갖지 않고, 또 두 번째 찰나인 현재심이 첫 번째 찰나인 과거심이나 세 번째 찰나인 미래심 곧 과거와 미래를 갖지 않는 영원히 현재인 일찰나의 마음 만을 스스로 알고 스스로 증득하는 지혜여야 한다. 곧 불지는 대중부가 말하듯이, '한 찰나에 일체법을 인식한다'고 말하는 것이 된다. 그러나 유부에서는 불지를 말해도 성문지와 차이에 주의하면서, 성문지를 밝히고자 하는 것에 그 중점을 두는 것을 입법의 원칙으로 하고, 더 나아가 불지란 무엇인가 하고 깊이 추구하지는 않는다. 이에 대해 대중부는 교법의 중심을 널리 불지를 밝히는 것에 놓고, 이것을 중점으로 해명하고자 한다고 말할 수 있을 것이다(pp.30-31).

지당한 논의다. 대중부와 유부 사이에 또 하나의 차이는 지혜와 행, 혹은 지혜와 선정의 관계에서 보인다. 대중부는 지혜 그 자체에 '행'의 공덕을 인정하는데 대해 유부는 지혜에 그러한 독립한 힘을 인정하지 않고, 계와 정의 존재 특히 정이 병존하는 것을 혜가 작용하기 위한 전제조건으로 하고 있다. 먼저 니시는 대중부에서 이해하고 있는 반야의 역할에 대해, 그것이 행을 포함하고 있는 것으로 판단하고 다음과 같이 서술한다.

불교에서 반야 특히 대중부에서 반야는 단순한 사물의 인지에 그치지 않는다. 곧 단순히 사물法을 아는 것에 그치지 않는다. 아는 것과 함께 행하는 것이고 이루는 것이다. 어떻게 행하고 어떻게 이루는가. 그것은 말할 것도 없이 모든 마음 상태가 모든 우憂·비悲·고苦·뇌惱의 고통에서 해탈하는 것이고, 깨달은 사람의 의지가 모든 번뇌의 굴레와 속박에서 자유가 되는 것이다. 곧 여실지에 의한 정견으로 정사유하고 정어하고 정업하고 정명하는 것이고, 정정진하여 정념하고 정정에 상주좌와하는 것이다. 술어로서는 고의 영단永斷 혹은 번뇌·결結·박縛·혹惑 등의 영원한 단멸인 해탈 열반에 들어 이것을 성취하고 머무는 것이다(p.50).

그러나 유부는 크게 다르다.

그 번뇌를 제멸하는 것 혹은 그 작용을 행하는 것은 무엇인가. 이것을 원시불교 이래의 혜와 정과 계 3법론으로 말하면, 유부에서는 복혹伏惑 혹은 단혹斷惑은 유루의 6행관과 무루의 인忍과 지智라고 하지만, 실은 관 또는 인·지라는 지적 방면이 번뇌를 끊기 위한 주력이 되는 것이 아니다. 그 소의인 정과 계(곧 定俱戒와 道俱戒)가 합한 도가 번뇌를 단멸하는 것이다. 아니 그 중에서도 혜나 계보다 정에 번뇌를 단멸하는 힘의 중점을 놓는다(p.51).

이 중 니시가 인용하는 유부 정통설의 『바사론』 곳곳의 논의는 모두 혜의 의의를 배척하고 정의 의의를 세우는 것으로 일관하고 있고, 그 논의 안에는 아함의 설조차 한정하면서 사실상 배척하는 부분이 있다. 대중부와 유부에서 혜가 번뇌를 끊는 힘의 해석 차이는 이렇게 크다.

앞 절까지 본 여래장사상을 성립시키는 붓다의 지혜는 확실히 니시가 보여준 대중부 아비달마 이해와 거의 문제없이 겹친다. 그리고 거기에 기록된 내용은 이제까지 논의해 온 『보성론』 해석과 유부 아비달마의 괴리를 이어주고 그 차이를 해소하는 것이다.

2) 대중부의 언어관과 경전이라는 장르

이상 서술한 대중부 아비달마가 경장의 전승으로부터 자립해서 논장으로서 대중부 안에서 계승되었다고 가정한다면, 그 지식이 『보성론』에 흘러들었을 가능성도 있을 것이다. 그렇다고 한다면 앞 절까지 논한 서사경전의 힘과는 관계없이 여래

장사상이 형성될 기반이 존재했었다고 생각해도 좋다

이 추론을 주저하게 만드는 것은 그 정도로 유부나 상좌부와는 다른 내용을 가진 대중부 아비달마 논서가 번역조차 전혀 남아있지 않다는 사실이다. 이러한 대중부 주장은『이부종륜론』을 번역한 현장 시기까지는 살아있는 지식으로 알려져 있던 것이고, 일찍 사라진 전통이었을 리는 없다. 인도에서 유행한 많은 문헌이 번역을 포함해서 남아있는 현 상황을 보면, 대중부에 본격적인 논장이 있었다는 사실에 회의적이지 않을 수 없다. 한편 이것에 반비례 하듯이 대중부 아비달마의 이해를 체현한 듯한 붓다가 등장하는 대단히 방대한 숫자의 대승경전이 존재하고 있다. 이러한 새로운 경전의 창작은 상좌부에서는 확인할 수 없는 것이다.

유부 및 상좌부와 대중부 사이에는 언어관이 상당히 다르다. 전자는 확실히 구체적인 수행의 실천을 중심에 두고, 그것과 관련 아래 경전의 언어를 분석적으로 정의하고 구성하고자 한다. 예를 들면 탐·진·치라는 번뇌의 종류를 세우고 그것의 본질을 규정하여 실체화해 가는 언어관은, 그것들이 투영되어야 할 수행이라는 언어를 넘어선 행위 체계와 상호 의존 관계가 상정되었을 때 현실적 의미를 갖는다. 일상세계의 언어를 반쯤 그대로 실체화한 듯한 개념을 순수하게 철학적 언어분석의 대상으로 본다면 의미가 반감해 버리고 말 것이다.

한편 대중부가 가진 언어관은 전혀 다르다. 한 찰나에 자신과 타자 모두를 파악하는 힘을 가진 지혜를 인정하는 언어는 본질 규정에 의한 실체화를 거부하고, 분석에 어울리지 않는다. 따라서 아비달마와 같은 체계화에 적당하지 않다. 그것은 존재하는 차이를 분석적으로 설명하기보다, 융합적·창조적으로 바꿔 읽으려 한다. 니시가 말하듯이 처음부터 대중부가 붓다의 깨달음 곧 자내증의 지혜를 추구하는 것에 전념한다면, 그 언어는 붓다가 자신의 내적 풍경을 말하는 경전의 언어에 가까운 것이 될 수밖에 없을 것이다. 그리고 만약 논서로 전개한다면, 용수에 연원을 둔 공이나 중관파적 언설에 의한 입론이 될 것이다.

한 교단에 어떤 관념이 존재해 있었던가 하는 문제와 함께 그것이 어떠한 언어로 수용되어 있었는가 하는 점에 주의를 기울일 필요가 있다. 그것은 그 관념이 존재한 실제 모습을 이야기 하기 때문이다. 대표적으로는 '보살' 관념이 그렇다. 니시(西 1968)가 지적하고 있듯이, 기이하게도 『바사론』에서 보살 관념은 대승과 거의 같은 정도로 발달해 있다.

> 비바사사가 논술하는 보살의 발보리심에 대해서는 '모든 보살은 노병사가 [중생] 세간을 핍박하는 것을 보고 이것을 구제하기 위해 처음으로 무상정등각심을 낸다'는 것이다. 또 '이 발보리심으로 말미암아 3무수겁 동안 백천의 난(難 원문은 離)행고행을 수습하는 것도 주저하지 않고, 항상 물러나지 않는다'고 하고 있다. … (중략) … 이 일체중생 구제의 서원은 보살이 이미 4도度 혹은 6도를 만행하고, 5승사勝事를 얻어 악취를 버리고 진정한 보살이 된 후에도, 악취에 떨어진 모든 중생을 구제하기 위해, 다만 그것을 위해, 대원력에 올라 모든 악취에 태어나는 것이다(pp.19-20).

현재에 이르기까지 대승불교에 특유하다고 간주되고 있는 중생 구제를 위한 '원생의 보살'이라는 관념은 실은 『바사론』에 그대로 존재하고 있다. 다만 다른 것은 그 묘사 방법이다. 『바사론』에서는 보살의 행은 매우 어려운 일로서 객관적으로 기술하고 있고, 대승경전에서 중생에 대한 붓다의 말씀 안에, 특히 붓다의 과거와 겹치고, 때로는 중생의 미래와 겹쳐 나타나는 보살 이미지와는 완전히 다르다. 원생의 보살 관념이 존재하고 있는 것과 그것이 현실에서 수용되고 있는 것은 다른 문제고, 중요한 것을 그 식별이다. 대승경전의 보살에 이르기 위해서는『바사론』에 묘사된 3인칭 보살에서 붓다 자신의 말로 드러나는 1인칭 혹은 2인칭의 보살로 전환할 필요가 있다. 그 때문에 보살은 아비달마 논서라는 장르에서 대승경전 혹은 중관파 논서라는 장르로 이주하지 않으면 안 된다.

붓다의 말씀을 스스로 서사하고 그와 동시에 읽고 듣는 서사경전이라는 장은 편찬자들이 객관적 기술을 주관화 하고, 주관적 기술을 객관화 하는 의식적인 관점의 전환을 가능하게 한다. 물론 그 장은 관심이 없으면 살아나는 일도 없다. 무엇보다 붓다의 존재에 마음을 기울이고, 붓다의 지혜로부터 세계를 비추고자 하는 대중부 붓다관을 가진 자들에게는 이 새로운 매체의 등장은 지극히 의미가 컸을 것이다.

『기세경 *Lokānuvartanā-sūtra*』에 보이는 것처럼 대중부는 불전 문학의 전제가 되는 탄생에서 입멸에 이르는 붓다의 신체를 둘러싼 역사적 행실의 실질적 의미를 무화하고 그러한 현상 차원을 넘어선 곳에 붓다의 본성의 존재를 찾고 있다. 그렇다고 해도 불전=불탑이 고대 인도불교 세계에 흔들림 없는 대지가 되어 있던 가운데 대중부는 왜 그것을 부정하고 초월하고자 했던가.

그들이 사용하는 언어에 주의할 때 그것은 제1절에서 다룬 윌리엄 제임스가 종교경험의 중요한 특징으로 분석한 신비주의 경향을 띠고 있는 것은 부정하기 어렵다. 제임스는 그 특징을 이하와 같이 서술하고 있다.

개인과 절대자 사이에 있는, 보통의 모든 장벽을 극복하는 것은 신비주의의 위대한 공적이다. 신비 상태에서 우리들은 절대자와 하나가 되고, 동시에 또 우리들이 일체인 것을 인식한다. 이것은 신비주의가 가진 영원한 눈부신 전통이고, 풍토를 달리하고, 신조를 달리해도 거의 변함없다. 힌두교, 신플라톤주의, 수피즘, 기독교 신비주의, 휘트만주의에서 동일한 리듬이 반복되고 있다. 이렇게 신비주의의 언설에는 이른바 영구적 의견 일치가 있고, 이것이 비평가를 멈추게 하고 생각하게 하는 것이다. 앞서도 말한 것처럼 신비주의의 고전이 생일과 조국을 갖지 않는 것은 그 때문이다. 사람과 신의 합일을 영구히 말하고 있는 것이기 때문에 신비주의의 말은 언어 이전의 것이다. 때문에 낡지 않는다(James 1990: 39, ジェイムズ 1970: 244).

이 문장을 인용한 것은 대중부가 붓다를 신처럼 보고 있고, 그들은 그것과 합일을 기도하고 있다고 생각하기 때문이 아니다. 붓다의 역사성을 무화하는 듯한 언어 사용이, 일반 종교 경험의 서술 전체에 입각했을 때, 어떤 특이한 사태가 아니라는 사실을 보여주고 싶은 것이다. 불교에서 경전이라는 장르야말로 바로 '생일과 조국을 갖지 않는' '언어 이전의' 말을 넣는 그릇이 된 것을 확인하고 싶을 뿐이다.

붓다의 역사성에 불교 지식 전체를 붙박아 두려는 근대불교학의 지향과는 맞지 않는 이 언어의 특성이 인간 활동 일반에서 어떤 특이한 것은 아니라는 것, 오히려 그것은 역사 안에서 낡은 전통을 새롭게 재생시키는 힘이 되어 왔다는 것, 이러한 사태를 다시 한 번 알 필요가 있다. 의학에 기초를 둔 심리학자 제임스는 신비경험이 어떤 특권적 사태가 아니라는 사실을 보여주기 위해, 아산화질소에 의한 신비체험을 분석한 후 다음과 같은 결론을 끌어내고 있다.

> 결론적으로 우리가 합리적 의식이라고 부르고 있는 의식, 곧 우리들이 정상적으로 깨어있을 때 의식이란 의식의 한 특수형일 뿐이고, 이 의식 주위를 빙 둘러싸고, 아주 얇은 막으로 그것과 떨어져, 그것과 전혀 다른 잠재적인 여러 형태의 의식이 있다. … (중략) … 보통과 다른 이 다른 형태의 의식을 완전히 무시하는 우주 전체의 설명은 종국적인 것일 수 없다. … (중략) … 그와 같은 의식은 명료한 형태를 갖출 수 없어도 인간의 태도를 결정할 수 있다. 또 그 위치를 결정할 수 없어도 어떤 영역을 개척할 수 있다. … (중략) … 나 자신의 경험을 되돌아봐도, 그 경험은 모두 모여 내가 무언가 형이상학적 의식을 인정하지 않고는 있을 수 없는 종류의 통찰에 집중하는 것이다. 세계에는 다양한 대립이 있고, 이 대립하는 것의 모순이나 갈등에서 우리들의 모든 곤란이나 고통이 발생한다. 하지만 그 세계에서 대립물이 완전히 녹아 일체가 되어버린 듯한 기분이 드는 것이다. 그 대립물은 같은 유類에 속해 있는 서로 상대하는 종種으로서, 그 종 안의 하나, 곧 더 높고 좋은 종은 그 자신이 유로서, 그렇게 그 대립자를 흡수해 버리고 만다 (James 1990: 350, ジェイムズ 1970: 194-195).

대중부가 주장하는 '한 찰나에 자타 전체를 파악하는' 붓다의 지혜는 여기서 말하는 것과 대단히 친화적이다. 그리고 이 이해는 여래장이 윤회와 열반이라는 완전히 대립하는 이 두 사태의 근거라고 하는 여래장사상을 어떤 특이한 것이라고는 보지 않을 것이다.

> 그러므로 세존이시여. 여래장은 [그것과 본래] 결합하고, 불가분이고, 지혜에서 분리되지 않은 무위의 제법에 대해서도 소의所依, 토대, 기반입니다. 세존이시

여. [그것과 본질적으로] 결합하지 않고, 분리되고, 지혜와 분리된 유위의 제법에 대해서도 소의, 토대, 기반인 것이 여래장입니다(RGV 73, 高崎 1989: 128).

여래장은 아비달마의 분석적 술어처럼 '명료한 형태를 가진' 하나의 체계 내에서 '그 위치를 결정할 수 없어도' 불교의 새로운 '영역을 개척'할 수 있다. 그것은 '더 높고 좋은 종은 그 자신이 유로서, 그렇게 그 대립자를 흡수해 버리고' 마는, 곧 윤회와 열반을 함께 포섭하는 '종'에 상당하는 개념이다. 이 점을 다음 항에서 조금 부연해 보자.

3) 변신론에 대해

이 장 서두에서 여래장사상은 시간을 초월한 절대무비의 원리가 역사적·인격적 차원에 어떻게 나타나는가를 과제로 하는 이른바 변신론thedodicy으로 간주할 수 있는 특징을 갖고 있다고 서술했다. 유대교나 기독교에서 신이 이 세계를 창조한 과정과 의의를 변증하는 이 개념을 언급한 것은 여래장사상이 가진 사상적 가능성을 밝히기 위해서다.

실제로 여래장사상의 의의는 다른 사상과 비교하면 한층 명백해진다. 동서철학의 심원을 탐구한 이즈츠 도시히코井筒俊彦는 가장 만년에 『대승기신론』 철학 곧 중국에 재연한 여래장사상에 대한 해석을 세상에 내놓았다. 이슬람, 서양, 인도, 중국, 일본 등 세계 여러 사상의 원전을 놀랄 정도의 혜안으로 독해하여 온 이즈츠는

이른바 자기 사상의 집대성으로서 만년 10년을 '동양철학의 공시론적 구조화'에 바쳤다. 그러한 시도의 첫 작품이 – 그리고 결과적으로 최후의 작품이 – '동서 철학 비망록'이라는 간판을 내건 『의식의 형이상학 意識の形而上學』이었다. 거기에 전개된 여래장사상은 – 이 장에서 논하고 있는 인도여래장 사상과는 중요한 점에서 다르지만 – 이 사상이 열어 보이는 언어와 의식과 존재의 깊이를 드러내고 있다.

『보성론』 사상의 골격이 붓다 자내증의 진리로서 법 adhigamadharma과 그로부터 유출된 교설·교계로서 법 deśanādharma이라는 두 법에 의해 구성되어 있는 것은 누차 서술해 왔다. 전자에서 후자로 이행한 것은 붓다 내부에서 외부로 이행한 것이고, 이것이 불교사상사에서 중대한 과제가 된 것도 곳곳에서 논해 왔다. 대중부와 설일체유부의 지혜에 대한 이해 차이는 그 한 예다. 전자는 붓다 내부의 법과 관계해도, 후자는 그것에 관여하지 않는다고 니시 기유는 보고 있었다.

여기서 한걸음 더 나아가 두고 싶은 것은 이 자내증의 법에서 교계의 법으로 이행한 것은 붓다의 내부에서 외부로 이행한 것이고, 불교세계의 '창조'라고도 간주할 수 있다는 것이다. 붓다의 언어가 이 세계에 출현할 때, 그것에 응해 불교 세계가 만들어 진다. 붓다가 설법을 단념한 채로는 불교라는 세계는 이 세상에 나타나지 않았다. 진리가 붓다의 내부에서 외부로 출현하는 것은 그 진리에 의한 세계 창조에 다름 아니다.

놀라운 것은 이 붓다 내부와 외부라는 질문은 유대교와 기독교에서 가장 중요한 과제, 곧 다름 아닌 천지창조라는 테마에서 신의 내부와 외부라는 주제로 나타난다. 기독교 변신론은 신이 세계를 창조했음에도 불구하고, 왜 이 세계에 악이 존재하고 있는가 하는 질문을 기원으로 라이프니츠 이래 오늘날까지 이어져 왔다. 실로 다양한 시점에서 사색이 축적되어온 와중에, 가장 유력하게 된 이론이 천지를 창조할 때 신이 자기 자신 내부로 퇴거하여 내부 세계를 창조하고, 그것을 외부에 현현시켰다는 설이다. 현재 조직신학에서도 채용되어 있는 이 변신론의 연원은 유대교 신비주의 카발라Kabbalah에 있다.

이즈츠(井筒 1991)에 따르면, 카발라는 랍비교적 유대교에 대항하여, 13세기 후반 프랑스 랑그독 지방의 유대인 사이에 일어난 일대 정신주의 운동으로서 오늘날까지 큰 영향을 주고 있다. 구약시대 이후 유대교 주도권을 잡은 랍비들은 율법Tora에서 신화적 형상, 상징적 이미지를 일소하고 유대교를 합리적 해석이 성립하는 사상으로 전환해 왔다. 그것에 의해 고갈되어 버린 종교적 생명력을 부활시켜야 했고, 이 운동이 탄생했다.

카발리스트들은 랍비들의 합리주의에 반항하고 풍부한 상징 안에서 살아있는 신의 실재성에 접근하고자 한다. 우주적 생명의 근원인 신, 그리고 그 신이 창조하는 존재 세계에는 합리주의자들이 알지 못하는 깊이 감추어진 기저가 있고, 이 신적 존재의 깊이가 상징의 베일이 향하는 쪽으로 투사된다.

카발리스트들에게 상징이란 신의 내면이 외면으로 나타날 때 취한 근원적 이미지 형태를 인간이 인간 쪽에서 바라본 것일 뿐이다. 때문에 이렇게 모든 사물을 포함한 세계는 신의 자기 현현의 프로세스를 지시하는 무한대의 상징체계로서 완전히 신화화 된다. 신적 이미지의 상징성 부정에 대한 그 대담한 긍정에서 카발라는 자기의 기본적 입장을 표명한다.

카발리스트에 따르면 신(혹은 신적 존재)은 거대하고 절대 무한정한 존재 에너지다. 이 존재 에너지는 안에서 밖을 향해 충일하지만, 그 충일에는 몇 가지 출발점이 처음부터 준비되어 있고, 출발점 각각에서 무한정의 에너지가 원초적으로 한정된다(井筒 1991: 259).

유대교에서 신의 세계창조에 대해 서술된 구절은 여러 점에서 여래장사상과 서로 겹친다.

『보성론』에 따르면 역사가 된 '교계법'은 역사 이전의 '자내증법'에서 유출된 것이라고 한다. 하지만 무시간 곧 역사 이전과 시간 곧 역사 이후를 '유출 niṣyanda'이라는 개념은 과연 연결할 수 있는 것일까. 덧붙여서 윤회는 무시시래 anādikālika라고 한다. 그것은 무시간이면서 동시에 무상 그 자체인 시간이다. 여기서 존재하는 무수한 존재자=법들은 자내증의 법 곧 붓다의 깨달음과 어떻게 관계하고 있는가. 번뇌에 덮인 마음은 물론 그것이 정화된 마음도 한 찰나 밖에 존재할 수 없다. 그러나 양자를 매개하는 찰나가 존재하지 않고는 어떻게 전자에서 후자로 이행이 이루어지는가. 실은 이러한 다양한 물음이 불교사상사에 남겨진 채로 있다.

『보성론』에서 여래장은 이러한 '신학적' 과제를 해결하기 위해 세워져 있다. 여래장은 여래, 곧 진리인 '자내증의 법'에 이른 자의 존재를 다시 차이화한 개념이다. 그것은 곧 진리가 다시 근원으로 돌아가는 시도에 다름 아니다. 다시 내부로 돌아가지 않으면 해결할 수 없는 질문이 생기기 때문이다. 이 질문의 근원성이 여래를 성립시키고 동시에 중생을 성립시키고 있다. 여래가 여래장이 되어 윤회와 열반을 성립시키는 이 과정은 신이 다시 자기 내부로 퇴거하여 세계 창조의 원형을 산출하는 과정에 비할 수 있을 것이다.

4) 붓다의 행방과 불교학의 행방

카발리스트의 '신적 실재' 이해와 나란히 하여, 아마도 여래장을 '절대 무한정한 존재 에너지'로 파악하는 것은 가능하고, 이 이해는 대중부가 이해하는 지혜나 붓다성과도 친화적인 듯 보인다. 실제로 앞으로 세상에 내놓을 저작에서 래디치가 여래장사상을 'kathaphatic gnostic docetism'(긍정 인식론적 붓다 가현론)이라고 표현하고 붓다의 신체 가현론이라고도 해야 할 이해로 인도불교사상 전체를 다시 읽으려고 하는 시도는 이후 여기에 인용한 논의와 한층 일치점을 발견해 갈 것임에 틀림없다.

하지만 이러한 가능성을 충분히 인정한 후, 이 장은 이제까지 논의해온 대로 여래장사상을 시종일관하여 여래론·붓다론으로 이해한다. 여래로부터 차이·차연인 존재로서 중생이 태어났을 때, 여래장사상이 성립하고, 그 이상으로 여래장에 특정한 이미지를 주거나 고도의 개념으로 승화시키는 것은 우선은 미뤄두고자 한다. 그것은 『보성론』이 설하는 것에 충실히 따라 그것을 통해 현재 불교학에 결여되어 있는 것을 가능한 한 온당한 형태로 보충하고자 하기 때문이다.

여래장사상을 포함해 대승불교 연구에서 현재 필요한 것은 붓다란 무엇인가 하는 질문을 다양한 각도에서 엄밀히 탐구할 수 있는 환경이다. 그것을 위해서는 새로운 개념을 입수하기 전에 기존의 많은 개념에서 해방되어, 불교의 중심에 선 붓다와 붓다를 둘러싼 세계의 성립에 대해 텍스트에 기록된 대로 이해할 필요가 있다.

3보 가운데서도 붓다를 묻는 것은 특히 어렵다. 법과 승은 모두 역사에 나타난 것이기 때문에 그것을 알기 위해서는 역사 내부를 물으면 된다. 하지만 이 역사 내부에 법과 승이 출현하는 기원이 된 붓다는 불교도들이 인식해 온 것처럼 불교

역사 내부에 있으면서 동시에 그것을 산출한 외부에도 있다. 역사 이후이면서 역사 이전이기도 하다.

이 곤란한 질문을 쉽게 하기 위해 근대불교학은 붓다를 역사 내부로 소환하여 역사 이후에 놓았다. 근대불교학에서 역사적 붓다라는 이념은 불교 전체를 역사에 회수하기 위한 열쇠 개념이 되었다. 이 과정에서 다양한 불교 텍스트는 시계열적 인과관계에서 구성되는 언설 구조의 텍스트로 해체, 개편되어 왔다. 이렇게 하여 불교는 불교사로, 불교사상은 불교사상사로, 불교학은 불교역사학으로 변했다.

대승불교의 기원을 둘러싼 여러 설은 불교의 여러 텍스트에 대한 이러한 언어 해체 기도와 보조를 맞추어 생산되어 왔다. 대중부 기원설이나 재가·불탑기원설도 역사 내부에 회수된 붓다에만 초점을 맞추고, '생일과 조국을 갖지 않는' 언설로 이루어진 대승경전에 출생증명서를 발행하기 시작했다. 이 사태는 현재 학계에서는 완전히 상식화 하였다. 이제 경전에는 어떤 증명서의 수취를 거부할 권리가 주어져 있지 않다. 하지만 이 거대한 변화 안에서 불교학은 현실의 불교도들이 관심을 기울여서 불교세계를 만들어 올린 문제 구조를 부수고, 오히려 역사적 현실에서 먼 세계로 만들어 버렸다. 대승불교 연구는 이 질문을 다시 하는 것에서 새롭게 시작할 것이다.

붓다는 역사성과 비역사성 쌍방에서 물을 필요가 있다. 이전 논고에서 필자는 대승경전에 등장하는 붓다에 대해 '정지하고 응결한 역사적 붓다를 상정하고 확정할 것이 아니라, 끊임없는 차이·차연의 출현과 자기 동화 운동의 중심에 선 붓다를 고찰'해야 한다(下田 2013a: 55)고 서술했다. 나아가 붓다를 중심으로 성립한 대승경전에 대해 '서사행위의 결과로서 실현하는 대승경전은 전통의 계승에서 차이의 기입과 차연 작용이라는 과제를, 붓다 한 사람의 존재와 그 언설에 의해 해결하고자 한다(下田 2013a: 53)'고 서술했다. 여래장사상에 이르는 역사도 이러한 이해로 정리되어 버린다. '끊임없는 차이와 차연의 출현과 자기 동화 운동의 중심에 선 붓다'란 『보성론』에서 'garbha 藏', 'dhātu 界(=性)', 'tathatā 眞如', 'gotra 種性'라는 개념으로 분기하여 출현한 붓다·여래다. 그리고 새롭게 출현하는 이 여러 개념이 유일한 붓다로 집약되는 것은 '전통의 계승에서 차이의 기입과 차연 작용이라는 과제를, 붓다 한 사람의 존재와 그 언설에 의해 해결'하고자 하는 불교도들의 행위가 대승경전 편찬운동 안팎에서 계승되고 있는 이유다.

인도 대승불교 사상사에서 하나의 완성 형태로 나타난 여래장·불성사상은, 그때까지 긴 불교사상사의 변천에서 산출된 다른 극성을 띤 불교의 여러 개념을, 해석의 노력에 의해 높은 차원의 평형 상태에 둠으로써 성립해 있다. 단일 차원의 언어에 의해 정의 가능한 소박한 개념을 대상으로 하는 연구와 달리, 몇 가지 개념으로 이루어진 구조를 내포하고 있는, 곧 그것 자신이 작은 체계인 고도의 개념을 대상으로 하는 연구는 이반하는 극성을 품은 다양한 요소를 어느 것도 배제하지 않고, 그 전체를 미묘한 균형 아래에서 성립시키는 유리세공을 완성하는 것 같은 섬세함을 요구한다. 이러한 행위는 강한 경제적 사고에 대한 요구에서 발생하는 명석함을 무기로 하는 철저한 일원적 논리의 공격에 이후에도 계속 노출될 것이다. 하지만 이해의 편의를 위해 안이하게 사상을 단순화 하거나, 더구나 선별해 버리면 사상연구라는 측면에서 매우 중요한 해석학의 존재 의의를 잃어버리고, 그 결과 현실의 불교와 불교학도 함께 여위어 버린다. 여래장·불성사상 연구 의의를 다시 한 번 재확인하는 것은 불교학 전체에서 더 풍부한 방법적 재생으로 연결될 것이다.

참고문헌

가츠라 쇼류(桂紹隆)

2011 「インド佛教思想史における大乘佛教－無と有との對論」 桂紹隆·齋藤明·下田正弘·末木美文士編『大乘佛教とは何か』シリーズ大乘佛教 1, 春秋社, 253-288.

나미카와 다카요시(並川孝儀)

2005 『ゴータマ·ブッダ考』大藏出版.

2011 『インド佛教教團 正量部の研究』大藏出版.

니시 기유(西 義雄)

1968 『大乘菩薩道の研究』平樂寺書店.

다카사키 지키도(高崎直道)

1989 『寶性論』(インド古典叢書) 講談社.

2009 『如來藏思想の形成 I』高崎直道博士著作集第四卷, 春秋社.

2009a 『如來藏思想の形成 II』高崎直道博士著作集第五卷, 春秋社.

2010 『如來藏思想·佛性論 I』高崎直道博士著作集第六卷, 春秋社.

2010a 『如來藏思想·佛性論 II』高崎直道博士著作集第七卷, 春秋社.

마츠다 가즈노부(松田和信)

1988 『インド省圖書館所藏中央アジア出土大乘涅槃經梵文斷簡集』東洋文庫.

마츠모토 시로(松本史朗)

1989 『緣起と空－如來藏思想批判』大藏出版.

미즈노 고겐(水野弘元)

1997 『佛教教理研究』水野弘元著作選集第二卷, 春秋社.

스즈키 다카야스(鈴木隆泰)

1998 「『大雲經』のめざしたもの」『インド學佛教學研究』5, 31-43.

1998a 「大乘經典編纂過程に見られるコンテクストの移動－<如來の遺骨に關する對論>を巡って」『東洋文化研究所紀要』136, 227-253.

시모다 마사히로(下田正弘)

1986 「プトゥンの如來藏解釋-『寶性論』と『涅槃經』の立場」 山口瑞鳳監修『チベットの佛教と社會』春秋社, 321-339.

1997 『涅槃經の研究－大乘經典の研究方法論試論』春秋社.

2000 「註釋書としての<大乘涅槃經>－ニカーヤ·アッタカターとの一致にみる涅槃經の展開形態」『アビダルマ佛教とインド思想 加藤純章博士還曆記念論集』春秋社, 329-339.

2011 「經典研究の展開からみた大乘佛教」桂紹隆·齋藤明·下田正弘·末木美文士編 『大乘佛教とは何か』シリーズ大乘佛教 1, 春秋社, 39-71.

2011a 「經典を創出する－大乘世界の出現」 桂紹隆·齋藤明·下田正弘·末木美文士編 『大乘佛教の誕生』 シリーズ大乘佛教 2, 春秋社, 37-71.

2013 「初期大乘經典のあらたな理解に向けて－大乘佛教起源再考」 桂紹隆·齋藤明·下田正弘·末木美文士編『智慧/世界/ことば 大乘佛典 I』 シリーズ大乘佛教 4, 春秋社, 3-100.

2013a 「淨土思想の理解の向けて」 桂紹隆·齋藤明·下田正弘·末木美文士編『佛と淨土 大乘佛典 II』 シリーズ大乘佛教 5, 春秋社, 3-78.

우이 하쿠주(宇井伯壽)

1932 『印度哲學史』 岩波書店.

1959 『寶性論研究』 岩波書店.

이즈츠 도시히코(井筒俊彦)

1991 『意識と本質－精神的東洋を索あて』 岩波書店.

1993 『意識の形而上學－『大乘起信論』の哲學』 中央公論社.

츠다 신이치(津田眞一)

2008 『反密教學』 春秋社.

츠키노와 겐류(月輪賢隆)

1935 「究竟一乘寶性論について」『日本佛教學協會年報』 7, 121-139.

하라 미노루(原實)

1987 「Garbha考」『高崎直道博士還曆記念論集 インド學佛教學論集』 春秋社, 816-801.

2000 「慈悲力」『國際佛教學大學院大學研究紀要』 3, 394-356.

하카마야 노리아키(袴谷憲昭)

1989 『本覺思想批判』 大藏出版.

후키타 다카미치(吹田隆道)

1993 「大本經」に見る佛陀の共通化と法レベル化」『原始佛教と大乘佛教 渡邊文麿博士追悼記念論集』 上, 永田文昌堂, 271-283.

히라카와 아키라(平川彰)

1990 『如來藏と大乘起信論』 春秋社.

Cole, A.

2005 *Text as Father: Paternal Seduction in Early Mahayana Buddhist Literature*, Berkely and Los Angeles: University of California Press.

Habata, H.

2007 *Die zentralasiatischen Sanskrit-Fragmente des Mahāparinirvāṇa-Mahāsūtra: Kritische Ausgabe des Sanskrittextes und seiner tibetischen Übertragung im Vergleich mit den chinesischen Übersetzungen*. Marburg: Indica et Tibetica Verlag.

Hodge, S.

forthcoming "Who Compiled The MPNS, Where & Whom? The Geographical and Historcal Origins of the Tathāgata-Garbha Doctrine."

James, W.

1990 *The Varieties of Religious Experience, With an Introduction by J. Pelikan*, Vintage Books/ The Library of America.

ジェイムズ, W (James, W.) / 桝田啓三郎 譯

1969 『宗教的經驗の諸相·上』 岩波書店.

1970 『宗教的經驗の諸相·下』 岩波書店.

Johnston, E. H.

1950 *The Ratnagotravibhāga Mahāyānottaratantraśāstra*, Patna: The Bihar Research Society.

de Jong, J. W.

1968 (Review) on J. Takasaki. A Study on the *Ratnagotravibhāga* (Rome 1966), *Indo-Iranian Journal* 11-1, 36-54.

Mathes, K-D.

2008 *A Direct Path to the Buddha Within, Gö Lotsāwas Mahāmudrā Interpretation of the Ratnagotravibhāga* (Studies in Indian and Tibetan Buddhism) Boston: Wisdom Publication.

Obermiller, E.

1931 The Sublime Science of the Great Vehicle to Salvation, being a Manual of Buddhist Monism, the Work of Ārya Maitreya with a Commentary by Āryāsaṅga, *Acta Orientalia*, Vol. 9, 81-306.

Radich, M.

forthcoming The Mahāparinirvāṇa-mahāsūtra and the Emergence of Tathāgatagarbha / Buddha nature Doctrine.

Ruegg, D. S.

1969 *La théorie du tathāgatagarbha et du gotra: Études sur le sotériologie et la gnoséologie du bouddhisme*, PÉFEO, LXX, Paris.

1973 *Le traite du tathāgatagarbha du bu ston rin chen sgrub (Traduction de De bžin gšegs pa'i sñiṅ po gsal žiṅ mdzes par byed pa'i rgyan)*, PÉFEO, 88, Paris.

Schmithausen, L.

1971 Philologische Bemerkungen zum *Ratnagotravibhāga, Wiener Zeitschrift für die Kunde Südasiens*, 15, 123-177.

1997 *Maitrī and Magic: Aspects of Buddhist Attitudes towards the Dangerous of Nature*, Wien: Verlag der Österreichischen der Wissenschaften.

Silburn, L.

1955 *Instant et cause: le discontinu dans la pensée philosophique de l'Inde*, Paris: Librarie philosophique J. Vrin.

Takasaki, J.

1966 A Study on the *Ratnagotravibhāga (Uttaratantra): Being a Treaties on the Tathāgatagarbha Theory of Mahāyāna Buddhism*, Rome: IsMEO.

Zimmermann

2002 *A Buddha Within: The Tathāgatagarbhasūtra, the Earliest Exposition of the Buddha-Nature Teachings in India*, Tokyo: Soka University, The International Research Institute for Advanced Buddhology.

제2장

『여래장경』 재고
불성의 9유를 중심으로

미하일 침머만(히노 에운 일역)

『여래장경 *Tathāgatagarbha-sūtra*』의 저자(들)은 인도대승불교사상 가장 영향력 있는 술어의 하나인 '여래장'을 그 경명으로 채용했다. 『여래장경』이 이 술어를 새로 만들어, 이후 수세기에 걸쳐 사상계의 주류가 되고 중앙아시아·동아시아 불교교리사에서 주요한 요인이 된 전통을 창시했다[1] 는 것이 대략 50년 이래의 공통인식이었다. 그러나 최근 연구에서 이 '여래장'이라는 술어는 적어도 대승 『열반경*Mahāparinirvāṇa-sūtra*』[2]에서 먼저 사용하고 있던 것을 보여주는 여러 증거가 제시되고 있다. 연구가 깊어지면 마침내 이 말의 발생 연대가 확정될 가능성도 있을 것이다. '여래장'이라는 술어 사용과 관련하여 『열반경』이 『여래장경』에 선행한다는 학설의 지지자들에게는 강력한 논거가 있다. 이 말의 기원은 『여래장경』 그 자체보다 더 고층 텍스트에 있다고 간주하는 것이 타당할 듯하다. 이하 이 문제를 되살펴 보자.[3]

1.
『여래장경』의 여러 계통

『여래장경』은 다른 대승경전에 비하면 비교적 짧은 경전이다.[4] 티베트어역 북경판 칸주르에서는 대략 15엽을 차지한다. 대정신수대장경에 수록된 한역으로는, 계통에 따라 다르지만, 4–6쪽이다. 『여래장경』은 주로 두 계통으로 현대에 전승되었다. 또 9유 전체는 모두 『보성론*Ratnagotravibhāga*』[5]에 자유로운 형식으로 인용된다. 첫 번째 계통(이하 계통 1)은 5세기 초 불타발타라 佛陀跋陀羅에 의한 한역에서 확인된다.[6] 두 번째 계통(이하 계통 2)는 서력 800년 전후 성립한 티베트 대장경에 수록된 역본,[7] 바탕Bathang 출토 티베트어 장외문헌에 있는 역본,[8] 그리고 두 번째 한역인 8세기 중엽 불공금강不空金剛 역[9]으로 대표된다.

두 계통 간 상위가 어떻게 발생했는지 설명하기는 어렵다. 계통 2가 더 긴 것에 대해서는 계통 1에 비해 계통 2에 몇 가지 부가 부분이 인정되는 것으로부터 어느 정도 설명 가능하다. 시대의 흐름에 따라 텍스트에 새로운 부분이 부가되고, 텍스트 권수가 늘어났다.[10] 이것은 많은 대승경전에 공통하는 특징이다. 두 계통에 분량의 차이가 있는 또 한 가지 이유는 불타발타라역에 보이는 게송의 단축, 열거의 생략, 서술의 지문에서 주요한 화제에만 초점을 맞춘 것 등 간결함을 취지로 하는 번역 스타일에 있다. 불타발타라와 그의 번역팀이 이 텍스트를 산스크리트에서 번역할 때 어느 정도 자유로운 번역을 스스로 허락했고, 또 텍스트의 일부가 이미 인도에서 전해져 있었던 경우는 모순을 피하고자 시도했다는 것은 대체로 가능한 이야기다.

계통 2에서 불공금강역은 티베트어역과 매우 긴밀하게 대응한다. 그러나 티베트 대장경에 수록된 역본은 명확히 바탕 출토 장외 역본에는 보이지 않는 후대의 개작이 부가되어 있다. 일례를 들면 티베트 대장경 역본에는 4반게pāda의 배열이 바뀌어 있다. 아마도 산스크리트 원전과 합치할 원래의 4반게 배열의 대부분은 불공금강역과 바탕 본에서 발견할 수 있다.[11] 여러 부분에서 티베트 대장경 수록본은 (『보성론』 인용부분도 포함하여) 다른 어느 역본과도 일치하지 않는 이독異讀을 채용하고 있다. 개괄하면, 티베트 대장경 수록본은 대단히 유려하고 세련되며, 언어 사용에 막힘이 없는 텍스트다. 그 술어는 거의 모두『번역명의대집 *Mahāvyutpatti*』의 항목과 일치한다.

바탕 출토 역본은 이 점에서 전혀 다르다. 두 텍스트가 같은 저본에 기반한 것은 명확하지만, 바탕 본에는 표준화와 세련됨을 추구하지 않았던 것을 보여주는 많은 특징이 보인다. 그 좋은 한 예가 대량의 독특한 술어다. 그 술어들은 인도불교 술어의 역어 통일을 목적으로 편찬된 『번역명의대집』과 『이권본역어석 *sGra sbyor bam po gnyis pa*』에도 수록·해설되어 있지 않다.[12]

두 계통의 관계로 돌아가자. 계통 2에 보이는 텍스트의 부가 그리고 두 계통 간의 350년 이상의 간격에 기반하여, 계통 1이 더 오래되고 따라서 아마도 '더 원형에 가까운' 텍스트라고 주장하기 쉽다. 그러나 명백한 부가 부분을 제외하고 『보성론』에 인용된 『여래장경』의 표현과 두 계통을 대조하면, 계통 2가 『보성론』이 인용한 표현에 가까운 것을 보여주는 실례[13]를 찾을 수 있다. 『보성론』과 그 주석의 한역 연대는 511년이라고 간주된다. 『보성론』에 보이는 『여래장경』의 표현이 최고층에 속하고,[14] 주석이 이루어지기까지 필요한 정도의 시간을 감안하면, 『보성론』 최고층의 성립연대는 불타발타라 번역 연대에서 그다지 멀지 않다고 생각할 수 있다. 우리는 모든 자료에 주의를 기울일 필요가 있다. 두 계통 중 어느 하나를 우선하여 『여래장경』의 '원형'을 도출할 수는 없다.

2.
아홉 가지 비유 – 『여래장경』의 핵

일체중생이 불성을 가진다고 하는 『여래장경』의 주된 취지는 아홉 가지 비유를 이용하여 표현되고 있고, 이 경전의 핵심을 이룬다. 그 풍부한 함의를 확인하기 위해, 이하에 그 비유의 간결한 요지를 서술한다. 9유의 개설부터 시작하자.

1) 비유의 전체적 특징

첫 번째 비유를 제외한 모든 비유는 현실적·실제적 정신을 표명하고 있다. 그것들은 거의 일상생활에서 취한 장면을 묘사하고 독자가 상상하기 쉬운 세속적 성격을 갖는 것이다. 비유는 모두 일정한 구조를 갖고 있다. 물질세계의 상황이나 과정의 묘사upamāna부터 시작해, 거기에 사실로부터 유추되는 사상(事象 upameya), 곧 일체중생이 불성을 갖고 있다는 것이 비정된다. 현대 우리들의 이른바 알레고리와는 달리, 비유는 우파마나와 우파메야가 각각 특징으로 하는 요소들에 대해 하나하나의 유사성을 드러내려고 하지는 않는다. 오히려 두 세계가 공유하는 것은 단 하나의 '공통점 teritum comparationis'뿐이고, 그것이야말로 비유가 보여주고자 하는 것이다.

이들 비유의 공통점은 무엇인가. 일반적으로는 고귀한 요소이자 본래청정한 것은 은폐되어 있고, 존재 자체가 의심도 되지만 진실로는 존재하며, 부정에 덮여 있지만 본성은 무구라는 관념이다. 비유는 각각 이 '공통점'의 개별 측면을 강조하면서, 동일한 기본적 사상事象의 묘사를 의도하고 있다. 나아가 모든 비유에 공통요소고 따라서 두 번째 '공통점'이라고도 말할 수 있는 것으로는, 이 고귀한 요소가 중생에게 바람직한 결과를 초래하면서 현현한다는 묘사다. 다음 절에서는 비유의 내용을 요약하고, 각 비유가 강조하는 것을 지적해 보자.[15]

2) 9유의 내용

(1) 연꽃 안의 여래

후술하듯이 첫 번째 비유는 최초기 비유군에는 포함되어 있지 않았을 가능성이 있다. 그러나 이것은 가장 인상적이고 포괄적인 비유가 되었다. 다름 아닌 '여래장 tathāgatagarbha'이라는 복합어는 '연화장'(padmagarbha 연화대)이라는 말과 긴밀한 관계를 갖고 서술되고, 이 비유와 밀접하게 결합하고 있다. 연꽃은 불교문헌에서 아주 친숙한 꽃이다. 이것은 윤회 안에서 활동하는 보살의 무구성을 상징한다. 그 개화는 불성의 미덕이 현현하는 것에 비유된다. 따라서 이것은 첫 번째 비유라는 특별한 위치를 차지하는데 어울린다. 이 비유는 추하게 시든 꽃잎과 연꽃의 연화대에서 광명을 뿜으며 명상하는 여래의 대비를 묘사한다. 연꽃 안의 여래들이 역겨운 환경에 전혀 영향 받지 않는 것과 마찬가지로, 중생은 자신 안에 완전한 여래를 갖추고 있는 것이다. 우파메야 중에서 저자는 물질세계에서 빌린, 같은 비유의 이미지로 중생 안에 있는 붓다를 더욱 구체적으로 묘사하고 있다. 이 비유에서 한 가지 더 중요한 점은 천안을 가진 사람들이 시든 연잎을 제거하는 것이다. 그들만이 연잎 안에 숨겨진 여래들을 여실히 알 수 있다. 제거라는 행위는 여래가 중생에 대해 오염이 제거되도록 이끌고, 혹은 스스로 제거하도록 설법하는 것의 비유다. 그렇지 않으면 중생들은 자신 안에 있는 붓다를 알아차릴 수 없다.

(2) 벌이 지키는 꿀

두 번째 비유는 벌이 지키는 꿀의 비유다. 이 비유는 불쾌한 요소, 곧 꿀 채집이라는, 꿀벌의 생명의 근원을 강탈하는 지독히 파괴적인 행위를 포함하고 있다.[16] 그럼에도 불구하고 저자는 '방편에 통달한' 사람이 어떻게 벌집 안에서 꿀을 찾고 벌을 내쫓는가를 묘사한다. 이것이 여래에 의한 오염의 제거에 비정된다. 그 후 벌꿀은 '적절한 방법으로' 이용된다. 이익을 가져오는 성과는 여래가 된 중생이 다른 중생의 이익을 위해 불업佛業을 행하는 것의 비유다.

(3) 껍질에 둘러싸인 곡물

세 번째 껍질에 둘러싸인 곡물 비유는, 현존 최고의 불타발타라 번역도 보여주듯이, 껍질 안의 곡물은 쓸모없다는 명확히 부조리한 신념이 강조된다. 저자는 곡물의 과립과 껍질 관계를 청중이 모두 알고 있다고 믿고 있고, 그것이 비유의 전제가 되어 있다. 그 때문에 여기서 저자가 강조한 것은 불성이 (오염에 덮인) 일체중생 안에 있다는 사실의 보편성, 그 현현의 자명성이다. 저자는 불성의 현현을 곡물에서 식용 과립을 추출하여 이용한다는 극히 일상적인 과정에 유비한다. 다른 비유에서 일반적인, 가치 있는 것이 부정한 것 안에 숨어 있다는 '공통점'은 여기서는 거의 중시되고 있지 않은 듯하다.

(4) 분뇨 안의 금괴

네 번째 비유의 중핵은 분뇨 안의 금괴다. 순금 덩어리와 그것을 둘러싼 '썩은 오물 구덩이, 악취를 뿜는 화장실'은 그 이상이 없을 정도로 대비를 보인다. 금괴는 그 장소에 몇 백 년이나 묻혀 있다. 누구도 그와 같은 장소에 금괴가 숨어있다고는 생각하지 않는다. 이 비유는 독자의 주의를 두 가지로 이끈다. 첫째는 금이 가진

불멸의 성격이다. 그것은 뒷 단에서 중생의 진정한 본성에 유비된다. 금은 그 성격 덕분에 그와 같은 환경에 있어도 전혀 손상되지 않는다. 둘째는 누구도 붓다가 되리라고는 생각하지 않는 사람조차 언젠가 숨은 불성이 현현한다고 독자에게 믿게 하는 것이다. 우파마나에서 어떤 사람에게 금괴를 찾아내어 깨끗하게 하도록 권하는 신격의 역할은, 우파메야에서는 여래에 의한 불법의 교시에 비정되고 있다.

⑸ 가난한 사람 집 지하에 숨은 재보

중생 안에 있는 알려지지 않은 불성을 비유한, 가난한 사람 집 지하에 숨은 재보라는 진부한 주제는 약간 차이는 있지만『열반경』에도 보이는 것이다.[17]『여래장경』의 비유는 대조로 가득 차 있다. 가장(gṛhapati 혹은 귀인)은 집 바로 아래 귀중한 재질로 만들어진 막대한 재보가 있음에도 불구하고 가난하게 살고 있다. 그가 재물을 찾아 헤매는 동안, 그 문제를 해결할 수 있는 재보는 손도 닿지 않는 채 있다. 전륜성왕의 7보와 동일한 가장의 전통적 의무는 숨은 보물을 발견하는데 있다. 그러나 그 자신은 물론 다른 누구도 재보를 알아차리지 못하고, 재보 자신도 그에게 알릴 수 없다. 그에게는 천리안을 가지고 그가 구하는 것이 집 밑에 있다는 사실을 가르쳐 주는 누군가가 절실히 필요하다. 여래가 그와 같은 재보 – 중생 안에 있는 불성 – 의 존재를 보살에게 알리자, 그들은 그것을 파내기 시작한다. 이 다섯 번째 비유는 독자의 주의를 자신 안에 있는 '재보'로 향하게 하고, 그들이 정신적으로는 결코 가난하지 않음을 자각하게 한다.

⑹ 씨앗 안의 싹

여섯 번째 씨앗 안의 싹 비유와 여덟 번째 추녀 비유는 명확히 다른 관념을 보여주고 있다. 이 여섯 번째 비유는 일견 새싹이 '나무의 왕'으로 성장하는 과정을 말하는 것처럼 보인다. 이것이 적어도 독자의 첫 인상일 것이다. 그러나 이와 같은 관념을 환기시키는 것이 아마도 저자들의 주된 의도는 아닐 것이다. 나중에 자세히 논하겠지만, 상세히 어법을 분석하면 오히려 새싹과 그 후의 모습인 나무는 본질적으로 동일하고, 아직 전개되지는 않았지만 나무의 완전한 모습이 이미 씨앗 안에 있다는 사실이야말로 비유의 초점이라는 사실을 알 수 있다. 다른 대부분의 비유와는 대조적으로 청정하게 하려는 행위는 필요하지 않다. 씨앗이 땅 위에 떨어지면, 성장은 자동적으로 진행되는 것으로 묘사된다.

(7) 썩은 천에 싸인 불상

윤회의 예로 이용되는 위험한 황야가 일곱 번째 비유의 무대다. 썩은 누더기 천에 싸인 불상이 길에 떨어져 있다. 여행자들은 누더기 천이 불상을 싸고 있다고 알아차리지 못하고, 혐오하면서 지나친다. 신격의 지시로 사람들이 그 꾸러미를 열자 비로소 그 불상은 존숭의 대상이 된다. 이 비유에는 특필해야 할 두 가지 특징이 있다. 하나는 금괴가 분뇨 중에 있었던 것과 마찬가지로, 놓여 있는 장소의 완전한 괴리, 그로 인한 발견의 의외성이다. 둘째는 경멸과 존경을 대비하는 묘사다. 아무리 그 혹은 그녀가 비천하게 보여도 그와 같이 봐서는 안 된다. 왜냐 하면 누구라도 안에 존경해야 할 본성을 감추고 있기 때문이다. 이 메시지는 게송으로도 다시 설해진다. 거기서는 여래가 눈을 뜬 보살들에게 일체중생이 불성을 갖고 있다는 사실을 알고 그들의 정신적 소질 개발에 몸을 바칠 것을 요구하고 있다.

(8) 가난하고 추한 여자가 임신한 미래의 전륜성왕

여래장 교설에 기반하여 보다 직접적이고 구체적인 결론을 서술하는 것이 가난하고 추한 여자의 비유다. 어떤 추하고 의지할 데 없는 여성이 자신을 경멸하면서 가난한 집에 살고 있다. 그녀는 미래의 전륜성왕(=불성)을 임신하고 있다는 사실을 알지 못한다. 이 비유는 여성의 절망적인 상황과 전륜성왕의 위광과 번영을 명확히 대비한다. 그러나 이 비유의 주안점은 아직도 불성의 존재를 알아차리지 못하는 중생들을 여래가 고무하고, 패배감에 사로잡히지 않도록 '실망하지 말고 노력을 기울여라' 하고 장려하는 모습을 보여주는 것에 있는 듯하다. 이 비유에서도 불성을 현현시키기 위한 행위는 필요하지 않다. 태아는 외부 도움 없이 성장하고 장래에 탄생과 영화는 필연적이다.

(9) 점토 주물 안의 금상

점토 주물 안의 금상이라는 마지막 비유에서는 금상을 실랍법失蠟法으로 주조하는 과정이 묘사된다. 점토 주형을 망치로 깨고 순간적으로 더럽고 검은 점토를 갈라, 청정한 상을 드러내는 적절한 시기를 꿰뚫는 데는 금속가공의 전문 지식이 필요하다. '불법을 망치처럼 사용하는' 여래에게도 적시를 아는 것이 필요하다. 그가 정화하는 보살은 '침착하고 냉정하게' 있어야 한다. 이 묘사는 더러운 점토 안에 있는 금상으로 대치되는 순간의, 놀랄 정도의 의외성을 보여준다. 이 비유는 지금도 인도나 네팔에서 주물 기술자가 행하는 주조 과정을 정확하고 상세하게 묘사하고 있다.[18]

3.
『여래장경』의 다른 내용과 성립사

『여래장경』은 크게 7부로 나뉜다.[19]

I (0A–M) 왕사성의 장면 설정, 기서奇瑞의 현현

II (1–9) 9유: 『여래장경』의 실질

(1) 연꽃 안의 여래

(2) 벌이 지키는 꿀

(3) 껍질에 둘러싸인 곡물

(4) 분뇨 안의 금괴

(5) 가난한 사람 집 지하에 숨은 재보

(6) 씨앗 안의 싹

(7) 썩은 천에 싸인 불상

(8) 가난하고 추한 여자가 임신한 미래의 전륜성왕

(9) 점토 주물 안의 금상

III (10) 『여래장경』을 선양하는 것으로 얻는 이익의 설시

IV (11) 사다프라묵타라쉬미 **Sadāpramuktaraśmi*와 아난타라쉬미 **Anantaraśmi* 이야기

V (12A–B) 아난다의 질문(계통 1에는 결락)

VI (12C) 『여래장경』을 수지하는 자에게 존경을 표함

VII (12D) 청중측의 환희와 찬탄 묘사(장면은 0으로 돌아간다)

『여래장경』의 중핵 부분이 9유라는 사실은 의심할 수 없다. 텍스트 자신이 9유를 『여래장경』의 실질이라고 간주하고 있는 것은 (0)절 및 (10)~(12)절에 자주 언급되는 그대로다. 경전 내 경전인 9유는 붓다 자신이 설시한다. 이후 주석자들은 자주 이 절만을 거론해 왔다. 9유는 새로운 메시지와 『여래장경』을 유명하게 한 교리상 의미 있는 문장을 갖고 있다. 그것들은 거의 모든 대승경전에 공통하는 틀인 (0)과 (12D)에 수록되어 있다. 『여래장경』을 선양함으로써 얻는 이익의 설시는 다른 많은 대승경전에 공통하는 요소다. 한편 사다프라묵타라쉬미 이야기와 아난다의 질문은 『여래장경』 고유의 것인 듯하다. 앞서 서술한 것처럼, 서장 이후 주요한 설자는 역사적 붓다다. 다만 바즈라마티 *Vajramati*와 아난다의 질문이 삽입되어 있는 것을 제외하면, 붓다의 설시는 장면이 서두의 장소로 돌아가기까지 계속된다. 이 텍스트는 산문으로 씌어지고, 통례의 짧은 정리문 끝에 이미 서술한 산문의 주요한 화제를 다시 설하기 위한 운문이 첨부된다. 이 산문 한 절이 운문으로 끝나는 구조는 다른 많은 대승경전에서도 확인되는 것이다.

1) 비유의 구조

일견하면 서문 (0)과 이어지는 9유의 설시는 일체를 이루고 있는 것처럼 보인다. 붓다는 3인칭으로 설하고, 군데군데에서 자신의 사상을 1인칭으로 말한다. 비유의 묘사는 모두 선명하고 구체적이며 통일적인 양식으로 구성된 것처럼 보인다. 하늘의 연화를 제외하면, 그것들은 한결같이 많든 적든 일상생활에서 낯익은 사건이나 과정의 묘사로 시작하고, 이어서 그것과 정신세계의 유비를 묘사한다. 마지막으로 여래의 주요한 역할이 중생에게 그들 자신이 알지 못하는 잠재적인 불성을 교시하는 것이라고 말한다. 교리적 관점에서 보아도 그 비유들이 한 사람 혹은 일군의 저자에 의해 일괄적으로 제작된 것은 부정할 수 없는 것이다. 그럼에도 불구하고, 첫 번째 비유를 분석적으로 검토하면, 서문과 9유가 최초기 단계부터 지금 형태로 정리되어 있었다는 추측과는 대립하는 결론이 도출한다.

2) 연꽃 비유에서 다른 텍스트의 혼입

다른 텍스트의 혼합이 가장 여실히 드러나는 것은 첫 번째 비유다. 서문 (0)에서 붓다는 『여래장경』을 설시한다고 선언한 후, 첫 번째 비유를 설명하기 시작한다. 그 비유의 우파마나 곧 주제를 표현하는 부분은 서문의 무대에서 시작하고 있다. 다음으로 본문 II (1)에서 붓다는 돌연 이 첫 번째 비유를 다시 설하기 시작한다. 여기서는 다른 요소에 역점이 놓인다. 첫 번째 비유의 두 '버전' 말하자면 버전 (0)과 버전 (1A)를 비교하면, 그 두 곳이 잘 대응하지 않음을 보여주는 몇 가지 모순이 명확해진다.[20]

상세히 분석해 보면, 문맥 안에서 이 모순은 (0)절과 (1A)에서 별개의 두 가지 연꽃 비유가 결합했다고 생각하면 해소된다고 결론 내릴 수 있다. 하나는 (1)의 서두에 보이는 것이고 다른 하나는 (0)의 끝 부분(0M, tathāgatagarbha라는 단어를 포함한 끝의 한 문장을 제외한다. 이것은 후대의 삽입일까)과 (1)의 끝 부분(1B, 첫 한 문장을 제외한다)이다. 'tathāgatagarbha'라는 단어는 첫 번째 비유의 서두부 (1A)에만 보인다. (0)절 끝의 연꽃 비유는 그 앞에 기술된 도입 장면의 연장선상에 있다. 한편 비유의 제1부(1A)는 명확히 다른 여덟 가지 비유 (2-8) 구조 및 서술 양식과 유사하다.

3) 병렬된 신구 연꽃 비유

따라서 우리는 『여래장경』의 성립사에 관해 다소 복잡한 상황에 직면해 있다. 연꽃의 비유는 의심할 바 없이 9유 안에서도 특별한 위치를 차지하고 있다. 공중에 뜬 연꽃의 환상적 묘사는 다른 8유의 현실적 정신과는 대조적이다. 첫 번째 비유가 다른 8유와 결합한 이유로, 비유의 도입으로서 어떤 이유에서 서문에서 선택된 것이 연꽃 무대고, 양자의 교량 역할을 할 비유가 필요했었다고 생각하는 것 이상은 기대하기 힘들다. 서문의 무대가 8유를 위해 특별히 마련되었다고 한다면, 비유의 필요에 완벽히 응할 수 있었을 터였지만, 그렇지 못했다. 때문에 우리는 편자가 8유에 가능한 한 적합한 무대를 설정하기 위해, (0)절의 연꽃 묘사를 비유의 도입으로 개편했다고 추측한다. 그렇게 하여 이 편자는 서문과 벌과 벌집의 비유에서 시작하는 8유의 연관을 그럴 듯 하게 설명하기 위해 (0M)부와 (1B)를 부가한 것이다.

(1A)부가 보완된 것은 이후 단계에서일 것이다. 편자는 서문의 '오래된' 연꽃의 비유를 보전하는 것에 세심한 주의를 기울이면서, '새로운' 비유를 조작의 흔적이

눈에 띄기 어려운 곳에 삽입했다. 그는 '오래된' 연꽃 비유를 (0M)과 (1B)에 모두 남기는 형태로 경의를 표한 것이다.

4) 왜 '새로운' 연꽃 비유가 삽입되었는가

'새로운' 연꽃 비유 (1A)의 삽입에는 몇 가지 동기가 있었을 것이다. 상기의 분석에 기반하면, (1A) 삽입 이유의 하나는 서문의 연꽃 비유를 다른 비유의 '형태에 맞추어' 재구성하고, '오래된' 비유에는 없는 특징을 갖춘 것으로 개작하는 것이다. 그러나 다른 매우 흥미 깊은 견해도 있다. 'tathāgatagarbha'라는 단어는 연꽃 비유 이외의 8유에는 보이지 않고,[21] 게다가 두 가지 연꽃 비유 중 '새로운' 비유 (1A)에만 보인다. 이 경전이 여래장이라는 단어를 제명으로 사용하기 때문에 그 단어는 모든 비유에 있고, 경전 전체에서 일관된 열쇠 개념을 표현하고 있다고 자주 생각되고 있는 것에 비추어 보면, 이것은 놀랄만한 사실이다. 여래장이라는 단어는 '새로운' 연꽃의 비유와 더불어 삽입된 것이다. 가령 『여래장경』이 처음으로 이 단어를 사용한 텍스트라고 인정한다면, 여래장이라는 단어는 『여래장경』의 연꽃 이미지에서 발전한 것이라고 생각할 수 있다. 그리고 다음과 같이 상상할 수 있을 것이다. 저자(들)은 아마 불성이라는 새로운 관념에 붙여진 명칭과 그 새로운 관념을 적절하게 표명하기 위한 경전의 제명도 찾고 있었다. 그들은 여래장이라는 단어가 그 요구에 적절하다는 사실을 발견하자마자 애써 경전 안에 눈에 띄는 장소에 그 단어를 배치했다. 여래장이라는 이름의 불성 관념이 탄생한 순간이다.

5) 연꽃 비유 – 여래장이라는 단어의 해설로서

동시에 '새로운' 비유는 여래장이라는 단어에 대해 선명한 해설을 완벽히 제시하고 있다. 그것은 비유의 처음에 '…… [각] 연꽃의 연화대 padmagarbha 안에 *madhya 여래들이 결가부좌하고 있다고 관하고……'라는 문장에서 느낄 수 있다. 저자(들)은 여기서 일부러 여래(tathāgata 나중에 나오는 *tathāgatarūpa가 아니다)라는 단어를 사용하고, 특히 'garbha'를 '*madhya'로 주해함으로써 'garbha'의 어의와 'tathāgatagarbha'라는 복합어에서 역할에 독자의 주의를 유도하고 있다는[22] 인상을 받는다. 여래들은 연꽃의 꽃잎이 시들어 악취를 풍김에도 불구하고, 그 연화대 garbha에 앉아 있다. 그것과 마찬가지로 중생이 아무리 도덕적으로 타락해 있어도 안에는 불성을 감추고 있다. 이 문맥에서 여래장이라는 단어는, 연화라는 무대 배경을 구체적으로 묘사함으로써, 유비도 선명하게 설명하고 있다. 여기서는 중생에게 걸리는 복합어 'tathāgatagarbha'의 '-garbha'는 '품다, 내포하다'는 의미를 가지기 때문에 붓다를 내포하는 중생을 가리키는 것이다.

6) 『여래장경』과 『열반경』 관계에서 본 연꽃 비유

최근 연구가 제시하는 『열반경』의 성립연대가 『여래장경』보다 빠르다는 설,[23] 그리고 여래장이라는 단어가 『열반경』 여러 부분에서 보인다는 보고를 고려하면, 위에서 서술했듯이 『여래장경』이 이 중요한 단어를 신조했다고 볼 수는 없다. 그러면 다음으로 왜 『여래장경』의 9유 중에서 유일하게 연꽃의 비유에서만 여래장이라는 단어가 사용되고 있는지 문제가 될 것이다. 『여래장경』의 저자(들)이 『열반경』의 불성 전승을 알고 이 사상에 새로운 표현을 더하고자 했다면, 왜 그들은 이 중요한 단어를 모든 유례에 남김없이 사용하지 않았는가. 그 대답은 『여래장경』의 비유가 다른 (지리적·사회적) 문맥에서 출현했기 때문이고, 그 안에 있던 『여래장경』의 저자(들)이 『열반경』의 전승을 충분히 알지 못했다고 밖에 생각할 수 없다. 그들은 자신들의 관념과 유사한 『열반경』을 배우고, 그 키워드인 여래장이라는 말을 자신의 작품에 도입하고자 시도했다. 그러나 표면적인 시도로 끝난 것은 위에서 본 그대로다.

『여래장경』의 비유가 당시 새롭게 편찬된 것인가 혹은 먼 옛날부터 전승되어 왔던 작품인가는 판단할 수 없다. 『여래장경』과 『열반경』 두 경전이 다른 문맥에 속하면서 거의 동시대에 성립했다는 가능성조차 배제할 수 없다. 인도문헌에 관해서 시대나 기원이라는 정보의 결여는 상수다.

7) 여래장에 대한 신해석 – 불사리 佛舍利에서 연꽃 안의 붓다로

그러나 『여래장경』의 연꽃 비유는 연꽃의 연화대 padmagarbha와 중생의 안 garbha의 유비에 의해 여래장이라는 단어를 새로 정의한 것이다. 그것이 『열반경』에서 여래장이라는 단어가 가장 많이 나타나는 곳의 문맥과는 현저하게 다르다는 점을 간과해서는 안 된다. 그 문맥이란 붓다의 유골이다. 『열반경』 문맥에서 여래장은 또 하나의 중요어인 'buddha-dhātu'와 마찬가지로, 일체중생 안에 있는 유골, 영원한 불성의 내재화를 표현하는 것이다. 가령 『여래장경』의 편자들이 『열반경』을 숙지한 후, 여래장이라는 단어를 이용하고자 했다고 상정해 보자. 그래도 그들이 왜 일부러 『열반경』의 유골 문맥과는 전혀 관계없는, 연꽃의 이미지 덕분에 왠지 정감있는 '새로운' 무대를 창설하고, 거기서 여래장이라는 단어를 발전시키고자 했는지는 이해할 수 없다. 처음부터 『여래장경』의 편자들이 여래장이라는 단어가 『열반경』의 유골 문맥에서 유래하는 것이라고 알고 있었는지는 전혀 알 수 없다. 그들은 단순히 『열반경』의 불성사상을 여래장이라는 단어와 결합시킨 것일 뿐, 그 문맥을 고려하지 않았다고 하는 가능성도 충분히 생각할 수 있다.

8) 『여래장경』의 다른 내용

경전 안 비유에 이어지는 부분으로 눈을 옮기면, 원래는 많든 적든 독립해 있었던 요소가 여러 이유로 수집되었다는 인상을 받지 않을 수 없다. 경전의 선양에 의한 이익의 설시 (10)도 대승문헌에서는 보편적인 테마다. 텍스트에 따라 이익을 얻는 방법은 여러 가지지만 수지·독송·서사·설법에 의한 경전의 선양은 아주 일반적인 것이다. 또 『여래장경』은 비유를 하나라도 내재화하면, 혹은 청문한 내용에 한번이라도 수희 anumodanā 하면, 막대한 보시를 훨씬 능가하는 이익을 얻는다고 한다. 큰 이익을 가져오는 수희라는 두 번째 관념은, 그 정도로 일반적이지는 않은 듯하지만, 『법화경 *Saddharmapuṇḍarīka-sūtra*』에서 확인할 수 있다.

이 이익에 관한 절은 경전의 끝에 있었던 것일지도 모른다. 다른 텍스트에서는 통상 그 장소에 놓여있기 때문이다. 그러나 실제로는 『여래장경』에서는 두 가지 이야기가 뒤를 잇는다. 사다프라묵타라쉬미와 아난타라쉬미 이야기 (11)은 경전의 권위를 높이기 위한 유사 역사적 문맥에 경전 자체를 놓으려고 기도한 것일 게지만, 동시에 경전 전승의 역사도 말하는 것이 되었다. 그 형태 그대로인가는 차치하고, 이야기 그 자체는 경전에 삽입되기 이전부터 독립해서 존재해 있었을 것이다. 이 이야기는 경전과 두 가지 관련을 갖고 있다. 하나는 사다프라묵타라쉬미 여래가 『여래장경』을 5백겁 동안 계속 설하고 마침내 청중이 깨달음을 얻은 것, 둘째는 사다프라묵타라쉬미 여래에게 가르침을 비는 청중의 대표자 아난타라쉬미가 (경전의 대고중 對告衆인) 바즈라마티와 동일시되는 점이다. 아난타라쉬미는 세 명의 유명한 보살과 함께 깨달음을 얻지 못한다. 이 앞 단에서는 사다프라묵타라쉬미가 모태에 있을 때부터 유골이 된 후까지 일체 중생을 이익되게 하는 빛을 내는 것이 서술되고 있다. 태내 *garbha에서도 빛을 낸다고 하는 (물론 중심은 아닌) 요소 외에, 이 이야기 및 경전의 핵심과 관련은 찾아볼 수 없다.

일견하면 더 관계가 적은 아난다의 질문 (12A–B)은 계통 1에는 빠져있고, 후대의 개작일 가능성이 높다. 아난다는 여래에게 완성에 이르기 위해 어느 정도 많은 붓다에게 법을 들을 필요가 있는가 하고 묻는다. 여래는 그 자리에서 깨닫기 위해 중요한 것은 숫자가 아니라 열의라고 대답한다. 아난다를 주역으로 하는 이 이야기를 삽입한 이유는 그가 일반적으로 교설의 기억으로 유명한 인물이기 때문일 것이다. 그러나 이 절은 경전의 다른 부분과 관련한 주제를 갖지 않는다.

4.
『여래장경』에서 여래장이라는 말

상술한 비유의 요약에서 명확하듯이, 일체중생이 불성을 가진다는 관념이 균일한 양식으로 서술될 리는 없다. 여래장이라는 중요어는 중생 안에 있는 불성을 어떻게 파악할 것인가를 설명할 때, 다의적으로 사용된다. 여래장의 어의 분석은 당연하게도 그 단어가 사용된 『여래장경』의 문맥에서 시작해야 한다.[24] 그 문맥이란 시든 연꽃과 그 연화대 padmagarbha 중심에 앉은 아름다운 여래들이다. 중생이 여래를 품고 있다면 그들은 용기의 기능을 가진 것이고, 따라서 여래장 tathāgatagarbha이라는 복합어는 '여래를 가진다'라는 의미를 가진 소유복합어 bahuvrīhi 형용사, 혹은 '여래의 장'이라는 의미를 가진 격한정복합어 tatpuruṣa 명사로 이해해야 한다. 이 복합어의 적절한 해석을 위해, 우리는 먼저 'garbha'라는 말에 대해 검토한 후, 『여래장경』에서 전해져 온 이 복합어에 관한 약간의 해석 가능성을 논의하고자 한다.[25]

1) garbha의 어의

'garbha'의 어의에 관해 마이어호퍼 Mayrhofer 『고古인구어어원사전』[26]은 '자궁' '태아, 신생아'라는 두 가지 의미만 수록하고 있다. 그러나 이 생물학적 어원에서 벗어나 'garbha'는 더 일반적인 의미를 가진다. 예를 들면 '안에 있는, 중앙의, 어떤 것의 안에, (연꽃 등의) 화대 …… 내실, 사원의 내진內陣이나 성소'(Monier 『범영사전』),

혹은 하라 미노루 原實가 서사시와 관련하여 보여주었듯이, '밑씨, 씨앗, 유아, 아이' 또는 복합어 후분에서 'putra'와 유비에 따라 '(가계의) 일원'[27] 등이다. 또 'garbha'가 소유복합어 끝에서 앞 지분 단어(군)을 동격한정복합어로 하여 '포함하고 있는' 것을 나타내는 기능도 잘 알려져 있다.[28] 특히 마지막 예에서 '-garbha'는 순수한 문법 단위가 되고, 생물학적 의미 – '태아'라는 흔적은 느껴지지만 – 에서 멀리 떨어져 있다. 『여래장경』이 성립한 시대에 이 단어가 어느 정도로 어휘 그 자체의 의미를 잃고, 내포 관계를 보여주기 위해 사용되었는지 판단하기는 곤란하다. 그러나 원래 'garbha'가 가진 태아와 유사한 의미가 후대에 완전히 소실될 리는 없다. 실제 garbha는 '결과'라는 의미장과도 결부되었다. 이것은 '-garbha'라는 문법단위가 어원인 태아의 의미에서 완전히 멀어질 리는 없고, 만약 해당 문맥이 허락한다면, 양육에서 성장이라던가, 자궁과 유사한 용기라는 뉘앙스도 요구되었던 것을 시사하고 있다.

다만 'garbha'는 또 하나의 의미장, 곧 '중심' 혹은 '정수'와도 긴밀히 결합했다. 이 발전은 인도–티베트어 번역가들이 'garbha'의 역어로 티베트어 'snying po'(주요부분, 실질, 본질. Jäschke 『장영사전』 'snying po' 항. 또 'snying' 항(심장, … 마음)도 보라)를 널리 선택한 것에서도 나타나 있다. 물론 산스크리트 사전과 팔리어 사전에서는 이 의미를 취하지 않는다. 억지로 말하면 '내실'이라던가 사원의 성역인 '내진' 등이 같은 종류의 의미를 시사하고 있을지도 모른다. 그러나 'garbha'에 대응하는 많은 현대 인도어도 '핵' '심장' '정수' 등의 의미를 갖고 있고, 이것은 산스크리트 'garbha'가 어떤 시기 이후에 이 의미를 가졌다는 사실을 강하게 확증시켜주는 것이다.[29] 그렇다면 우리가 소유복합어 끝에서 사용된 'garbha'에 '본질로서 내포한다'는 뉘앙스를 읽어낼 수 있다는 것도 인정해야 할 것이다.

2) 『여래장경』에서 여래장은 무엇을 의미하는가

이제 복합어 그 자체로 돌아가 분석과 이해에 유용한 방법을 검토해보자.

(1) 여래장 tathāgatagarbha이 격한정복합어인 경우, 이하 세 가지를 검토할 필요가 있다.

a. 복합어 전분은 생략된 속격어미를 가진다. 곧 'tathāgatasya (tathāgatānāṃ) garbhaḥ'(여래(들)의 태아)라고 확정할 수 있다. 이 해석은 『여래장경』 전승 중에서도 가장 일반적인 것 중 하나라고 생각한다. 이 경우 이 단어는 일체중생 안에 있는 '여래(들)의 태아'를 가리킨다고 이해할 수 있다. 그러나 『여래장경』에서 'tathāgatagarbha'는 두 가지 이유에서 이 의미를 가질 수 없다. 첫째 'sattvās tathāgatagarbhāḥ'라는 문장에서 문법상 이 복합어는 'sattvāḥ'의 술부가 되기 때문에 '안에 있는 태아'를 가리키는 격한정복합어로는 이해할 수 없다. 둘째 이미 서술한대로 『여래장경』은 여래(들)의 태아가 아니라, 오히려 꽃 안에 (그리고 그것을 받아서 중생 안에) 있는 완성된 여래들을 다루고 있기 때문이다.

b. '여래의 모태' 혹은 '용기'로서 중생: 여래의 모태로서 중생은 여래들을 자신의 모태와 같은 연화대에 내포하는 연꽃의 이미지와 조화하고 있다. 슈미트하우젠 L. Schmithausen과 루엑 S. Ruegg은 복합어 'tathāgatagarbha'가 인도의 텍스트에서는 '여래의 모태 matrix of the tathāgata'를 의미할 수 없다고 단언하고 있지만,[30] 문법상으로는 그 가능성을 배제할 수 없다. 그러나 'garbha'가 '용기'를 의미하는 것은, 없다고는 할 수 없지만, 아주 드물다. 그 '모태'라는 의미

에 기반하면, 'garbha'는 무엇을 감싸는 용기나 덮개가 아니라 내적 공간을 의미한다. 이것은 위에서 인용한 모니어 Monier나 뵈트링크와 로트 Böhtlingk & Roth 『범어사전』의 해당 행목에 '자궁' '내실' 등이 있는 것으로부터도 명확하다. 그에 따라 훨씬 신뢰성 높은 이해를 이하에서 검토해 보자.

c. '여래의 태아'로서 중생: 일체중생에게 법신이 침투해 있고, 그 때문에 그는 여래의 태아 혹은 (하라가 보여 주듯이) 자식이라는 관념이 『보성론』에 보인다.[31] 그러나 『여래장경』에서 중생과 여래의 관계에 이 이해를 적용시킬 수 없기 때문에 여기서는 논의의 대상으로 하지 않는다. 『여래장경』은 각 중생이 '그/그녀 자신의' 불성을 갖는 것을 강조하고자 한다.[32]

(2) tathāgatagarbha가 소유복합어인 경우

a. 가장 자연스러운 이 복합어 해석은 소유복합어라고 보는 것일 게다. 따라서 뵈트링크와 로트의 『범어사전』 'garbha' 항에 보이는 'sattvās tathāgatagarbhāḥ'라는 문장은 '여래를 내포하는 중생들 tathāgato garbho yeṣāṃ te tathāgatagarbhāḥ'로 이해해야 한다.[33] 그러나 'garbha'의 특성을 더 살리기 위해서는 위에서 보여 준 것 같은 생물학적 뉘앙스, 혹은 정수의 뉘앙스를 강조할 필요가 있다. 전자의 경우 번역은 ① '여래를 태아로 내포하는 중생들'[34]이 된다. 후자라면 ② '여래를 자신의 핵심으로 가진 중생' 혹은 더 추상적으로 '여래를 자신의 본성으로 가진 중생'으로 번역해야 한다. 연꽃의 이미지는 두 번역을 모두 보증한다. 여래는 그들의 모태와 같은 연화대 garbha에 앉아 있기 때문이다. 그 때문에 그들은 연꽃의 핵이고, 시든 부위에도 오염되지 않고 '백천의 광명을 발하

고 있다.' 그럼에도 불구하고 이 첫 번째 비유에서는, 이어지는 많은 비유에서와 같이 여래에 관해서는 성장이나 그 외의 어떤 변화 과정도 시사하지 않는다. 따라서 여래=태아라는 언설은 오류라고 해야 할 것이다. 모태 중의 태아가 말해졌다면, 통상 거기서는 차례로 성장하고 성숙해 가는 과정이 시사되기 때문이다.

b. (2) a에서는 'garbha'를 '내포하다'는 '약한' 의미에서 이해했지만, 원래의 '모태' 혹은 '태아'라는 의미에서 해석하는 것도 가능하다. 그와 같이 생각하면 이 복합어 전체를 중생에게 거는 소유 관계로 다음과 같이 해석해야 한다.

① '여래의 태아를 가진 중생들 tathāgatasya garbho ('sti) yeṣāṃ te tathāgatagarbhāḥ'
② ⓐ '여래를 자신의 모태 garbha에 가진 중생'[35] 혹은 ⓑ '여래를 태아 garbha로 가진 중생'
③ 혹은 'garbha'가 '핵' '정수'를 의미할 수 있는 것을 고려해서 ⓐ '여래라는 핵을 가진 중생' 혹은 ⓑ '여래를 자신의 핵으로 가진 중생'

의미론적으로는 여래의 태아를 가진 것((2) b ①)과 여래를 태아로서 내포하는 것((2) a ①/(2) b ②ⓑ) 사이에 차이는 없다. 두 경우 모두 태아는 어쨌든 완성된 여래로 성장해야 하고, 연꽃의 이미지가 나타내는 관념과는 다르다. (2) b의 세 번째 번역 곧 ③ⓐ '여래라는 핵을 가진 중생' 혹은 ⓑ '여래를 자신의 핵으로 가진 중생'과 관련하여, ③ⓑ와 (2) a ②의 번역 '여래를 자신의 본성으로 가진 중생'은 문법상으로만 다르다. '여래라는 핵'을 독립한 요소로 표현하는 ③ ⓐ를 취한다면, 우리는 같은 사상을 기반으로 하면서도 다소 물질세계의 구체성으로부터 괴리된, 더 추상적 체계에 접근한 것이 될 것이다. 이 표현은 유일한 불성을 상정할 수밖에 없다는 점에서 일원론적 경향을 더 강하게 표명하고 있다. 이것에 비하면 철학적으로는 어딘지 모르게 어울리지 않는 ③ ⓑ의 표현은 붓다들이 각각의 연화대에 앉아 있다는 다양성에 대한 비유적 묘사로는 훨씬 성실하다.

c. 마지막으로 'tathāgatagarbha'를 '여래를 모태로 가진' 곧 '여래로부터 태어난'이라고 해석하는 것도 이론적으로는 가능하다.[36] 이 복합어는 중생들이 '이 여래/저 여래로부터 태어났다'는 사실을 말하고 있는 것이 된다. 하지만 전륜성왕을 임신한 가난한 여인의 비유가 모태 안의 태아라는 생물학적 비유에 기반하고 있다고는 하더라도 다른 어떤 비유도 그와 같은 문맥을 동반하지 않는다. 또 왕이 여래로부터 태어난다는 것도 말하지 않는다. 따라서 이 해석을 『여래장경』에 적용할 수는 없다.

3) 여래장의 다양한 함의

상기의 분석에 따라 복합어 'tathāgatagarbha'에 대한 허용 가능한 해석 대부분은 '여래를 내포한다'는 것을 의미하는 소유복합어라는 사실이 명확해졌다. 그러나 첫 번째 비유의 문맥을 제외하면, 'tathāgatagarbha'라는 단어가 독자의 마음에 그와 같은 명확한 정의를 준다고 생각하는 것은 잘못이다. 다른 8유를 읽고 그 중 2유가 씨앗과 태아라는 이미지를 사용하고 있는 것을 알면, 'garbha'가 가진 '태아'라는 의미는 저절로 강한 인상을 남긴다. 이는 연꽃의 이미지에 기반한 첫 번째 해석에도 영향을 주기 쉽다. '내포한다' '~로부터 태어난다' '태아' '(임신한/숨어 있는) 태아' '연화대' '자식' '가계의 일원' '핵'이라는 'garbha'가 가진 의미의 풍부함이 아마도 최초기부터 그 의미장을 이 단일한 단어로 수렴시켰을 것이다.

한편, 『여래장경』의 문헌성립사로부터 판단하면, '새로운 연꽃의 비유' (1A)에 동반하는 'tathāgatagarbha'라는 단어가 도입된 것은 다른 비유가 모두 편찬된 이후다. 따라서 이 비유의 저자는 모든 비유가 말하는 주제의 다양성을 포섭하는 것으로서, 이 단어를 고른 것이라고 생각할 수 있다.[37] 동시에 'garbha'라는 단어는 서문의 중심적 이미지를 나타내는 'padmagarbha'의 일부기도 하다. 복합어 'padmagarbha'는 '연꽃에서 태어난'(소유복합어) 신으로 간주되는 브라흐만의 별칭으로도 유명하다. 이것은 경전의 독자에게 'padmagarbha'에 앉은 여래에게 아주 유서 깊은 다른 연상을 환기시킬 것이다. 한편 『보성론』 자체를 포함해, 다른 문헌에서 'tathāgatagarbha'라는 단어의 지배적 용례에서 확인할 수 있는 것처럼, 이 단어를 격한정복합어(독립한 존재로서 '여래의 태아')로서, 문법적으로는 형용사가 아닌 용법으로 사용하는 경향은 옛날부터 존재한다. 경전의 제명이 이것을 독립어로 하는 이해를 촉진하고, 『열반경』에서 'buddhadhātu'라는 개념이 'tathāgatagarbha'에 다소 대응하는 단어라는 점도 있어서, 이것을 격한정복합어로 해석하는 경향은 다른 모든 해석을 압도해 왔다고도 말할 수 있다.

5.
『여래장경』에서 불성 관념

『여래장경』은 일체중생이 여래를 내포하고, 본질적으로 여래와 동등하다고 말한다. 그러나 이 경전이 중생들이 이미 각자覺者이자 여래라고 말하는 일은 없다. 왜 그들이 각자일 수 없는가. 감정이나 지각의 오염kleśa이 그들의 정수에서 아직 정화되지 않았기 때문이다. 『여래장경』의 은유로 말하면 정수가 번뇌에 덮여 오염되어 있는 것이다. 그 오염이 제거될 때 비로소 중생의 정수는 현현하고 그들에게 능력을 드러낸다. 그 때문에 『여래장경』의 기본 이념에서 중생은 항상 여래의 본성을 가진다. 이 본성은 불변이고, 본질적으로 오염에 영향받지 않는다. 한편 오염은 단순히 'āgantuka'(4.3송) 곧 일시적·우연적인 것이라고 간주된다. 그것들이 정화과정에서 제거됨으로써 최종적으로 붓다와 같은 본성이 현현한다. 이 이념은 8유 중 붓다가 직접 설하는 대사에서 다음과 같이 언어화 한다. '…… 언젠가 네 안에 들어가 [있으면서] 현존하는 여래가 현현할 것이다.' 따라서 붓다가 되기 위해 정신적으로 오염된 경지에서 완전한 깨달음의 경지에 이르기 위한, 본성상의 성격이나 생성을 촉진하는 행동이 요구되는 것은 아니다.

1) 『여래장경』의 두 견해 – 불성은 현현하는가, 발전하는가

그러나 이미 위에서 서술한 두 가지 우파마나는 상반하는 견해를 증언하고 있다.

곧 씨앗 안에 있는 새싹의 비유와 가난한 여인이 임신한 전륜성왕의 비유다. 여섯 번째 비유는 과일 씨앗 안에 있는 새싹에 대해 말하고, 6.4송은 명백히 씨앗에서 크는 거대한 나무와 중생의 자각을 유비한다. 새싹은 성장과 발육의 각 단계를 거쳐 이윽고 거대한 나무가 된다. 여기서는 중생의 미숙한 불성이 성숙을 위한 변화 과정을 거쳐 완전한 각자성 覺者性을 획득하기에 이른다는 사실이 기대될 것이다. 이 해석은 특히 후대에 지배적이 된, 'tathāgatagarbha'를 '붓다의 태아' '붓다의 밑씨'로 간주하는 이해에 비춰볼 경우, 일견 『여래장경』의 저자(들)의 의도에 따르는 것처럼 느껴진다. 그러나 비유를 자세히 검토하면, 아마도 들어맞지 않는 것을 알 수 있다.

이 비유에서 저자(들)이 중점을 놓은 것은, 명확히 6.2송에 보이는 등나무 종자와 같이 일체중생의 안에 있는 '선서 善逝의 신체 *sugatakāya'를 서술하는 부분이다. 저자(들)이, 예를 들면 '소질'이라는 의미인 '-gotra', '태아'라는 의미인 '-garbha'가 아니라, 바로 이 '*sugatakāya'라는 단어를 선택한 점에서 이 게송은 명증적이다. 환언하면 그들은 중생의 불성을 새로운 성장이 필요한 것으로 표현할 수도 있었지만, 먼저 든 비유와 같은 술어를 계속해서 사용했다. 이 술어는 성장해 가는 것, 성숙해 가는 어떤 것도 함의하지 않는다. 오히려 앞의 비유과 같이 오염의 껍질로부터 정화를 표현하고 있다. 이것은 저자(들)이 주된 취지가 새싹의 성장과정이 아니라, 그것이 벗겨내야 할 껍질과 과피에 덮여 있는 것을 보여주는 점에 있었다는 사실을 의미하는 것이다.

물론 씨앗의 성장과정은 비유의 중요한 측면이지만, 실제로 의도된 초점은 다른 데 있다. 이 비유는 씨앗의 불멸성과 그 결과인 나무가 이미 씨앗에 포섭되어 있다는 사실을 주장한다. 씨앗과 나무가 같은 본성을 가졌다는 사실을 강조하는 것이다.

불공금강 역에 있는 것처럼 '종자와 싹은 전전하여 상생하는 것에 의해 불괴不壞의 법을 이룬다'는 것이다. 『여래장경』의 저자(들)에 의한, 씨앗은 이미 나무를 안에 갖추고 있다는 주장은 '현현론顯現論'이라고도 명명할 수 있는 것과 확실히 일치한다. 이 비유는 중생 안에 완성된 여래와 대응을 보여준다. 그들 여래의 현현은 중생의 각성을 유도한다. 말할 것도 없이 이 씨앗 안의 '나무'와 대성한 나무는, 성장의 유무라는 점에서 중요한 차이 – 저자(들)에게는 무의미하게 보였다고 해도 – 가 있지만, 그들에게 중요한 것은 씨앗과 나무의 본질적 유일성이다. 씨앗 안에는 어떤 부가도 필요하지 않는 이미 완벽한 나무가 있는 것이다.[38]

2) 전륜성왕의 태아를 해방하다

가난한 여인의 비유에서도 상황은 비슷하다. 그녀가 임신한 전륜성왕의 태아는 중생 안에 있는 붓다의 밑씨나 태아와 용이하게 비정될 수 있지만, 저자(들)은 'tathāgatadhātu', 'tathāgata', 'dharmatā'라는 단어를 즐겨 사용하고 있다. 이들 단어는 모두 성장이나 성숙의 과정을 함의하지 않는다. 여기서도 전륜성왕이 아직 태아인 것은 비유의 이해에서 중시되지 않는다. 그의 본성은 불변이고, 장래 그의 역할은 이미 예정되어 있으며, 태아의 성장과정은 전혀 묘사되지 않는다.[39] 오히려 비유가 묘사하는 것은 가난하고 추하며 비참한 여인과 그녀 안에 있는 전륜성왕의 영광을 선명하게 대비하는 것이다. 그럼에도 불구하고 이 비유에서는 불성에 대한 다른 관점을 쉽게 읽어 낼 수 있다. 마음속으로 독자는 저절로 태아의 성장을 중생 안에 있는 불성의 부지런한 성장과 비교할 터다.

이상 분석에 의해 이하의 사실은 명확할 것이다. 곧 『여래장경』의 저자(들)이 이 텍스트를 편찬할 때 속으로 의도한 주 모델은 중생에게 내포된, 이미 완성된 붓다의 현현 혹은 해방이었다. 이 불성은 일단 오염에서 해방되면, 다시 새로운 과정을 필요로 하지 않는다. 그것은 금과 같이 성질을 결코 잃지 않는다.

한편 우리는 두 비유에서는 '현현론'이라고 부른 것과 다른 양상을 보이는 것을 확인했다. 이 두 번째 불성 모델이 가령 저자(들)이 의도한 것은 아니었다 해도, 청중은 동등하게 의심 없이 받아들였을 것이다. 그리고 어느 시점에서 불성과 성장과정에 있는 태아나 밑씨를 결부시켜, 불성을 아직 완성되지 않은 것으로 간주했을 것이다. 불성 이해의 이 두 가지 가능성은 물론 위에서 본 대로 여래장 tathāgatagarbha의 '장'이 가진 주된 의미인 '태아'와 '모태'에 의해 지지되고 있다. 이 양의성을 저자(들)이 의도했을까. 『여래장경』이 이 메시지를 확산한 직후, 불성이란 무엇인가, 그 상이한 관념은 무엇을 의미하는가 하는 해석의 분열이 발생했다. 중앙아시아와 동아시아에 미치는 불성사상의 눈부신 발전의 역사가 시작한 것이다.

6.
『여래장경』의 주된 의도와 대승불교에서 지위

이미 우리는 중생이 어떻게 불성을 갖고 있는가에 대해 『여래장경』이 일관한 교리를 보여주지 않는 것을 확인했다. 중생 안에 있는 각자성覺者性의 정확한 성질은 비유의 선명한 묘사의 그늘에 숨겨진 채 있다. 따라서 우리는 『여래장경』을 불성의 특징에 관한 신중한 학문적 고찰의 성과라고 하기 보다는 교리에 흥미가 없는 한 사람 혹은 다수의 종교적 열의의 산물이라고 봐야 할지도 모른다.[40] 『여래장경』에서 여래장 이론의 체계화는 세련된 철학자들의 작업은 아니다. 오히려 경전 전체가 실천주의의 분위기를 발산하고 있듯이, 불성의 영험을 반복해서 선양하고 있다. 고층의 알기 쉬운 비유에 한해 말하면, 그들의 메시지는 불교철학에 어두운 비전문가를 대상으로 한 것이라고 생각한다. 일체중생 안에 각자성이 있다는 등의 추상적인 관념을 넓은 청중에게 이해시키기 위해서는 짙은 색깔의 이미지를 이용할 필요가 있었던 것이다. 의도의 중점은 일체중생이 불성을 갖는다는 사실에 놓였던 것이고, 이 불성을 철학적 술어상에서 정확히 어떻게 파악할 것인가에 놓인 것은 아니다.

1) 『여래장경』 저자(들)의 잠재적 동기와 목적

저자(들)의 목적 하나는 비대승불교도, 나아가서는 비불교도조차 불성을 가진다고 광설하는 것으로 대승불교로 개심을 촉진하고, 대승신도의 범위를 넓히려는 것이었을 게다. 일승 곧 대승이 유일한 해탈의 수단이라고 설하는 교리는 이미 이른 단계에서 『법화경』에 설해져 있었다. 다른 곳에서 논했듯이 이 경전은 『여래장경』 저자(들)에게 강한 충격을 주었다.[41]

그렇다고 한다면 『여래장경』의 교리에는 독실한 불교도, 나아가서는 비불교도도 붓다가 되기 위해 한층 부지런히 힘쓸 것을 고무하려는 의도가 잠재해 있었을 터다.

가난한 여인이 임신한 전륜성왕의 비유에는 다음과 같은 여래의 호소가 보인다.[42]

> 양가의 자식들이여. 실망하지 말고 힘을 기울여라. 언젠가 그대들 안에 들어가 [있으면서] 현존하는 여래가 현현할 것이다. 따라서 그대는 [보통의] '중생 sattva'이라기보다 '보살'이 될 자들이다. [그리고] 또 [다음 단계에서 그대들]은 '보살'이라기보다 '붓다'가 될 자들이다.

『여래장경』에서 불성을 가진 것의 귀결을 직접적으로 밝힌 것이 이 부분이다. 이 호소는 상세한 것을 말하지 않고, 저자(들)이 이 문장을 붓다에게 말하게 한 의도도 확실하지 않다. 그럼에도 불구하고 (10)절에서 『여래장경』 선양을 명하는 호소에 더해, 이 문장은 정진 vīrya이 정신적 도정을 걷는데 중요 사항인 것을 보여주고 있다. 저자의 목적은 결코 불성을 어떻게 이해할 것인가 하는 질문은 상세히 다루는 것도 아니고,[43] 더 광범위한 윤리적 귀결을 도출하는 것도 아닌 것이다.[44]

2) 『여래장경』은 일체중생이 붓다가 될 수 있는 이유를 설명한다.

다른 논문(Zimmermann 1999: 165-168)에서 논한 것처럼, 『여래장경』 창작의 원동력으로 생각할 수 있는 또 하나의 가능성은 왜 일체중생이 붓다가 될 수 있는가를 설명하는 것이다. 이것은 대승불교의 중심 과제이기도 하고, 『법화경』에서 강력하게 설해진 것이기도 하다.[45] 『법화경』 제19품 상불경 常不輕보살 이야기는 특히 이 과제를 다룬다. 이 보살의 이름은 출가·재가신도 모두에게 '그대들은 경시되지 않는다 aparibhūta. 장래에 모두 성불할 것이기 때문에'[46] 하고 말하고 다니는 그의 습관에서 붙여졌다. 이 말 때문에 그는 상대방으로부터 폭언이나 폭행을 당해야 했다.[47] 명확히 그는 자신의 주장 근거를 제시하고 있지 않다. 『여래장경』은 바로 이 문제를 다루고 있다. 그의 주된 취지는 중생으로 하여금 그들 모두가 이미 불과를 안에 갖고 있고, 그 때문에 빠르던 늦던 모두가 여래로서 완전한 깨달음을 얻는다는 기본 신념을 자각하게 하는 것에 있다. 이 기본 이념을 구제론으로 주지시킬 수 있었다면 상불경보살도 그 이상 공격당하는 일은 없었을 것이다. 이 관점에서 보면 『여래장경』은 널리 알려진 선구자 『법화경』에서 설하는 일체중생이 불과를 얻는다는 위대한 주장을 후발로 이론화한 텍스트라고 이해할 수도 있다. 때문에 『법화경』이 늘 환대받았다고는 할 수 없는 종교 환경[48]에도 불구하고 모든 중생이 언젠가 불과를 얻는다고 선양하고 있었을지도 모르는 가운데, 『여래장경』은 선배를 계승하면서 자신의 과제로 그 주장을 정당화하는 작업을 택한 것이다.

3) 『보성론』의 주된 취지와 교리철학

늘 중생 안에 현존하는 불과의 현재화라는 기초 관념은 비전문가들이 아비달마 영역과 연결을 가질 재료로서 최적이었다. 실제로 이후 전통이 보여주는 것처럼, 연결은 성공리에 맺어졌다. 『여래장경』의 주요한 과제가 완수된 것이다. 교리의 체계화와 구축, 그리고 그것이 전통불교 교설과 호환성을 갖추는 과제는 후대 주석가에게 미루어졌다. 그들이 맞선 여러 과제는 『보성론』 주석에서 잘 드러나 있다.

거기에는 경합하는 복수의 해석이 최종적인 해결을 보지 못한 채 남아 있다. 『여래장경』 저자(들)은 자신의 교설이 불교의 기본적 이념을 다시 묻는 단서를 열었다는 사실을 자각하지 못했을 지도 모른다. 자각적이었다고 해도, 처음에 그들이 일반인을 위한 편찬을 결의한 것에 비하면 다른 어떤 동기도 이것만 못해 보인다.

4) 실증적 요소를 정의하는 전통에서 『여래장경』

중생 안에 실증적·영속적 구성요소를 인정하고자 하는 비교적 초기 대승문헌에서 『여래장경』이 고립된 존재가 아니라는 사실은, 예를 들면 『보성론』 최고층에 보이는 『허공장소문경 虛空藏所問經』의 인용문 해석에 보이는 게송에서 드러나 있다.[49] 마음의 본성 cittaprakṛti은 '허공'과 같고, '빛나며' '인因과 연緣도 없고' '생기와 소멸도 없다.' 여래장과는 다르지만, '마음은 본래 빛나고 있지만 일시적·우연적 번뇌에 의해 오염되어 있다'는 관념은 이미 초기 부파에 속하는 경전이나 초기 대승문헌에 나타난다.[50] '사람 pudgala'의 존재를 윤회의 주체 및 정신적 실천의 지속적 주체로 인정하고, 그것과 5온의 관계를 정의불가능한 것으로 간주한 불교의 한 부파인 독자부 犢子部[51]가 활동하고 있던 것도 같은 시기다. 세친이 자신의 「파아품 *Pudgalapratiṣedhaprakaraṇa*」을 주로 이 부파를 논박하는데 바쳤다는 사실을 감안하면, 이 철학은 천 년 후에도 강력한 영향을 미치고 있었음에 틀림없다. 이와 같기 때문에 『여래장경』의 등장과 선양도 지속적 실존주체라는 점에서는 (사람 혹은 마음으로서) 옛부터 있던 개념을 대승류로 새롭게 체계화한 것이라고 보면 놀랄 일은 아니다.

나아가 『여래장경』 전체를 통해 '공성 śūnyatā'이라는 단어가 한 번도 나타나는 일이 없고, 숨어있는 사상기반으로서 공 개념을 암시하는 일도 없다. 반면 이 경전은 중생의 본성을 표현할 때는 대단히 실존적·실체적인 단어를 사용한다. 그런 의미로 『여래장경』은 언뜻 봐서는 전형적인 대승경전으로는 볼 수 없는 텍스트다. 그러나 동시에 기본적으로는 실존적인, 중생이 안에 붓다를 품고 있다는 견해는, 모든 중생이 언젠가 붓다가 된다고 하는, 진실로 대승적인 열망을 환시幻視적으로 달성하는 길을 연 것이다.

1 다방면에 걸친 『여래장경』의 전개 및 인도 불성사상사에서 의의에 대해서는 高崎(1974: 40-68), Zimmermann(2002) 참조. 高崎는 『승만경』 『부증불감경』과 나란히 '여래장 3부경'에 대해 논하고 있다(高崎 1974: 39). 『부증불감경』에 관한 최신 연구로 Silk(근간)가 있다.

2 Hodge(2010) 및 Radich(근간) 참조.

3 『여래장경』에 관해서는 다수의 중요한 연구가 있다. 본고에서는 그중 몇 가지만 언급할 수밖에 없다. 『여래장경』을 다룬 현대 연구사로는 일본 연구자들에 의한 것이 대부분을 차지한다. 특히 常磐(1933), 藤堂(1959), 香川(1962), 中村(1963), 松本(1994), 金子(1998), 그리고 여래장사상에 대한 현대적 연구의 '아버지' 高崎(1974, 1981)가 있다. 서양에서는 Grosnick(1995)이 『여래장경』을 처음 서양 언어로 번역하고, 이어서 Zimmermann(2002)이 『여래장경』에 대한 망라적 교정과 상세한 연구에 역주를 더해 발표했다. Cole(2005)이 『여래장경』에 대한 흥미로운 해석을 제시하고 있다.

4 『여래장경』의 하한 연대에 대해서는 Zimmermann(2002: 69-75, 77-79) 참조. 『여래장경』의 성립은 3세기 후반 혹은 그 이전으로 거슬러 올라갈 수 있다.

5 Johnston(1950: 59-66) 참조.

6 『대방등여래장경』(대정16, No.666). 또 불타발타라역 및 이하에 서술하는 다른 한역, 티베트어역 교정본은 Zimmermann(2002: 222-390)에 게재되어 있다.

7 예를 들면 이른바 북경판(大谷 영인판)에는 No.924, vol.36, mDo, Shu 259b4-274a1. (『The Tibetan Tripitaka＝영인북경판서장대장경: Peking edition reprinted under the supervision of the Otani University, Kyoto』, 鈴木大拙 編, Tibetan Tripitaka Research Institute).

8 이른바 바탕 Bathang 칸주르다. 현재는 뉴아크에 보관되어 있다. No.20.288, mDo bsde, Ta 245b1-258a8. 이 칸주르에 관해 상세한 것은 Skilling(2001), 이 칸주르에 실린 『여래장경』 역본에 관해 상세한 것은 Zimmermann(1998) 참조.

9 『대방광여래장경』(대정16, No.667).

10 추가된 여러 절에 관해 상세한 것은 Zimmermann(2002: 16-18) 참조.

11 상세한 것은 Zimmermann(2002: 398-399) 참조.

12 여기서 거론한 것에 대한 상세한 내용 및 바탕 본의 다른 특징에 대해서는 Zimmermann(1998) 참조.

13 실례에 대해서는 Zimmermann(2002: 23-24) 참조.

14 高崎(1966) 및 Schmithausen(1971)이 설득력 있게 논하고 있다.

15 『여래장경』에서 인용은 모두 Zimmermann(2002: 94-161)에 수록된 영역에서 취했다.

16 Eric Valli와 Diane Summers는 1988년 저서에서 중앙 네팔 그룬 족의 '벌꿀 채집사'들이 벌꿀을 채집해서 파는 모습을 묘사했다. 그들은 밀림에 들어가, 세계 최대의 꿀벌인 히말라야 꿀벌이 벌집을 만든 절벽에 오른다. 그 벌집은 사람 머리 정도로 크고, 5-60킬로그램의 벌꿀을

저장한다. 채집사들은 한 조 5-10명 정도로 1년에 백 개 정도의 벌집을 채집한다. 그들의 조부 시절에는 그 10배도 채집했다고 하지만, 채집량은 '남아 있는 벌집의 파괴와 삼림의 소실'에 의해 서서히 감소해 가고 있다고 한다(Valli and Summers(1998) 서문에서).

17 『열반경』의 비유에 대해서는 高崎(1974: 144-145) 참조.

18 Reeves(1962: 118)는 마드라스의 금속세공사들 사이에서 점토 안의 번 공간을 karu('모태'(=Skt. garbha), Miron Winslow, *Tamil-English-Dictionary*, reprint of the edition from 1862, ed. K. L. Janert, Wiesbaden: Steiner, 1977, 'karu'항 참조)라고 부른다고 보고하고 있다.

19 이하 열거하는『여래장경』의 구성은 Zimmermann(2002)에서 제시한 것을 채용한다.

20 상세한 것은 Zimmermann(2002: 28-30) 참조.

21 계통 2의 티베트 대장경 수록본 중 재보의 비유에 tathāgatagarbha라는 단어가 한번 보이지만 이것은 tathāgatajñāna의 오독임을 쉽게 판단할 수 있다. Zimmermann(2002: 48, 121) 참조.

22 tathāgatagarbha라는 단어에 관한 분석과 논의는 다음 절 참조.

23 Hodge(2010) 및 Radich(근간) 참조.

24 『입법계품』에 보이는 tathāgatagarbha라는 말과 아직 논의의 여지가 있는 그 해석 및『입법계품』과『여래장경』의 관계에서 그것이 무엇을 의미하는가 하는 것 등에 대해서는 高崎(2000: 75-76) 참조.

25 Ruegg(1969: 499ff., 1976: 352-353)은 이 난해한 문제에 대해 본고와는 다른 관점에서 탁월한 논의를 제시한다. Zimmermann(2002: 39-50)은 이하 논의를 더욱 상세히 한 것이다.

26 Manfred Mayhofer, *Etymologisches Wörterbuch des Altindoarischen*, 2 vols., Heidelberg: Carl Winter Universitätsverlag, 1992-1996, 'garbha' 항.

27 原(1994) 참조.

28 Böhtlingk & Roth 'garbha' 항: '복합어 형용사 끝에서(f. ā) …… 태아로서 머물고 있는, 안에서 유지되고 있는, 포함한 ……'

29 Turner(1973) no.4055 [garbha] '…… 신드어 [gabhu] …… 과립, 정수; …… 네팔어 …… [gābho] 핵, (과일 등의) 내용물; …… 힌디어 …… [gāb] 과육, 정수; …… 마라티어 …… [gābhā] 심장, 핵; 콘가니어 …… [gābbo] 프란틴(바나나 모양의 식물)의 속줄기; ……'

30 또 Schmithausen(1971: 133, n.44, 156)을 언급하면서, Ruegg(1969: 499ff.)을 추인한 松本(1994: 498ff.)도 참조.

31 RGV 70,16-18. 또 이와 다른 해석에 대해서는 松本(1994: 498ff.) 참조.

32 이와는 다른 관점에서 불성을 파악하는 것도 가능하다. Zimmermann(근간) 참조.『여래장경』은 불성이 개개인에 내재한다는 측면을 강조한다. 한편 다른 텍스트에서는 여래의 초자연적 측면이 찬미되고, 사태를 여래의 편만하고 광대한 성질이라는 시점에서 파악하고자 한다.

33 예를 들면 RGV(I.101)의 첫 번째 비유와 관련한 게송에는 다음과 같은 복합어가 중생을 가리키는 것으로 사용되고 있다: '… saṃbuddhagarbhaṃ jagat … (… 내부에 정각자를 가졌다고 세간 사람을 …)'

34 이 번역은 의미상으로는 '그들의 모태에 여래를 가진 …'(tathāgato garbhe yeṣāṃ te tathāgatagarbhāḥ' 과 동일하다. 이는 AiGr II, 1 § 109c, p.279 (주격인 전분을 동반한 소유복합어) '신체 일부를 후분으로 가진 복합어는 대단히 자주, 전분에서 서술하는 사물을 신체의 일부로 갖고 있는 혹은 부착하고 있는 것을 의미한다. 예: vajra-bāhu- 번개를 팔에 가진, kilālodhnī- Kilāla를 유방 안에 가진'에 근거하고 있다. 위 게송(여래를 태아로 내포하는 …)과는 대조적으로 여기서 요점은 여래를 태아로 특징지우는 것이 아니라 **모태 안에** 있다는 사실을 지시하는 것이다. (AiGr II, 1 = *Altindische Grammatik*, *Band II, 1: Einleitung zur Wortlehre, Nominalkomposition*. Jakob Wackernagel. 2d ed. Göttingen: Vandenhock & Ruprecht, 1957).

35 이 번역에 관한 분석은 미주 34) 참조.

36 Ruegg(1969: 511, n.4) 참조.

37 그러나 이것을 대체할 수 있는 단어 dhātu도 폭넓은 의미를 가진다. 주로 '근본적 물질, 신체의 구성요소, 광물, 유골' 등이다.

38 전통불교의 사상가들은 종자, 밑씨, 나무의 본성이 동일하고, 종자 안에 나무가 있다고 하는 관념 satkārya을 받아들이기 힘들었을 것이다. 예를 들면 『도간경』은 같은 관념을 상주론의 오류를 가진 것으로서 엄격하게 비판하고 있다(Schoening(1995: 285ff.)).

39 그러나 이 가난한 여인의 비유에만 garbha-gata 혹은 garbha-stha라는 단어가 보이는 것은 우연이 아닐 것이다. 『여래장경』의 모든 역본 및 『보성론』에 인용된 비유의 대응 부분에는 garbha-°를 '내부의'로 해석한다. 여기서는 그와 동등한 또 한 가지 가능성 곧 '태아'로도 이해할 수 있다.

40 다른 견해에 대해서는 苅谷(1979: 특히 1136-1139) 참조. 이유는 명시하지 않지만, 그는 『여래장경』을 '대승불교의 승원불교화'라는 배경과 조화시킨 '세련되고 지적인 철학사상'의 성과라고 간주한다.

41 Zimmermann(1999) 참조.

42 Zimmermann(2002: 137-138) 참조.

43 苅谷는 『여래장경』이 표명한 교리를 중생이 자신의 오염을 정화하는데 적극적으로 참여하는 것을 배제하는 체계라고 규정했다(苅谷 1979: 1134ff). 이것은 위에서 서술한 이 경전의 목적에서는 전혀 도출해 낼 수 없다. 그와 같은 참여가 누누이 기술되어 있지 않다고 해서, 『여래장경』이 다만 여래의 권위에 정화의 노력을 맡기고 있다거나 구하고 있다고 해석해서는 안 된다.

44 여래장사상 관련 텍스트에서 윤리적 함의란 예를 들면 RGV I.157 이하에서, 불성의 가르침에 기반해서 다른 중생을 자신의 스승으로 존경해야 한다는 문장에 보인다.

45 물론 『여래장경』 편찬에 명백히 영향을 준 텍스트는 또 있다. 유사 개념인, 일체중생 안에 있는 tathāgatajñāna는 이미 『성기경』*Tathāgatotpatti-saṃbhavanirdeśa*의 비유에 보인다. 『여래장경』 편자들은 이것을 알고 있었고, 영향을 받은 듯 하다.

46 『법화경』의 '悉皆成佛' 이론의 설법자 상불경은 처음에는 그의 동료로부터 경멸받고 있었지

만(sadā-paribhūta), 세월이 지나자 평가를 얻었다(sadā_aparibhūta). 곧 이 보살의 이름은 미래에 일체중생의 각자성이라는 관념이 보편적 신조가 되었을 때 비로소 실체를 드러내도록 예정되어 있었던 것이 된다.

47 『법화경』의 이 장과 『여래장경』의 어법의 대응 관계에 대해서는 Zimmermann(1999: 159-161) 참조.

48 Tola and Dragonetti(1996/97) 참조.

49 RGV I.55-62, 및 Schmithausen(1971: 128ff.) 참조.

50 예를 들면 『십지경』이나 『삼매왕경』을 언급하는 Ruegg(1969: 411ff.) 참조.

51 예를 들면 Cousins(1994: 특히 독자부에 관한 미주 6) 이하) 참조.

약호

Jäschke — *A Tibetan-English Dictionary*. Comp. Heinrich August Jäschke. London, 1881. Reprint (compact ed.), Kyoto: Rinsen, 1993.

Monier — *A Sanskrit-English Dictionary*. Ed. Monier Williams, Oxford: 1872 and 1888. Reprint of the new ed. Oxford, 1899. Oxford: Oxford Univ. Press, 1951.

Böhtlingk & Roth — *Sanskrit-Wörterbuch*. Comp. Otto Böhtlingk and Rudolph Roth. 7 vols. St. Petersburg, 1855-1875. Reprint. Delhi: Motilal Banarsidass, 1990.

참고문헌

가가와 다카오(香川孝雄)

1962 「藏文如來藏經譯註」, 『佛教大學研究紀要』 41, 1-38.

가네코 요시오(金子芳夫)

1998 「『如來藏經』の九喩とその個性化過程」, 『中央學術研究所紀要』 27, 92-122.

가리야 사다히코(苅谷定彦)

1979 「法華經と如來藏經 - 一切衆生皆悉ぼさつと悉有佛性」, 森三樹三郎博士頌壽記念事業會編 『森三樹三郎博士頌壽記念 東洋學論集』, 朋友書店, 1127-1140.

나카무라 즈이류(中村瑞隆)

1963 「如來藏經考」, 『大阪學報』 117(12月), 35-53.

다카사키 지키도(高崎直道)

1966 *A Study on the Ratnagotravibhāga (Uttaratantra): Being a Treaties on the Tathāgatagarbha Theory of Mahāyāna Buddhism*, Serie Orientale Roma 33. Rome: IsMEO.

1974 『如來藏思想の形成』 春秋社.

1981 『如來藏系經典 大乘佛典 12』 中央公論社.

2000 “the Tathāgatagarbha Theory Reconsidered: Reflections on Some Issues in Japanese Buddhist Studies.” *Japanese Journal of Religious Studies* 27 (1-2), 73-83.

도도 교쥰(藤堂恭俊)

1959 『漢藏三譯對照 如來藏經』 佛教文化研究所.

도키와 다이죠(常盤大定)

1933 『國譯一切經 · 經集部六 大方等如來藏經』, 大同出版社, 87-99.

마츠모토 시로(松本史朗)

1994 『禪思想の批判的研究』, 大藏出版.

하라 미노루(原 實)

1994 “Deva-garbha and Tathāgata-garbha.” In *The Buddhist Forum, vol. III, 1991-1993: Papers in Honour and Appreciation of Professor David Seyfort Ruegg's Contribution to Indological and Tibetan Studies*, eds. Tadeusz Skorupski and Ulrich Pagel, 37-55. London: SOAS.

Cole, Alan

2005 *Text as Father: Paternal Seduction in Early Mahayana Buddhist Literature*, Berkely and Los Angeles: University of California Press.

Cousins, Lance S.

1994 “Person and Self.” In *Buddhism into the Year 2000: International Conference Proceedings*, ed. Dhammakaya Foundation, 15-31. Bangkok, Los Angeles: Dhamakaya Foundation.

Grosnick, William H.

1995 “The Tathāgatagarbha Sūtra.” In *Buddhism in Practice*, ed. Donald S. Lopez, Jr., 92-106. Princeton, New Jersey: Princeton Univ. Press.

Hodge, Stephen

2010 “The Textual Transmission of the Mahāyāna Mahāparinirvāṇa-sūtra,” http://www.buddhismuskunde.uni-hamburg.de/Research-Fellows.90.0.html, Accessed 13 October 2013.

Johnston, Edward. H. (ed.)

1950 *The Ratnagotravibhāga Mahāyānottaratantraśāstra*, Patna: The Bihar Research Society.

Radich, Michael.

forthcoming *The Mahāparinirvāṇa-mahāsūtra* and the Emergence of *Tathāgatagarbha* / Buddha nature Doctrine. Hamburg Buddhist Studies Series, Hamburg: Hamburg University Press.

Reeves, Ruth

1962 *Cire Perdue Casting in India*. New delhi: Crafts Museum.

Schmithausen, Lambert.

1971 "Philologische Bemerkungen zum *Ratnagotravibhāga*." *Wiener Zeitschrift für die Kunde Südasiens*, 15, 123-177.

Schoening, Jeffrey D.

1995 *The Śālistamba Sūtra and its Indian Commentaries, Volume I: Translation with Annotation*. Wiener Studien zur Tibetologie und Buddhismuskunde, no. 35 (1). Vienna: Arbeitskreis für Tibetische und Buddhistische Studien. Universität Wien.

Seyfort Ruegg, David

1969 *La théorie du tathāgatagarbha et du gotra*. Publications de l'École Française d'Extrême-Orient, 70, Paris.

1976 "The Meanings of the Term Gotra and the Textual History of the *Ratnagotravibhāga*." Bulletin of the School of Oriental and African Studies 39, 341-363.

Silk, Jonathan

forthcoming *Buddhist Cosmic Unity. An Edition, Translation and Study of the Anūnatvāpūrṇatvanirdeśaparivarta*. Hamburg Buddhist Studies Series, Hamburg: Hamburg Universtiy Press.

Skilling, Peter

2001 "The Bathang Manuscript Kanjur in the Newark Museum: A Preliminary Report." *Annual Report of the International Research Institute for Advanced Buddhology* 4, 71-92.

Tola, Fernando, and Carmen Dragonetti

1996/97 "The Conflict of Change in Buddhism: The Hīnayānist Reaction." *Cahiers d'Extrême-Asie*, 233-254.

Turner, Ralph L. (ed.)

1973 *A Comparative Dictionary of the Indo-Aryan Languages*. 2d ed. London: Oxford Univ. Press.

Valli, Eric, and Daine Summers

1988 *Honey Hunters of Nepal*. London: Thames and Hudson.

Zimmermann, Michael

1998 "A Second Tibetan Translation of the *Tathāgatagarbhasūtra* in the Newark Manuscript Kanjur from Bathang: A Translation of the Early Period (snga dar)." *Transactions of the International Conference of Eastern Studies* 43, 33-50.

1999 "The *Tathāgatagarbhasūtra*: Its Basic structure and Relation to the Lotus Sūtra." *Annual Report of the International Research Institute for Advanced Buddhology* 2, 143-168.

2002 *A Buddha Within: The Tathāgatagarbhasūtra, the Earliest Exposition of the Buddha-Nature Teachings in India*, Bibliotheca Philologica et Philosophica Buddhica 6, Tokyo: The International Research Institute for Advanced Buddhology.

forthcoming "The Process of Awakening in Early Texts on Buddha-nature in India." In *A Distant Mirror: Articulating Indic Ideas in Sixth and Seventh Century Chinese Buddhism*, eds. Michael Radich and Chen-Kuo Lin, Hamburg Buddhist Studies Series, Hamburg: Hamburg Universtiy Press.

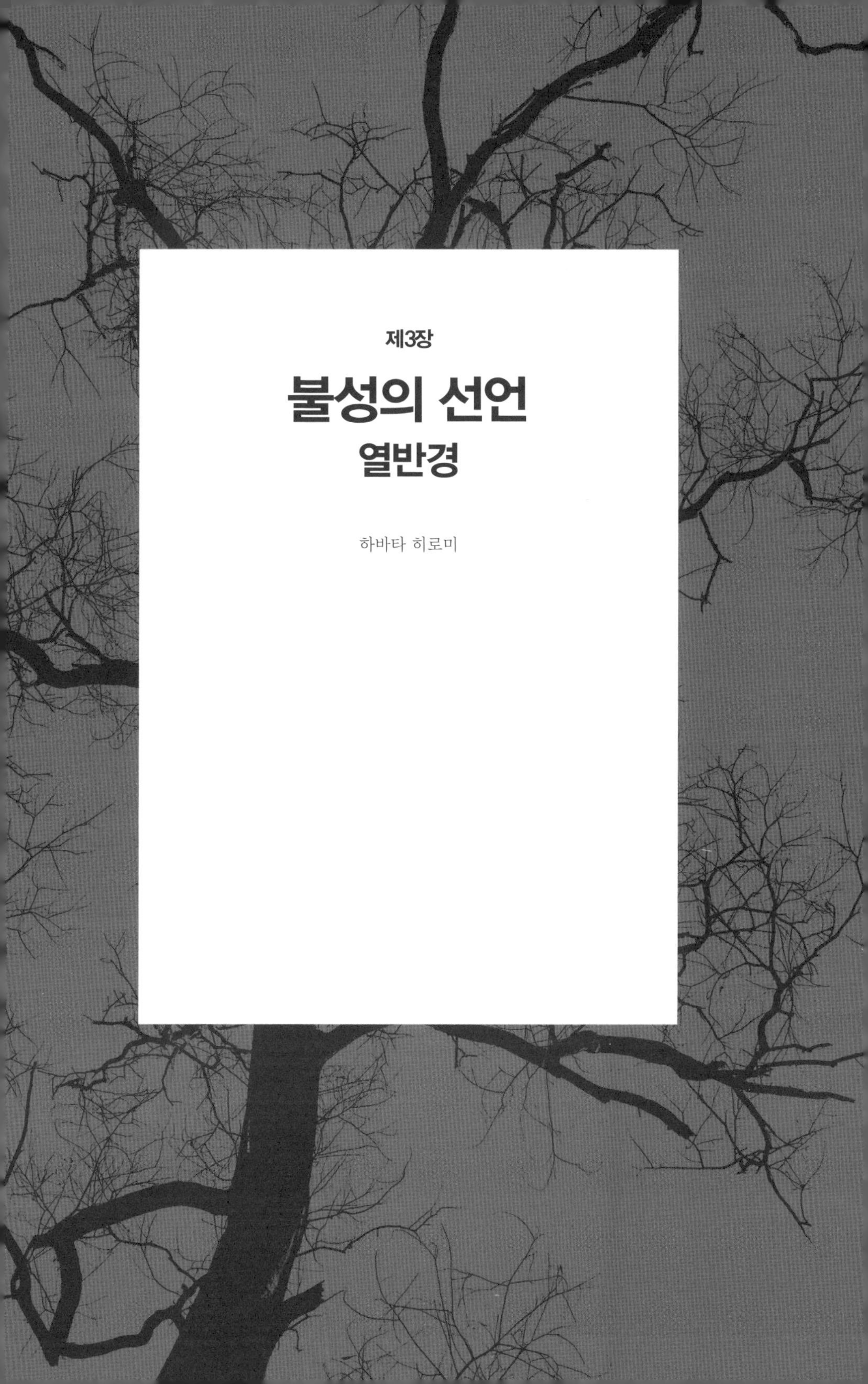

제3장

불성의 선언
열반경

하바타 히로미

1.
〈대반열반경〉의 원전

'금룡의 비늘'이라고 와타나베 가이교쿠(渡邊海旭 1872-1933)가 〈대반열반경〉[1] 범문 단편 발견의 감동을 격조 높게 표한 것이 지금부터 백 년 전 1909년의 일이었다.[2] 연이어서 중요한 대승불전 원전 사본이 발견되고 그 교정 출판으로 불교 연구는 활기를 띄었다. 그 백년 후 다시 서북 인도에서 대단히 오래된 귀중한 사본이 발견되어 새로운 기대를 품고 있다. 그러나 〈대반열반경〉 산스크리트 원전은 아직 그 금룡의 전모를 보여주려고는 하지 않는다.

우리에게 전하고 있는 단편을 분석하여 복원하는 기술은 불교연구의 기초를 이루는 문헌학과, 그것에 항상 인접하는 언어학이라는 두 학문 분야의 방법론에 의해 착실히 진전해 왔다. 최근 과학기술의 응용도 사본 연구와 무관하지 않다. 사막에 오랜 기간 묻혀 손상되어 버린 단편에서 정확하게 문자를 읽어내는 것이 쉬운 일은 아니다. 하지만 정밀한 디지털 사진 촬영에 의해 육안으로는 볼 수 없는 잉크의 흔적도 읽어낼 수 있게 되었다. 한역이나 티베트어역으로 텍스트 전체 내용을 읽을 수 있는데 약간의 파편에 손상된 문자를 커다란 노력을 들여 독해하는 것이 어떤 의의가 있는지 불가사의하게 생각할 지도 모른다. 그러나 사본 연구는 마치 공룡의 화석을 발굴한 과학자들이 뼈나 디엔에이 구조를 분석하여, 그 태고의 동물이 어떠한 생물이었던가를 복원하는 것과 같은 재미가 있다. 작은 단편이나 약간 남겨진 잉크의 흔적에서 사상사적으로 중요한 문제를 푸는 열쇠가 발견되는 일도 있다.

5세기에 담무참曇無讖이 『대반열반경大般涅槃經』(414-421년 역)을, 법현法顯이 『대반니원경大般泥洹經』(417-418년 역)을 한역한 후, 〈대반열반경〉이 중국불교와 일본불교에 계속 큰 영향을 미쳐왔다는 것은 말할 것도 없다. 그것이 의미하는 것은 중국과 일본의 사상사적 문맥 안에서 파악할 수 있는 것이고, 그 이해는 두 한역의 해석에 기초를 두고 있다. 이 방대하고 난해한 경전이 원래 의미하고 있었던 것은 무엇인가. 산스크리트 원전 전체가 전해지지 않는 상황에서는 한역되기 이전의 내용을 거슬러 올라가 이해하는 것은 곤란하다.

한역문헌을 이용하여 인도 원전이 놓인 상황을 이해하고자 하는 경우, 많은 대승문헌이 그런 것처럼 우리가 한역으로 읽고 있는 내용이 이미 중국화한 것이라는 사실, 곧 인도 원전의 내용이 번역을 거쳐 중국의 문맥으로 변환된 것이라는 사실을 잊어서는 안 된다. 번역은 단순히 말을 바꿔놓은 작업이 아니고, 번역할 때 기술적 혹은 문화적 요소가 복잡하게 관여하여, 다른 문화에서 성립한 텍스트가 새로운 문화에서 의미를 부여받는 것이다.

어떤 산스크리트어에 한역자가 '불성佛性'이라는 역어를 부여했을 때, 그 말은 중국의 문맥에서 새로운 생명을 얻게 된다. 이 '불성'이라는 명번역어를 세상에 내보낸 공적이 법현 역에 공헌한 불타발타라佛陀跋陀羅와 보운寶雲에 있는지, 같은 시기 번역에 종사하고 있던 담무참이 이미 이 한역어를 알고 있었는지는 알 수 없다. 그 문제는 차치하고라도 〈대반열반경〉의 다채로운 가르침을 '일체중생실유불성一切衆生悉有佛性'으로 요약한 기량은 중국에서 불전 번역이 시작된 이래 축적되어 온 숙련의 결정이라고 말할 수 있을 것이다.

그러나 비교적 축어역에 가까운 티베트어역을 참조하면서 우리에게 약간 전하고 있는 범문 단편을 분석해 가면, 중국이나 일본에서 보급되고 친숙해 온 것과는 다소 뉘앙스가 다른 모습이 보인다. 이 장에서는 원전 연구 입장에서 〈대반열반경〉에서 읽어낼 수 있는 것을 소개하고자 한다.

2.
붓다 임종의 전승 – '대반열반경' 문헌군

〈대반열반경〉 산스크리트어 명칭은 *Mahāparinirvāṇa-sūtra*고, 산스크리트 단편 텍스트에서는 반복해서 *Mahāparinirvāṇa-mahāsūtra*라고 자칭한다. 따라서 〈대반열반경〉의 정확한 명칭은 번역하면 '대반열반대경'이다(이 명칭의 '대경' mahāsūtra이 무엇인가에 대해서는 후술하고자 한다). 범본에 충실한 번역이라고 간주되는 티베트어역도 텍스트 안에서는 오로지 이 *Mahāparinirvāṇa-mahāsūtra*의 번역을 전하고 있다. 이른바 소승 전승과 구별하여 일반적으로 '대승열반경'이라 부르는 것이 최근의 경향이다. 하지만 이것은 편의적 명칭일 뿐이다. 산스크리트 단편을 조사하면, '대승열반경'(산스크리트어로 번역하면 **Mahāyāna-nirvāṇasūtra*) 혹은 '대승대반열반경 **Mahāyāna-mahāparinirvāṇasūtra*'이라는 호칭이 인도에 있었다는 증거는 없다. 대승적인 사상을 보여주고 있다고 하면서 원전 텍스트가 스스로 '대승경'이라고 칭하지 않는 것에는 뭔가 이유가 있는 것은 아닐까. '소승' '대승'이라는 딱지를 붙이지 않고, 이 이분법의 틀을 벗어나 볼 필요가 있을 것으로 보인다.

붓다의 임종을 다룬 텍스트는 팔리어 *Mahāparinibbānasuttanta*나 산스크리트어 *Mahāparinirvāṇasūtra*라는 명칭으로 전승되고 있다. 팔리어 텍스트는 상좌부『디가니카야 *Dīghanikāya*』 제16경에 수록되어 있다. 산스크리트어와 다른 중기 인도어 텍스트 편찬 상황은 각 부파에 따라 달랐다고 간주된다.

현존하는 가장 잘 정리된 원전 텍스트는 발트슈미트 Ernst Waldschmidt가 중앙아시아 투르판 Turfan 출토 콜렉션 단편에 기반해서 교정 출판한 *Mahāparinirvāṇasūtra*고, 설일체유부 전승이라고 간주된다. 이 설일체유부 전승에 상응하는 텍스트는 근본설일체유부율에 수록되어 있다. 법장부에 속한다고 간주되는『장아함』(佛陀耶舍/竺佛念 역 412-413)에는「유행경」이라는 명칭으로 한역되어 있다. 법장부 전승은 산스크리트 단편으로도 알려져 있다. 최근 발견된 간다라어 단편도 한역「유행경」에 가까운 내용을 보여주고 있다.

또 최근 길기트에서『장아함 *Dīrghāgama*』 사본이 발견되었다. 여기에도 *Mahāparinirvāṇasūtra*에 상당하는 경이 포함되어 있는 것이 알려져 있고, 그 연구가 기대되고 있다. 한역 아함부에는 그 외에도 소속부파가 명확하지 않은『대반열반경』(법현 역),『불반니원경』(白法祖 역),『반니원경』(역자 불명)이 수록되어 있다. 한역 열반부에도『방등반니원경』(竺法護 역)이 있다. 또 한역『증일아함』「팔난품」 제3경「도道」도 짧지만 붓다의 반열반을 다룬 중요한 경이다.

한역『장아함』이나『증일아함』에 수록된 경을 제외하고 모든 텍스트가 *(Mahā)parinirvāṇasūtra*라는 명칭 혹은 그 변형을 갖고 있으므로 단순히 '대반열반경'이라고 하면 어느 '대반열반경'을 가리키는지 알 수 없을 정도로 전승은 다양하다. 이하 혼란을 피하기 위해 본고의 주제인 열반경에 〈대반열반대경〉이라는 표기를 사용한다. 〈대반열반대경〉도 붓다의 임종을 다루는 텍스트라는 의미에서는 다른 '대반열반경'과 같은 레벨로 간주할 수 있을 것이다. 팔리어 *Mahāparinibbānasuttanta*와 설일체유부의 *Mahāparinirvāṇasūtra*는 구성이 유사하여 내용을 비교하는 것이 가능한데 비해, 〈대반열반대경〉은 내용 구성이 상당히 다르다. 때문에 다른 '대반열반경' 문헌과는 별도로 취급하는 것이 대부분이다. 그러나 〈대반열반대경〉도 '대반열반경' 문헌의 하나라는 것을 잊어서는 안 될 것이다. 붓다의 임종을 어떻게 전할까 하는 의의를 담은 텍스트의 한 형태고, 상좌부나 설일체유부 혹은 법장부라는 유명한 부파 외에도 각 부파가 각각의 '대반열반경'을 전승하고 있었다고 보인다. 그들 문헌군 중에서 대승적인 사상이 강한 변형 형태가 〈대반열반대경〉인 것이다.

불성이나 여래장사상을 생각할 경우에도 그것이 붓다의 죽음을 다룬 텍스트에서 설해지고 있다는 문맥을 벗어나 이해하는 것은 불가능할 것이다. 여래장사상을 철학적으로 발전시킨 후대 논서의 이해를 통해 〈대반열반경〉의 불성을 읽는 것이 아니라, 붓다의 임종이라는 문맥을 통해 그것을 읽어냄으로써, 철학화하기 이전의 의미가 명확해질 것이다.

3.
대경이란 무엇인가

〈대반열반경〉이 붓다의 임종을 전하는 '대반열반경' 문헌의 하나라는 것 외에 이 경전의 성격과 관련한 중요한 요소에 '대경 mahāsūtra'이 있다. 이 '대경'이 단순히 '위대한 경전'이라는 의미가 아니라 어떤 특정한 경전군을 부르는 명칭이라는 것을 해명한 것이 실벵 레비 Sylvain Lévi, 사사키 시즈카 佐々木閑, 피터 스킬링 Peter Skilling 의 연구다.[3] 그 '대경'이라는 경전군은 설일체유부율의 우안거 규정에서 우기에 예외적으로 비구에게 외출이 허락되는 경우의 하나로 언급되어 있다. 재가신자가 우안거를 하고 있는 비구에게 하인을 보내어 "대경을 독송하고 싶으니 집에 와 주십시오" 하고 전하는 경우, 비구는 그 재가신도 집으로 외출하는 것이 허락된다는 규정이다. 이 경우 '대경'을 배우고 암송하는 자는 비구가 아니라 재가신자다. 근본설일체유부의 같은 규정에서 경전은 암송되는 것이 아니라 서사된다. 서사하는 사람은 재가신도고, 불려간 비구는 그 서사된 '대경'을 받을 뿐이다. '대경'이라는 용어는 사용하지 않지만, 대응하는 규정은 다른 부파의 율에도 있어, 여러 부파에 공통하는 오래된 규정이라고 간주할 수 있다.

상좌부 팔리율에도 대응하는 규정이 있다. 재가신자가 경전을 암송하고 기억하고 있고, 그 재가신자가 자신의 여생이 얼마 남지 않은 것을 알았을 때, 자신이 기억하고 있는 경전이 유실되지 않도록 우안거를 하고 있는 비구를 불러서 그 비구에게 경전을 기억시키는 것이다. '대경'이란 무엇인가를 생각할 경우 어느 한 부파의 율에만 보이는 특징으로 이해할 수는 없다. '대경'이라는 용어를 사용하고 있지 않아도 이들 여러 부파의 규정에서 언급되는 '경전'에 공통하는 특징이 존재한다. 그것은 그 근저에 재가신자가 그 '경전'을 전승하고 있다는 사실이다. '대경'이란 무엇인가에 대해서는 아직 해명해야 할 것이 적지 않다. 하지만 재가신자가 출가비구와 협력하면서 전승해 온 경전이 – 적어도 설일체유부와 근본설일체유부에서 – '대경'이라고 불리게 된 것은 확실할 것이다.

재가신자가 전승해 온 경전이라면, 그 내용도 재가신자에게 의미가 있는 것,

재가신자가 독송하기에 어울리는 것이었을 터다. 〈대반열반대경〉은 설일체유부의 '대경'은 아니지만, 그 내용을 이해하기 위해서는 재가신자를 위한 경전이라는 성격을 잊어서는 안 될 것이다.

4.
〈대반열반경〉의 주제

붓다의 임종을 전하는 〈대반열반경〉에서 가장 중요한 주제는 붓다의 죽음을 어떻게 이해할까 하는 것에 있다는 사실을 의심할 수는 없을 것이다. 붓다 석존이 죽어도 여래는 상주한다는 표현은 이 경전에서 일관되게 반복되는 주장이다. 이 '여래상주 如來常住'와 '실유불성 悉有佛性'이라는 두 주제는 〈대반열반경〉 사상의 두 기둥으로서 너무나 유명한 표현이다. 여기서 '여래상주'에서 '실유불성'으로 주제가 발전하는 것을 어떻게 파악해야 할까. 종래 연구에서는 몇 가지 흥미있는 가능성이 지적되었지만, 반드시 명확히 납득할 수 있는 대답을 발견하기에는 이르지 않았다고 말할 수 있을 것이다.

이 문제는 〈대반열반경〉의 주제가 '여래상주'와 '실유불성'이라는 두 가지로 구성되어 있다고 이해하는 견지에서 벗어남으로써 해결의 실마리를 찾을 수 있지 않을까. 〈대반열반경〉의 주제는 일관되게 '여래상주'고, 이 주제에 포섭되는 형태로 '실유불성'이 설해진다고 이해하면 이 두 가지 주제의 연관성이 명확해 질 것이다. 또 '여래상주'와 '실유불성'의 의미를 산스크리트어 표현으로 그것이 의미하는 내용을 이해하면 이 두 주제의 구조를 명확하게 파악할 수 있을 것이다. 이 두 주제의 구조와 의미를 상세히 보기 위해, 먼저 〈대반열반경〉의 문맥을 더듬어 보자.

장대한 서문의 수수께끼

다른 '대반열반경' 문헌이 붓다가 자신의 임종을 깨닫고 고향으로 떠나는 내용에서 시작하는데 대해 〈대반열반대경〉은 그 여행에 대한 기술이 없고, 경전 처음부터 붓다는 이미 임종의 땅 쿠시나가라에 도착해 있다. 왜 쿠시나가라까지 여행 기술이 생략된 것일까. 이 수수께끼에는 '여래상주'를 설하는 배경이 숨겨져 있는 듯하다.

이 '여래상주'가 설해지는 배경을 보기 전에 〈대반열반대경〉이 어떻게 시작하고 있는지 자세히 보자. 붓다는 쿠시나가라에 있지만, 다른 '대반열반경'에서는 항상 석존을 수행하는 아난다가 이 경에는 없다. 붓다의 반열반이 선언되고, 불제자 비구 비구니 보살 재가신자를 비롯해, 인간뿐 아니라 동물들 신들 산들까지, 모든 중생이 붓다에게 공물을 가지고 모이고 마지막 식사를 받을 것을 붓다에게 청하지만, 그것을 거부당해 낙담하고 붓다 주위에 우두커니 서 있다. 이렇게 모여드는 자들에 대한 기술이 계속 이어지고 아난다와 마하카사파와 아자타샤트루 왕을 제외한 모든 중생이 천문학적 숫자로 사라쌍수 주위에 서 있다. 일반적으로 경전의 등장인물이 열거되는 부분을 서문이라 부른다면 이 정도로 장대한 서문을 가진 경전도 드물 것이다. 그렇게 하여 이 장대한 서문이 다른 '대반열반경' 처음에 있는 붓다 임종 여행 부분을 대치해 버리고 있는 것이다. 이 서문의 수수께끼를 푸는 열쇠에 대해서는 나중에 서술하기로 하고 경전의 이야기 전개를 먼저 개관해 보자.

석존 주위에 모여든 자들에 대한 기술은 마지막으로 춘다가 등장하면서 종결한다. 붓다에게 마지막 식사를 공양하는 것은 다른 '대반열반경'과 같은 춘다다. 다른 문헌과 다른 것은 이 춘다가 석존에서 열반하지 말도록 부탁하는 것이다. 예를 들면 팔리어 전승에서는 이 부탁을 하는 자는 아난다다. 이 부탁을 하기에 적절한 시기를 놓친 아난다가 그 잘못을 책망 당하는 내용이 길게 이어지는 것은, 온건한 붓다의 임종 기술에서 특이한 인상을 받을 정도로 격렬하다. 그러나 〈대반열반대경〉에서는 이 아난다에 대한 질책은 없다. 처음부터 아난다가 함께 있지 않기 때문에 석존에게 열반하지 말도록 부탁할 일이 없고 책망 받을 일도 없는 것이다. 그렇다고 해서 아난다가 〈대반열반대경〉에서 무시되고 있을 리는 없다. 아난다가 그의 상가와 함께 부재중인 것은 반복해서 언급된다. 붓다 사후에 마하카샤파와 함께 늦게 도착하고, 이후 불법의 전승에 중요한 역할을 담당하는 것조차 시사된다.

춘다가 붓다에게 마지막 식사를 보시한다. 모여든 자들은 붓다 석존이 이 식사를 마지막으로 죽음을 맞이할 것을 비탄하고, 붓다에게 이 세상에 머물도록 간청한다. 이에 대해 석존은 '여래는 상주한다'는 것을 선언하는 것이다. 이 '여래상주' 선언 후 경전은 다양한 형식으로 내용을 전개시키고 다양한 내용으로 화제가 변한다. 하지만 그때마다 강조되는 것이 '여래상주'다. 양 한역과 티베트어역의 마지막에서 붓다가 최후의 설법을 할 때도 '상주'는 가장 중요한 주제로 계속된다.

여래상주의 의미

이 '여래상주'란 무슨 의미인가. 산스크리트어 원문 단편에도 'nityo bhagavāṃ buddha'라는 문장이 남아 있다. '붓다 석존은 nitya다' 하는 문장의 'nitya'가 '상주'로 한역되었기 때문에 '여래는 상주한다'는 구문이 된다. '상주'라는 한역은 명번역어라고 해도 좋을 것이다. 하지만 과연 현대 우리들은 이 말의 의미를 진정으로 이해하고 있을까.

산스크리트어 'nitya'는 일반적으로 '영원eternal'으로 번역된다. 이 현대적 이해가 부정확하다는 것을 지적한 학자는 존 브라프John Brough다. 1952년에 발표된 짧지만 중요한 그의 논문[4]을 발전시킨 것은 하라 미노루原實의 1959년 논문[5]이다. 이 두 중요한 연구는 주로 오래된 베다 문헌을 다루고 있다. 베다 문헌을 다루는 인구어 비교언어학은 대단히 진보해 오고 있다. 고대 인도에서 불전이 다른 인도문헌과 전혀 접촉 없이 성립 혹은 전승되었을 리는 없다. 불교학의 입장에서도 언어학의 성과에 더 관심을 기울여야 할 것이다.

산스크리트어 'nitya'라는 말은 'ni-'와 '-tya'로 이루어져 있다. 이 'ni'는 본래 '여기에' '이 안에'라는 장소를 지시하는 부사다.[6] 이 'ni'에 접미사 '-tya'가 붙어서 'nitya'라는 단어가 만들어진다. 따라서 본래는 '여기에 (있는) 것'이라는 의미다. 이 어원적 의미가 니룩타Nirukta 문장의 해석에 필요하다는 것을 지적한 학자가 브라프다. 그는 영어에서 'be found, located in, constantly associated with'라는 직역으로부터 'regularly present in'이라는 번역을 도출하고 있다. 하라 미노루는 이 어의를 베다 문헌에서 폭넓게 검증하고 고전 산스크리트 문헌에서도 특히 복합어 후분에서 사용될 경우 이 'found inside of'라는 어의가 적용되어야 한다고 지적한다.

본래 공간적인 의미의 'nitya'가 무엇 때문에 시간적인 의미 'eternal'로 이해되었을까. 고대 인도의 시간관념이 현대적, 서양적인 것과는 다르다는 것은 널리 알려져 있다. 서양적인 시간관념이 이른바 직선적인 것에 대해 고대 인도 시간관념은 순환적인 것이라고 표현된다. 'eternal'이라는 직선적 시간관념에 기반한 표현이 순환적

시간관념에서는 어떻게 해석될까. 역으로 순환적 시간관념에 기반한 표현이 직선적 시간관념에서 어떻게 이해될 수 있을까. 이 장의 서두에서도 서술한 것처럼 번역은 단순한 언어의 치환이 아니라 다른 문화라는 새로운 문맥에서 그 언어가 새로운 의미를 부여받는 과정이다. 고대 인도의 'nitya'라는 말이 '상주'로 한역되어 중국이나 일본에서 이해되고, 현대에 'eternal'로 영역되어 이해될 경우 현대의 우리는 현대의 문화 안에서 'eternal'이 의미하는 내용을 통해 'nitya'라는 말을 이해하고 있는 것이다.

본래 공간적으로 '여기에 (있는) 것'을 의미했던 'nitya'가 시간적으로 존속하기 위해서는 '언제나' '항상'이라는 말을 보충하여 이해하지 않으면 안 된다. 번역에서 고대 중국의 한역자나 현대의 영역자도 이것을 보충하지 않으면 새로운 문화에서 이 말에 의미를 갖게 할 수는 없었을 것이다. 간단하게 말하면 'nitya'와 합치하는 말을 찾을 수 없었다고 말할 수 있을 것이다. 'nitya'라는 말을 'eternal'이라고 해석할 수 있는지는 원래 문맥에서 검증해야 한다. 〈대반열반경〉 문맥으로 돌아가면, 반드시 'eternal'이라는 의미에서는 사용되지 않고, 오히려 'nitya'의 본래 의미인 '여기에 (있는) 것'이라는 의미가 더 합치한다. '붓다는 죽어서 nitya가 아니게 될 것이다'라는 문장에서 'nitya'를 'eternal'로 이해하기는 어렵다. 붓다가 죽음에 의해 무로 돌아가 '여기에서 없어진다'는 것이 문제가 되고 있고, 이 주장을 강하게 부정하는 것이 '여래상주' 곧 '여래는 여기에 있다'는 〈대반열반경〉의 주제인 것이다.

nitya의 관상

'nitya'가 '여기에 (있는) 것'을 의미하고 있는 것은 'nitya'가 관상으로 설해지는 내용으로부터도 알 수 있다. 〈대반열반경〉은 일관되게 'nitya'라는 말을 경전에서 가장 중요한 말로 들고, 이 말의 관상을 실천할 것을 강조한다. 'nitya'라는 말을 관상하는 것은 어떤 실천일까. "'여래는 nitya다'를 실천하는 자들의 집에 여래는 머문다"는 문장은 '여래가 여기에 있다'고 관상하고 있다고 이해할 수 있을 것이다. 이 문장은 산스크리트 단편에도 남아있다. '여래가 집에 머문다'라는 문장의 원문은 'tathāgato gṛhe tiṣṭhati'다. 'tiṣṭhati'는 직역하면 '서 있다'라는 의미로서, 어근 'Sthā'([장소]에 들어가다, [장소]에 [자신을] 놓다)의 현재형에서 '[장소]에 들어가 있다' '[장소]에 [자신을] 놓고 있다', 따라서 '[장소]에 서 있다'고 하는 상태를 나타내고 있다. 〈대반열반경〉의 이 문장에서 장소는 '집 gṛhe' 곧 'nitya'를 관상하는 사람의 집이다. 붓다 사후에도 붓다가 여기에 있는 것을 관상하면 거기에 붓다는 있다. 관불 실천 전통이 있는 불교 역사를 비추어봐도 지극히 알기 쉬운 종교 실천이라고 말할 수 있을 것이다. 붓다가 '영원'하고 먼 미래의 어딘가 우주의 저편에 있다고 하는 의미가 아니다. 지금 현재 여기에 있는 것이다.

nitya를 둘러싼 논쟁

'여래는 사후에 존재하는가 존재하지 않는가' 하는 논의는 꽤 옛날부터 – 아마 석존 재세시부터 이미 – 있었던 듯하다. 석존은 그에 대해 대답하지 않았다. 대답하는 것이 무의미하기 때문에 그 논의는 그만두도록 대응했다고 한다. 그러나 현실에서 붓다 석존이 열반해 버린 후, 이 논의가 이루어지지 않았을 리는 없었던 듯하다. 이 질문이 불교도에게 심각한 문제고, 계속 논의된 것은 의심할 수 없을 것이다.

이 문제를 반영한 에피소드가 설일체유부 '대반열반경'에서 설해져 있다. 붓다 석존이 마지막 여행길에서 쿠시나가라를 눈앞에 두고 몸 상태가 나빠진다. 쿠시나가라 주민은 붓다를 영접하기 위해, 붓다에게 걸맞는 길을 준비했지만 커다란 바위가 길을 막고 있다. 힘센 역사가 그 바위를 치우려 해도 바위는 꿈쩍도 하지 않는다. 잠깐의 휴식으로 회복한 붓다가 쿠시나가라로 다시 길을 떠났을 때, 그 바위는 여전히 길을 막은 채 있었다. 병으로 약해져 있었을 붓다는 그 바위를 가뿐히 들어 던지고 아주 쉽게 길을 열었다. 붓다의 경이로운 힘에 감탄한 역사들이 붓다에게 물었다. 붓다의 이 경이로운 힘을 능가하는 힘이 있을까. 붓다는 그에 대답했다. 그것은 '무상의 힘'이다. 바로 오늘 그 힘이 내 몸을 붙잡고 있다. 붓다 반열반 날이다.

이 에피소드는 팔리어 '대반열반경'에는 없다. 설일체유부 '대반열반경' 텍스트를 교정한 발트슈미트는 그 부분을 1951년 출판본에서 제외하고, 별도의 특별 텍스트 『붓다의 신통력 Wunderkräfte des Buddha』으로 교정 출판했다.[7] 유사한 에피소드는 『증일아함』에도 있다. 간다라 부조에도 붓다의 반열반 모티프와 나란히 이 에피소드를 묘사한 작품이 몇 개 알려져 있다. 역사들이 바위를 치우려 하고 있는데 붓다가 가볍게 바위를 건드리는 모티프는 오랫동안 데바닷타가 붓다에게 돌을 던져 죽이려 했다는 유명한 에피소드와 혼동되고 오해되어 왔다. 최근 모니카 진 Monika Zin은 이것이 '대반열반경'의 '붓다의 신통력' 에피소드를 그린 것이라는 사실을 해명하였다.[8] 설일체유부가 카쉬미르와 지리적으로 관계가 있는 것은 인정되어 있고, 『증일아함』에 상당하는 간다라어 텍스트도 발견되는 것으로부터, 이 에피소드가 서북인도에서 널리 알려져 있었을 것이라는 사실을 엿볼 수 있다.

〈대반열반대경〉도 경전 자체가 카쉬미르와 연관성을 암시하고 있다. 곧 우기에 내리는 비에 비유해 이 경전이 남방에 유포되고 거기서 법의 비를 내린 후, 다시 카쉬미르에 유포되고 거기서 경전은 땅에 묻힐 것이라는 문장을 담무참 역, 법현 역, 티베트어역, 그리고 산스트리트 단편이 모두 공통적으로 전하고 있는 것이다. 쿠시나가라로 가는 길의 바위도 '붓다의 신통력', 그리고 붓다조차 넘을 수 없는 '무상의 힘' 에피소드를 〈대반열반경〉 편찬자가 알고 있었을 가능성은 크다고 생각한다.

붓다가 'nitya'라는 사실을 주제로 하는 〈대반열반경〉이 이 에피소드에서 설하는 사상과 대립하는 것은 명확하다. '붓다가 반열반하여 nitya가 아니게 된다'고 주장하는 적대론자가 있다는 사실이 실제로 〈대반열반경〉에 언급되고 있다. 붓다의 사후 – 현실에서는 이미 수백 년이 경과해 있지만 – 붓다 석존이 '여기에 있는가' 혹은 '여기에 있지 않은가'가 논의되고 있었던 흔적을 읽어낼 수 있다.

왜 'nitya'를 주제로 하는 〈대반열반경〉이 붓다의 마지막 여행에서 시작하지 않고, 장대한 등장인물을 묘사하는 서문에서 시작하고 있는가. 그리고 왜 쿠시나가라로 가는 길의 에피소드를 이야기 하지 않고, 붓다가 이미 쿠시나가라에 도착한 시점에서 경전이 시작하는가 하는 편찬 의도, 그 동기의 하나를 추측할 수 있을 것이다.

불성의 의미

'불성'의 원어는 'buddha-dhātu'다. 'dhātu'라는 말은 '구성요소'라는 의미로서, 'buddha-dhātu'라는 복합어는 '붓다의 구성요소'를 의미한다. 'dhātu'라는 말은 '놓다'를 의미하는 동사어근 'Dhā'에 접미사 '-tu'가 붙은 것이고, 주로 복합어 후분에서 사용된다. 수사와 함께 복합어를 형성하면, 예를 들어 'tri-dhātu'는 '세 부분으로 이루어진' 이라는 형용사로 사용된다. 이 단어를 포함한 'loka-dhātu'라는 복합어가 일반에게 널리 알려져 있다. 이 복합어 경우도 'dhātu'라는 단어는 'loka'를 '구성하는 요소'라는 의미로 사용되고 있다. 한역에서 'loka-dhātu' 경우에는 '계界'라는 역어가 사용되지만, 'buddha-dhātu'를 '불계佛界'라고 하지 않고, '불성佛性'으로 번역한 것은 번역의 묘기라고 말할 수 있을 것이다. 그러나 이 명번역어는 원어의 의미를 알기에는 약간 방해가 되는 듯하다.

'불성'의 산스크리트어가 명확히 해명되기 전에는 그 원어가 'buddha-dhātu'라는 것은 상정 불가능했다. 예를 들면 '법성法性'의 원어는 'dharmatā'인데, 그것에서 유추하여 원어가 상정된 경우도 있었다. '불성'의 원어가 'buddha-dhātu'라는 사실이 관련한 불전의 산스크리트 원전 발견으로 명확해진 이후에도, 원어가 가진 본래 의미를 간과하는 경향이 계속되고 있었던 듯 하다. 한역의 '성性'이라는 한자는 '사람에서 선천적으로 구비되어 있는 마음'이라는 내력에서, 모든 사물 각각이 가진 '본질', 나아가 모든 사물에 불변의 '원인'이라는 의미를 나타낸다. 따라서 '불성'이라는 한역어는 본래 산스크리트 원어에는 없는 철학적인 의미를 부여받았다고 말할 수 있을 것이다. 또 한역의 경우 번역할 때 문장 스타일을 중시하기 때문에 단순히 문자의 자구수를 맞추려는 목적으로 원문에는 없는 말을 보충하는 일이 빈번하다. 담무참은 '성'이라는 문자를, 법현은 '법'이라는 문자를 즐겨 사용한다. 한역에 '성'이라고 해도 원어가 무엇인가, 애초에 원어가 있었는지 조차도 가리기 어렵다.

원어를 어느 정도 상정하기 쉬운 티베트어역을 검증하면, 이 'dhātu'라는 말은 〈대반열반경〉에서는 '신체의 구성요소'라는 의미에서 사용되고 있다.[9] 석존 시대부터 불교와 의학이 대단히 밀접한 관계였다는 것은 인정되고 있다. 〈대반열반경〉에서도 의학은 매우 중요한 역할을 수행하고 있다. '불성'의 원어 'buddha-dhātu'는 문자 그대로 '붓다의 구성요소'이지만, 〈대반열반경〉의 문맥에서는 '붓다의 (신체의)

구성요소'라는 의미가 된다. 이것은 의학 문맥에 한정된 용례가 아니다. 붓다의 유골을 의미하는 '불사리'의 원어가 'śarīra-dhātu' 곧 '신체의 구성요소'인 것을 생각하면, 본래 산스크리트어가 의도하고 있었던 것은 '붓다의 신체의 구성요소'일 가능성이 높다고 말할 수 있다. 붓다의 임종을 무대로 하는 경전에서 '불사리'가 중요하다는 것은 말할 것도 없다.

귀의의 근거로서 dhātu

〈대반열반경〉에서 불성을 설하는 부분을 조사하면, 자아 ātman나 여래장 tathāgata-garbha과 관련하여 불성이 이미 철학적 논의의 와중에 있는 것을 보여주고 있다. 불성이나 여래장을 설하는 형식도 이미 완성된 모티프를 넣는 것처럼 표현되어 있다. 이 철학적 전개나 형식적 표현이 성립하기 이전의 불성 개념을 이해하는 실마리는 붓다가 가섭에게 '감로와 독약'에 대한 게송을 설하는 부분에서 발견할 수 있다.[10] 여기서는 '무엇이 (믿음의) 근거인지'가 문제의 근간에 있고, 그 문맥에서 '3보'가 중요한 의미를 갖는다. 하지만 여래장이라는 말은 사용되지 않고, 붓다가 가섭에게 권하는 실천에도 실유불성을 설하는 내용은 빠져 있다.

이 게송에서는 티베트어역으로 'khams'이라는 단어를 빈번히 사용한다. 그 산스크리트 원어는 'dhātu'라고 생각된다. 이 'dhātu'는 '내(=붓다) 신체에 dhātu가 있다' '내(=붓다) dhātu'와 같이 표현되고 있다. 이 말이 '신체의 구성요소' 특히 '붓다의 신체의 구성요소'라는 의미에서 사용되고 있는 것은 명백할 것이다. '감로'는 'nitya의 dhātu'이고, 그것을 최고의 귀의처로 해야 한다고 한다. 그 '최고인 감로의 dhātu'야말로 '내(=붓다) dhātu'라고 간주된다. 이 게송에서 강조되고 있는 것은 '나(=붓다)'에 대한 귀의고 '내(=붓다) dhātu' 곧 불성 buddha-dhātu에 대한 귀의다.

이 게송에 이은 산문에서는 명확히 불사리라는 의미에서 'buddha-dhātu'가 사용되고, 그 'buddha-dhātu'와 불탑 숭배를 권하고 있다.

이 중요한 게송과 그에 이은 산문에서 강조되고 있는 것은 붓다 석존에 대한 신앙이다. 모든 신들은 신앙의 근거가 아니라고 명언된다. 복수의 제불 신앙도 부정되고 있다. 신앙의 근거인 불법승 3보 중에서도 특히 '불'이 중시되고, 다시 그 단수의 붓다와 일체감이 설해지고 있다.[11]

일체중생실유불성

이 '불성 buddha-dhātu', 곧 '붓다의 (신체의) 구성요소'를 '여래상주' 곧 '여래가 (사후에도) 여기에 있는 것'이라는 문맥에 놓으면 무엇을 의미하게 될까.

여래가 'nitya'인 것은 사상일 뿐 아니라 실천을 동반하고 있음을 앞서 서술했다. 여래가 'nitya'인 것을 관상하고, 여래가 그 관상하는 자의 집에 있다는 실천은 여래의 (신체의) 구성요소인 불성도 '여기에 있다'는 실천과 결합할 가능성을 갖고 있다고 말할 수 있을 것이다.

'일체중생실유불성'이라는 한역의 산스크리트 원문은 유감스럽게도 현존하는 산스크리트 단편에는 남아있지 않지만, 불성이 아닌 여래장 tathāgatagarbha을 사용한 원문은 발견할 수 있다. 산스크리트어 원문에서는 한역이나 티베트어역으로는 알 수 없는 내용도 보인다. 'asmākam upari tathāgatagarbho'sti'를 잠정적으로 번역하면 '우리들에게 여래장이 존재한다'는 것이 된다.[12] '우리들에게'의 원문은 'asmākam upari'다. 'upari'는 '위에'라는 부사로서 직역하면 '우리들 위에'라는 의미가 된다.

티베트어역을 조사하면 이 표현은 몇 가지 변형이 있는 듯하다. 불성 혹은 여래성 tathāgata-dhātu과 여래장이 바뀔 뿐 아니라, '내 신체에 불성이 있다'와 같이 '신체'라는 표현이 들어가는 경우도 있다. 'nitya'의 관상이 '내 집'에서 '내 위' 나아가 '내 신체'로 진전한 것이라고 생각할 수 있을 것이다.

'nitya'의 실천이 '실유불성(혹은 여래장)'과 깊이 결합해 있는 것은 〈대반열반경〉 자신이 명확히 설하고 있는 것이다. 여래의 가르침은 때에 응해 설해지지만, "여래가 '모든 중생에게 여래장이 있다'고 가르칠 때는 바로 nitya를 실천 해야 한다"[13]고 명언하고 있는 것이다.

철저한 실재론

'실유불성(혹은 여래장)'의 산스크리트 원문이 우리들에게 말하는 의미는 크다. '있다'를 의미하는 3인칭 단수 현재 'asti'가 사용되고 있는 것도 큰 의미가 있다. 동사 어근 'As'는 '존재하다, 있다'는 의미로서 완료 perfect 용법도 알려져 있지만, 본래는 현재어간조직의 동사다. 'As'라는 어근 그 자체에 지속의 의미가 있고 어근 그대로 인칭어미 '-ti'를 붙여 '존재하고 있다'는 의미가 된다. 이 표현은 예를 들면 『보성론』에서 알 수 있는 다른 산스크리트 문장 'sarvasattvās tathāgatagarbhāḥ'라는 소유복합어 Bahuvrīhi와는 성격을 달리 한다. 소유복합어 표현에는 '모든 중생 sarvasattvās'과 '여래장을 갖고 있다 tathāgatagarbhāḥ'가 동격으로, '모든 중생이 여래장을 갖고 있다'는 의미가 된다.

여래는 '여기에 있는 nitya', 곧 현재에 있는 것이고 불성 buddha-dhātu도 '현재에 있는 asti' 것이다. 이와 같은 실재론적 입장은 '공'의 입장과 대립한다. '여래는 anitya고, 반열반하여 공이 된다'는 주장은 '마설'로 비판되고,[14] '공'의 실천을 부정하는 태도는『대반열반경』곳곳에서 반복해서 발견할 수 있다(다만 '공'에 대한 태도는『대반열반경』에서는 일관되지 않다).

유부와 경량부

이와 같은 철저한 실재론은 부파 명칭 그 자체가 된 설일체유부 Sarvāstivādin 사상과 관련을 환기시킬 것이다. 그러나 〈대반열반경〉 두 한역과 티베트어역이 존재하는 범위, 곧 담무참 역의 첫 10권까지는 설일체유부와 직접 관련되어 있다고 생각해서는 안 될 것이다. 앞서 설한 '대경'이라는 명칭이 유부율에서 사용되고는 있지만, 〈대반열반경〉의 아함 인용을 분석하면 결코 유부 전통을 계승한 것은 아니라는 사실을 명확히 인정할 수 있다.[15]

대승 혹은 대승불전과 어떤 특정한 부파의 관련을 찾으려는 시도는 항상 불교학의 큰 관심 중 하나였고, 우수한 연구가 축적되어 있다. 하지만 아직 명확한 대답을 발견할 수 없다고 해야 할 것이다. 이 소고에 이 큰 문제를 다루는 것은 처음부터 불가능하다. 하지만 〈대반열반경〉의 산스크리트 단편에서 대단히 흥미로운 표현이 남아 있는 것을 다음에 간단히 지적해 두고자 한다.

육식 금지로 잘 알려져 있듯이 〈대반열반경〉의 또 하나의 중요한 관심은 계 śīla와 율 vinaya이다. 율은 원래 붓다 석존이 정한 것이기 때문에, 붓다 석존 생전이 아니면 새로운 규칙을 제정하는 것은 원칙적으로 불가능하다. 따라서 붓다 석존의 반열반이 새로운 규칙을 제정하는 최후의 기회라는 사실은 말할 것도 없다. 그 반열반 사건이 율에서 말해지고 있는 것도 불가피할 것이다. 〈대반열반경〉 전승에 율사 vinayadhara가 뭔가 관련을 갖고 있었을 것이라는 점은 〈대반열반경〉이 율사를 자주 언급하는 것으로부터도 그 가능성은 크다고 생각할 수 있다.

〈대반열반경〉에서 서술되는 율에 관한 내용은 아주 난해하고, 전승되는 여러 부파의 율과 관련성도 아직 해명되어 있지 않다. 한역자나 티베트어 역자도 충분히 이해하고 번역했는지 의심스럽다. 율사에 대해 서술하는 부분의 산스크리트 단편이 발견되어 있지만, 난해한 문장은 한층 자세한 해명을 필요로 하고 있다. 와타나베 가이교쿠가 1909년에 최초의 범문 단편을 발견하고, 회른레 A. E. Rudolf Hoernle와 스타인 Mark Aurel Stein이 중앙아시아에서 가져온 범문 단편 자료 콜렉션도 있다. 그것은 회른레가 사망한 후 그다지 체계적인 연구가 이루어지지 않은 채 있었다. 1986년 마츠다 가즈노부 松田和信가 새로 21매의 단편을 발견하였다.

최근에는 대영도서관 소장 범문 단편 자료 디지털 사진화 프로젝트[16]에 의해 더 정밀도 높은 해독이 가능하게 되었다. 이에 의해 염료가 빠진 부분이나 손상된 문자 부분을 이전보다 정밀하게 분석할 수 있게 되고, 율사에 대한 단편에서 'vinayadharaḥ sautrāntikaḥ'라는 문장을 복원할 수 있다는 것이 판명되었다.[17] 이 문장을 그대로 읽으면 '경량부 율사'가 된다. 이 번역은 '경량부(혹은 경부)'란 과연 무엇인가 하는 큰 문제에 직면하게 한다. 이 부파에 대해서는 우수한 연구가 이루어져 있지만, 주로 후대 논서를 중심으로 한 사상적 내용에 중점이 놓여 있었다. 경량부의 역사적 사정에 대해 특히 논서 성립 이전 상황에 대해 우리가 알고 있는 것은 대단히 한정되어 있다.

그러나 종래의 연구성과에서 얻은 몇 가지 특징과 조합하는 것을 감히 시도하면, 〈대반열반경〉의 상황과 일치하는 점이 있는 것이 주목된다. 먼저 경량부는 경과 율만을 근거로 하고 논(=아비달마)을 근거로 하지 않는다는 특징은 〈대반열반경〉이

'경과 율'만을 언급하고 '논'의 존재를 예상시키지 않는 듯한 내용과 합치한다. 또 경량부가 독자의 율을 갖지 않고, 유부율에 의거하고 있던 것은 '대경'이라는 명칭이 유부율의 영향 아래 사용되었던 것을 설명할 수 있게 한다. 〈대반열반경〉의 입장이 '경을 궁극으로 한다'는 것이라면 〈대반열반경〉이 강렬하게 비판하는 일천제 icchantika의 입장 곧 '욕망을 궁극으로 한다'[18]는 입장과 문자 그대로 대조를 이룰 것이다. '경량부 sautrāntika'든 '일천제 icchantika'든 아직 충분히 해명되어 있지 않는 현 단계에서는 이들은 부호의 일치 정도로 추측의 영역을 벗어나지 않는다. 이후 연구 과제로서 문제를 제기해 두고자 한다.

끝없는 이야기

담무참은 『대반열반경』 번역에 문자 그대로 목숨을 걸고 있었던 듯 하다. 자신이 인도에서 가져 온 범본을 번역하기 시작한 것은 법현의 번역보다 앞선다. 그 법현 역이 불과 몇 개월만에 번역 작업을 거쳐 세상에 나온 것과 대조적으로 담무참 번역은 세월이 걸렸다. 뒷부분의 범본을 중앙아시아에서 들여와서 번역을 계속하고, 다시 뒷부분을 구하기 위한 여행을 떠난 후, 돌아오지 않는 사람이 되었다는 것은 유명한 이야기다. 다른 '대반열반경'이 붓다의 열반과 화장, 그리고 유골의 분배에 대한 기술에서 끝나는데 비해, 〈대반열반대경〉에는 이 기술이 없다. 그것은 〈대반열반경〉 편찬자의 의도였을지도 모른다. 여래는 실은 반열반하지 않고, 반열반하는 것처럼 보일 뿐이고, 여기에 있는 nitya 존재이기 때문에.

법현 역과 티베트어역이 끝나는 부분 곧 담무참 역의 제10권이 끝나는 부분에서, 다른 '대반열반경'에서는 붓다 최후의 말로 알려진 '주의 깊게 행하라' 하는 말씀을 마친 후, 붓다는 아픈 몸을 쉬기 위해 자리에 눕는다. 열반상에서 잘 알려진 자세다. 붓다는 눈을 감지 않고 먼 곳을 응시하고 있다. 여기서 〈대반열반경〉은 경을 끝낸다고 말하지 않고, 우리들에게 숫자 수수께끼 – 티베트어역에서는 '2만 5천' 장이 있다고 한다 – 를 남기고 일련번호를 잃어버린 장을 닫는 것이다.[19]

추기

본고 교정 중에 본고에서 제기한 여러 문제에 대한 연구가 진전했기 때문에 이하에 요점을 기록하고자 한다.

경전 구성에 대해

종래 연구에서는 주목하지 않았던 장대한 서문 부분은 아함 등에 포함된 오랜 '대반열반경' 문헌 종결부에 있는 붓다 장례의 기술에서 발전되고 있는 것이 해명되었다. 이 부분을 경전의 처음에 놓음으로써 경전은 종결부가 없는 구성이 되고, 이것이 다시 경전의 주제인 '여래상주' 및 '실유불성'과도 깊게 관련되고 있는 것이 지적되었다. 상세한 것은 2010년 9월 말부르크에서 개최된 제31회 독일 동양학자학회 Deutscher Orientalistentag에서 발표하고, 출판 준비 중이다.

경량부 지율자에 대해

산스크리트 단편에서 복원된 'vinayadharaḥ sautrāntikaḥ'라는 문장을 〈대반열반경〉의 'vinaya' 기술을 검토함으로써 해명했다. 이 'vinaya'의 기술은 현존하는 율문헌과는 일치하지 않고, 오래된 상황을 보여주고 있을 가능성이 높다. 'vinayadharaḥ sautrāntikaḥ'라는 문장이 나타나는 부분에서 'vinaya'는 교단의 규율이 아니라 '사회적 규율'이라는 의미에서 사용되고 있다. 'vinayadhara'는 '사회적 규율을 지키는 사람'이라는 의미가 된다. 또 'sautrāntika'는 재가의 불교인, 아마도 재가이면서 경전을 전승하고 있는 자를 의미하고, 이것은 'mahāsūtra'의 전승 상황과 일치한다. 상세한 것은 2013년 9월 뮌스터에서 개최된 제32회 독일 동양학자학회 Deutscher Orientalistentag에서 발표하고 출판 준비 중이다.

불성의 기원

본고의 '귀의의 근거로서 dhātu' 절에서 소개한 '감로'에 대한 게송을 설하는 부분에 대해서 2013년 4월에 뒤셀도르프에서 개최된 여래장사상의 기원을 테마로 한 심포지엄 On the Origin and Exegesis of the Tathāgatagarbha Idea에서 상세한 해석을 발표했다. 심포지엄 논문집은 Hōrin: Vergleichende Studien zur Japanischen Kultur로 출판 예정이고, 인도불교, 티베트불교, 중국불교, 일본불교의 여래장사상에 관한 최신 연구 논문이 게재될 예정이다.

1 曇無讖譯『大般涅槃經』(대정장12, No.374, 354-603), 法顯譯『大般泥洹經』(대정장12, No.376, 853-899), 티베트어역(북경판31, No.788, 델게판 No.120, 그 외 다른 판본 및 사본에 대해서는 Habata(2007: xxxv 참조)) 및 산스크리트 단편의 총칭으로 〈대반열반경〉이라는 표기를 사용한다. 다른 '대반열반경' 문헌과 혼동을 피하기 위한 경우에는 〈대반열반대경〉이라는 표기를 사용한다. 삼역대조 concordance는 Habata(2007: 137-155) 참조.
또 필자는 이전에 법현역이 더 오래된 버전의 번역이라는 가설을 취했지만(졸고「大乘〈涅槃經〉におけるアートマン論」『印度哲學佛教學』5, 1990: 173-190, 특히 175), 그 후 연구에서 법현역은 오랜 버전의 번역이 아니라는 견해에 이르렀다. 이 기회를 빌어 교정하고자 한다.

2 渡邊海旭「大般涅槃經の梵文斷片」『宗教界』1909(『渡邊海旭論文集』1933: 570-585).

3 Sylvain Lévi: "Le catalogue géographique des Yakṣa dans la Mahāmāyūri" in *Journal Asiatique* 1915: 19-138; "Sur la recitation primitive des textes bouddhiques" in *Journal Asiatique* 1915: 401-447. 佐々木閑「Mahāsūtra -『デンカルマ目錄』にあらわれる根本有部系經典群」『佛教硏究』15, 1985: 95-108. Peter Skilling, *Mahāsūtras: Great Discourses of the Buddha*. Oxford, vol. I (Sacred Books of the Buddhists 44) 1994; vol. II (Sacred Books of the Buddhists 46) 1997.

4 John Brough: "Audumbarāyaṇa's Theory of Language" in *Bulletin of the School of Oriental and African Studies* 14. 1952: 73-77.

5 Minoru Hara: "A Note on the Sanskrit Word *NĪ-TYA-*" in *Journal of the American Oriental Society* 79, 1959: 90-96.

6 ni에는 두 가지가 있다. '아래에'라는 의미의 ni와는 구별된다.

7 Ernst Waldschmidt: "Wunderkräfte des Buddha. Eine Episode im Sanskrittext des Mahāparinirvāṇasūtra" in *Von Ceylon bis Turfan. Schriften zur Geschichte, Literature, Religion und Kunst des indischen Kulturraumes*. Festgabe zum 70. Geburtstag. Göttingen 1967: 48-91.

8 Monika Zin: "About Two Rocks in the Buddha's Life Story" in *East and West* 56, 2006: 329-357.

9 졸고「大乘『涅槃經』の一考察 - 醫學思想に關聯して」『印度學佛教學硏究』37-2, 1987: 867-865.

10 티베트어역 북경판 109b8ff. 델게판 107a1ff. 담무참역 409a25ff. 법현역 884a29ff.

11 붓다 석존의 반열반을 다룬 경전이 이와 같은 '붓다 석존에 대한 신앙'으로 회귀라는 과제를 짊어지고 있는 것은 같은 열반계 경전에 속하는『菩薩處胎經』의 연구 관점에서 지적되어 있다(Elsa Legittimo: "A comparative study between the Womb and the Lotus sūtra: Miraculous stūpa apparitions, two simultaneous Buddhas and related extraordinary narrations"『印度學佛教學硏究』56-3, 2008: 1114-1120).

12 Hiromi Habata: "The *Mahāparinirvāṇa-mahāsūtra* Manuscripts in the Stein and Hoernle Collections (1)" in Seishi Karashima and Klaus (ed.): *Buddhist Manuscripts from Central Asia. The British Library Sanskrit Fragments*. Vol. II, Tokyo 2009: 572.

13 티베트어역 북경판 139b7ff. 델게판 135b2ff. 담무참역 421b7ff. 법현역 894b11ff.

14 티베트어역 북경판 98b1ff. 델게판 96a1ff. 담무참역 404a25ff. 법현역 881b6ff.

15 졸고「大乘〈涅槃經〉における阿含の引用について」『印度哲學佛教學』11, 1996: 77-93.

16 辛島静志에 의한 British Library Sanskrit Fragments (BLSF) 프로젝트의 성과는 이미 제1권이 2006년에, 제2권이 2009년에 출판되어 있다. 미주 12) 참조.

17 미주 12) 논문 p.562 참조.

18 icchantika의 어의에 대해서는 여러 설이 있다. 辛嶋静志「一闡提(icchantika)は誰か」, 望月海淑編『法華經と大乘經典の研究』(山喜房佛書林 2006: 253(562)-269(546)) 참조.

19 티베트어역은 제4장 이후, 장 구분을 잃어버린 듯이 보인다. 산스크리트 원전의 장 구분은 티베트어역과 일치하고 있다고 생각된다. 숫자 수수께끼에 대해서는 졸저(Habata 2007: 105) 참조.

※ 본고는 Deutsche Forschungsgemeinschaft: German Research Foundation의 연구기금을 받아서 작성한 것이다.

참고문헌

일반인용 소개서에는 우수한 것이 많다. 여기서는 오쵸 에니치(横超慧日)『涅槃經－如來常住と悉有佛性』(サーラ叢書 26, 京都: 平樂寺書店, 1981)을 드는데 그친다. 이하 참고문헌은 단행본 연구서에 한정한다. 또 티베트어역으로부터 영역을 스티븐 호지 Stephen Hodge가 출판 준비 중이다.

다카사키 지키도(高崎直道)

1974 『如來藏思想の形成－インド大乘佛教思想研究』春秋社.

마츠다 가즈노부(松田和信)

1988 『インド省圖書館所藏中央アジア出土大乘涅槃經梵文斷簡集－スタイン・ヘルンレ・コレクション』東洋文庫.

모치즈키 료코(望月良晃)

1988 『大乘涅槃經の研究』春秋社.

시모다 마사히로(下田正弘)

1993 『藏文和譯『大般涅槃經』(I)』山喜房佛書林.

1997 『涅槃經の研究－大乘經典の研究方法論試論』春秋社.

후세 고가쿠(布施浩岳)

1942 『涅槃宗之研究』叢文閣.

Blum, Mark L.

2013 *The Nirvana Sutra (Mahāparinirvāṇa-sūtra)*. Volume 1 (Taisho Volume 12, Number 374).

Translated from the Chinese. Berkeley (Bukkyo Dendo Kyokai America).

Bongard-Levin, G. M.

1986 *New Sanskrit Fragments of the Mahāyāna Mahāparinirvāṇasūtra. Central Asian Manuscript Collection at Leningrad.* (Studia Philologica Buddhica. Occasional Paper Series VI). Tokyo.

Habata, Hiromi

2007 *Die zentralasiatischen Sanskrit-Fragmente des Mahāparinirvāṇa-Mahāsūtra: Kritische Ausgabe des Sanskrittextes und seiner tibetischen Übertragung im Vergleich mit den chinesischen Übersetzungen.* (Indica et Tibetica 51) Marburg.

2013 *A Critical Edition of the Tibetan Translation of the Mahāparinirvāṇa-mahāsūtra.* (Contributions to Tibetan Studies 10). Wiesbaden (Dr. Ludwig Reichert Verlag).

Yuyama, Akira

1981 *Sanskrit Fragments of the Mahāyāna Mahāparinirvāṇasūtra.* 1. Koyasan Manuscript. (Studia Philologica Buddhica. Occasional Paper Series IV). Tokyo.

제4장

불성의 전개
앙굴마라경 · 대법고경

스즈키 다카야스

1.
불교 존망의 위기로서 불멸 佛滅

『여래장경』에서 '일체중생은 안에 여래를 감춘 자들이다' 하고 선언된 여래장 사상은 그 후 크게 두 경로로 나뉘어 진화 발전해 간다. 하나는 『부증불감경』 『승만경』을 통해 『보성론』을 향해 정연하게 이론화해 가는 경로다. 다른 하나는 『대반열반경』(이하 『열반경』)에 의해 새롭게 '불성 buddha-dhātu'이라는 개념이 부가되고, 그 후 『앙굴마라경 央掘魔羅經』 『대법고경 大法鼓經』을 산출해 가는 경로다.[1] '불성의 전개'라는 제목의 이 장은 주로 후자의 경로를 고찰하고, 『열반경』에 의해 제창된 불성 개념이 『열반경』 주위의 경전을 통해 어떻게 전개해 갔는가를 명확히 하고자 하는 것이다. 그 작업에 앞서 불성 개념이 탄생하기에 이른 경위를 부감해 두고자 한다.

고래로부터 어떤 사람이 불교도가 되고자 할 때는 불(buddha 깨달은 자), 법(dharma 가르침), 승(saṃgha 불교도의 모임)이라는 3보에 대한 귀의를 표명할 필요가 있다고 간주되어 왔다. 만약 3보가 없다면 새로운 불교도는 탄생하지 않고, 결과적으로 불교 그 자체가 사라져 버린다. 이른바 3보는 불교가 성립하고 존속하기 위한 필수요건도 되는 것이다. '불·법·승 중 어느 하나가 없어도 불교는 성립하지 않는다'는 관점에 설 때, 불교의 개조인 석존의 입멸은 불교의 존망과 관련한 중대 사건이었을 터다.

그런데 석존의 입멸과 더불어 불보가 없어질 터였음에도 불구하고 불교는 사라지지 않고 존속해, 오늘날에 이르기까지 전승되고 세계 각지에서 신앙·실천되고 있다.

3보가 불교의 요건인 이상 오늘날 상황을 논리적으로 설명하고자 하면, 석존이 입멸해도 불보는 없어지지 않았다고 생각할 수밖에 없다. 실제로 사정은 바로 그대로다. 석존 입멸 후에도 석존의 영원한 현존을 확인하는 수단·방법을 남아있는 불교도들은 확립하고 있었다. 그 수단·방법은 대별하여 ① 법과 ② 유골로 대표되는 성유물聖遺物이다.

① 법에 의한 현존 확인

박칼리Vakkali여. 법을 보는 자는 나를 본다. 나를 보는 자는 법을 본다(SN iii. 120, 28-29).

바셋타Vāseṭṭha여. 여래는 다음과 같이 불린다. 곧 법을 신체로 하는 자, 브라흐만을 신체로 하는 자, 법으로 이루어진 자, 브라흐만으로 이루어진 자라고(DN iii. 84,23-25).

아난다여. [내가 입멸하면] 그대들은 이렇게 생각할 지도 모른다. '가르침을 설하신 스승은 사라져 버렸다. 이제 우리에게는 스승이 없다.' 그러나 아난다여. 그와 같이 생각해서는 안 된다. 아난다여. 내가 설한 법과 제정한 율이 내 멸후에 그대들의 스승이 될 것이다(DN ii. 154,3-7).

모두 대승경전이 아니라 초기불전(혹은 원시불전)에서 인용한 문장이다. 이미 지적되어 있듯이,[2] 구전 전승oral tradition에 기초한 문화에서는 '설하는 사람'과 '설하는 내용'은 본질적으로 결합해 있다. 서사 전승literal tradition 이전에 오랜 구전 전승 역사를 가진 불교도 예외는 아니다. '설하는 사람'인 붓다 석존과 '설하는 내용'인 법(가르침, 교법)이 동일시되는 것은 불교가 오랫동안 구전 전승 형태를 채용하고 있었던 것을 고려할 때 무리 없이 이해할 수 있다. 그러나 같은 구전 전승에 기반하면서도 '천계의 진리를 브라흐만이라는 가계에 태어난 집단이 전하는' 베다 종교와 달리 불교에서 진리 및 가르침은 석존이라는 '개인'이 증득하고 개현한 것이 특징이다. 설하는 사람과 설하는 내용의 동일시는 다른 구전 전승 문화보다 불교에서 훨씬 강하게 나타나는 것이다. 나아가서는 진리와 가르침이 같은 '법 dharma'이라는 말로 표현되는 것에도 주목하고 싶다. 석존은 진리法를 증득하고, 그것을 가르침法으로 사람들에게 개현했다. 그리고 사람들은 가르침法에 따라 붓다 석존을 모방하여 스스로 진리法의 증득을 목표로 한다. 후대의 표현을 사용하면 'adhigamadharma'(진리로서 증득해야 할 법)와 'deśanādharma'(가르침으로서 교법)이라는 두 가지 'dharma 法'가 있고, 석존은 양자의 결절점에 위치하고 있는 것이다. 이와 같은 다양한 관점에서도 불교에서 석존이 법과 동일시되는 것은 지극히 자연스런 현상이다. 불교도는 석존 입멸 후에도 연기로 대표되는 진리, 그리고 교법에서 석존의 현존을 발견했던 것이다. 이것이 붓다 석존을 '법을 신체로 하는 자'(法身 dharmakāya)로 파악하는 계통이다.

② 유골에 의한 현존 확인

유골을 나타내는 원어 'dhātu'는 그 외에도 '본질'이라는 의미를 함께 가진다. 아직 해탈을 얻지 못한 범부의 본질(=유골)은 완전히 청정하지 않기 때문에 죽은 후에 유골을 성스런 강에 흘려서 수장하고, 정화를 돕지 않으면 안 된다. 한편 이미 보리를 얻어 생사윤회의 더러움에서 해탈한 석존은 그 본질이 이미 모두 정화되어 완전히 청정하다고 생각되었다. 따라서 석존의 유골(=본질)은 수장되지 않고 이 땅에 머무는 것이 가능하다. 석존의 유골을 모신 불탑 stūpa은 석존의 본질을 가진 것으로 살아있는 석존 그 자체로 간주되는 것에 대해서는 선행 연구가 보여주는 그대로다.[3] 석존의 유골이라는 석존의 본질은 석존이 입멸한 후에도 이 세상에 계속 머물렀다. 그리고 그것을 모신 불탑은 석존 재세시와 다름없이 최고의 공양 대상 福田으로서 기능하고 있었던 것이다.

> 아난다여. 전륜성왕의 유체를 처리하는 것과 완전히 같은 방법으로 여래[인 내] 유체도 처리해야 한다. 교통 요지에는 여래의 스투파를 건립하라. 누구든 거기서 꽃이나 향료나 안료를 바치고 예배하거나 마음을 정화해서 믿으면, 그것에 의해 그들은 오랫동안 이익과 안락을 얻을 것이다. … (중략) …
> 여래·응공·정변지는 스투파를 건립하기에 걸맞다. … (중략) … 그러면 아난다여. 어떤 도리에 기반하여 여래·응공·정변지는 스투파를 건립하기에 걸맞은가. 아난다여. '이것은 그 세존·응공·정변지의 스투파다' 하고 말하고 많은 사람들이 마음을 정화하고 믿는다. 그들은 스투파 앞에서 마음을 정화하여 믿음으로써 사후 현재의 몸을 버린 후, 선취善趣인 천계에 다시 태어난다. 아난다여. 바로 이 도리에 기반하여 여래·응공·정변지는 스투파를 건립하기에 걸맞은 것이다(DN ii. 142,8-24).

천계에 다시 태어나는 것 生天을 목적으로 하고 있다는 점에서 여기에서 불탑공양은 재가자를 위한 것이라고도 생각할 수 있다. 하지만 고고학 자료에 기반하면, 출가자도 재가자와 마찬가지로 불탑공양을 행했다는 것을 확인할 수 있다.[4] 스투파는 석존 멸후 불교도에게 물질로서 모습을 계속 유지하고 공양을 통해 언제라도 접근할 수 있는 석존의 신체였던 것이다. 이것이 스투파와 붓다 석존의 물질적 신체 色身를 신봉하는 계통이다.

이상과 같이 입멸함으로써 석존의 육체는 멸하지만, 진리나 교설法身, 혹은 스투파色身을 통해, 불교도는 석존이 영원히 현존하는 것을 확인할 수 있었을 것이다.

2.
초기 대승경전의 탄생

초기 대승불교 탄생 시기나 그 배경, 의도에 대해서는 본 시리즈 제1권과 제2권에 수록된 여러 연구에 양보한다. 초기 대승경전에 '색신에서 법신으로' 라는 경향이 강하게 보이는 것은 널리 긍정되고 있다고 할 수 있다.

예를 들면, 『팔천송반야』는 여래의 유골을 모신 불탑 공양과 비교해서, 반야바라밀 경권을 공양하는 공덕이 훨씬 크다고 강조한다(AsP 31,9-36,1). 여래의 유골과 반야바라밀 중 후자를 우선한다.

> 이 [반야바라밀]이야말로 모든 여래의 진실한 유골이기 때문입니다. 왜 그렇습니까. '모든 붓다 세존은 법을 신체로 하는 자法身다. 비구들이여. 이 물리적 존재인 신체色身를 [붓다 세존의 진실한] 신체라고 생각해서는 안 된다. 비구들이여. 나는 법을 신체로 하고 있다고 보아야 한다'고 세존은 말씀하셨기 때문입니다. 이 여래의 신체는 반야바라밀이라는 궁극의 진실이 현현한 것이라고 보아야 합니다.
> 세존이시여. 바로 그래서 저는 여래의 유골을 경시해야 한다고는 말하지 않습니다. 저는 여래의 유골을 존경합니다. 그러나 이 반야바라밀로부터 발생한 여래의 유골이 공양받는 것입니다. 따라서 세존이시여. 이 반야바라밀만 공양하면 여래

의 유골도 완전히 공양한 것이 됩니다. 왜 그렇습니까. 여래의 유골은 반야바라밀에서 발생한 것이기 때문입니다(AsP 48,8-15).

또 『법화경』에는 여래의 유골의 존재와 『법화경』의 실천을 등치하고, 경전法身의 가치를 선양하고 있다.[5]

그리고 약왕藥王이여. 어떤 곳에서 이 [『법화경』] 법문이 말해지거나 설시되거나 서사되거나 서사되어 경권이 되거나 암송되거나 제창되거나 한다고 합시다. 약왕이여. 그 곳에는 높이 솟고 보석으로 만들어진 거대한 여래의 탑caitya을 세워야 합니다. 거기에 반드시 여래의 유골을 모실 필요는 없습니다. 왜 그렇습니까. 거기에는 여래의 신체가 이미 온전히 안치되어 [있기] 때문입니다. 이 [『법화경』] 법문이 말해지거나 설시되거나 서사되거나 서사되어 경권이 되거나 암송되거나 제창되거나 하는 장소는 바로 [유골을 모신] 스투파와 마찬가지로 공경하고 존중하고 존경하고 공양하고 숭배해야 합니다. 모든 꽃, 훈향, 화환, 바르는 향, 가루향, 옷, 양산, 크고 작은 여러 깃발, 승리의 깃발로, 그리고 모든 노래, 기악, 무용, 악기, 심벌즈, 합창, 합주 등으로 공양해야 합니다. 그리고 약왕이여, 그 여래의 차이티야caitya를 경배하거나 공양하거나 볼 수 있는 중생들이 있다면 그들 모두는 이 위없는 최고의 깨달음에 가까이 갈 것이라고 아십시오(SP_S 231,7-232,5).

또 아지타Ajita여. 여래 멸후에 이 [『법화경』] 법문을 듣고 거절하는 일 없이 수희하는 자들을 나는 뛰어난 생각으로 신해하는 선남자들이라고 부른다. 하물며 [이 법문을] 수지하고 독송하는 자들에 대해서는 말할 것도 없다. 따라서 이 법문을 경권으로 어깨에 짊어진 자는 여래를 어깨에 짊어진 것이다. 아지타여. 그

> 선남자나 선여인은 나를 위해 여러 스투파를 세울 필요가 없고, 사원을 건립할 필요도 없고, 비구 상가에게 의료품이나 생활필수품을 보시할 필요도 없다. 왜냐하면 아지타여, 그 선남자나 선여인은 내 유골에 대해 이미 공양을 [행한 것이 되기] 때문이다. 높이는 범천계에 이르고 폭은 [높이에 따라] 점차 [가늘어지고], 양산이 걸리고 승리의 깃발이 걸리며, 종이 맑은 소리를 울리는, 7보로 만들어진 여러 스투파를 이미 세운 [것이 되기] 때문이다(SPs 338,2-9).

이상 『팔천송반야경』과 『법화경』이라는 대표적인 두 초기 대승경전의 인용으로부터, 전자는 불탑 공양보다 경권 공양을 중시하고, 후자는 유골의 가치와 경권의 가치를 등치하려는 의도를 확인했다. 미묘한 차이는 있지만, 양쪽 다 종래 의례화한 스투파 신앙에 대한 어떤 반성·비판 위에 서있다는 점에서는 공통한다고 말할 수 있다. 다만 초기 대승경전 단계에서는 아직 색신인 유골·스투파의 가치를 완전히 부정하고, 축을 법신으로 옮기고는 있지 않다. 법신으로 완전한 이행을 표명하기에는 더 발전한 대승경전의 등장까지 조금 더 기다릴 필요가 있었던 것이다.

3.
초기 대승경전에서 『열반경』으로

1) 『열반경』 제1류

붓다관의 중심축을 법신으로 옮기고자 하는 대승경전에서 색신인 유골·스투파는 어떻게 해서든 극복해야 할 대상이었다. 그러나 재가·출가를 불문하고 계속 폭넓은 신앙 대상이었던 스투파는 쉽게 그 주역의 자리를 양보하려고 하지 않는다.[6] 왜 이 세상에 붓다 석존의 유골, 그리고 그것을 모시는 스투파가 출현한 것일까. 그 이유는 말할 것도 없이 '붓다 석존의 입멸'이라는 '사실'에 있다. 그래서 대승경전은 그 '사실'을 '새로운 진실'로 바꿔 읽으려 했다.[7] 그 선구적인 대표예의 한 가지는 '방편현열반 이실불멸도 方便現涅槃 而實不滅度'(SP_{C2} 43b16-17, SP_{S} 323,11-12)라고 설하는 『법화경』일 것이다. 그리고 『열반경』이 최초의 완성형을 맞이하게 된다.

석존 입멸 전후 사건을 기록한 동명의 초기경전을 모티프로 하여 제작된 『열반경』은 석존의 입멸이라는 '사실'을 역설적으로 이용하여 법신인 여래의 상주를 설하는 '진실'을 주장하고 있다.[8] 『열반경』에서는 스투파를 '무너져 가는 불신 佛身, 공양으로 이루어진 불신'이라고 부정적으로 파악하는 한편, 법신인 여래의 상주·불괴가 강조된다. 『열반경』에 관해 특필해야 할 점 하나는 여래의 상주성·자유자재성을 표현하기 위해, 그때까지 불교에서는 터부시되어 왔던 '자아 ātman' 개념을 적극적으로 도입하고, '여래는 ātman 常住/自在이다' 하고 선언한 것일 게다. 불괴·상주·자재하므로 청정한 법신이라고 하는 이른바 '완전무결한 붓다 석존상'이 여기서 완성된 것이다. 이 단계에서 『열반경』 편찬은 일단 종료하고, 여기까지의 『열반경』은 『열반경』 제1류라 호칭되고 있다.

2) 『대운경』

『열반경』 제1류를 배경으로 등장한 경전이 『대운경 大雲經』이다.[9] 『대운경』은 보살들이 여래의 상주성을 관하는 삼매 수습을 종지로 하고 있고, 여래가 법으로 이루어진 상주하는 신체를 갖고 있는 것法身을 경전 전체에 걸쳐 계속 설한다. 『열반경』 제1류가 제시한 '완전무결한 붓다 석존상'을 계승한 『대운경』은 초기 대승경전 단계에서는 완성할 수 없었던 붓다 석존의 유골·스투파의 가치에 대한 완전한 부정을 표명한다. 카운디니야 Kauṇḍinya라고 칭하는 바라문과 리차비 Licchavi 족 일체세간낙견동자 一切世間樂見童子 사이에 이루어진 여래의 유골에 관한 토론에서 인용한다.

【카운디니야 바라문】 오, 리차비 족의 동자여. 난 세존의 유골을 공양하기 위해 겨자씨 정도의 유골을 원한다. 그러므로 그것을 내게 다오. 겨자씨 정도의 유골을 공양하면, 3천대천의 지배자가 된다고 한다. 이와 같이 흰 가루 유골은 진정으로 고마운 것이다.
들어라, 리차비 족의 동자여. 『대운경』은 모든 성문·독각조차 이해하기 어렵고 통달하기 어렵다는 특징을 갖고 있다. [그들은] 『대운경』에 훨씬 못미치는 위치에 있다고 말한다.
리차비 족의 동자여. 『대운경』은 그 정도로 이해하기 어렵고 통달하기 어려우므로 우리와 같은 변경의 바라문에게는 겨자씨 정도의 유골을 함에 넣어 안치해 두는 쪽이 좋다. 나는 신속하게 3천대천의 지배자가 될 수 있다는 하사물을 원한다. 리차비 족의 동자여. 너는 여래에게 겨자씨 정도의 유골을 요구하여 받은 후에 함에 모시고, 3천대천의 지배자가 되려고 원하지 않는가. 리차비 족의 동자여. 그러므로 나는 [여래의 유골이라는] 하사물을 원한다(MMS$_T$ 195a2-8).

여래의 유골공양(=불탑공양) 공덕으로 생천을 원하는 카운디니야 바라문에 대해 석존의 위력을 받은 일체세간낙견동자는 여래 유골의 비실재를 강조하고 불탑 공양의 공덕을 완전히 부정한다.

【일체세간낙견동자】 갠지스 강이 흐르는 가운데 백련화가 나고, [노란] 빼꾸기가 법나패 法螺貝 색깔(=흰색)이 되고, 잠부 나무가 타라 나무 열매를 맺게 되는 일이 있다면, 그때는 유골도 있을 것입니다. 거북이 털로 옷을 훌륭히 짜, 겨울 외투가 되는 일이 있다면, 그때는 유골도 있을 것입니다(MMS$_T$ 195b1-2).

이하 같은 구문으로 12송에 걸쳐 여래 유골의 비실재성이 강조되고 있다. 그리고 동자의 위대함과 그가 설하는 것을 인정한 바라문은 동자를 칭찬하면서 게송으로 대답한다.

【카운디니야 바라문】 [여래는] 금강처럼 견고한 신체를 갖고 있으면서, 화작 化作한 신체를 시현하기 때문에 [실제로는] 겨자씨 정도의 유골도 있는 것이 아니다. [여래에게는] 피·뼈·살이 없는데 어떻게 유골이 있을 것인가. 중생의 이익을 위한 수단으로 유골을 남겨둔 것이다. 붓다 세존은 법으로 이루어진 신체 法身를 갖고 있다. 여래의 유골은 법이다(MMS$_T$ 196a4-6).

이와 같이 '색신 신앙의 근거였던 유골은 사실 법이었다'는 새로운 '진실'을 보여 줌으로써, 유골·스투파 신앙으로부터 완전한 탈각을 표명하고 있다.

『열반경』 제1류의 '여래=ātman 상주/자재'를 계승한 『대운경』은 삼매를 통해 여래와 해탈을 결합시키는 것과 더불어, 그것을 통한 '실재(불공 不空의 본질을 가진)'

라는 개념을 여래·해탈에 추가했다. 그때 출세간의 여래·해탈의 실재성을 인정했기 때문에 공성설과 어긋나게 되었다. 그 때문에 '공인 법과 불공인 법이 있다'고 서술하고, 번뇌의 공과 여래·해탈의 실재不空를 설해, 공성설의 재정의도 행하고 있다.

3)『열반경』제2류

주로『대운경』과 대중부 영향 아래『열반경』편집 작업이 재개되고, 제2류가 제작되었다고 간주된다.[10] 예를 들면『열반경』제2류 첫 부분인「사법품」제8에 보이는 육식 금지, 세간 수순을 통한 여래와 보살의 중첩, 삼매 중시, 여래·해탈의 실재不空 등은 모두『대운경』단계에서 준비되어 있던 것이다. 다만 아트만인 여래·해탈에 관해서는『대운경』까지의 상주·자재·실재에 더해 새롭게 '유색'(有色 모양/형태가 있음)이라는 개념이 추가되었다.

『열반경』제2류에서 가장 중요한 전개는 무엇보다『여래장경』에서 여래장사상을 도입하는 것과 함께 종래의 여래장에 새로이 불성이라는 개념을 부가한 것이다. 게다가 제1류에는 여래가 아트만이라고 간주된 것에 대해, 제2류에는 불성을 아트만과 등치하고 있다. 불성의 원어는 'buddha-dhātu'고 이것은 '붓다의 본질'임과 동시에 '붓다의 유골'이라는 의미도 함께 가진다.『열반경』제2류에서 유명한 '일체중생실유불성一切衆生悉有佛性'이라는 선언은, 동시에 '모든 중생은 남김없이 그 안에 붓다의 유골을 품고 있다'고 하는 '중생의 불탑화' 선언이기도 했다.

【세존】 유일한 것에 귀의하라. (중략) 붓다만이 법이기도 하고 상가saṃgha이기도 하다. 여래만이 3보다. (중략) 스스로 붓다에게 귀의하고 같은 몸一身이 되어야 한다. 그리고 붓다 그 자체가 되어 여래의 사업을 행하라. 여래와 동등하게 된 후에는 제불에게 예배할 필요가 없다. 스스로 일체중생의 큰 귀의처가 되어야 하[기 때문이]다. 스스로 법신을 버리지 않고 [자신의 내부에 있는] 불성(붓다의 본질, 붓다의 유골)과, [불성(=붓다의 유골)을 안에 품은, 자신의 신체라는 색신의 붓다인] 불탑에 경배하라. 경배하는 것을 바라지 않는 일체중생에게 자기 자신이 불탑이 되어야 한다. 자신의 신체가 일체중생의 경배의 근거가 되어야 한다. (중략)
【가섭보살】 어떤 중생이든 여래장을 체득하고자 이 경전을 믿는 자들은 자신이 3귀의의 대상이다. 중생은 자신에게만 귀의하면 충분하다. 3보 귀의는 불필요하다. 왜 그런가. [자기 신체 안에] 여래장·불성이 존재하기 때문이다(MPNS$_T$ 111a1-112a7).[11]

'일체중생실유불성'이라는 선언에 의해 일체중생이 그대로 모양·형태를 가진 불탑이 되고, 3보를 대신하는 귀의 대상이 된다. 제1류에서 '완전무결한 법신'을 제창한 『열반경』은 제2류가 된 지금 일체중생을 '완전무결한 법신'을 품은 불탑이라는 '색신의 붓다'로 만든 것이다. 이것은 어떤 의미에서 초기 대승경전, 『열반경』 제1류, 그리고 『대운경』에 이르는 '색신에서 법신으로' 라는 흐름과 정반대로 전환한 것이기도 하다.

『열반경』 제2류에서 새롭게 발생한 과제는 이뿐만 아니다. 『열반경』 제1류에서 '완전무결한 법신'으로서 중생과 분리되어 있던 여래는 『열반경』 제2류에 이르러 일체중생 안에서 회복되고, 그 결과 확실히 양자의 분리는 해소되게 되었다. 반면, 불탑(=색신의 붓다)인 중생의 가치는 범부임에도 불구하고 여래와 같은 위치로까지 상승하고, 수행의 필요성을 잃어버리기 쉬운 상황(수행무용론에 빠지는 위기)을 낳아 간다. 그 위험을 회피하기 위해, 『열반경』은 일천제라는 개념을 여래장·불성이라는 '한 극단'과 함께 기능하는 '다른 한 극단'으로 강조하지 않을 수 없었다.

> 일체중생에게는 불성이 있고, 그 [불]성은 각각의 신체에 내재한다. 모든 중생은 다수의 번뇌를 끊고 나중에 성불한다. 다만 일천제는 제외한다(MPNS$_T$ 99a6-7).

일체중생에게 불성이 있고 중생의 가치가 여래와 같은 위치로까지 상승했다고는 하지만, 방일하면 결코 성불할 수 없다는 주장이다.[12] 그러나 '일체중생실유불성' 곧 '일체중생은 불탑이다' '일체중생은 붓다다' 하는 말의 반향은 대단히 강하여, '자신은 이미 완성태다' 하고 중생에게 강렬히 인상지워 버린다. 『열반경』을 계승하여 등장한 『앙굴마라경』과 『대법고경』은 이 문제의 해결을 시도하고 있다.

4.
『앙굴마라경』

『앙굴마라경』은 『대법고경』과 함께 『열반경』의 강한 영향 아래 성립한 경전이다.[13] 특히 동명의 초기경전을 모티프로 하고 불교도 사이에서 이미 공유되어 있던 '사실'을 새로운 '진실'로 해명하고자 한 점에서 『대법고경』 이상으로 『앙굴마라경』은 『열반경』과 대단히 강한 친근성을 보여주고 있다. 실제로 여래장·불성에 관한 교설을 비교하면 『앙굴마라경』은 『열반경』, 특히 제2류의 충실한 후계자라고 할 수 있다.[14] 반대로 말하면, 『앙굴마라경』의 불성설에는 『열반경』 제2류로부터 새로운 전개나 큰 전환은 거의 찾을 수 없다고도 말할 수 있다. 사상을 새롭게 발전시켰다기보다, 이제까지의 '사실'을 『열반경』 제2류에서 제창한 불성설이라는 새로운 '진실'로서 다시 제시하는 것이 『앙굴마라경』의 제작의도였던 것이다.

이와 같이 『앙굴마라경』에는 불성에 관한 새로운 전개를 확인하기 어렵기 때문에, 일천제·수행무용론의 문제로 좁혀서 그 교설을 보고자 한다. 처음은 불제자인 목련과 앙굴리말라 Aṅgulimāla의 대화로부터 인용이다. 여래도 구제하기 힘들다는 일천제의 성격은 『열반경』 제2류와 공통하고 있는 것을 확인할 수 있다.

> 【목련】 환자에 관한 가르침 教誡에서 환자는 세 종류가 있다. 의사에게 보이면 낫는 환자, 의사에게 보이지 않아도 낫는 환자, 의사에게 보여도 낫지 않는 환자다.
>
> 【앙굴리말라】 세 종류의 환자는 없다. 의사에게 보이지 않아도 낫는 환자와 의사에게 보여도 낫지 않는 환자 곧 낫든가 낫지 않든가 두 가지다. (중략) 대덕 대목련이여. 낫는 자는 낫고 낫지 않는 자는 낫지 않는다. 세 종류는 분별이다. 세 종류는 없다. '세 종류라는' 것은 성문의 지혜고, 모기 같은 지혜라고 현자들은 말한다. (중략) 대덕 목련이여. 두 가지 희유한 일이 있다. 두 가지란 무엇인가. 여래와 일천제다. 여래는 최상의 지위에서 희유한 것이고, 여래보다 고귀한 지위는 없기 때문에 희유하다. 하열한 지위도 일천제 이외에는 없다. (중략) 최상의 지위는 제불이다. 하열한 지위에는 일천제들이 있다. 대덕 목련이여. 그와 같이 희유한 일은 두 가지다. 사정 邪定에 속한 사람은 일천제라고 이해하라. 정정正定에 속한

> 사람은 여래와 불제자라고 이해하라(AMS$_T$ 171a8-172a8).

『열반경』 제2류는 일체중생의 성불 근거를 여래장·불성에서 찾고, 그 실재성에 기반하여 일체중생에 대한 성불의 수기를 행하고 있다.[15] 『앙굴마라경』도 같은 이해를 보이고 있다.

> 과거세에 낮에는 전혀 볼 수 없고 암흑만을 보는 올빼미와 같이 여래장을 믿지 않는 중생들은, 현세에서도 세간에서 스승을 보지도 찾으려고 하지도 않는다. 푸루나여. 미래세에도 안위설자(安慰說者 *hitopadeṣṭṛ)에게 여래장[이라는 가르침]을 들어도 [여래장 곧] 붓다가 되리라는 수기를 믿지 않는 중생들은, 올빼미와 같이 불신하는 자들이다. 그들은 옛 스승의 예언[과 같이 취하기에는 부족한 자들]이다.

이 내용을 전제로 다음 인용을 보자. '일체중생실유불성' 곧 '일체중생이 성불의 수기를 이미 받'은 것과 동시에 '일체중생이 불탑, 색신의 붓다'라면, 수행 등은 필요 없을 것이라고 앙굴리말라에게 묻는 문수보살에 대해, 세존이 대신 대답하는 장면이다.

> **【문수】** "여래장, 여래장"이라고 하지만 그 의미가 뭔가. 만약 일체중생에게 여래장이 있다면, 일체중생은 [한 사람도 남김없이] 붓다가 될 것이다. 일체중생이 살생, 망어, 음주, 간음, 투도를 비롯한 모든 악업도를 행하는 것도 있을 수 없지 않은가. 만약 일체중생에게 불성이 있다면 언제 도탈度脫하여 수행할 [필요가

있는]가. 불성이 있다면 [이미 도탈과 수행이 필요없다고 생각하여] 누구라도 [5]무간업이나 일천제의 업을 행할 것이다. (중략)

【세존】 문수여. 조복행調伏行을 행하는 아이가 있었다고 하자. 세존인 카샤파 여래·응공·등정각은 "[너는] 지금부터 7년 후에 법을 갖춘 법왕인 전륜성왕이 될 것이다. 나는 7일 후에 입멸할 것이다" 하고 수기했다. 그 조복행을 행하는 아이는 매우 기뻐하며, "나는 일체지자로부터 전륜성왕이 된다고 수기 받았다. 이미 의심의 여지는 없다"고 생각하고 크게 기뻐했다. 그리고 자신의 어머니에게 "어머니. 제게 물고기, 고기, 우유, 참깨 경단, 요구르트, 신채, 스프, 곡류 등을 주세요. 힘을 기르고 싶습니다" 하고 말하고 모두 섞어 먹었다. 그러자 죽을 때가 아닌데도 죽고 말았다. 스스로 죽고 스스로 상처주었다고 한다면, 과연 세존인 여래는 거짓말妄語을 한 것일까. 아니면 일체지자가 아닌 것인가. 혹은 그에게 전륜성왕으로서 선근과 복덕의 과보가 없었던 것인가.

【문수】 그는 과거세에 악업을 행했기 때문에 죽었습니다.

【세존】 문수여. 그와 같이 말해서는 안 된다. 그는 죽을 때가 아닌데도 죽었지만, 과거세에 행한 악업 탓이 아니다. 세존인 여래가 수기할 때는 과거세에 행한 악업을 모르고 수기했을 리는 없기 때문이다. 그 아이는 과거세에 행한 악업 탓에 죽은 것이 아니라, [폭음폭식하여] 스스로 잘못을 저지르고, 스스로 죽이고 만 것이다.

문수여. 그와 같이 남녀를 불문하고 만약 "내게 여래장이 있어서 맘대로 도탈할 수 있으므로 악업을 행하자" 하고 생각해서 악업을 행했다면, 어떻게 자신의 계界가 도탈 할 수 있겠는가. 앞서 설한 조복행을 행하는 아이처럼 계界가 있어도 도탈하지 못한다. 왜 그런가. 그는 너무 방일하였고, 방일했기 때문에 법의 규칙에 따라 도탈하지 못한 것이다.

중생들에게 불성은 없는가. 불성은 [왕자가 성장하면 왕이 된다는] 왕권의 이숙異熟과 같이 일체중생에게 있다. 붓다는 거짓말을 한 것인가. 붓다가 거짓말을 하는 일은 없다. 거짓말 하는 중생들이 방일에 빠져, 가르침을 들어도 자신의 잘못에 의해 붓다가 되지 못한다(AMS$_T$ 200a3-b5).

이런 이치로 수행무용론을 피해갈 수 있을까. 필자는 어렵다고 생각한다. 처음부터 미래 상황이 불확실한 경우, 붓다는 무기 無記에 철저한 것이 상도다. 그것은 제자의 성불과 같은 중대사에 한하지 않는다. 예를 들면 신자로부터 내일 자기 마을로 와 달라는 청을 받았을 때, 석존이 그것을 받아들일 경우는 늘 침묵으로 승인한다. 말할 것도 없이 이것은 석존 자신은 그 마을로 가고자 생각하고 있어도, 날씨나 건강 상태가 급변하는 등 예상하지 못한 사정에 의해 갈 수 없게 되었을 때 '가겠다'라는 대답이 거짓말이 되는 것을 예방하기 위한 것이다. 이와 같이 붓다 석존은 철저한 진실어자(satyavādin 말한 그대로 행하는 자, 말한 그대로가 되는 자)다. 『앙굴마라경』의 제작자도 그것을 충분히 알고 있었을 것이다. 이 교설에서도 '성불의 수기가 이루어지지 않아도 붓다는 거짓말을 한 것이 아니다' 하고 주장하고 있지만, 너무나도 옹졸한 변명이다. 『앙굴마라경』『열반경』을 계승하여 수행무용론의 해결을 시도하였지만, 사상적으로 큰 발전·전개를 이루지 못한 것도 있어서, 『열반경』과 마찬가지로 유감스럽게도 그 시도는 실패로 끝났다고 할 수 있을 것이다.

5.
『대법고경』

『열반경』의 후계자로서 『대법고경』이 수행무용론을 해결하기 위해 채용한 방법은 『열반경』 제1류, 더 나아가서는 그 연원에 있는 『법화경』이 채용한 방법과 동일선상에 있는 것이라고도 부를 수 있다. 앞서 본 것처럼 이 세상에 붓다 석존의 유골, 그리고 그것을 모신 스투파가 출현한 요인은 '석존의 입멸'이었다. 그러므로 그 '석존의 입멸'에 대해 『법화경』과 『열반경』 제1류는 재해석을 시도하고, 오히려 석존의 상주불멸을 주장했다. 그런데 한편의 수행무용론은 왜 등장했는가. 『열반경』 제2류에서 아트만인 불성(붓다의 유골, 붓다의 본질)이라는, 완성태와 거의 동등한 개념이 생성되고, 그것을 일체중생에게 부여하여 범부를 여래와 동등한 위치까지 상승시킨 것에 기인한다. 『열반경』 직계 후계자인 『앙굴마라경』에서 불성은 『열반경』 제2류와 동일했기 때문에 수행무용론을 회피할 수 없었다. 그래서 또 하나의 직계 후계자인 『대법고경』은 『앙굴마라경』과는 달리 『열반경』 제2류의 불성·아트만을 그대로 계승하지 않고, 재해석을 더해 거기에서 완성태로서 측면을 제거하여 수행무용론을 회피하고자 했다. 『대법고경』이 불성·아트만에서 제거한 것, 그것은 '법신'과 아트만에서 유래하는 '자재성'이었다.

『대법고경』은 중생 안에 있는 불성을 여래법신이라고는 간주하지 않았다. 그 때문에 다른 여래장·불성 계통 경전에서는 기본이 되어 있는 '상주nitya · 견고dhruva · 적정 śīva · 항상 śāśvata'이라는 '4구'도 부여하지 않았다. 『대법고경』에서는 법신이자 상주·견고·적정·항상한 것은 성불한 이후 중생이익이라는 여래의 작용如來業을 드러내는 여래뿐이다.[16] 불성이 여래법신이기도 하고 자재하기도 한 경우, '완전 자유자재한 여래법신을 이미 획득하고 있는 중생이 왜 여래법신의 획득을 위해 다시 수행해야 할 필요가 있는가' 하는 수행무용론이 『대법고경』에서는 근원적인 의미에서 회피되고 있는 것은 당연한 이치일 것이다. 그럼 왜 그와 같이 간단한 것이 다른 경론에서는 불가능했을까. 왜 『열반경』 『앙굴마라경』을 비롯한 다른 경전에서는 여래장·불성을 자유자재한 여래법신으로 보는 것을 폐기하지 않았을까. 그것은 여래장·불성과 여래법신의 상반성이 이 사상의 근간을 흔드는 큰 문제를 낳기 때문이었다.

선행연구가 이미 밝히고 있는 것처럼[17] 일체중생에게 여래법신이 내재한다는 제언은, 여래의 자비업으로서 여래법신을 일체중생에게 부여함으로써 여래와 중생 사이에 본질적인 '등질성'을 인정하고, 그 '등질성'을 근거·원인으로 일체중생의 성불 '가능성'을 주장했던, 여래장·불성사상의 근본이념 그 자체였다. 그 때문에 만약 중생 안에 있는 불성을 여래법신으로 간주하지 않는다면, 그것은 그대로 이 사상의 근본이념의 붕괴와 직결할 수밖에 없다. 과연 『대법고경』은 여래장·불성사상의 이단아·파괴자였을까. 『대법고경』에서 여래장·불성은 이미 성불의 원인 hetu/dhātu이 아니었을까.

> 일체중생과 모든 생명에는 불성 *buddhadhātu이 있고, (중략) 이것을 원인 *dhātu으로 모든 중생은 열반을 얻는다(MBhS$_T$ 115a8-b1).

놀라운 것은 『대법고경』에서 중생 안에 있는 불성은 여래법신이 아님에도 의연히 성불의 원인으로 간주되고, '여래장을 원인으로 하는 일체중생의 〈성불가능성〉의 주장'이라는 사상의 근본이념을 답습하고 있다.

반복하지만 『대법고경』에서는 중생 안에 있는 법신을 폐기했기 때문에, 법신을 매개로 한 여래와 중생의 '본질적 등질성'을 주장할 수 없게 되었다. 종래의 여래장·불성계 경전이 모두 이 '본질적 등질성'에 기반하여 여래장·불성을 성불의 원인으로 간주한 것에 대해, 『대법고경』에서는 '본질적 등질성' 이외의 사실에 기반하여 여래장·불성을 성불의 원인으로 간주하고 있는 것이다. 이하에서는 그것이 무엇인지 찾아보자.[18]

중생이 복을 행하면 붓다가 되고, 행하지 않으면 중생으로 머문다(MBhS$_T$ 102b7).

먼저 여기서는 붓다 여래가 중생이 된다는 '여래와 중생의 연속성'과 중생은 중생인 채로는 붓다 여래가 아니라는 '여래와 중생의 이질성'이 동시에 확인되고 있다. 여래법신이 중생에 내재하지 않는 이상 '여래와 중생의 등질성'은 무조건적으로는 인정되지 않고, 불도 수행을 통한 '연속성'과 더불어 현시점에서 '이질성'을 강조하고 재확인하는 것을 알 수 있다.

【카샤파】 이 세간에서 멸진滅盡은 있습니까, 없습니까.

【세존】 세간에서는 어떻게 하든, 언제든, 멸진은 결코 없다. (중략)

【카샤파】 세존이시여. 중생의 총체(衆生聚 *sattvarāśi)는 무진입니다. 하지만 일체의 성문·독각은 그것을 알지 못합니다. 제불세존만이 알고 있습니다.

【세존】 카샤파여. 훌륭하다. 바로 그대로다. 중생취는 무진이다.

【카샤파】 세존이시여. 입멸한 중생(=입멸한 붓다 여래)에게는 멸진이 있습니까, 없습니까.

【세존】 '중생에게 멸진은 없다. (중략) 만약 멸진이 있다면 [중생취에] 증감이 있게 된다. [그러나 그런 일은 있을 수 없다.] (중략) 입멸한 모든 제불세존은 상주·견고·적정·항상하다(MBhS$_T$ 103b2-106a1).

이 부분에서는 제불세존도 광의의 중생에 포함되는 것으로 간주한다. 그 후, 여래는 입멸해도 상주라고 하는 『법화경』이나 『열반경』 제1류와 같은 '여래상주설'에 기반하여, 중생의 총체인 중생취의 무진이 주장되고 있다. 따라서 여래와 중생 사이에는 양쪽 모두 광의의 중생이라는 점에서 '등질성'이 있는 한편, 중생은 보리를 획득하고 있지 않다는 점에서 '이질성'이 확인된다. '연속성'은 있지만 양자 사이에는 보리의 획득 여부에 대한 명확한 선긋기 행해지고, 수행무용론에 빠지는 것을 미연에 회피하고 있는 것이다. 『열반경』 제2류나 『앙굴마라경』과는 달리 『대법고경』이 일천제를 전혀 언급하지 않는 것은, 『대법고경』이 '낙관적'이었기 때문도, '관대'했기 때문도 아니다.[19] 『대법고경』이 여래장·불성으로부터 법신이라는 측면을 폐기하고, 여래와 범부의 무조건적 등질성을 제거했기 때문에, 일천제 관념을 이용하여 수행무용론을 회피할 필요가 없어졌기 때문이다.

이상으로 『대법고경』에서 여래와 중생 관계가 확인되었다. 계속하여 여래법신의 내재에 기반한 '본질적 등질성'이 아니라 『대법고경』이 가진 일체중생의 성불가능성 주장의 설명원리가 무엇인가를 찾아보자.

이 『대법고경』도 그것과 마찬가지[로 희유 希有하]다. 왜 그런가. 여래는 입멸해도 의연히 계속 머문다고 말하고, 자아나 자아의식 我所이라는 관념도 없다고 믿는 자들을 향해 지금 다시 아트만은 있다고 설하기 때문이다(MBhS$_T$ 95a5-6).

『열반경』과 마찬가지로 『대법고경』도 아트만을 긍정적으로 사용하고 있는 것을 알 수 있다. 다만 『열반경』에서는 중생 안에 있는 아트만은 상주자재한 여래법신 그 자체다. 그 완전한 여래법신을 품은 중생의 가치가 여래와 동등할 정도로 상승해 버렸기 때문에, 『열반경』은 일천제를 강조하여 수행무용론에 대항할 수밖에 없었다. 그러나 『대법고경』에서는 중생에게 여래법신이 내재하는 것을 설하지 않기 때문에 '아트만'이라는 용어 그 자체는 같아도, 상주자재한 여래법신을 가리키는 것은 아니게 된다. 『대법고경』에서 아트만에 관한 논의를 보자.

중생이 윤회에 떠도는 동안은 아트만이 천이 遷移하여 [자재하지 않게 되어] 있기 때문에 아트만은 없다는 견해(=무아설)가 불변·상주[의 진리]다. (중략) [그러나] 해탈은 적정·상주·유색 有色이다. (중략) 해탈은 실재한다(MBhS$_T$ 113a5-b3).
해탈에 도달한 제불세존이 내 영역이다. 그들은 유색이고, 그 해탈도 유색이다. (중략) 해탈을 얻는 지극히 청정한 지혜를 가진 제불은 바로 그와 같이 유색이라고 명확하게 바로 이해하라(MBhS$_T$ 101a8-b2).

아직 보리를 얻지 못하고 윤회에 떠도는 동안은, 중생에게 내재하는 아트만은 천이하고 있고 본래의 '자재성'을 발휘할 수 없다. 그 때문에 무아설이 설해졌다. 하지만 보리를 얻은 제불은 영원히 사라지는 일 없이 모양·형태를 가지며 有色, 상주·적정이고 '자재성'을 회복한다고 『대법고경』은 설한다. 이 인용부분에서는 먼저, 중생 안에 있는 아트만은 『열반경』과는 달리 천이하는 것·견고하지 않은 것으로 간주된다. 따라서 상주·견고·적정·항상한 여래법신과는 명확히 구별되고 있는 것을 확인할 수 있다. 덧붙여서 이 부분으로부터는 『대법고경』이 『열반경』 제2류와 마찬가지로, 아트만의 '실재성'을 이용하여 교설의 기본구조를 구축하고자 하는 것도 알 수 있다.

> **【카샤파】** 해탈을 얻은 자(=여래)가 상주·견고하고 자재라면, 중생도 실재하고 상주한다고 알아야 합니다. 왜 그렇습니까. 연기를 보고 [불이] 있다[고 아는 것]과 같기 때문입니다. 해탈이 상주라면 [해탈은] 아트만[·실재·자재]가 되기 때문에, [결국] "해탈[·여래]는 아트만이다(=실재한다, 자재한다)"고 설하는 것은 [해탈·여래의] 유색에 기반하여 설한 것입니까.
>
> **【세존】** [해탈·여래는 유색이고 실재한다고 해도] 세속의 유신견有身見과 같은 것이 아니고, 단[견]·상[견]을 말하는 것도 아니다.
>
> **【카샤파】** 세존이여. 모든 여래가 [상주하고] 입멸하지 않았다면, 왜 그와 같이 입멸을 보여주는 것입니까. 생기하는 것이 없다면 왜 탄생을 보여주는 것입니까.
>
> **【세존】** 중생은 "붓다조차 죽는다면 우리들[이 죽는 것]은 말할 것도 없다. 붓다에게조차 아트만이 자재가 아니라면 자아와 아소에 집착하는 우리들[이 자재하지 않다는 사실]은 말할 것도 없다" 하고 알 것이기 때문이다. (중략) 중생이 윤회를 떠도는 동안은 [자신이 자재하지 않는데도] "나는 아트만(=자재)이다" 하는 아견을 일으킨다. 그러므로 아트만은 없다고 보도록 [제불은 입멸을 보인 것]이다. (중략) 처음부터 여래는 천중천天中天이기 때문에, 만약 여래가 그와 같이 입멸하여 사라져 버렸

다면, 세간은 손감損減하는 것이 될 것이다. 손감하지 않는다면 상주·적정이다. 그와 같이 상주라면, 아트만(=자재성, 실재성)은 있다고 알아야 한다. 마치 연기를 보고 불[이 있다고 알]듯이. (중략) 존재하지 않는 것 非有이 중생이 되었다면, [그것은] 다른 곳에서 온 것일 게다. 또 만약 의지작용을 갖지 않는 것이 멸한다면, [중생은] 손감하는 것이 될 것이다. 존재하지 않은 것이 중생이 되었다면 [중생은] 증대하는 것이 될 것이다. [그러나 그와 같은 일은 있을 수 없다.] 따라서 [여래와 중생] 양자(=중생취)는 불생불멸이고 부증불감이다(MBhS$_T$ 113b3-114b1).

보리를 얻은 여래는 불괴·유색으로서 사라지는 일 없이 상주·견고·적정·항상하기 때문에 자재이고, [여래에게는] 아트만(=자재성·실재성)이 있다. 한편 그 여래의 '자재성·실재성'과 '중생이 보리를 얻으면 여래'라는 여래와 중생의 '연속성'에 기반하여 여래를 포함한 중생취는 무진·부증불감이라고 간주된다. 따라서 여래에게 아트만(=실재성)이 있다면 윤회를 떠도는 중생에게도 아트만이 있어야 한다. 중생에게 아트만이 없다면, 아트만을 갖지 않은 중생이 아트만을 가진 여래가 됨으로써 무에서 유가 발생하게 되고, 그 결과 중생취의 부증불감에 반하게 되어버린다는 논리가 확인된다. 불 그 자체를 직접 확인할 수 없어도 연기가 있으면 불의 존재를 알 수 있는 것처럼, 윤회를 떠도는 중생의 아트만은 직접 확인할 수 없어도 여래에게 아트만이 있다는 사실에 의해, 중생에게도 아트만이 있다고 알 수 있다. 물론 중생에게 내재하는 아트만은 천이하고 있고 '자재성'을 발휘할 수 없는 상태에 있다. 그러나 보리를 얻은 여래에게도 아직 보리를 얻지 못한 중생에게도 동일한 아트만이 있다는 사실에 기반하여 『대법고경』은 여래와 중생 사이에 '연속성'과 '공통성'을 인정하고 있다는 것을 알 수 있다.

> 몇 억의 번뇌의 껍질에 덮인 [불]성 *dhātu은 성문·연각에 환희하고 있는 동안은 아트만이면서도 아트만이 아닌 것이 되고, (중략) 제불세존에게 환희했다면 [진정한] 아트만이 된다(MBhS$_T$ 115b2-3).

여기서 우리들은 『대법고경』에서 '여래장·불성과 아트만의 연결'을 볼 수 있다. 확실히 중생 안에 있는 여래장·불성을 아트만이라고 간주하는 것은 이미 『열반경』 제2류에서 이루어졌던 시도다. 그러나 『열반경』에서 여래장·불성은 미완성태의 '가능성'에 머무는 것이 아니라, 이미 완성태로서 '자재성'을 갖춘 아트만이었다. 그것은 『열반경』이 여래장·불성을 '중생 안에 있는 여래법신'으로 파악하는 전통을 계승한 것이고, 그 전통에 서서 아트만의 '자재성·실재성'을 이용하여 여래장·불성을 아트만이라고 표현했기 때문이었다. 그러나 『대법고경』에서는 여래장·불성을 '중생 안에 있는 여래법신'이라고 파악하는 전통은 폐기되어 있다. 따라서 『열반경』에서 주로 '여래장·불성을 아트만으로 표현한다'는 용법을 계승한 것에 지나지 않는다. 『대법고경』에서 중생 안에 있는 아트만은 본래의 '자재성'을 발휘할 수 없는 '천이하는, 아트만이 아닌 아트만'이고, 일체중생 안에 '실재'하는 성불 '가능성'인 여래장·불성이다. 여기서 이윽고 우리는 여래법신의 내재에 의지하지 않고 일체중생의 성불 '가능성'을 주장할 수 있는 설명원리에 도달한다. 『대법고경』은 '여래의 상주성'과 '아트만의 실재성'에 기반하여 일체중생의 성불을 보증하고자 한 것이다.

『대법고경』이 여래장·불성계 경전 중에서 독특한 것은 여래장·불성을 여래법신이라고 간주하지 않는 것뿐만 아니다. 그것은 『대법고경』에 보이는 공성설에 대한 대결자세다. 예를 들면 『열반경』 『앙굴마라경』을 비롯한 다른 여래장계 경전에서는 공성설을 설하는 경전을 미요의로 간주하여 비판하는 의식은 확인되지 않는다. 이에 대해 『대법고경』은 공성설을 설하는 경전을 미요의로 간주하고 극복하고자 시도하고 있다.

> 예를 들면 전륜성왕이 머무는 곳에는 어느 곳이나 7보가 있고, 다른 장소에는 결코 없다. 거기에는 다른 볼품없는 보석이 있다. 그것과 마찬가지로 안위설자*hitopadeṣṭṛ가 출현할 때, 남방의 길에서 이와 같은 [『대법고경』을 비롯한] 경전군이 이곳으로 온다. 이곳으로 온 후에는 안위설자 앞으로 가되, 다른 장소로 가는 일은 없을 것이다. 거기에 공성을 설하는 품을 가진 다른 여러 미요의경이 출현해도, 만약 거기에 안위설자가 있다면 [이와 같은 경전군은] 바로 거기에 머물 것이다(MBhS$_T$ 108a3-6).

다음은 공성설을 설하는 경전에는 아직 해명되어 있지 않는 언외의 의도가 남아 있다고 하는 문장이다.

> 【세존】 카샤파여. 누군가 "이와 같은 경전군은 [불설이] 아니다" 하고 말한다면 나는 그 사람의 스승이 아니고, 그는 내 제자도 아니다.
>
> 【카샤파】 대승 중에서도 공성의 의미를 설하는 경전이 많이 있습니다.
>
> 【세존】 공성을 설하는 것은 모두 아직 밀의를 남기고 있다고 알라. 이와 같은 무상의 경전군이야말로 더 이상 밀의를 남기고 있지 않다고 알라. (중략) 확실히 공성설이나 무아설도 붓다의 교설이지만, [그 밀의를 풀면 여래는] 수억의 번뇌에 관해서 공이고 열반해 있는 자라는 의미다. (중략) 제불세존은 적정하고 항상한

열반을 획득하고 있다(MBhS$_T$ 112b1-113a4).

마지막으로 한 문장만 더 인용해 둔다. 무아설은 세속의 사견을 대치하기 위해 설해진 것이고(제1단계), 불교로 포섭한 후 대승으로 나아가 공성을 배우게 하고(제2단계), 마지막으로 해탈의 상주·실재(=불공)를 설시한다(제3단계)는 3시 교판을 하고 있는 부분이다.

세속의 아트만을 타파하기 위해 무아를 설했다. 그와 같이 설하지 않았다면 [중생은] 어떻게 스승[인 나]의 교설을 믿을 것인가. "붓다 세존은 무아를 설하셨다" 하는 기특한 생각을 하기 때문에 그 후 수많은 이유와 근거를 갖고 [불교의] 교설로 안내하는 것이다(1). 그와 같이 안내한 후, 다시 [대승이라는] 더 상위의 가르침에 대한 신심이 생기고 [대승에] 들어갔다면, 공성의 가르침 등을 배우게 하고 부지런히 정진하게 한다(2). 그 후 다시 그들에게 "해탈은 적정·상주·유색이다" 하고 설한다(3).

혹은 세속 사람 중에는 "해탈은 실재한다"고 말하는 사람도 있다. 나는 그들을 타파하기 위해 "해탈을 결코 존재하지 않는다"고 설했다. 만약 스승이 그와 같이 단견과 유사한 것을 설하지 않았다면, [중생이] 어떻게 스승의 교설을 믿을 것인가. 그 때문에 많은 이유·근거를 갖고 "해탈은 멸진이기 때문에 무아다" 하고 설했던 것이다(1). 그 후 해탈이 멸진이라는 견해를 이해하고 어리석은 자들이 소멸했기 때문에(2), 그 후 다시 나는 많은 이유·근거를 갖고 해탈의 실재성을 설한 것이다(3)(MBhS$_T$ 113a6-b3).

공성설에 대한 명확한 비판을 행한 경전으로 유명한 것은 유가행파 기본 전적의 하나인 『해심밀경』일 것이다. 『해심밀경』에는 제2전법륜인 공성설을 미요의(=미완성)으로 간주하고, 제3법륜인 자신을 '무상 無上 무용 無容으로서 진정한 요의경'이라고 한다.[20] 한편 유가행파의 유식사상과 더불어 중기 대승불교를 대표하는 사상은 말할 것도 없이 본서의 주제인 여래장·불성사상이다. 여래장·불성사상의 대표논서인 『보성론』은 공성설을 제2전법륜으로, 자신의 여래장·불성사상을 제3전법륜으로 규정한다.[21] 제3전법륜을 유식설로 보는가 여래장·불성설로 보는가 하는 차이는 있지만, 『해심밀경』과 마찬가지 주장을 하고 있는 것이다. 그러나 양자의 차이는 『해심밀경』이 공성설을 미요의로 간주하는데 대해, 『보성론』은 제2전법륜인 공성설을 미요의라고는 말하지 않고, 제3전법륜인 여래장·불성설은 범부의 다섯 과실을 끊기 위한 것이라고 파악하는 점이다.[22] 그 때문에 여래장·불성사상은 유식사상과는 달리 공성설을 비판적으로 극복하고자 한 것은 아니라고 보는 시각이 종래에는 일반적이었다.[23]

그러나 이 장에서 본 것처럼 여래장·불성계 경전인 『대법고경』은 공성설이 미요의라는 입장을 명확히 표명하고 있다. '여래의 상주성'과 '아트만의 실재성'에 기반하여 일체중생의 성불을 보증하고자 한 『대법고경』 입장에서, 해탈·여래를 공이라고 설하는 것은 미요의·제2법륜으로서 극복해야 했던 것이다. 이와 같이 공성설에 대한 『대법고경』의 대결자세는 "어떻게 하면 수행무용론을 회피하면서, 일체중생의 성불가능성을 보증할 수 있을까. 어떻게 일체중생으로 하여금 불도수행을 향해 고무시킬 수 있을까" 하는 『대법고경』의 주제와 직결하는 것이고, 『대법고경』 입장에서는 무슨 일이 있어도 주장해야 했던 것이라고 할 수 있다.

최근 인도불교사상사에는 일관되게 '무'와 '유'의 두 조류가 있었던 것이 명확하게 되었다.[24] 여래장·불성사상은 '유'의 조류에 속하는 대표적 사례의 하나다. "무아설만이 불설이다. '무'의 조류만이 불교다" 하는 생각에 기반하여, 여래장·불성사상을 불교로 보는 것에 비판적인 의견도 표명되어 있다. 그러나 필자는 여래장·불성계 경론이 채택한, "여래장·불성·아트만이 있기 때문에 일체중생은 성불 가능성이 있다. 그러므로 모두 좌절하지 말고 성불을 향해 불도 수행에 매진하라"는 '불교도의 결의·서원'이 불교사상사에 있었던 것,[25] 그 중 '자신이 불교도라는 자각을 갖고 그와 같은 결의·서원을 한 사람들이 있었다'는 사실을 이후에도 소중히 하고 싶다.

1 高崎(1974: 37-323).

2 下田(1999: 76-77, 83-87).

3 Bareau(1962), 下田(1997: 59-124).

4 静谷(1974: 14-29).

5 鈴木(2009) 참조. 또 『법화경』에 '법신' dharmakāya이라는 술어는 본래 사용되지 않았다고 간주되고 있다(田村 1983: 86-87).

6 인도불교에서 불탑신앙의 확산에 대해서는 杉本(1984, 2007) 참조.

7 이 장에서 '사실'(현실)과 '진실'에 대해서는 平岡(2011)의 용례를 답습했다.

8 下田(1997)는 『열반경』에 관한 종합적 연구의 대표다. 이 장도 많은 것을 그 성과에 빚지고 있다.

9 『대운경』에 대해서는 鈴木(1998a, 1998b, 1998c, 2000a), Suzuki(1996, 2001) 참조.

10 Suzuki(2002).

11 下田(1997: 278-283).

12 다만 辛嶋静志(2006)는 일천제란 '신흥 『열반경』의 '여래상주설'을 인정하지 않는, 종래의 대승을 신봉하는 출가자', '본인이 아라한(곧 권위자)라고 주장하는 icchati, 주변 사람들로부터도 '아라한' '마하살'로 존경받는 권위 있는 출가자', '신흥 대승경전을 인정하고자 하지 않는 완고한 전통교학자, 이른바 원리주의자'였다는 해석을 제시하고 있다.

13 『앙굴마라경』과 『대법고경』 사이에는 경전수지자 · 설시자를 '安慰說者 phan par ston pa *hitopadeṣṭṛ' 라고 부르는 것을 비롯해, 교설에 관해서도 여러 가지 공통점을 갖고 있는 것이 확인되어 있다. 鈴木(2000c) 참조.

14 『앙굴마라경』에서 여래장 · 불성은 『열반경』 제2류에서 그것과 마찬가지로 상주 · 견고 · 적정 · 항상하고, 중생 안에 있는 아트만이다.

15 해당 부분을 번역한다: 아라한일 것이라고 생각하고 성문승을 비판하여, "나는 보살이고 방광의 설시자다. 일체중생에게는 여래장의 여러 공덕이 있다. 붓다는 존재한다"고 말한다. 붓다가 되는 수기를 행하여 "나와 그대는 여러 번뇌를 물잔과 같이 깨뜨릴 것이다. 의심 없이 보리를 수습하자" 하고 말한다. 예를 들면 청정하고 신앙이 있고 언변이 뛰어나고 총명한 왕의 사자는 적진에서 자신의 목숨을 걸고 왕에 대한 말을 확실히 아뢴다. 그와 마찬가지로 방광을 견지하고 있는 지혜있는 자는 어리석은 자 안에서 목숨을 걸고, 일체중생에게는 여래장이 있으므로 성불한다는 수기를 주는 것이다($\mathrm{MPNS_T}$ 133b8–134a4, 下田 1997: 372-373).

16 鈴木(1997: 41, 2007: 301-302).

17 高崎(1974: 40-68, 574-602), 下田(1997: 370-373), 鈴木(2007: 303).

18 이하 『대법고경』에서 여래와 중생 관계를 둘러싼 논의에 대해서는 기본적으로 鈴木(2007: 304

이하)에 따르고 있다.

19 高崎(1974: 245-246).

20 Lamotte(1935: 85), 高崎(1982: 15-18), 袴谷(1994: 206-220).

21 RGV 6,1-7. 高崎(1989: 10, 219-220) 참조.

22 RGV 77,9-78,20. 다만 『보성론』은 不空인 것을 空으로 보는 태도를 경계하고 있기 때문에(RGV 75,17-77,8), 중관적 반야공관만을 요의로 하고 있다는 견해에는 이론의 여지가 있다.

23 小川(1982: 199-200)는 제3전법륜으로서 여래장사상에 대해 다음과 같은 견해를 제시한다. "이 문제에 대한 기본적 사정은 『보성론』에 명시되어 있는 것처럼, 대승불교사상이 반야공관(중관)에서 시작하고, 그 발전으로 여래장사상이 위치한다는데 있다. 곧 석존의 초전법륜에서 대승불교의 기본사상인 제2전법륜 中輪으로서 반야공관(중관사상)으로, 제2전법륜에서 제3전법륜 後輪으로서 여래장사상이라는 3전법륜의 전개에서 제2전법륜을 미요의(불완전한 가르침)로 간주하여 비판적으로 극복하고 전개한 제3전법륜으로 자신을 규정한 것은 주지의 사실이다. 이에 대해 여래장사상에서는 마찬가지로 자신을 제3전법륜으로 하면서도 유식사상과 같이 제2전법륜을 미요의로서 비판적으로 극복하고자 한 것은 아니고, 어디까지나 제2전법륜을 요의(완벽한 가르침)로 하고, 그것을 위한 방편이라고 하는 입장에 스스로 서 있는 것이다. 이것은 『보성론』에서 설하고 있는 여래장사상에서 3전법륜을 설명하는데서 명백하다." 이 견해는 '여래장사상이란 『보성론』 사상이다' '여래장사상에 『대법고경』의 사상은 포함되지 않는다' '『보성론』은 중관적 반야공관만을 요의로 한다'는 세 가지 사실이 동시에 성립할 때 비로소 유효한 것이라고 생각한다. 미주 22) 참조.

24 桂(2011).

25 이 이해는 RGV 77,12-19, 78,1-20에도 단적으로 표명되어 있다.

약호

AMS	*Aṅgulimālīyasūtra* (『앙굴마라경』).
AMS_T	Tibetan version of the AMS, P No.879.
AsP	*Aṣṭasāhasrikā Prajñāpāramitā* (『팔천송반야경』), ed. P. L. Vaidya (BST 4), Darbhanga, 1960.
MBhS	*Mahābherīsūtra* (『대법고경』).
$MBhS_T$	Tibetan version of the MBhS, P No.888.
MMS	*Mahāmeghasūtra* (『대운경』).
MMS_T	Tibetan version of the MMS, P No.898.
MPNS	*Mahāparinirvāṇasūtra* (『열반경』).
$MPNS_T$	Tibetan version of the MPNS, P No.788.
RGV	*Ratnagotravibhāga-mahāyānottaratantraśāstra* (『보성론』), ed. E. H. Johnston, Patna, 1950.

SP Saddharmapuṇḍarīka (『법화경』).

SP_S Saddharmapuṇḍarīka, ed. H. Kern and B. Nanjio, St. Petersburg, 1908-1912.

SP_C2 Second Chinese Version of the SP, T. No.262 (『묘법연화경』 7권, 구마라집역).

DN Dīgha-Nikāya, 3 Vols., PTS.

SN Saṃyutta-Nikāya, 5 Vols., PTS.

P Peking Kanjur.

T 『대정신수대장경』

참고문헌

가라시마 세이시(辛嶋靜志)

2006 「一闡提(icchantika)は誰か」望月海淑編『法華經と大乘經典の研究』, 山喜房佛書林, 253-269.

가츠라 쇼류(桂紹隆)

2011 「インド佛教思想史における大乘佛教－無と有との對論」 桂紹隆・齋藤明・下田正弘・末木美文士編『大乘佛教とは何か』シリーズ大乘佛教 1, 春秋社, 253-288.

다무라 요시로(田村芳朗)

1983 「法華經の佛陀觀」平川彰他編『法華思想(講座・大乘佛教 4)』, 春秋社, 79-101.

다카사키 지키도(高崎直道)

1974 『如來藏思想の形成－インド大乘佛教思想研究』, 春秋社.

1982 「瑜伽行派の形成」平川彰他編『唯識思想(講座・大乘佛教 8)』, 春秋社, 1-42.

1989 『寶性論』(インド古典叢書) 講談社.

스기모토 다쿠슈(杉本卓洲)

1984 『インド佛塔の研究－佛塔崇拜の生成と基盤』, 平樂寺書店.

2007 『ブッダと佛塔の物語』, 大法輪閣.

스즈키 다카야스(鈴木隆泰)

1997 「如來常住經としての『大法鼓經』」『佛教文化研究論集』1, 39-55.

1998a 「『金光明經 如來壽量品』と『大雲經』」『東洋文化研究所紀要』135, 1-48.

1998b 「『大雲經』の目指したもの」『インド哲學佛教學研究』5, 31-43.

1998c 「大乘經典編纂過程に見られるコンテクストの移動－<如來の遺骨に觀する對論>をめぐって」『東洋文化研究所紀要』136, 227-253.

1999 「央掘魔羅經に見る佛典解釋法の適用」『印度學佛教學研究』95(48-1), 133-137.

2000a 「涅槃經系經典群における空と實在」『東洋文化研究所紀要』139, 109-146.

2000b 「如來藏系經典の宗教倫理構造」『日本佛教學會年報』65, 77-91.

2000c　「安慧說者－央掘魔羅經と大法鼓經のトレーガー」『東洋文化研究所紀要』140, 143-167.

2007　「如來の出現と衆生利益を巡る思想史－特に如來藏系經典に焦點を当てて」『東洋文化研究所紀要』152, 289-324.

2009　「佛塔信仰の脈絡より辿る『法華經』と如來藏・佛性思想の關係」『日蓮佛教研究』3, 5-27.

시모다 마사히로(下田正弘)

1997　『涅槃經の研究－大乘經典の研究方法論試論』春秋社.

1999　「「梵天勸請」說話と『法華經』のブッダ觀－佛教における眞理の歷史性と超歷史性」『中央學術研究所紀要』28, 69-99.

시즈타니 마사오(靜谷正雄)

1974　『初期大乘佛教の成立過程』, 百華苑.

오가와 이치조(小川一乘)

1982　「チベットに傳わる如來藏思想」平川彰他編『如來藏思想(講座・大乘佛教 6)』, 春秋社, 185-209.

하카마야 노리아키(袴谷憲昭)

1994　『唯識の解釋學－解深密經を讀む』, 春秋社.

히라오카 사토시(平岡聰)

2011　「變容するブッダ－佛典のアクチュアリティとリアリティ」 高崎直道監修『大乘佛教の誕生』シリーズ大乘佛教 2, 春秋社, 109-137.

Bareau, A.

1962　La Construction et le culte des stūpa d'aprés *Vinayapiṭaka, Bulletin de l'École Française d'Extrême-Orient* 50, 229-274.

Lamotte, É.

1935　*Saṃdhinirmocana Sūtra: l'Explication des Mystères*, Paris.

Shopen, Gregory / 小谷信千代譯

2000　『大乘佛教興起時代 インド僧院生活』, 春秋社.

Suzuki, T.

1996　The *Mahāmeghasūtra* as an Origin of an Interpolated Part of the Present *Suvarṇaprabhāsa, Journal of Indian and Buddhist Studies* 89 (45-1), 28-30.

2001　The Recompilation of the *Mahāparinirvāṇasūtra* under the Influence of the Mahāmegasūtra, *Journal of Indian and Buddhist Studies* 98 (49-2), 34-38.

2002　The Buddhology in the *Mahābherīsūtra* Inherited from the *Saddharmapuṇḍarīka*, *Journal of Indian and Buddhist Studies* 100 (50-2), 20-24.

제5장

보성론의 전개

가노 가즈오

1. 시작하며

우리들 범부는 석존과 같이 붓다가 될 소질을 선천적으로 구비하고 있는가 혹은 그렇지 않는가. 이 테마는 대승불교 전통 중 여래장사상이라는 틀에서 논의되어 왔다.

'여래장 tathāgatagarbha'이라는 말은 3세기 후반 경에 성립했다고 간주되는 『여래장경』에서 처음 사용되고,[1] 그 후 『승만경』이나 『부증불감경』 등 일련의 대승불전에서 그 개념이 전개되고 있다. 한편 '여래장'이라는 말이 이윽고 대승 『열반경』에서 창안된 '불성 buddhadhātu' 개념과 결부되고, 『앙굴마라경』이나 『대법고경』 등의 경전에서 '영원한 붓다의 신체'라는 테마 아래 독자의 전개를 보인 점은 본서의 이때까지 장에서 보아온 그대로다. 그와 같이 다양한 대승경론에서 다기하게 전개해 갔던 여래장사상을 체계적으로 정리한 작품이 『보성론』이다.

『보성론』은 범·장·한 기초자료가 갖추어져 있고, 이미 뛰어난 연구가 축적되어 있다.[2] 그 때문에 『보성론』 그 자체의 내용에 대해서는 많은 것이 해명되어 왔다. 그러나 인도불교사에서 『보성론』 전승과 위치, 그리고 티베트불교에서 수용에 관해서는 몇 개의 연구 성과가 보고되어 있지만, 아직 충분히 해명되었다고는 말하기 힘들다.

따라서 이 장에서는 주로 다카사키 지키도 高崎直道의 연구 성과에 의거하면서 『보성론』 내용의 요점을 소개한 후, 선학의 성과에 더해 필자의 조사로 새롭게 얻은 지견을 섞어가면서, 그 전개 양상을 더듬고자 한다.

2.
『보성론』 텍스트와 작자

『보성론』의 성립연대에 대해서는 한역자인 늑나마제(勒那摩提 Ratnamati)가 북위에 도착한 508년을 하한으로 설정할 수 있다.[3] 그러나 상한을 한정할 수 있는 증거는 현재 존재하지 않는다. 다만 본서의 산문부분이 인용하는 경전이나 논전(예를 들면 『대승장엄경론』 9장 등)의 성립연대 및 『보성론』이 이용하는 유가행파 독자의 특수 용어나 개념의 성립연대를 기준으로 하면, 그 성립은 4세기 후반에서 크게 거슬러 올라가지는 않을 것이다.[4]

『보성론』에는 범문원전 사본이 두 종류 존재한다. 둘 다 10–11세기에 서사되었다고 추측되는 패엽본이다. 그것을 저본으로 한 범문교정본이 존스톤E. H. Johnston에 의해 1950년에 출간되어 있다(본고에서 장 및 게송의 번호 표기는 이 범본에 기반한다).

범문원전의 텍스트는 ① 운문형식의 '본송', ② 그것을 운문으로 주석하는 '주석게송' ③ 다시 그 양자를 산문으로 주석하는 '산문주석'이라는 세 단계 형식으로 기술하고 있다.[5]

한편 늑나마제 역 한역 텍스트에는 주로 ① 본송만으로 이루어진 『송본』 및 거기에 ② 주석게송과 ③ 산문주석을 합한 『석본』 두 종류가 존재한다.

1076-1092년 경 로댄쉐랍 Blo ldan Shes rab과 삿자나 Sajjana가 번역한 티베트어역에는 운문과 산문 전체(곧 위의 ①, ②, ③)을 포함한 『석본』과 거기에 ① 본송과 ② 주석게송을 작의적으로 섞어서 추출한 『게본』 두 종류가 있다.

『보성론』의 작자에 대해서는 정설이 없다. 중국 전승에서는 견혜(堅慧 Sāramati)작이라고 간주되고, 인도 전승에서는 미륵(彌勒 Maitreya 350-430)작이라고 간주된다.

견혜작으로 하는 전통은 594년에 저작된 천태 지의(智顗 538-596)의 『마하지관』이 초출이다.[6] 견혜는 인도 중부 지방 왕족 출신의 초지보살이고 『법계무차별론』의 작자이기도 하다고 전한다.

미륵작으로 하는 전통은 9세기 후반에서 11세기 초 사이에 돈황에서 서사된 범어와 호탄어가 혼합된 두루마리 단간(대영도서관장 IOL Khot S5 여러 불전에서 게송을 인용하여 집성)에 처음 등장한다.[7] 이 단간은 『보성론』 주석게송 부분(RGV I. 1)을 미륵작이라고 한다. 또 11세기에서 12세기에 걸쳐 인도에서 찬술된 여러 불전은 일반적으로 『보성론』 전체를 미륵에게 돌리고 있다.[8]

티베트 전승에서는 『보성론』 티베트어역 콜로폰을 효시로 하여 본송과 주석게송을 미륵작, 산문주석을 무착(無著 Asaṅga 395-470)찬으로 하지만 약간의 혼란도 보인다.[9]

『보성론』을 미륵 찬술로 하는 설에는 의문도 노정되어 있다. ① 『중변분별론』이나 『대승장엄경론』 등 미륵저라고 간주되는 다른 작품에 산견되는 유식설이나 3성설 등의 흔적이 『보성론』에서는 보이지 않는 점, ② 『보성론』을 미륵저작으로 하는 인도 전승이 비교적 후대 문헌에만 보이고, 오래된 한역 전통과 어긋나는 점, ③ 미륵이라는 인물의 역사적 실재를 둘러싼 문제점 등 해결하지 못한 문제가 존재하기 때문이다. 논서로서 『보성론』의 권위를 높이기 위해 후대에 누군가가 그 저자를 미륵으로 가탁했을 가능성도 생각해야 한다.

견혜를 작자로 하는 중국 전승은 그 이른 시기 때문에 경청할 가치가 있을 것이다. 그러나 미륵을 작자로 하는 인도 전통도 위와 같은 문제를 품고는 있지만, 그것을 완전히 배척할 근거도 없다. 본래『보성론』범문 원전 및 한역에는 저자 기명이 없고, 논 전체가 한 사람 손으로 이루어진 것인가 혹은 본송과 주석이 별개 인물의 손으로 이루어진 것인가도 명확하지 않다. 따라서 현재 우리에게 주어져 있는 자료만으로 작자를 추정하는 것은 불가능하다.

이 장에서는 이하 본송과 주석 사이에 사상적 단층[10]이 엿보이는 점에서 각각 다른 사람의 손으로 이루어진 것으로 간주하고, (견혜를 포함하여) 5세기 경 유가행파 교리에 정통한 논사들의 저작이라고 상정하는 다카사키 설에 따르고,[11] 더 이상의 해명은 이후 연구를 기다리기로 한다.

3.
『보성론』의 주제

『보성론』 전체를 자세하게 해설하는 것은 이 장의 목적이 아니기 때문에, 그 점은 본 시리즈의 전신인『강좌대승불교』제6권(여래장사상) 등으로 미루고자 한다.[12] 여기서는 특히『보성론』의 전개를 탐구하는데 앞서 정리해 두어야 할 몇 가지 요점을 뽑아,『보성론』의 주제를 정리해 두자. 이하에서『보성론』의 교설이라고 할 경우 범문『석본』내용을 가리킨다.

『보성론』의 논제와 요지

『보성론』의 정식 제명은『보성寶性의 분석, 대승에서 궁극적 교설의 논서』

(*Ratnagotravibhāga-Mahāyānottaratantraśāstra* 이하 RGV)이다.

전반에 있는 '보성'이란 『보성론』 본문에 따르면, '불법승 3보 ratna를 낳는 sambhava 원천으로서 성(性 gotra)을 의미한다(RGV I.23: 본송). 여기서 3보란 궁극적으로는 불과 buddhatva에 집약·일원화되기 때문에(RGV I.20-21: 주석게송), '보성'이란 결국 붓다가 되는 자질 곧 여래장을 가리킨다. 또 3보=불과를 낳기 위해서는 여래장이라는 내적 원인에 더해 '불보리', '불공덕', '불업'(곧 붓다의 본체·속성·작용)이라는 세 가지 외적인 보조 조건이 필요하다고 간주된다(RGV I.26). 이들 도합 일곱 가지 주제항목(3보·여래장·불보리·불공덕·불업)은 '7금강구'로 불리고 본서의 골자를 이룬다.

한편 논제 후반부의 '대승에서 궁극적 교설의 논서'란 수많은 대승불교 mahāyāna의 가르침 중에서도 본서의 여래장설이야말로 궁극의 교설 uttaratantra이라는 취지를 표명한 것이다. 구체적으로는 여래장설이 『반야경』의 공의 가르침을 내포하면서도, 거기에 머물지 않고 다시 앞으로 나아간 뛰어난 가르침(了義의 가르침)이라는 사실을 시사하고 있다(RGV I.156-157, 160).

『반야경』과 그것을 계승하는 용수와 중관파의 '공'의 교설에서는 모든 것이 공이고 승의에서 실재하는 것은 아무 것도 없다고 간주한다. 그러나 여래장사상의 '공'에서는 여래장에 본래 구비된 무위로서 청정한 불덕 佛德은 불공이고 승의로서 실재한다고 설하고, 그 바깥을 감싸는 유위인 번뇌만이 공이라고 한다(RGV I.53, 154-155, 164, III.1-3). 그 때문에 승의 존재의 시비를 둘러싸고 중관학설과 여래장설 두 가르침은 정면으로 대립한다. 본 시리즈 제1권 제8장 가츠라 논문에서 제시한 무와 유를 둘러싼 불교사상의 2대 조류 모델과 결부시키면 이 양자는 양극에 위치한다. 물론 중관학파와 여래장설 양자 모두 대승경전에 근거를 가진 바른 불설로 널리 승인되어 있었다. 때문에 양 진영은 각각 대립하는 상대방이 의거하는 불설을 모순하지 않는 형태로 다시 소화하여 자설에 흡수해야만 했고, 그것이 『보성론』 전개의 원동력이 된다.

여래장과 아트만

『보성론』은 '일체중생은 여래장이다' 하는 교설의 근거로서, 법신의 편만성·진여의 불가분성·종성의 실재성이라는 세 가지를 들고(RGV I. 27-28), 이 세 가지 성질에 기반하여 『여래장경』이 설한 아홉 비유를 셋으로 나누는(RGV I. 44-152) 등 조직적인 설명을 행한다. 이와 같은 여래장설의 조직화·체계화를 향한 높은 의식은 『보성론』 전체에 일관하는 것이다. 한편 여래장과 비불교도의 아트만 ātman을 준별하고, 양자의 차이를 두드러지게 하려는 의식은 그 정도로 강하지 않다. 오히려 아트만과 여래장의 유사성을 표방하는 기술조차 보인다.

예를 들면 『보성론』 제1장 52송은 힌두교의 근본성전 『바가바드기타』 제13장 32송을 차용하고 일부를 개작하여 '아트만은'이라는 단어를 '이 [계=여래장]은'이라는 말로 치환한다.[13] 인구에 회자한 게송을 활용하여 마치 여래장만이 진정한 아트만이라고 주장하고 있는 듯하다.

다만 주의깊게 관찰하면, 여래장과 아트만의 상위점도 보인다. 슈미트하우젠 L. Schmithausen에 따르면 베단타의 절대자는 시종 정적이고 이기적이지만, 여래장 문헌에서 절대자인 붓다는 자비를 행하는 행동원리라고 한다. 또 아트만과 달리 여래장은 결코 세속적인 사상 有爲에 직접 관여하지 않고 해탈에만 관계한다는 점에서 여래장설이 독자성을 가진다고 한다.[14]

실재론이 지향하는 것

어떻게 하든 현저한 실재론적 경향은 『보성론』의 여래장설에서 배제할 수 없는 본질이다. 그리고 그 실재성 astitva이야말로 초학의 수행자에게 성불의 실현가능성 śakyatva을 보증하고 수행도로 향하게 하는 마음의 지지대가 된다는 점에서, 그것은 수행실천에 동기를 부여하는 역할을 담당한다(RGV I.35, 40, 41, 161, IV.23, V.7-10; p.5,6). 나아가 결과를 반드시 가져오는 가치가 거기에 구비되어 있는 것 guṇavattva은 '보성'에 대한 믿음을 강하게 한다(RGV p.5,6). 결국 자신에게 내재한 여래장의 실재를 강하게 확신하는 것이 발보리심을 재촉하고, 자리이타행의 원동력이 된다. 이 의미에서 여래장설은 행위를 목표로 한 이념선행형 교설이라고 말할 수 있다. 여래장설이 종래 외재해 있던 믿음 śraddhā의 대상인 3보 등을 여래장이라는 가능태로 개체에 내재화한 것은 이와 같은 기능을 도출하기 위함이라고 생각할 수 있다.[15]

여래장사상사에서 이와 같은 실천을 촉진하는 기능에 대한 언급은 『여래장경』 제8 비유에서 시작한다. 그리고 대승 『열반경』 계통의 여러 경전에서는 불성의 존재가 파계 행위 억지를 위한 근거로 언급된다. 다시 시대가 내려가면 자신을 붓다와 동일시하고 그 동일성을 확신하는 밀교 관상법으로 전개하고, 하나의 사상조류를 형성한다.

다만 이와 같은 여래장의 교설을 반드시 모든 불교도가 두 손 들고 환영하고 무비판적으로 수용했을 리는 없다.

4.
『보성론』의 전개 – 유가행파와 접근(5세기–6세기 경)

인도불교에서 『보성론』의 전개를 검토하기에 앞서, 먼저 『보성론』 내부에 보이는 발전 단계에 대해 지적해 두고자 한다. 곧 『보성론』의 원형을 한역 『게본』으로 하고 그 발전 형태를 범·한·장이 모두 일치하는 『석본』으로 인정한다면, 쌍방의 작자가 같던 다르던 그 사이에는 유가행파 술어 개념의 추가라는 점에서 명확한 발전이 보인다. 거기에 유식설은 보이지 않지만, 대승경전의 여래장설을 유가행파 개념의 추가 사용에 의해 조직해 가는 프로세스를 읽을 수 있다.

그러나 『보성론』에서 일단 조직화한 여래장사상이 그 후에 독립한 교학체계를 계속 유지한 흔적은 보이지 않는다. 오히려 유가행파와 중관파라는 거대한 양극 사이를 왕래하면서 점차 해체되어 가는 양상을 보인다. 결론을 미리 제시하면 여래장사상은 『보성론』 이후 유가행파 학설에 더욱 접근하지만, 그 후는 반대로 중관파 학설에 흡수되어 공이나 일승 등 중관교학의 핵심을 지탱하는 기둥의 하나로 자리 잡게 된다.

이후에서는 여래장사상이 전개해 가는 과정에서 『보성론』이 수행한 역할에 대해 명확히 하고자 한다. 이 테마는 일찍이 세이포트 루엑 D. Seyfort. Ruegg이 해명을 목표로 했던 것이다.[16] 그 성과는 티베트불교 겔룩파적 이해에 치우치긴 했으나,[17] 인도 대승불교 연구를 수 세기에 걸쳐 축적해 온 티베트의 전통학문을 충분히 활용하여, 당시 얻을 수 있는 최대한의 원전 자료를 구사한, 시대를 구분 짓는 업적이다. 이 장에서는 그 성과를 존중하면서, 그 후 얻을 수 있게 된 새로운 자료와 지견을 더해 논의를 진행하고자 한다.

한역으로 남아있는 세 경론

『보성론』의 직접적 영향 아래 성립한 경론은 한역 형태로만 남아있고, 범문원전은 산실되었다. 그러나 『보성론』의 초기 전개를 말하고자 할 때 빠뜨릴 수 없는 귀중한 자료다.

먼저 주로 다카사키의 연구 성과에 따라, 『보성론』의 영향이 짙으면서도 각각 독자적이고 다양한 특징을 갖고 있는 『법계무차별론』, 『무상의경 無上依經』, 『불성론』을 살펴보자.[18]

『법계무차별론』은 호탄 출신의 제운반야(提雲般若 Devendraprajña)가 691년에 번역한 것이다. 같은 역자에 의한 이역본도 존재한다. 중국 전승에 따르면 이 논서는 『보성론』의 저자인 견혜 작이라고 한다. 그 때문에 본서는 번역 연대는 늦지만, 성립연대는 『보성론』에 가장 근접해 있고, 5세기 경 찬술이라고 간주된다. 본서는 『보성론』이 설하는 '여래장의 10의'를 부연한 '12의'를 주제로 하고, 그것을 보리심의 덕성과 결부해 설하는 점에 특색이 있다. 이 본성청정한 보리심은 법계라고도 불리고, 그것은 중생·보살·불이라는 각각 다른 상태에서 불변인 것으로서 차별 없이 내재하고, 그 때문에 '무차별'이라고 한다. 그리고 그것이 본서의 제목에도 반영되고 있다. 그 구성과 내용의 유사성 때문에 『보성론』과 같은 저자의 작품이라는 전승은 신뢰할 가치가 있다. 이 책은 『보성론』에서 거의 논해지지 않았던 보리심에 초점을 맞추어 『보성론』이 설한 것을 재조직해 간결하게 정리한 것이기 때문에 저작 시기는 『보성론』 이후에 위치한다.

『무상의경』은 진제삼장(眞諦三藏 Paramārtha 499-569)에 의한 한역만이 현존하는 짧은 여래장 경전이다. 불탑숭배에 의해 초래된 공덕의 근거로서 무상無上의 토대인 여래의 네 가지 불가사의성 곧 여래계(불성·여래장), 여래보리, 여래공덕, 여래사如來事의 설시를 주제로 한다. 이 네 가지는 『보성론』의 주제항목이고, 그 구조적 유사성은 물론, 다른 경전으로부터 이 경전에 포함된 경문도 『보성론』이 인용하는 경전과 현저하게 일치한다. 때문에 이 경전은 『보성론』을 경전 형식으로 개작하고, 다시 그것을 불탑숭배와 결부시킨 것이라고 다카사키는 결론 내린다. 또 이 경은 불탑숭배의 공덕을 설하는 『심희유경 甚希有經』을 큰 틀로 하고 있는 점에서도, 시모다 下田가 지적한대로, 불탑에 봉납된 여래의 유골 tathāgatadhātu, 불성 buddhadhātu, 여래 삼자를 동일선상에 놓고, 그 공덕의 등질성을 가르친다. 이 경은 『불성론』에 인용되기 때문에 그 성립연대를 5세기 전반에서 6세기 전반 사이, 혹은 진제 본인의 손으로 이루어진 것으로 추정하고 있다.

같은 진제가 번역한 『불성론』은 '천친(天親=世親 Vasubandhu) 조'로 전하지만, 그 저자의 진위를 둘러싸고 예로부터 논란이 있었다. 오늘날에는 이 논서에 대해, 세친 이후의 인물(진제 본인 혹은 그 주변 인물?)이 세친이 대성한 사상체계에 기반하면서, 『보성론』 제1장의 내용을 재편집한 것이라고 거의 인정하고 있다.

『불성론』의 구성은 「연기분」 「파집분」 「현체분」 「변상분」 이라는 네 장으로 이루어져 있다. 이 중 제1 「연기분」 은 『보성론』 1장 끝에 나오는 '교설의 목적 prayojana'을 소재로 한 것이고, 제2 「파집분」 은 '논란의 배제 codyaparihāra'가 서술되어 있다. 이 두 항목은 각각 세친의 『석궤론』에 규정된 다섯 가지 경전 해석 기준의 첫째와 다섯째에 해당한다. 제3 「현체분」 은 불성의 본질을 논하면서 ① 세 가지 불성의 양태, ② 불성과 3성설, ③ 불성의 본질이라는 세 측면에서 해설한다. 그리고 『불성론』의 중핵에 해당하는 것이 제4 「변상분」 이다. 이것은 불성의 특징을 상술하는 부분이다. 그 구성은 『보성론』에서 설한 '여래장 10의'를 틀로 하면서도, 『보성론』에 나타나지 않는 3성설을 비롯한 유식 교설을 곳곳에 도입하는 등 『보성론』을 발전시킨 것이다.

여래장설과 유가행파 학설

이상 세 가지 문헌은 『보성론』의 영향 아래 저작되고, 그 가르침을 다른 방향에서 각각 전개시킨 것이다. 그래서 『보성론』 자체에 이미 나타난 유가행파 학설과 절충 정도는 더욱 진전하고, 특히 『불성론』에서 표면화 하고 있다.[19] 무착·세친이 대성한 유가행파의 유식설이 당시 인도 대승불교 사상계(특히 진제삼장의 활동 영역)를 석권하고 있었던 현상을 반영하는 것일 게다. 같은 상황은 여래장을 알라야식과 동치하는 『능가경』이나 『밀엄경』 등 대승경전에서도 확인할 수 있다. 여래장설과 유식설의 결합은 『보성론』 관련 문헌에 한하지 않고, 일정한 보편성을 갖고 진행되고 있었던 것을 알 수 있다.

다만 여래장설과 유식설은 본래 기원을 달리 하고 양자의 본질은 다르다. 대단히 거칠게 말하면 여래장설은 붓다에 의한 중생의 구제에, 그리고 유가행파의 유식설은 수행자에 의한 마음의 분석과 정화에 초점을 맞춘다.[20] 또 여래장은 무위지만 알라야식은 유위고, 전의轉依·공·믿음 등의 존재 방식을 둘러싸고도 양자의 이해는 다르다. 따라서 여래장설과 유식설이 '절충'되었다고 해도 그 이질성 때문에 완전한 동화는 이루어지지 않고, 최종적으로는 한쪽에 중심이 기울게 된다. 위에 든 세 문헌은 심본정설心本淨說에 비중을 둔 여래장설 입장에 선다.

일승과 삼승

여래장설과 유가행파 학설 사이에는 더 심각한 상극점이 있다. 일승진실설一乘眞實說과 삼승각별설三乘各別說의 대립이다. 여래장설은 모든 사람에게 붓다와 같은 깨달음無上正等覺을 획득하는 자격을 인정하는 일승진실 입장을 원칙으로 한다. 중관파도 – 적어도 형식상으로는 – 입장을 같이 한다. 한편 유가행파 학설은 사람은 자질에 따라 다른 타입의 깨달음(성문·독각·보살 각별의 깨달음)에 도달한다고 하고, 일체개성一切皆成을 반드시 인정하지는 않는 삼승각별(=種性各別, 一分不成佛) 입장에 선다. 이 일승·삼승의 대립은 후대 중관파와 유가행파의 논쟁에서 주축의 하나가 된다. 『보성론』은 일승설을 원칙으로 하면서도 삼승설도 시사하는 모호함을 남긴다(대정31, 813a17). 또 위의 『법계무차별론』 등 세 문헌에서는 유가행파와 절충은 진행되지만, 삼승설을 전면으로 내세우는데까지는 나가지 않는다.

진제삼장 번역 경론

『법계무차별론』을 별개로 하면, 한역 불전에서 『보성론』의 영향은 특히 진제가 전한 역경론에서 현저하게 드러난다. 그 중에는 역자인 진제 자신이 『보성론』 내용에 기반하여 편찬한 작품도 포함되어 있을 가능성이 일찍이 지적되어 있다. 상기의 『무상의경』이나 『불성론』도 그 중에 열거되고 있다. 또 진제 역 『섭대승론세친석』이나 『열반경본유금무게론涅槃經本有今無偈論』 등에도 『보성론』에 기반하여 부가된 요소가 보이고, 그 부가가 진제 자신의 손에 의한 것일 가능성도 지적되어 있다.[21]

진제가 성립에 관여했다고 추측되는 이들 논서 중에는 고국 인도를 떠나 546년 광주 남해군에 도착한 후에 성립한 것도 있을지 모른다. 설령 그렇다고 해도 『보성론』의 영향 아래 저작된 인도 찬술 문헌 목록에서 진제가 전한 역경론을 제외할 수는 없다. 그러기는커녕 현존 불전 중에 이 정도까지 『보성론』의 흔적을 짙게 전하는 문헌은 진제가 전한 역경론을 제외하면 없을 것이다.

5.
『보성론』 자취의 단절과 중관사상의 대두(6세기–11세기경)

그런데 진제 이후에 한역된 불전에서는, 인도에서 『보성론』 전개의 자취는 일단 단절된다. 그 이유가 반드시 명확하지는 않다. 그 하나는 인도 대승불교사상의 전개에서 『보성론』 교설이 그 비중을 서서히 잃어갔을 가능성, 다른 하나는 중국불교계에서 『보성론』의 영향 아래 있는 경론에 대한 번역 수요가 없어져 갔을 가능성, 곧 인도측과 중국측 양쪽의 사정을 감안할 필요가 있다. 한편 현존하는 범문 원전과 티베트역에 전하는 불전에서도 『보성론』에 대한 언급이나 인용은 11세기 이전에는 확인할 수 없다. 7세기에서 11세기까지 『보성론』 유포를 보여주는 자취는 (당시 성립 혹은 번역된) 범·한·장 어느 불전에서도 명확히 파악되지 않는 것이 현 상태다.[22]

이상과 같은 『보성론』 부재 상황에 대해 훨씬 후대의 티베트인 불교도 쇤누팰(gZhon nu dpal 1392-1481)은 다음과 같이 말한다.

> 『보성론』과 『법법성분별론』은 교주 마이트리파(Maitrīpa 11세기 중반 경) 이전에는 성자의 땅 인도에서 유포되지 않았다. 하리바드라(Haribhadra 8세기 경)의 『현관장엄

론대주』 등 대부의 논서 중에서도 이 두 책은 그 편린조차 나타나지 않는다.[23]

곧 『보성론』이 성립한 이후, 11세기에 이르기까지 인도에서 유포되지 않았다고 한다. 물론 현존하는 문헌에서 『보성론』에 대한 언급을 확인할 수 없다는 것이 그대로 그 유포의 부재를 직접적으로 증명할 리는 없다. 장래 새로운 문헌이 발견될 가능성도 있고, 기존 문헌 중에서 『보성론』에 대한 언급을 새롭게 확인할 가능성도 있다.[24] 다만 적어도 『보성론』이 11세기 이전 인도불교계에서 왕성하게는 유포되지 않았다는 추정은 허락될 것이다.

중관사상의 대두

6세기에서 11세기 사이에 『보성론』 유포의 흔적은 확인되지 않지만, 여래장사상의 전개사에서는 일대 전환기에 해당한다. 곧 진제의 역경론에서 유식사상과 친화성을 보여주고 있던 여래장사상이 반대로 중관파에 이용되고, 역으로 유식사상과는 결별하는 모양새를 취하게 된다.

중관파 논사들은 이하에서 보듯이 주로 『능가경』에 기반하여 여래장을 둘러싼 논의를 전개한다. 거기서 그들이 『보성론』을 참조한 흔적이 보이지 않는다. 하지만 11세기 이후가 되면 여래장설을 둘러싼 이 새로운 사상 동향은 『보성론』을 포함하여 전개해 간다. 여기서는 바비베카(Bhāviveka 490-570년 경), 찬드라키르티(Candrakīrti 600-650년 경), 카말라쉴라(Kamalaśīla 740-797년 경)에 초점을 맞추어 그 요점을 소개하고자 한다.[25]

먼저 바비베카에 귀속되는 『논리염론論理炎論』은 『중관심론』 제4장 8송cd에 대한 주석에서, 『능가경』에 따라 여래장이란 '공 空 · 무상 無相 · 무원 無願'이라는 3 해탈문을 마음에 품는 것이라고 규정한다. 이것은 여래장이 영원불변하는 푸루샤 puruṣa를 의미하는 베단타 교학의 아트만 ātman과는 다르다는 것을 밝히려는 목적 아래 제언된 것이다. 그와 동시에 영원불변하다고 가르쳐진 여래장의 성질이 '제행무상'이라는 불교의 근본사상 三法印과 모순인 것은 아닌가 하는 성문승으로부터의 논란에 대응하는 것이다. 곧 여래장설이 불설임을 옹호하기 위해 다른 불설과 조화시키면서, 비불설과 차별을 시도하고 있는 것이다. 또 그는 해당 부분에서 성문의 성불을 약속 授記하는 일승진실설이 타당하다는 근거로 여래상주, 여래장, 불반열반 不般涅槃을 제시하므로,[26] 여래장을 일승설의 근거로 채용하고 있다고 말할 수 있다.

찬드라키르티는 『입중론 入中論』 제6장 95송에 대한 자신의 주석에서 유가행파의 사상과 함께 여래장설도 미요의(未了義, 방편으로서 가르침)라고 단언한다. 그리고 무아사상을 겁내는 사람들이나 아트만에 집착하는 이교도를 불교에 끌어들이기 위해, 방편의 하나로 여래장이 설해졌다고 하는 『능가경』을 그 경증으로 인용한다. 여래장설을 불교교리 체계 계층구조 전체에서 하위로 규정하려는 이 자세는 용수가 설한 공사상의 추구에 철저한 찬드라키르티의 입장에서 보면 마땅한 대응일 것이다. 거기에는 실재론적 경향을 가진 여래장설과, 그것을 배제하는 공성설 사이에 선을 그어, 양자의 유착을 미리 피하고자 하는 의식도 작용하고 있다고 생각된다.

카말라쉴라는 『중관광명 中觀光明』에서 무아설에 기대어 여래장이란 '인법이무아 人法二無我를 특징으로 하는 본성광명 本性光明인 법계'를 안에 품은 것이라고 이해하고, 이 법계가 일체중생에게 예외 없이 퍼져있다는 사실을 보여준다.[27] 그리고 이 편재성을 통해 보살승뿐 아니라 성문승 · 독각승을 포함한 모든 사람들에게 동등하게 성불의 길이 열려있는 것을 제시하고, 일승진실설을 선양한다. 요컨대 여래장을 일승진실설을 지지하기 위한 유력한 교리근거로 효과적으로 채용하고, 나아가 삼승각별설을 표방하는 유가행파와 준별을 시도하고 있다.

여기서 주목할 것은 『중관광명』에서 대론자로 등장하는 유가행파가 역으로 여래장의 가르침을 '의도를 가진 가르침'(곧 방편의 가르침인 미요의)으로 간주하는 점이다.[28] 곧 성불할 수 없는 예외적 존재 五性各別說를 인정하는 유가행파와 모든 사람의 성불을 인정하는 여래장사상은 어긋나기 때문에, 여래장사상을 문자 그대로 수용할 리는 없었던 것이다. 그래서 일승설을 신봉하는 중관파 및 그것과 공통하는 여래장을 함께 배척하고 있다. 일찍이 진제가 번역한 경론에서 유가행파는 여래장설을 적극적으로 취했지만, 여기서는 태도를 바꾸어 여래장설을 하위의 교설로 정립하는 점이 흥미롭다.

중관파에 의한 여래장설의 채용

이상 세 논사가 채용한 논점은 대략 이하 세 가지 주제로 집약할 수 있을 것이다. 곧 ① 여래장과 공의 관계를 둘러싼 문제, ② 일승과 삼승을 둘러싼 문제 ③ 여래장의 요의了義·미요의未了義를 둘러싼 문제다.

① '여래장과 공의 관계를 둘러싼 문제'에 대해, 『보성론』에서 여래장은 불공이지만 그것을 에워싸고 있는 번뇌는 공이라고 설하고 있다는 것은 이미 언급했다. 그러나 중관의 세 논사는 여래장 그 자체가 공·무상·무원 혹은 무아를 특징으로 하는 것이라는 발전적 해석을 보여준다. 『능가경』 등에서 수면 아래 맹아로 있었던 중관적 여래장 이해라고도 할 수 있는 경향이 여기에 이르러 표출했다고 보인다.

②'일승과 삼승을 둘러싼 문제'에 관련하여, 여래장사상은 원래부터 일체개성一切皆成을 인정하는 법화일승法華一乘에서 발전한 것이고, 『보성론』도 원칙은 그 연장선상에 있다.[29] 때문에 같은 일승사상에 입각한 카말라쉴라가 여래장사상을 그 논증에 채용한 것을 자연스런 것이다. 그 논지는 다르마미트라(Dharmamitra 8세기 후반–9세기 전반경)에게도 계승되고,[30] 삼승각별설을 주장하는 유가행파와 대치한다.[31] 그리고 이 대립 구도는 후술하는 '차세대'에게 그대로 계승된다.

③'여래장의 요의·미요의를 둘러싼 문제'에 대해, 찬드라키르티는 여래장사상을 미요의의 가르침으로 간주한다. 그는 유가행파의 개념인 알라야식을 미요의로 단정하기 때문에, 『능가경』에 따르면 알라야식과 동일시된 여래장도 마찬가지로 미요의가 된다. 또 『논리염론』의 저자도 여래장설을 미요의라고 생각하고 있었다고 다카사키는 추정한다.[32]

중관파 논사들이 여래장설을 채용하기 시작한 이 시기는 그들이 '중관파'라는 학파의식을 갖기 시작했다고 간주되는 시기와 겹친다.[33] 만연하는 유식설과 결별하고 『중론』으로 회귀를 지향하여 논쟁의 진영을 전개하기 위해 그들이 여래장설에 착목한 시기다. 따라서 이 시기의 사상전개는 여래장설 독자의 내적 요소에 기인하는 것이라기 보다는 외적인 중관사상사의 흐름 일부를 이루는 것이라고 말할 수 있다. 그리고 『중관광명』에서 보듯이, 여래장설 채용 여부를 둘러싼 논쟁은 중관파 대 유가행파의 대립을 상징하는 축소판으로도 보인다.

11세기 이후에 인도·티베트에서 여래장사상이 전개하기 위한 사상적 기반은 여래장설의 '중관화'가 진전한 이 시기에 완만하게 형성되어 갔다. 이하에서 보는 다음 시대의 큰 국면은 이와 같은 사상 동향에 『보성론』이 관련해 가는 형태로 진전한다.

6.
『보성론』의 부활(11세기－13세기)

『보성론』의 재발견

진제 시대 이후, 숨을 죽인 듯 보였던 『보성론』은 11세기가 되자 돌연히 여러 문헌에 그 모습을 드러내기 시작한다. 티베트 전승에 따르면 오랫동안 사라졌던 『보성론』 범문 사본의 재발견이 유포 재개의 발단이 되었다고 한다. 묀람 출팀(sMon lam Tshul khrims 1219-1299)이 소개하는 일화에 따르면, 마이트리파는 마가다 지방의 사원에 머물고 있던 어느 날 꿈을 꾼다. 『보성론』과 『법법성분별론』의 '가르침 gdams ngag'이 전단으로 만든 불탑에 들어가는 모습을 본 후, 홀연히 나타난 미륵에게 두 책을 구전으로 전수받았다는 신비적인 것이었다. 그러나 꿈에서 깨어난 후, 생각해 내려 해도 구전 내용을 잘 이해할 수 없다. 그로부터 얼마 지나지 않아 그가 어떤 탑을 방문했을 때 거기에서 빛이 새어나오는 모습을 보고, 그 때 꿈에서 본 두 책이 실제로 나타났다고 한다.[34]

이 일화는 다소의 개작이 이루어지고, 후세 티베트인들에게 반복해서 전해졌다. 그 중에서 위의 '가르침'이란 말은 '사본 dpe' 혹은 '패엽에 기록된 고사본 shin shun la bris pa'i dpe rnying'이라는 표현으로 바뀌었다. 영험이 뚜렷한 이 일화를 세부에 이르기까지 역사적 사실로 취급할 필요는 없다. 하지만 여기에 언급된 사본 재발견 연대와 『보성론』의 유포 흔적이 인도 찬술문헌에서 확인되는 연대(11세기 초 이후)가 기묘하게 일치하는 점, 그리고 후술하듯이 마이트리파 자신의 저작 중에 『보성론』으로부터 인용이 확인되는 점에서 그것을 단순한 허구로 치부하는 것도 주저된다.

일화의 진위를 확인할 방법은 없지만, 당시 『보성론』 유포의 계기가 된 어떤 현상(미륵 5부론의 조직화 등)이 일어났던 것은 충분히 상정해도 좋다.

한편 일화의 진실 추구는 차치하고 거기에 들어있는 의도만을 묻는다면, 오랫동안 되돌아 볼 일이 없었던 『보성론』에 대해 매장사본의 발견 및 미륵에 의한 구전 전수라는 현상을 이야기하여 그 가르침의 유래의 정당성을 확립하고자 하는 것은 명확하다.

어쨌거나 11세기 이후 인도 및 그것을 계승한 티베트불교계에서 『보성론』의 저자는 미륵으로 가탁되고, 권위있는 논전으로서 『대승구경론 *Mahāyānottaratantra*』이라는 명칭으로 인용되게 되었다.

인도 동부에서 전개

전술한 중관 세 논사에 의해 중관의 교학체계를 지지하기 위해 채용된 여래장설은, 그후 『보성론』의 부활을 이어받아 어떤 전개의 궤적을 그렸을까. 여기서는 비크라마쉴라 Vikramaśīla 사원에 주석한 여러 학승의 입장을 소개하면서, 동인도에서 여래장설의 전개를 더듬어 보자.

먼저 주목하고 싶은 것이 즈냐나쉬리미트라(Jñānaśrīmitra 980-1040년경)와 라트나카라샨티(Ratnākaraśānti 10세기 후반–11세기 전반) 두 사람이다. 그들은 비크라마쉴라 사원 최고의 2대 석학이다. 그들은 각각 유식설의 연장선상에 있는 유형상지식론 有形象知識論 · 무형상지식론 無形象知識論의 입장에 서서 유가행파와 중관파의 통합을 목표로 서로 대립했다. 그리고 둘 다 마이트리파의 스승으로 간주된다. 앞서 서술한 사본 발견담이 역사적 사실이라면, 양자는 공통의 제자인 마이트리파로부터 『보성론』의 가르침을 배운 것이 된다. 하지만 그 진위를 확인할 수 있는 자료는 지금 없다. 마이트리파는 자신의 저서 『오여래인해설 五如來印解說』에서 『보성론』 제2장 61송을 인용하고, 무형상지식론자의 견해로 법신에서 수용신과 변화신이 발생한다는 설을 소개하지만, 여래장설 그 자체에 대해서는 자세히 논의하지 않는다. 또 티베트 전승에 따르면 그는 『보성론』을 '대인 Mahāmudrā'의 가르침을 설하는 논서로 이해했다고 하지만,[35] 상세한 것은 불명확하다. 현존하는 그의 저작으로부터 그것을 확인하는 것은 불가능하다. 그 모호함에 비해 이 두 논사는 저서에서 여래장에 관한 자신의 입장을 명확히 서술한다.

즈냐나쉬리미트라

먼저 즈냐나쉬리미트라는 『유형상논증 有形象論證』 및 그 요점을 정리한 『유형상요송 有形象要頌』에서 『보성론』을 인용한다. 그는 붓다의 법신(=무형상)을 본원으로 규정하는 무형상지식론에 대항하여 수용신이야말로 실재성(形象 ākāra)이고 역으로 법신을 가상의 존재로 생각한다. 그리고 법신에서 수용신이 생기한다는 '인과관계 tadutpatti'를 부정하고, 수용신을 본체, 법신을 그 속성으로 하는 '본질성 관계 tādātmya'를 수립한다. 그때 유형상지식론의 시조로 간주되는 미륵의 가르침으로 『보성론』을 자주 원용한다.[36]

그가 여래장을 직접 언급하는 곳은 『유형상논증』 제6장이다. 여기서는 유형상지식론은 미륵의 교설과 모순이 아니라는 점을 논증하기 위해, 미륵에게 귀속되는 『대승장엄경론』 『중변분별론』 『현관장엄론』 게송을 차례로 검토한 후, 『보성론』 제1장 154송을 인용하여 음미한다.[37] 이 게송이 설하는 것은 여래장에 대해 부정한 요소를 과도하게 추인해서는 안 되고, 본래 거기에 구비되어 있는 요소를 과도하게 부정해서도 안 된다는 것이다. 그러나 즈냐나쉬리미트라는 이 게송의 주제를 달리 읽는다. 곧 여래장이라는 속성 dharma은 그 본체 dharmin인 마음을 간접적으로 지시하므로, 이 게송은 여래장이 아니라 마음을 주제로 하고 있다고 말한다. 다시 그 마음(혹은 마음의 전개 cittavivarta로서 진실한 형상)은 '공성을 속성으로 가진다 śūnyatādharman'고 한다.[38] 곧 여래장을 공성의 동의어로 생각하고 있는 것이다.

이 한 구절은 여래장과 공의 대립관계에 대한 새로운 진전을 보여주는 참신한 해석을 표명하고 있다. 곧 카말라쉴라에 의해 무아와 동일시된 여래장이 여기서 공성과 동일시되기에 이른다. 그 위에 자명한 사실로 언급되는 즈냐나쉬리미트라의 서술 태도는 이 생각이 자신의 발안이 아니라 이미 유포되고 있던 것이란 사실을 암시한다. 그리고 문제의 '속성과 본체' 관계를 둘러싼 논의는 이미 서술한 것처럼 불신론에도 미친다. 최종적으로 그는 수용신이자 형상 그 자체인 마음을 '본체'로 규정하고, 법신·법계·공성·여래장을 그 '속성'으로 이해하고 있다.

라트나카라샨티

한편 무형상지식론자인 라트나카라샨티는 전통적인 유가행파 학설에 충실히 따라, 완전히 이질적인 독자의 여래장 이해를 제시한다. 먼저 『비밀집회만다라의궤주 祕密集會曼荼羅儀軌注』 제95송 주해부분에서 중생은 여래장을 가지고, 본성을 덮는 객진구 客塵垢를 정화하여 전의 轉依를 얻으며, 무시무종인 5지 智가 현재화하고, 붓다의 깨달음이 달성된다고 한다. 다만 여래장을 '보살의 종자'로 환언하고, 보살만 성불하고 그 이외는 성불하지 못한다는 것을 시사한다.

일분불성불一分不成佛설과 통하는 이 태도는 그의 『진주만眞珠鬘』(*Hevajratantra* 서분의 주석)에서 한층 확실히 나타난다. 곧 그는 '일체중생은 여래장을 가진다' 하는 정형구를 '일체보살은 여래장을 가진다' 하고 바꿔 말하는 것에 의해 여래장설을 환골탈태시킨다. 곧 보살승만 여래장 곧 보살의 종성gotra을 갖고, 그러므로 그들만 붓다가 될 수 있으며, 그 외의 2승은 본래 성불의 자격조차 갖지 못한다고 한다.[39]

이 입장은 앞서 본 카말라쉴라가 소개하는 8세기경 유가행파 주장과 비교하면 그 색채가 약간 다르다. 그 차이는 여래장설을 미요의로 규정할 뿐 아니라 교설 내용 그 자체도 변환하여 전용하는 점에 있다. 이 이해는 물론 여래장을 모든 존재의 존재근거로 규정하는 『보성론』에서 크게 일탈하고, 상기와 같은 중관적 이해와도 완전히 다른 방향으로 진전한 또 다른 일보로 평가할 수 있을 것이다.

위의 『비밀집회만다라의궤주』와 『진주만』에 보이는 여래장을 둘러싼 논의는 『보성론』을 인용하지 않는다. 라트나카라샨티가 『보성론』을 언급하는 것은 그에게 귀속되는 『경집주해』다. 그 책은 역으로 일승을 표방하고 유가행파의 3승을 배척하는 점에서, 그의 다른 저작과 사상이 정면으로 대립한다. 같은 저자의 작품이 아니라는 설을 포함하여 향후 검토를 요한다.[40]

『보성론』은 이상과 같이 마이트리파와 즈냐나쉬리미트라를 효시로 그 후에도 계속 인용되지만, 오로지 비크라마쉴라 사원의 논사들 사이에서만 널리 친숙해지게 된다. 이후 『보성론』의 여래장설을 언급하는 논사에 초점을 맞추어 연대순으로 그 주장을 요약해 본다.

아티샤

라트나카라샨티를 사사한 아티샤(Atiśa 982-1054)는 마이트리파로부터 『보성론』의 가르침을 전수받았다고 한다. 티베트로 건너간 그는 『보성론』의 첫 티베트어 번역을 초하고 강의도 행했다(후술함). 아티샤는 『법계와 견해의 노래』에서 용수의 저작으로 간주되는 『찬법계송』을 인용한 후, 법계의 불변이不變異한 성격을 설하는 『보성론』 제1장 86송을 인용한다.[41] 여래장에 대해서는 『보리도등주 菩提道燈注』에서는 일승설과 관련시키고, 『중관우파제사개보협 中觀優波提舍開寶篋』에서는 대승의 종성과 관련시켜 논한다.[42]

바이로차나락쉬타

아티샤와 거의 동시대의 비크라마쉴라 학승인 바이로차나락쉬타 Vairocanarakṣita는 『보성론』에 대해 단편의 『비망록 *ṭippaṇī*』을 지었다. 이 책은 범문사본만 현존하고, 때때로 『보성론』을 고쳐 읽기 위한 유익한 이독을 제시한다. 그러나 구문설명이나 표면적 해설로 시종일관하고 있기 때문에 독자의 사상적 전개는 확인할 수 없다.[43] 또 같은 인물의 저서라고 추정되는 『입보리행론주』에서는 프라즈냐카라마티(Prajñākaramati 11세기 전반) 저 『입보리행론주』의 논의를 모방하여 『보성론』을 인용하지만, 여래장에 관한 새로운 설은 볼 수 없다.[44]

아바야카라굽타

현밀겸수의 석학으로 알려진 아바야카라굽타(Abhayākaragupta ?-1125)에 따르면 여래장이란 '본성광명으로서 무아를 본성으로 하는 법계 chos kyi dbyings gang zag dang chos kyi bdag med pa'i mtshan nyid can rang bzhin gyis 'od gsal ba'라고 한다. 그는 또 일승설의 근거를 제공하기 위해 여래장설을 이용하고, 카말라쉴라 이래의 흐름에 따른다. 또 여래장을 본성주종성 本性住種性과 동일시하여 『현관장엄론』의 내용을 이해한다.[45]

『보성론』에 대해서는 『모니의취장엄 牟尼意趣莊嚴』에서 6회에 걸쳐 인용한다. 특히 『보성론』 제1장 3송과 26송에서 각각 설하는 '7금강구'을 둘러싼 두 가지 다른 체계가 상호간에 어긋나 있는 점을 문제로 들어 논란과 대답을 소개한다(東北 No. 3903, 212a7-213a3). 거기서는 제26송의 주장이 정설로 간주되고, 이 게송에 기반하여 여래장을 '질료인 upādāna', 그리고 불보리·불공덕·불업을 '보조적 조건 sahakārin'으로 하고, 그것에 의해 초래된 것이 3보라는 '결과'라고 서술하고 7금강구 각각의 구 사이에 인과관계를 규정한다.[46]

통상 '질료인'이란 사물(=유위)을 산출하기 위한 물질적 원인(=유위)을 가리키지만 교리상으로는 여래장은 무위이기 때문에 유위든 무위든 어떤 것도 직접적으로 산출할 수는 없다.[47] 그런데 여래장이 '원인'이라고 하는 경우 어떤 의도인가. 이에 관해 이하와 같이 말한다.

> 그러면 무자성인 법계가 왜 여러 발심의 기반인가. 예를 들면 무자성인 허공이 달이나 태양의 빛에 대해 그리고 어둠의 제거에 대해 [기반인 것]과 같다(東北 No. 3903, 170b7).

그는 여래장의 비유로 빈출하는 허공을 이용하여, 법계(=여래장)가 무자성이면서도 원인으로서 기능하는 점을 예증한다. 곧 여래장의 동의어인 법계를 '생인'(生因

jananahetu 산출하는 원인)이 아니라 '입인'(立因 pratiṣṭhāhetu 지지하는 원인)이라는 의미에서 '원인'이라고 이해하고 있다고 보인다.[48]

아바야카라굽다 이후 인도불교 종언기인 13세기에 이르기까지 비크라마쉴라의 여러 논사는 『보성론』을 언급하고 있고, 동인도 불교 전통에서 상당기간 『보성론』이 수용되고 정착되어 있었던 것을 알 수 있다.[49] 『보성론』이 널리 유포되고 있었던 상황은 또한, 1258년경 인도유학에서 티베트로 돌아온 착 chag 번역사가 『보성론』을 범어로 암송하여 인도에서 티베트로 온 학승 다나쉬리 Dānaśrī에게 감명을 준 일화로부터도 그 일단을 엿볼 수 있다.

카쉬미르에서 전개

다음으로 카쉬미르로 눈을 돌려보자. 인도 동부에서 부활한 『보성론』 가르침 전통이 카쉬미르에 전파된 양상에 대해, 티베트에서 전하는 일화는 다음과 같이 말한다. 『보성론』 사본을 불탑에서 얻은 마이트리파는 아난다키르티 Ānandakīrti에게 그 가르침을 전수한다. 아난다키르티는 거지 모습으로 유행하여 이윽고 카쉬미르에 도착했다. 아난다키르티의 학식을 한눈에 알아본 카쉬미르의 삿자나(Sajjana 11세기 후반 경)는 가르침을 청하고, 『보성론』을 비롯한 미륵논서의 가르침을 전수받았다(취의).[50]

이하에서는 여기에 언급된 삿자나와 자야난다 Jayānanda를 택해 카쉬미르에서 활약한 그들이 어떻게 『보성론』을 이해했는가를 소개하고자 한다.

샷자나

샷자나는 뒤에 보듯이 『보성론』의 티베트 전파에서 열쇠가 되는 인물이다. 그의 저작 『구경론제요究竟論提要』는 『보성론』 전체 구성을 정리하면서 독자의 수도 단계를 그것과 맞추어 가는 형식으로 씌여진, 불과 37송으로 이루어진 달의석達意釋이다.[51]

여래장의 실재론적 측면과 관련한 논의는 게송 본문에는 보이지 않지만, 같은 책 제28송에 대한 사본 난외에 범문으로 된 긴 삽입문에 나타난다. 그 요지는 일체개공을 설하는 『반야경』의 가르침과 본성청정한 마음의 불공을 설하는 여래장의 가르침은 서로 모순이 아니라는 것을 논증하는 것이다.

난외 삽입문에는 먼저, 『보성론』 제1장 158송 등에 따라 모든 유위는 공이지만, 유위가 아닌 여래장은 공이 아니라는 사실을 서술한다. 그리고 '빛나는 마음' 곧 여래장은 외적 조건에 의해 타율적으로 발생하는 것이 아니라, 전 찰나의 자신을 원인同類因으로 자율적으로 생기하는 것을 논한다.[52] 무위로서 인과관계 바깥에 있는 여래장(=본성광명심)에 동류인의 인과를 인정하고 있는 점은 검토를 요한다. 그러나 여기에 나타나는 사상적 입장은 중관파나 유가행파의 전제를 벗어나 『보성론』의 가르침을 충실히 이해하고자 하는 것으로 평가할 수 있다. 그리고 여기에서 승인되고 있는 여래장의 실재성은 행자가 깨달음을 확신하고 미혹 없이 수도를 계속해 나가기 위한 기초로 기능하기 때문에, 특히 수도에 깊은 관심을 보이는 『구경론제요』에서 불가결한 요소였을 것이다.

이 삽입문이 샷자나 본인의 진의를 어느 정도 반영하고 있는지는 판단하기 어렵다. 그러나 본서 전체를 통해 게송 본문과 난외 삽입문 사이에 사상적 비약이나 내용적 괴리는 보이지 않는다. 따라서 삿자나 본인의 강의를 받아썼던가, 가까운 제자가 보충한 것이라고 생각해도 무방하다.

자야난다

12세기 무렵 활약한 카쉬미르 출신 자야난다는 그의 저작 『입중론복주』에서 『보성론』을 인용하고 여래장에 대해 상술한다. 그는 선행하는 중관파 논사들과 마찬가지로 일승설의 근거로 여래장설을 원용한다. 성불 불가능한 '사정중邪定衆'의 존재를 인정하는 유가행파의 학설에 대해서는 일체개성을 인정하는 여래장설과 대립하는 점에서 불합리하다고 단정한다(東北 No. 3870, 341a4-5). 특히 주목되는 것은 『능가경』 문장을 해설하면서, 여래장이 '모든 중생의 몸 안에 내재한다 dehāntargata는 것은 공성이 모든 곳에 편재하고 있기 때문이다'고 명언하는 점이다(東北 No. 3870, 211b5). 곧 여래장과 공성을 완전한 동의어로 간주한다. 그러면서도 여래장설을 공성을 이해하기 위한 방편인 임시적 가르침인 미요의로 규정한다(東北 No. 3870, 213a4-5). 이와 같이 한편으로 여래장설을 자설의 교리 근거로 원용하면서, 다른 한편으로 그것을 교학체계 전체에서는 하위로 놓은 그의 자세는 어떤 종류의 어색함을 느끼게 한다.[53]

11-13세기 인도에서 전개의 총괄

이상으로 11세기 이후 인도 동부에서 미륵 논서로 부활한 『보성론』 전통이 비크라마쉴라 사원과 그 주변에서 유포하고, 다시 거기에서 카쉬미르에 전해진 모습에 대해 살펴보았다. 그 전개의 역사에 대해 이야기하는 티베트 전승은 큰 줄거리에서는 지지할 수 있다. 적어도 이것을 부정할 수 있는 명확한 근거는 눈에 띄지 않고, 오히려 현존하는 인도논사들의 저작에 보이는 문장이 전승의 내용을 뒷받침하는 경우도 있기 때문이다.

이 시기 여래장설의 전개에는 새롭게 『보성론』이 개입하고는 있지만, 기본은 6-7세기 중관파 세 논사 논의의 연장선상에 있다. 앞서 서술한 세 가지 논점을 축으로 놓으면 다음과 같이 정리된다.

① 여래장과 공의 관계를 둘러싼 문제에 관해서는 대부분이 카말라쉴라가 제시한 이해와 유사한 방향성을 보여준다. 곧 즈냐나쉬리미트라와 자야난다는 여래장을 공성과 동의어라고 하고, 아바야카라굽타는 무자성 혹은 일승을 전제로 한 본성주종성과 동의어라고 한다. 한편 카말라쉴라의 이해로부터 일탈한 경우도 있다. 라트나카라샨티는 삼승을 전제로 한 '보살종성'의 의미로 여래장을 이해한다. 때문에 일분불성불설에 기운 유가행파적 여래장 이해를 선양한다. 삿자나 혹은 그의 제자는 중관파와 유가행파 교설의 전제를 벗어나 『보성론』 원전을 충실히 따르고, 무위로서 불공인 여래장을 설한다.

② 여래장과 일승·삼승 관계를 둘러싼 문제에 대해서는 유가행파의 삼승각별설에 입각한 라트나카라샨티를 예외로 하면, 이 시기 대부분 논사는 중관파의 일승진실설을 지지한다.

③ 여래장설의 요의·미요의에 관해서는, 찬드라키르티 『입중론』에 명시되고, 그 복주 작자인 자야난다가 충실히 계승한다. 그 외에는 두드러진 전개는 보이지 않는다. 이 문제는 티베트로 옮겨지고, 사캬 판디타(Sa skya Paṇḍita 1182-1251) 이후에 비로소 논점화 한다.

7.
티베트 전파와 수용(11세기 후반-12세기 초)

이 장 마지막에서는 『보성론』의 티베트 전파와 그 수용 양상에 대해 살펴보자. 지면 사정상 후세 티베트에서 여래장사상의 전개에 대해서는 할애하고, 특히 이제까지 연구가 적은 전파 최초기(11세기 후반-12세기 초), 곧 『보성론』의 학문 전통이 배태된 순간에 초점을 맞추어 인도의 『보성론』 전통이 어떻게 티베트에 계승되었나를 부감하고자 한다.

전파경로

여래장이라는 술어 혹은 개념은 이미 토번吐蕃 왕국 시대에 티베트에 전해져 있었다. 그러나 하나로 정리된 사상체계로서 여래장설이 수용된 것은 11세기 『보성론』의 전파를 기다리지 않으면 안 되었다. 그 전파 경로는 주로 두 가지다. 첫째는 동인도에서 네팔을 경유한 것, 둘째는 카쉬미르에서 전해진 것이다.

첫 번째 경로에 의해 티베트에 『보성론』을 전한 사람은 앞서 서술한 비크라마쉴라 사원의 학승 아티샤였다. 그는 티베트에 건너간 후, 옥 장춥중내 rNgog Byang chub 'byung gnas의 요청을 받아 탁체종 sTag rtse rdzong의 예르파 바랑 Yer pa Ba rang에서 번역사 낙초(Nag tsho 1011-1064)의 협력하에 『보성론』을 티베트어로 번역했다. 이 번역은 대략 1047년부터 1054년 사이에 이루어져, 가장 오래된 『보성론』 티베트어역으로 간주되지만 현존하지 않는다. 다만 다른 전적에 인용된 단편에서 역문의 일부를 알 수 있다. 아티샤는 또 솔낙 탕포체 Sol nag Thang po che에서 『보성론』 강의를 행했다고도 전한다.

두 번째 카쉬미르로부터 전파는 삿자나 문하에 입문한 티베트인 유학생들에 의해 이루어졌다. 삿자나 제자들이 가져온『보성론』구전은 다시 (1) 오로지 교학적 분석을 위주로 하는 흐름과 (2) 오로지 명상수행을 위주로 하는 흐름 두 계통으로 나뉘었다고 한다.

(1) 오로지 교학적 분석을 행하는 흐름은 옥 로댄쉐랍(rNgog Blo ldan Shes rab 1059-1109)을 통해 티베트에 전해졌다. 그는 카쉬미르 체재 중(1076-1092경) 삿자나의 협력을 얻어『보성론』티베트어역을 완성하고, 다시 티베트인으로는 최초로『보성론』주석서를 지은 선구자적 존재다. 그는『보성론』을 포함한 오늘날 티베트불교 교학의 기초를 구축했다.

(2) 한편 오로지 명상수행을 행하는 흐름은 챈 카보체 디메쉐랍(bTsan kha bo che dri med shes rab ?-1021)에 의해 티베트에 전해졌다고 한다. 하지만 그의 저작은 현존하지 않고 그 전통도 14세기 무렵에는 이미 단절되었다고 한다.

티베트에서는 14세기 무렵이 되면, 그때까지 밑바닥에 잠재해 있던 두 가지 대립하는 여래장 이해가 자공설自空說과 타공설他空說이라는 구체상을 갖고 드러나게 된다. 자공설이란 여래장을 공성과 동일시하는 중관적 여래장 이해고, 타공설이란 여래장 자체는 무위로서 공이 아닌 것이지만, 그것을 둘러싸고 있는 번뇌만이 공이라고 하는『보성론』원전에 비교적 충실한 여래장 이해다

후대 전승에 따르면, 티베트에서 자공설 전통의 발단은 (1) 로댄 쉐랍에게 찾을 수 있고, 타공설 전통은 (2) 챈 카보체까지 거슬러 올라갈 수 있다고 한다. 다만 챈의 전통에 대해서는 전설적 기술이 많고, 진위의 경계선을 가려내기 어렵다. 이하에서는 문헌자료가 풍부한 로댄 쉐랍의 여래장 이해에 초점을 맞추어 간단히 소개한다.

『보성론』 티베트어역

동인도와 카쉬미르에서 각각 티베트로 『보성론』을 가져온 아티샤와 로댄 쉐랍은 독자적으로 다른 티베트어 역본을 만들었다. 하지만 『보성론』 티베트어 역본은 이 두 종 외에도 다시 다른 네 종의 이역·개역이 일찍이 존재했던 것이 알려져, 당시 『보성론』이 얼마나 존중되고 있었나를 이야기하고 있다.[54] 그러나 오늘날 유일한 완본으로 현존하는 것은 로댄쉐랍 역본뿐이다. 논의의 공통 기반이 되어야 할 역본이 복수 존재하는 것은 혼란의 뿌리가 되어 바람직하지 않기 때문에, 최선의 한 역본에 의해 다른 다수가 도태되었다고 생각해도 좋을 것이다. 그 상황은 아티샤의 학등을 이은 샤라바(Sha ra ba 1070-1141)가 강의장에서 처음에는 아티샤 역본을 사용했지만 결국 오로지 로댄 쉐랍의 역본을 사용하게 되었다고 하는 에피소드로부터도 엿볼 수 있다.

로댄쉐랍의 여래장 이해

로댄쉐랍은 '요의 bsdus don/don bsdus pa'라 불리는 스타일의 주석서를 즐겨 저술하였다. 그것들은 원전을 효율적으로 이해하기 위한 안내서 역할을 수행했다. 그것들은 또 티베트불교 후전파기의 여명기였던 당시, 잃어버린 토번기 불교를 재건하고, 새로 번역한 불전을 티베트에 뿌리내려야 하는 제자들을 교육하고자 하는 역사상의 역할을 자각적으로 짊어진 그에게 필수불가결한 도구였다. 그가 지은 『보성론』 주석은 『구경론요의 究竟論要義』라는 제목으로 역시 '요의' 스타일로 씌어져 있다. 그러나 거기에는 단순한 안내서 범주를 넘은 독자의 여래장 이해를 포함하고 있다.

중관학설에 의한 여래장설의 대체

로댄쉐랍의 사상적 입장은 그의 단독 저작인 『서간· 감로의 물방울』에 단적으로 나타난다. 그것은 중관파 학통을 이었다고 판단할 수 있다.[55] 『구경론요의』에서도 여래장설을 중관학설의 도마 위에 놓고 해석하고 있다. 중관의 입장에서 여래장설을 성립시키기 위해 그가 해결해야 했던 근본 과제는, 여래장이 가진 승의적 실재성의 무화無化다. 승의적 실재를 결코 인정하지 않는 중관학설과 상극을 해결하기 위한 수단으로 자연스럽게 두 가지 선택이 강요되었다. 여래장설을 중관교설에 적합토록 환골탈태시켜 중관학설 체계의 일부로 편입하던가, 여래장설을 문자 그대로 이해한 후 미요의로 규정하던가 하는 것이다. 그는 전자를 선택하고, 여래장설을 요의의 가르침으로 수용했다. 후자에 의한 해결은 후대 사캬 판디타나 부톤(Bu ston 1290-1364)이 선택하였다.

로댄쉐랍은 일체중생에게 편재하는 여래장을 만상에 편재하는 공성이라고 해석한다. 그리고 공성은 여래장의 3자성(법신 · 진여 · 종성) 곧 과위果位· 본성本性· 인위因位 각각에 보편적인 존재방식으로 편재해 있다고 한다. 다만 여래장에 대해 공을 본질로 하는 심상속心相續이라고 규정하는 장면도 있다.

원인으로서 공의 작용

여래장이란 성불에 이르기까지의 원인이다. 그것은 로댄 쉐랍도 인정한다.[56] 그런데 공이 어떻게 원인의 역할을 수행할 수 있는가. 그에 따르면 인위因位의 공(진여 · 본성주종성)은 과위果位의 공(지극히 청정한 법신)의 원인이지만, 양자 관계는 씨앗에서 싹이 발생하는 것과 같은 인과관계는 아니라고 한다.

그의 손제자에 해당하는 차파 최키 셍게(Phya/Cha pa chos kyi seng ge 1109-1159)는 해당 부분을 주해하여, '식사의 결여가 공복의 원인이 되는 것처럼 번뇌의 공이 깨달음의 원인이 된다' 하는 비유를 이용해, 여래장(=공성)이 원인으로 기능하는 것을 평이하게 해석한다. 이와 같이 로댄쉐랍은 물리적 인과관계를 배제하고, 여래장이 가진 승의적 실재성을 해체하여, 여래장설을 중관학설 체계에 편입했다. 그의 이해는 공성을 기반으로 정립하는 점에서는 『중변분별론』과도 통한다고 간주할 수 있을도 모른다. 그러나 뭔가 궁극적 존재를 상정하지 않는 순수한 '결여'에 대해 편의상 '원인'이라고 부르기 때문에 유가행파에 특유한 실재론적 경향은 교묘히 회피하고 있다. 한편 그는 일체개공이 만물의 성립을 가능하게 하는 논리를 전개하고, 공성인 여래장이 원인으로서 기능하는 것을 보여준다.

불덕은 승의존재인가 세속존재인가

또 하나 그가 부심한 것은 여래장에 잠재하는 승의이자 무위인 불덕佛德의 존재에 대한 대처다. 중생에게 자질로 구비된 불덕의 존재는 그들에게 성불을 보증하고, 수행도로 향하게 하기 위한 열쇠이자 『보성론』의 생명선 중 하나다. 그러나 그것은 동시에 『보성론』에서 '불공인 것' '남아있는 것'으로 불리고, 여래장의 실재론적 측면을 현저하게 내세워서 중관설과 서로 용납하지 않는다.

로댄쉐랍은 고육책으로 불덕을 세속적 존재로만 인정하고 여래장을 가설의 대상tha snyad kyi yul으로 해석한다. 그리고 불덕은 인위에서 잠재하는 것이라고 말하기보다, 법계를 현관할 때 '불러 모은다'고 주장한다. 이는 불덕의 외재화를 꾀하고 중관 입장을 무너뜨리지 않으려는 시도다. 그러나 『보성론』에서는 내재하는 불덕이 승의이자 무위라고 가르쳐지고 있으므로(RGV III), 이 차이는 해소되지 않았다.

로댄쉐랍의 여래장 이해는 다시 정리하면, ① 여래장과 공을 동일시하고, ② 일승의 입장에 서며, ③ 여래장설을 요의의 가르침이라고 하는 것이다. 요컨대 대체로 카쉬미르와 같은 방향성을 가지고, 중관적 특색을 한층 진전시켜 표면화한 이해라고 말할 수 있다.

8.
『보성론』 전개의 궤적

이 장에서 묘사한 『보성론』 전개의 궤적은 상황증거라는 점과 점을 이어붙여 만든 윤곽선일 뿐이다. 이후 연구에 의해 거기에 채색이 이루어져 더 입체적인 형태가 되기를 기원하면서, 이 장의 내용을 정리하고자 한다.

4-5세기경 『보성론』에 의해 유가행파 교학을 밑바탕으로 체계화한 여래장사상은 그 후 주로 5-6세기 진제가 번역하여 중국에 전래된 여러 경론에서 유가행파 교학과 결합의 정도를 강화해 간다.

한편 6-8세기 『논리염론』 이후 중관의 여러 논전에서 여래장사상이 중관사상의 체계에 편입되기 시작해, 『능가경』에 의거하여 여래장은 '무아'의 의미로 이해되었다. 그리고 카말라쉴라 이후 일체개성불에 역점을 둔 여래장사상은 성불에 예외를 인정하지 않는 중관파 일승사상의 교설 근거로 원용되었다. 동시에 여래장의 승의적 존재성의 무화가 시도된다. 다른 한편으로 여래장설은 일분불성불 입장에 선

유가행파와는 결별하고, 유가행파에 의해 미요의로 규정되는 경우가 나타난다.

11세기 이후는 일단 단절되어 있던 『보성론』 전통이 부활하고, 중관적 여래장 이해가 한층 확대되어, 여래장의 의미는 '무아'에서 '무자성', '공성'으로 옮겨간다. 그리고 유가행파적 여래장 이해는 일부 예외를 제외하면 거의 보이지 않게 된다. 이와 같은 동향을 직접 계승한 티베트에서 『보성론』의 학문 전통은 원래 출발점부터 중관사상에 입각한 것이었다. 그리고 티베트는 당초부터 중관파의 일승설이 정설로 수용되어 일승·삼승 대립은 수습된다.[57] 그러나 그 후 이제까지 없던 현저한 실재론의 부활, 그리고 『보성론』으로 원점회귀가 '타공설'이라는 형태로 구현되고, 여래장의 실재성을 둘러싼 유와 무의 대립은 격렬함을 더하게 된다.

이상을 부감해 보면, 여래장설은 한편으로는 일승과 삼승의 대립을 축으로 하고, 다른 한편으로는 실재론의 배척과 부활이라는 대립을 축으로 하여, 나아가 두 축은 상호간에 관련되면서 전개의 궤적을 그렸다고 말할 수 있다(요의·미요의 문제는 후자에 포함된다).

이 중 일승·삼승 대립의 동향에는 중관·유가행이라는 두 학파의 성쇠라는 외적 요인이 작용했다. 하지만 여래장의 실재성 시비를 둘러싼 대립은 불교사상에서 무와 유의 2항 대립이라는 더 뿌리깊고, 사상사에 내재적인 문제와 연결된다.

그리고 잊어서는 안 될 것은 여래장설은 원래 실천을 전제로 한 교설이었다는 점이다(이 장 제3절 참조). 그러나 그 논의는 『보성론』 이후 급속히 모습을 감추고, 실천을 결여한 실재론적 측면만이 철학적 사변의 지평 위에 동떨어져, 여래장설이 본래 갖고 있던 힘을 잃어버리고 있었다.

9.
마치며

거슬러 올라가서, 인도불교에서 여래장의 실재성 시비를 둘러싼 일련의 문제의 기점을 어디서 찾을 수 있고, 그 논의는 어디로 향했던 것일까. 억지로 단순화하면 기점은 여래장과 아트만의 유착에서 찾을 수 있고, 논의는 그 양자를 준별하고, 양자를 분리하여 서서히 거리를 넓혀가는 방향으로 향했다고 이해할 수 있지 않을까.[58] 그것은 대승 『열반경』의 '불성(=여래장)은 아트만(=자아)이다' 하는 선언을 시점으로 하면 이해하기 쉽다. 물론 이것은 청중 혹은 독자의 주의를 끌기 위한 『열반경』 특유의 역설적 설법일 뿐이고, 엄밀한 철학 논의를 의도한 것은 아니다. 현존하는 『열반경』은 '아트만이라고 해도 외도의 아트만과는 다르다' 하고 부언하여 자설의 변호를 꾀하고 있다.

그리고 거의 동시대에 『승만경』은 아트만 我波羅蜜을 법신과 동치하지만, 여래장과는 구별하고 『보성론』 본송(1장 35송)은 그 가르침을 계승한다. 이 본송에 이어서 『보성론』 주석게송(1장 37송)에서는 아트만을 자아와 무아의 대립이라는 희론이 소멸되어 진정된 상태를 가리키는 것으로 새로운 해석을 부가한다.[59] 곧 법신에 구비된 희론적멸 상태를 존속시키는 본질을 편의적으로 '아트만'이라고 부르고 있다는 이해도 가능하다. 『열반경』에서 선언된 여래장·아트만의 동일화에 대한 반동의 역사가 (이미 『열반경』 내부에서도) 전개하고, 『보성론』의 논지까지 파급되어 있다고 봐도 좋다. 그 후 여래장이 점차 무아, 무자성 공성으로 동화해 가는 상황은 이 장에서 확인해온 그대로다.

그러면 여래장의 실재성은 일련의 사상사를 통해 완전히 해체되었던 것일까. 아마 앞서 본 것처럼 여래장을 공성으로 환언했다고 해도 공성에 원인의 기능을 인정하고 공성이 현상 전개의 근거로 이해되는 한 일원론적 성질은 잔존하고, 마츠모토 시로 松本史朗가 제창하는 '기체설 基體說'이라는 작업개념 모델로 단순화하여 결국은 실재론으로 환원될지도 모른다.[60] 그러나 인도·티베트의 논사 사이에는 실재론적 경향에 대한 위기감의 차이가 확실히 존재한다. 거기에 자각적으로 대책을 강구한 논사들이 역사의 매듭에 그 역할을 얼마나 수행했는가를 꿰뚫어 보는 것이 사상사의 변천을 응시하는 열쇠가 될 것이다.

1 이 책 제2장 침머만 논문 및 이하 참조. (Michael Zimmermann, *A Buddha Within: The Tathāgatagarbhasūtra, The Earliest Exposition of the Buddha-nature Teaching in India*, Bibliotheca Philologica et Philosophica Buddhica VI, Tokyo, 2002: 79).

2 『보성론』 연구사는 『新國譯寶性論』「解題」에 요령있게 정리되어 있다.

3 宇井伯壽 『寶性論研究』(岩波書店, 1959: 16-21) 참조. 宇井는 『보성론』이 511년부터 515년경(후자는 늑나마제의 추정 몰년) 사이에 번역되었다고 추측한다.

4 Lambert Schmithausen, "Philologische Bemerkungen zum Ratnagotravibhāga", *Wiener Zeitschrift für die Kunde Südasiens* 15, 1971: 123-177(특히 125-126) 및 『新國譯寶性論』「解題」 참조. 松本史朗는 『보성론』 본송 작자가 유가행파의 용어인 허망분별이나 아뢰야식을 알고 있었다고 추측한다. 松本史朗 『佛教思想論』 上(大藏出版, 2004: 105-109).

5 『和譯寶性論』(pp.389-397) 및 『新國譯寶性論』(pp.9-17).

6 『마하지관』에는 '堅意'로 되어 있다. 이 인물은 견혜와 동일인물로 간주된다. 『新國譯寶性論』(p.2) 참조.

7 이 단간의 연대 및 연구사에 대해서는 졸고 「『寶性論』彌勒著作説の下限年代考－敦煌梵文斷簡 IOL Khot S5とPelliot 2740の接合復元と年代推定」『印度學佛教學研究』(60-2, 2012: 168-174) 참조.

8 본송과 주석게송을 미륵에게 돌리는 예는 일일이 지적할 여유가 없다. 산문주석을 미륵에게 돌리는 예는 다음 참조. Abhayakāragupta, *Munimatālaṃkāra*, 東北 No.3903, 150a6(≈RGV, 139,22-24). Ratnakāraśānti, *Sūtrasamuccayabhāṣya*, 東北 No.3935, 325b3(≈RGV, 67,9−68,6).

9 『보성론』 역자 로댄 쉐랍은 『게본』(역본에서는 미륵작)에 포함된 일부 게송(5장 26송-28송)을 그 자신의 저서 『구경론요의』에서 무착 작이라고 하기 때문에 역본과 자신의 저작 사이에 약간 차이가 있다.

10 미주 4) Schmithausen 논문, pp.125-126 참조.

11 『和譯寶性論』(p.397) 및 『新國譯寶性論』(p.6), 『高崎著作集』 제7권, pp.29-30 등 참조.

12 그 외 『보성론』의 개략은 『和譯寶性論』(pp.398-411), 『新國譯寶性論』(pp.9-22) 등 참조.

13 V. V. Gokhale, "A Note on Ratnagotravibhāga I, 52 = Bhagavadgītā XIII, 32" 『山口益博士還曆記念 印度學佛教學論集』, 法藏館, 1955: 90-91.

14 Lambert Schmithausen, "Zu D. Seyfort Rueggs Buch La théorie du Tathāgatagarbha et du Gotra. (Besprechungsaufsatz)", *Wiener Zeitschrift für die Kunde Südasiens* 17, 1973: 123-160(특히 138).

15 『高崎著作集』 제6권 제2부 8장 참조. 한편 개체 안으로 향하는 여래장설에 대한 믿음의 존재방식이 주체적인 지성에 의한 취사선택을 거친 것이 아니라, 타협적 용인 adhimukti에 불과하다는 취지의, 경청할만한 비판이 제기되어 있다(袴谷憲昭 『本覺思想批判』(大藏出版 1990) 제10장 및 袴谷憲昭 『唯識文獻研究』(大藏出版 2008) 본론 제2장). 믿음의 대상의 추이에 대해 조금 더 언급하면, 초기불전의 『열반경』에서는 석존이 그 자신이 입멸한 후에 의지처로서 '자등명'과

'법등명'을 제자에게 제시하였다. 대승『열반경』에서는 전자가 후자를 거의 포섭하는 형태가 된다. 자신에게 내재하는 불성에 귀의하면 그것이 곧 3보에 귀의하는 것임을 가르치고, 믿음의 대상을 완전히 개인에게 내재화한다(졸고「央掘魔羅經の硏究－全體の構成と內容槪觀」『高野山大學大學院紀要』4, 2002: 69 [ātmadhātu] 항목 참조). 후자를 계승한『보성론』에서는 믿음의 대상이 '보성'으로 향한다. 거기서는 개체에 내재한 여래장이 포함되지만, 한편으로는 자신 바깥에 있는 불보리·불덕·불업도 믿음의 대상으로 설정하고 있다. 그 때문에 지나치게 믿음의 대상을 내재화하는 데 비중을 둔 것을 되돌리려고 하는 경향이 있다고 이해할 수 있다(RGV V.7-10).

16 David Seyfort Ruegg, *La théorie du Tathāgatagarbha et du Gotra: Etudes sur Sotériologie et la Gnoséologie du Bouddhisme*, École Française d'Extrême-Orient 70. Paris, 1969.

17 미주 14) Schmithausen 논문 pp.130-132 참조.

18 『법계무차별론』에 대해서는『新國譯寶性論』 해제 및 Antonino Forte, "Le moine khotanais Devendraprajña", *Bulletin de l'École Française ''Extrême-Orient* 66-1, 1979: 289-298,『무상의경』에 대해서는『高崎著作集』 제7권 pp.99-109 및 下田正弘『涅槃經の硏究－大乘經典硏究方法試論』(春秋社, 1997: 85-86),『불성론』에 대해서는 高崎直道·柏木弘雄 校注『新國譯大藏經 論集部 2 佛性論·大乘起信論』(大藏出版, 2005년(해제))을 각각 참조.

19 다만『불성론』에는 체계적인 유식설은 없다.『高崎著作集』 제6권 p.94.

20 『高崎著作集』 제7권 p.399 등 참조.

21 『섭대승론세친석』에 대해서는『高崎著作集』 제7권 pp.149-177,『열반경본유금무게론』에 대해서는『高崎著作集』 제8권 pp.469-471, 大竹晉 校註『新國譯大藏經 釋經論部 18 法華經論·無量壽經論他』(大藏出版, 2011) 참조. 진제역이라고 간주되는『대승기신론』은『능가경』을 바탕으로 한 요소가 많은 부분을 차지하고 있기 때문에 위 세 경론과는 약간 성격을 달리한다.

22 이 시기에 인도 외지인 돈황에서 서사된 범문사본 단간에『보성론』의 인용이 확인되지만, 그것이 인도 본토 사정을 어느 정도 반영하고 있었던가는 판별하기 어렵다. 미주 7) 참조.

23 미주 16) Ruegg 저서 pp.38-39. 및 袴谷憲昭『唯識思想論考』(大藏出版 2001 제1부 3장) 참조.

24 예를 들어 Daṃṣṭrasena 혹은 세친에게 귀속되고, 9세기에 티베트어로 번역된『반야광석』(東北 No. 3808, 52a3-4)은 여래장을 진여의 세 가지 상태(부정한 범부·청정하면서 부정한 보살·청정한 여래)라는 관점에서 논하여,『보성론』 제1장 47송의 존재를 엿보게 한다.

25 『논리염론』 해당 부분에 대해서는『高崎著作集』 제6권 pp.516-522 및 이 시리즈 제1권 pp.20-25, 찬드라키르티 설에 대해서는 四津谷孝道「唯識派が典據とする聖教の未了義性について－『入中論』IV. 94, 95を中心に」『インド論理學硏究』I, 2010: 273-311, 카말라쉴라 설에 대해서는 松本史朗「Madhyamakālokaの一乘思想－一乘思想の硏究(I)」『曹洞宗硏究院硏究生硏究紀要』14, 1987: 1-47(특히 22) 및 David Seyfort Ruegg, *The Literature of the Madhyamaka School of Philosophy in India*. A History of Indian Literature, vol. 7, Fasc. 1. Wiesbaden: Otto Harrassowitz, 1981(특히 p.95)을 각각 참조.

26 『高崎著作集』 제6권 p.528. 바비베카는 삼승각별설도 어느 정도 허용한다.

27 여래장을 법계장이라고 환언하는 예는 『승만경』에 이미 보이고 『보성론』에서도 인용된다 (RGV 76,17). 법계장은 불탑을 가리키는 dhātugarbha라는 단어에서 유래한다고 생각한다.

28 미주 25) 松本史朗 논문 p.11.

29 다만 『보성론』이 삼승각별설의 입장에 서있다고 하는 주장도 있다. 松本史朗「『寶性論』におけるviśuddhiの論理構造」『インド論理學研究』 II, 2011: 27-37.

30 미주 25) Ruegg 저서(p.103) 참조.

31 다만 중관파 내부에서도 일승을 둘러싼 견해차가 있다. 일승 대 삼승의 도식은 거시적으로 본 구별에 지나지 않는다. 齋藤明「一乘と三乘」『岩波講座東洋思想第一卷 インド佛教 3』(岩波書店, 1989: 46-74, 특히 69).

32 『高崎著作集』 제6권 p.520.

33 齋藤明 "Is Nāgārjuna a Mādhyamika?" 『法華經と大乘經典の研究』(山喜房, 2007: 153-164).

34 졸고 「チョムデンリクレル著 『大乘究竟論莊嚴華』和譯および校訂テクスト(1)」 『高野山大學論叢』 45, 2010: 13-55, 특히 33, n.10 참조.

35 *The Complete Works of gSer-mdog Paṇ-chen Shākya-mchog-ldan*. Thimphu, 1975, Vol.4, 239,5-7.

36 *Sākārasiddhi* (Thakur, A. [ed.], *Jñānaśrīmitranibandhāvalī*, Patna: K. P. Jayaswal Research Institute, 1959: 431,19-432,5 (II. 65-75), 434,11-24, 478,10-12, 487,11-488,2 (II. 53-57), 493,11-14 (II. 144-146), 495,13-497,1 (II. 130-137ab), 499,5-500,9 (II. 98-103), 502,8-504,6 (II. 85-97)). 괄호 안은 『有形象要頌』의 대응 게송.

37 선행연구에는 筧無關「ジュニャーナシュリーミトラのSākārasiddhiśāstra第6章 – 試譯と注記」『北海道駒澤大學研究紀要』 5, 1970: 1-20이 있다.

38 *Sākārasiddhi*, 488,22-23: kiṃ tu dharmeṇa dharminirdeśāt tathāgatadhātuśabdena śūnyatādharmā cittavivarta eva grāhyaḥ. 다만 cittavivarta eva는 필자가 교정했다. 간행본과 사본(113r6)에 cittavivartagrāhya eva로 되어 있지만, 오사에 의한 중복 dittography으로 간주했다.

39 졸고「インド後期密教における如來藏への言及とその解釋 – タントラ註釋書を中心として」『密教學研究』 44, 2012: 125-137.

40 林慶仁「AdvayavajraとRatnākaraśānti二人説」『日本西藏學會報』 44, 1999: 3-13 및 졸고「ラトナーカラシャンティの諸著作における如來藏理解の二類型」『密教文化』 226, 2001 참조.

41 望月海慧 「Dīpaṃkaraśrījñānaに歸される三種のgīti文獻について」 『印度學佛教學研究』 55-2, 2007: 925-919.

42 東北 No.3948, 258b5-6; 東北 No.3930, 104b2-4. 宮崎泉 「『中觀優波提舍開寶篋』テキスト・譯注」『京都大學文學部研究紀要』 46, 2007: 1-126(특히 91).

43 Gokhale와 中村瑞隆에 의한 선행 연구 및 관련서지정보에 대해서는 다음 참조. Francesco Sferra (ed.), *Manuscripta Buddhica, Vol. I: Sanskrit Texts from Giuseppe Tucci's Collection, Part I*.

Serie Orientale Roma. Roma: IsIAO, 2008: 343-380.

44 東北 No.3875, 144b6-7. 프라즈냐카라마티는『입보리행론주』(제11장 43송에 대한 주석)에서『보성론』 제5장 18송을 인용하고, 불설의 조건에 대해 논한다. 미주 16) Ruegg 저서 p.35.

45 미주 25) Ruegg 저서 p.115.

46 『보성론』 제목 그 자체가 '3보를 산출하는 종성'을 의미하므로, 3보를 결과로 규정하는 같은 게송(RGV I. 23, 26)의 설명은 타당하다.

47 松本『佛教思想論』上 제2장 제3절, 특히 p.107, p.114.

48 그 사상구조의 이해에서는 袴谷憲昭나 松本史朗가 제창하는 작업개념 '二重底'나 '基體說' 모델이 유효하다. 松本『佛教思想論』上 pp.116-117. 아바야카라굽타의 법계 이해는 유가행파 모델에 가깝지만, 티베트 전통에서는 중관파로 분류된다.

49 예를 들면 아바야카라굽타의 한 문장(東北 No.3903, 215b7-216a1)을 차용한 다샤바라쉬리미트라(12-13세기경)는『有爲無爲決擇』(東北 No.3897, 288a7-289a6)에서 진여의 세 가지 상태 중 인위에 있는 진여만을 여래장이라고 규정한다. 또 라트나락쉬타(12-13세기경)도 저서『蓮華藏』에서『보성론』을 인용한다. 또 여래장은 직접 언급하지 않지만『보성론』을 인용하는 논사로는 라마팔라, 야마리, 비부티찬드라 등도 있다.

50 졸고「サッジャナ著『究竟論提要』- 著者および梵文寫本について」『密教文化研究所紀要』19, 2006: 28-51(특히 30). 다만 일화에는 몇 가지 변형이 있다.

51 『高崎著作集』 제7권 제2부 4장 및 미주 50) 졸고 참조.

52 난외 삽입문: atra ca saṃskṛtaṃ śūnyatvābhivyāptaṃ, na ca prabhāsvaraṃ cittaṃ saṃskṛtaṃ, pūrvasajātimātraprasavāpekṣatvād uttarasaṃvitprasūteḥ, saṃhatya tatra pratyayair akaraṇāt.

53 이 어색함은 찬드라키르티 교학체계에 카말라쉴라 이래의 이해를 가져온 것에 유래한다. 또 자야난다는 카쉬미르에서 티베트로 들어가 차파 최키 셍게와 논쟁한다. 그 후 西夏로 건너가 국사가 되고『입중론복주』를 저술했다고 한다. 그 때문에 이 책에 보이는 그의 여래장 이해가 출신지 카쉬미르 전통을 어느 정도 전하고 있는가는 판단하기 어렵다.

54 졸고 "rNgog Blo ldan shes rab's Position on the Buddha-nature Doctrine and its Impact on Early bKa' gdams pa Masters", *Journal of International Association of Buddhist Studies* 32, 1-2, 2010: 249-283 (특히 251-252, n.7).

55 그의 중관 이해의 상세한 내용에 대해서는 졸고「ゴク·ロデンシェーラプ著『書簡·甘露究竟の滴』- 譯注篇」『密教文化研究所紀要』22, 2009: 121-178 참조.

56 이하 미주 54) 졸고 참조.

57 이것은 長尾가 지적하는 중국 상황과 비교된다. 티베트에서는 대승비불설론을 제창하는 성문은 현실에서는 존재하지 않고, 따라서 삼승의 존재방식은 불전에만 나타나는 관념상 존재로 변했다. 그 때문에 삼승각별설은 현실을 떠난 이론이 되고, 형식상으로는 중관파의 일승설이 공인되었다. 長尾雅人「一乘·三乘の議論をめぐって」『佛教史學論集』塚本博士頌壽記

念刊行會, 1961: 1-14(특히 8).

58 미주 14) Schmithausen 저서 pp.135-136 참조.

59 희론이 적멸한 것을 아트만이라고 부르는 것과 동일한 생각은 『만두캬 우파니샤드』 제7절에도 보인다. 袴谷憲昭·荒井裕明『新國譯大藏經 瑜伽唯識部 12 大乘莊嚴經論』(大藏出版, 1993: 42-43).

60 松本史朗『縁起と空』(大藏出版, 1989: 337).

약호

『新國譯寶性論』 = 高崎直道校注『新國譯大藏經 論集部一 寶性論·法界無差別論』大藏出版, 1999.

『高崎著作集』 = 高崎直道『高崎直道著作集』全九巻, 春秋社, 2008-2010.

『和譯寶性論』 = 高崎直道『寶性論』講談社, 1989.

東北 = 東北帝國大學法文學部『西藏大藏經總目錄』東北帝國大學, 1934(델게판).

RGV = E. H. Johnston (ed.), *Ratnagotravibhāga Mahāyānottaratantraśāstra*, Patna: The Bihar Research Society, 1950.

이 장은 주로 다음 졸론에 기반하고 있다. *rNgog Blo ldan shes rab's Summary of the Ratnagotravibhāga: The First Tibetan Commentary on a Crucial Source for the Buddha-nature Doctrine*. Doctoral dissertation thesis. Hamburg University, 2006. 지면 사정상, 참조한 자료에 대한 언급 중 많은 것을 할애하고, 재록한 여러 논문은 초출 서지 정보를 생략했다. 초고를 집필할 때 가와사키 이치오 川崎一洋 선생으로부터 많은 가르침을 받았다. 기록하여 감사를 표한다.

제6장

여래장과 공

마츠모토 시로

1.
여래장사상과 dhātu-vāda(기체설)

여래장과 공은 모순이라는 것이 내 기본적 이해다. 사견에 따르면 여래장은 불공 곧 영원불변하는 실재, 항상적인 실체로 설해지고 있다고 생각하기 때문이다. 여래장이 영원불변하는 실재로 설해지고 있다면, 그것은 공과 모순일 뿐 아니라 불교의 근본사상인 연기와도 모순이 될 것이다. 또 여래장은 불교의 무아설에 의해 부정된 자아 ātman와 차이가 없게 될 것이다.

이와 같은 이해에 기반해서 나는 1986년에 일본인도학불교학회 학술대회에서 '여래장은 불교가 아니다' 하는 제목의 발표를 했다. 이 발표를 논문으로 한 것이 같은 학회의 『인도학불교학연구 印度學佛教學研究』(35-1, 1986)에 게재되고, 그 후 졸저 『연기와 공 – 여래장사상 비판 縁起と空 – 如来蔵思想批判』에도 수록되었다.[1] 이 논문을 중심으로 하는 내 여래장사상 비판 및 하카마야 노리아키 袴谷憲昭의 본각사상 비판은 하카마야의 조어인 비판불교 Critical Buddhism[2]라고 불리고 국내외 불교학계에 큰 반향을 불러 일으켰다.[3]

내가 위 논문에서 '여래장사상은 불교가 아니'라고 논할 때, 나는 연기설 특히 12지 연기설에 보이는 시간적 인과관계를 설한 것으로서 연기설을 "불교"라고 규정했다. 한편 여래장사상은 "dhātu-vāda" 基體說이라고 규정했다. "dhātu-vāda"란 내 자신의 조어다. "dhātu"란 '놓는 장소' '기체' "locus"를 의미하고, "vāda"란 '설'을 의미한다. 이 "dhātu-vāda"란 내가 여래장사상의 사상적 구조를 명시하는 것으로서 가설적으로 사용하는 말이다. 그 구조는 위 논문에서 다음과 같은 구도와 그에 대한 설명으로 제시하고 있다.

그림에서 알 수 있듯이 일체는 아래에 있는 "locus"(이하 L로 약칭)와 위에 있는 "super-locus"(S로 약칭)로 이분된다. "dhātu-vāda"의 구조적 특징을 들면 다음과 같다. ① L은 S의 기체locus다. ② 따라서 L은 S를 낳는다(원인이다). ③ L은 단일하고, S는 다양하다. ④ L은 실재고 S는 비실재다. ⑤ L은 S의 본질ātman이다. ⑥ S는 비실재이기는 하지만 L로부터 발생한 것이기 때문에, 또 L을 본질로 하기 때문에, 어느 정도 실재성을 가진다. 혹은 실재성의 근거를 가진다. …… S의 '다성多性'은 "dhātu-vāda"의 구조상 불가결한 요인이기 때문에 결코 해소되지 않는다. 따라서 이른바 "현실"의 차별은 여기서 절대화된다. 반복하면, L의 단일성(=평등성)은 S의 다성(=차별)을 해소하기는커녕, 도리어 그것을 유지하고 근거지우는 원리가 된다. 이것은 명백히 차별사상이다.

이상 "dhātu-vāda"의 구조를 요약하면, 그것은 '단일한 실재인 기체dhātu가 다원적 dharma를 낳는다'고 주장하는 설이 된다. 간단하게 '발생론적 일원론'이라던가 '근원실재론'이라고 불러도 좋을 것이다.[4]

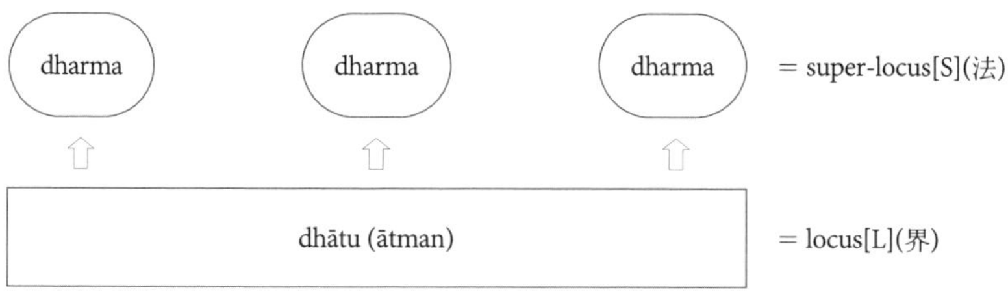

이와 같이 나는 "dhātu-vāda"를 여래장사상의 사상적 구조로 규정한다. 여기서 주의해 두고 싶은 것은, 나는 유식설도 "dhātu-vāda"의 한 형태라고 파악하고 있다는 점이다. 이 점은 내가 "dhātu-vāda"라는 용어를 처음 사용한 「『승만경』의 일승사상

에 대하여 『勝鬘經』の一乘思想について」라는 논문(1983) 중 다음과 같은 문장에서 명시되어 있다.

> 필자는 여기서 유식설과 여래장이 모두 '법계무차별'을 주장하는 점을 중시하여 하나의 가설 hypothesis을 세우고자 한다. 그것은 유식설과 여래장사상을 모두 포함하는 하나의 기체설(dhātu-vāda, the theory of locus)이라는 것이 있고, 그것은 '모든 것은 공이고 따라서 locus도 공이다' 하고 설하는 중관파의 공성설 śūnyatāvāda과 대립한다는 것이 인도대승불교사의 현실이었다는 사실이다.[5]

다만 나는 유식설 혹은 유가행파 Yogācāra의 정통설과 "dhātu-vāda"의 관계에 대해서는 그 후 사견을 약간 수정하고 있다. 곧 "상주인 것은 결과를 낳는 원인일 수 없다"는 불교적 원칙에 따라, 상주하는 일원적 실체로서 "dhātu 基體"가 아니라, 그 위에 놓인 초기체 super-locus인 "gotra 種性"나 "ālaya-vijñāna"(알라야식)가 결과를 낳는 원인이라는 것이 유가행파의 정통설이라고 생각한다. 따라서 여래장사상도 유가행파의 정통설(=유식설)도 상주하는 일원적 실체로서 "dhātu"(기체)의 존재를 인정하는 점에서는 "dhātu-vāda"(기체설)인 것에는 변함없지만, 후자는 그 "dhātu"로부터 직접 결과가 발생한다는 것을 인정하지 않는 점에서는 한정된 "dhātu-vāda"라고 봐야 할 것이다.[6]

내가 "여래장사상이란 dhātu-vāda다" 하고 규정했을 때, 이 규정이 전혀 아무런 전거없이 형성된 것은 아니다. 곧 나는 여래장사상을 설하는 다양한 경전이나 논서에 "dhātu-vāda"가 설해져 있는 것을 논증했다. 예를 들면 여래장사상을 설하는 대표적 경전의 하나로 간주되는 『승만경 *Śrīmālāsūtra*』의 티베트어역(북경판 No. 760)에는 다음과 같은 비유가 설해져 있다.

> [1] 세존이여. 예를 들면 대지는 네 가지 커다란 짐[S]의 토대[L]四重擔가 됩니다. 그 네 가지란 무엇입니까. (i) 대수온大水蘊인 대해, (ii) 다수의 모든 산과 거처, (iii) 모든 풀·관목·약초·꽃·삼림수, (iv) 모든 중생군의 토대가 됩니다(Hi, 263a8-b1).

이 4중담 비유가 제시하는 것은 '대지'가 대해·산·초목·중생이라는 네 가지 짐을 지는 '토대' 요컨대 "기체"인 것처럼 "섭수정법攝受正法 saddharmaparigraha"도 인천승·성문승·독각승·대승이라는 네 가지 승에 대해 "기체"라는 것일 게다.

또『승만경』에는 다음과 같은 경문도 보인다.

> [2] 세존이시여. 네 대하는 아나바탑타Anavatapta 호수로부터 발생한 것입니다. 세존이여. 그것과 마찬가지로 (i) (ii) 성문승과 독각승 모두, (iii) (iv) 세간적 선법과 출세간적 선법도 모두 대승으로부터 발생한 것입니다.
> 세존이시여. 예를 들면 모든 종류의 종자와, 풀·관목·약초·삼림수는 모두 대지에 의존하고, 대지에 의거하여 발생하고 성장하고 증대하는 것입니다. 세존이시여. 그것과 마찬가지로 (i) (ii) 성문승과 독각승 모두와, (iii) (iv) 세간적 선법과 출세간적 선법도[S] 모두 대승[L]에 의존하고, 대승[L]에 의거하여 발생하고 성장하고 증대하는 것입니다(Hi, 267b3-6).

이 경문의 후반은 역시 '대지'가 다양한 종자나 풀·관목·약초·삼림수에 대해 "기체"인 것처럼, '대승'이 성문승·독각승 등 네 가지에 대해 "기체"임을 말하고 있다. 또 "기체"로부터 네 가지 "초기체"가 "발생하는 것"도 이 경문 전반의 '대승으로부터 발생한다'는 말에 의해 인정되고 있을 것이다.

"단일한 기체"란 무엇을 의미하고 "네 가지 초기체"란 무엇을 의미하는가에 대해, 이 경문 [2]와 위에서 든 '4중담'의 비유를 설하는 경문 [1]은 일치하지 않는 것처럼 보인다. 하지만 무엇보다 중요한 것은 여기에 "단일한 기체"와 "다수의 초기체"의 대비가 보이고, 전자에서 후자가 "발생하는 것"이 설해져 있는 점일 것이다. 따라서 나는 『승만경』을 "dhātu-vāda"를 설하는 전형적인 경전이라고 간주하는 것이다.

또 '일체중생은 여래장 tathāgata-garbha이다' 하고 선언함으로써 여래장사상 형성의 명확한 기점이 된 『여래장경 *Tathāgatagarbhasūtra*』에 큰 영향을 준 『성기경 *Tathāgatotpattisaṃbhavanirdeśasūtra*』(티베트어역, 북경판 No. 761[43])의 다음 경문도 "dhātu-vāda"를 설하고 있다.

> [3] 대지는 물에 머물고 물은 바람에 머물고 바람은 허공에 머물지만, 허공 ākāśa[L]은 [어디에도] 머물지 않는다고 말한다. 삼천대천세계는 이와 같이 안정되어 있는 것이다(Śi, 86b4-5).

여기에는 '대지'는 '물'을 "기체"로 하고, '물'은 '바람'을 "기체"로 하고, '바람'은 '허공'을 "기체"로 하지만, '허공'은 어떤 것도 "기체"로 하지 않는 것, 요컨대 '허공'은 만물의 가장 아래에 있는 최종적인 기체라고 설하고 있다. 이것을 한역 『여래장경』은 '공무소주 空無所住'(대정10, 597c6)라고 번역하고 있다. 여기서 '무소주'란 '소주' 곧 "기체"를 갖지 않는 사실을 말하는 것이고, 자주 오해되는 것처럼 "집착할 것이 없다"는 의미는 아니다.[7] 곧 '허공'이 "무기체"인 것은 그 자신이 일체법의 최종적인 "기체"라는 사실을 의미하는 것이다.

같은 사실은 "a-pratiṣṭhāna 無住/無所住"[8]를 설하는 유명한 『유마경 *Vimalakīrtinirdeśasūtra*』의 다음 경문에서도 말할 수 있다.

[4] apratiṣṭhānamūlapratiṣṭhitāḥ sarvadharmāḥ /[9]

從無住本, 入一體法.(대정14, 547c22, 나집역)

일체법[S]은 머무는 곳pratiṣṭhāna을 갖지 않는 근본mūla[L]에 머물고 있다pratiṣṭhita.

여기서 "pratiṣṭhāna"(머무는 곳)란 "기체"를 의미한다. 따라서 이 경문은 "일체법은 무기체(일체법의 최종적인 기체)인 근본을 기체로 하고 있다"고 하는 "dhātu-vāda"(기체설)를 설하는 것이라고 생각한다.

또 『성기경』의 영향을 받아 성립했다고 간주되고 있는 『지광명장엄경 *Jñānālokālaṃkārasūtra*』에도 다음과 같이 설해져 있다.

[5] tathatāpratiṣṭhitāś ca sarvadharmāḥ saṃskṛtāsaṃskṛtāś ca /[10]

유위saṃskṛta와 무위asaṃskṛta의 모든 법[S]은 진여tathatā[L]에 머물고 있다pratiṣṭhita.

여기서는 '모든 법'의 "기체"는 "tathatā 眞如"라고 설해져 있다. 그와 같은 "기체"는 다시 『지광명장엄경』의 다음 경문에 "dharma-dhātu"(法界 제법의 기체)[11]라고도 불리고 있다.

[6] 문수여. 보리 bodhi는 구별이 없는 토대 abheda-pada[L]다. 그 중 구별이 없는 것 abheda이란 무엇인가. 토대 pada란 무엇인가. 무상(無想 asaṃjñā)이 구별이 없는 것이고, 진여 tathatā가 토대다. 머무는 곳을 갖지 않는 것(apratiṣṭhāna 無所住)이 구별이 없는 것이고 법계 dharma-dhātu가 토대다.[12]

여기서 "pada"란 "기체"를 의미하고, "abheda"(구별이 없는)란 '단일한'을 의미하므로 "abheda-pada"(구별이 없는 토대)란 "단일한 기체"를 의미하고 있다. 따라서 이 경문도 "일체법[S]의 단일한 기체[L]"의 존재를 설하는 "dhātu-vāda"를 설하고 있다고 생각한다.

그러나 내가 "dhātu-vāda" 가설을 생각할 때 가장 명확한 모델이라고 생각했던 것은 다음에 제시하는 이른바 『대승아비달마경』[13] 게송이다.

[7] anādikāliko dhātuḥ sarvadharmasamāśrayaḥ /
tasmin sati gatiḥ sarvā nirvāṇādhigamo 'pi ca /
무한한 과거 anādikālika로부터의 계(dhātu 性)는[L] 모든 법[S]의 동일한 sama 토대 āśraya다[L]. 그 존재하고 있는 것에서(그것이 존재한다면), 모든 [6]취 gati[S]가 있고 열반의 증득 nirvāna_adhigama[S]도 있다.

여기서 "sama"(동일한)란 『지광명장엄경』 경문 [6]의 "abheda"(무구별)와 마찬가지로 "기체"의 단일성을 말하는 것이다. 따라서 여기에 "일체법의 단일한 기체"의 존재가 설해져 있는 것은 명백하다. 이 "일체법의 단일한 기체"의 의미는 그것이 '열반의 증득'이라는 가치적으로 우월한 것과 '모든 취'라는 가치적으로 떨어지는 것 양자에 대해서 그것들을 낳는 원인hetu이 된다[14]는 의미다. 이것은 『부증불감경 *Anūnatvāpūrnatvanirdeśasūtra*』에서 다음과 같이 설하는 "eko dhātuḥ 一界"라는 사고방식과 일치하는 것이다.

> [8] 중생계sattva-dhātu[L]와 법신dharma-kāya[L]은 다른 것이 아니다. 법신은 중생계일 뿐이고 중생계는 법신일 뿐이다(RG, 41, 15-16).

흥미로운 것은, 앞서 『대승아비달마경』에서 말하는 "dhātu"가 알라야식ālaya-vijñāna을 의미하는 것으로서 아상가(Asaṅga 無著)의 『섭대승론*Mahāyānasaṃgraha*』에 인용[15]될 뿐 아니라, 여래장tathāgata-garbha을 의미하는 것으로서, 여래장사상을 설하는 대표적 논서인 『보성론*Ratnagotravibhāga*』(RG, Johnston ed.) 산문석에도 인용[16]된다는 점이다. 따라서 나는 "dhātu-vāda"를 여래장사상과 유식설의 공유재산이라고 본 것이다.

이미 "dhātu-vāda"의 구조를 설명할 때 서술한 내용으로부터 이해할 수 있을 것이지만, 나는 "dhātu-vāda"를 불교가 성립할 때 부정한 대상인 자아설, 요컨대 아트만론과 같은 것이라고 생각하고 있다. 환언하면 여래장사상이란 힌두교에서 영향을 받아서 불교 내에 발생한 힌두교 일원론이고, 힌두교의 브라흐만=아트만론의 불교판Buddhist version일 뿐이라고 보는 것이다. 그 힌두교 일원론이 "dhātu-vāda"를 구조로 하고 있는 것은 불교가 일어나기 이전에 성립했다고 볼 수 있는 『찬도갸 우파니샤드*Chāndogya_upaniṣad*』(VI, 8-4)에 다음과 같이 설해져 있는 것으로부터도 알 수 있을 것이다.

[9] 사랑하는 아들아. 이 모든 피조물prajā은 유sat를 근본mūla으로 하고, 유를 장소āyatana로 하고, 유를 머무는 곳pratiṣṭhā으로 하고 있다.

여기서 "mūla" "āyatana" "pratiṣṭhā"는 앞선 『유마경』 경문 [4]의 "mūla" "pratiṣṭhā"와 마찬가지로 "기체"를 의미하고 있다. 따라서 힌두교 일원론은 불교 이전부터 일관되게 "dhātu-vāda"를 그 사상구조로 했다고 생각할 수 있을 것이다.

그러나 이와 같은 내 "dhātu-vāda" 가설에 대해 여래장사상 연구의 최고 권위인 다카사키 지키도高崎直道 박사는 다음과 같이 논평했다.

다만 불교인가 아닌가는 별개로 하고(이것은 제언자들의 뜻에 완전히 반하는 것일 테지만), 마츠모토가 말하는 dhātu-vāda 가설은 여래장사상의 구조적 특색을 나타낼 뿐 아니라 그것과 일견 대립하고 있는 것처럼 보이는 유식사상(실천적으로 여래장사상은 究竟一乘, 유식사상은 究竟三乘)과 공통하는 사상구조를 나타내는 말로서 지극히 적확하고, 가설로서 유효성이 높다고 보며, 이것을 승인하고 싶다. 그 경우 dhātu-vāda는 『대승아비달마경』에서 말하는 '무한한 과거로부터의 계'라는 설을 그 모델로 한다고 봐도 좋다. 다시 거슬러 올라가면 『부증불감경』의 일계eko dhātu에 도달한다. 거기서 문제가 되는 것은 생사와 열반이 하나의 장에 있다는 것이다. 그리고 그 장이란 생사에서 열반으로 실천하는 주체인 개개의 존재다. …… 확실히 이것은 śūnyavāda에 대한 dhātvastivāda다. 하지만, 그 있다고 하는 의미를 실체, 실재로서가 아니라 이른바 실존으로서 파악해야 하지 않을까 하고 생각한다. 그리고 이 실존은 무아인 존재다. 적어도 지금 논의하고 있는 교리에서 그것은 자명하다. 지금은 그것을 실천적으로 생사와 열반의 일계론(一界論 ekadhātu-vāda)라고 부르고 싶다.

> 이 생사열반일계론의 근거는 무엇인가. 거기서 나오는 것이 법계 개념이다. 유가행파의 해석에서는 법계=연기로서 이것은 성스러운 법, 곧 불설이 발생하는 원인이라고 한다. 이것을 거슬러 올라가면 붓다 성도의 의미 해석을 목적으로 설해진 『화엄경』의 법계에 이르고, 다시 거슬러 올라가면 팔리 『상응부』의 '제법의 본성'(dharmatā 규칙)으로서 'sā dhātu'에 이른다.[17] (밑줄=필자)

이 다카사키 박사의 논평은 다양한 논점과 관련하여 대단히 중요한 것이다. 여기서는 '불교인가 아닌가는 별개로 하고' 라고 하지만, 같은 논문에서는 여래장사상에 대해 '인도사상주류와 유사한 사고가 표명되어 있는 것을 이유로 하여 불교가 아니라고 단언하는 것에 대해서 필자로서는 찬의를 표할 수는 없다'[18]고 서술하고 있다. 그러므로 다카사키 박사가 "여래장사상은 불교가 아니다" 하는 내 주장을 승인하지 않는 것은 명백하다.

그럼에도 불구하고 박사는 앞의 논평에서 dhātu-vāda에 대해 여래장사상과 유식사상에 공통하는 사상구조를 나타내는 가설로서 유효성을 어느 정도 인정했다고 생각한다. 다만 다카사키 박사와 사견 사이에는 약간의 차이가 있다. 먼저 박사는 여래장사상과 유식사상을 '구경일승'과 '구경삼승'이라는 개념으로 구별한다. 이와 같은 개념에 의해 양자를 구별하는 것이 가능할까 의문이다. 먼저 『보성론』은 한역에서는 『구경일승보성론』이라는 제명을 갖고는 있지만, 그 범어원전에 "ekayāna 一乘"이라는 단어가 전혀 사용되고 있지 않다는 중요한 사실을 다카사키 박사 자신이 지적하고 있다.[19] 또 『보성론』 주석게송[20]에서는 다음과 같은 설도 있다.

[10] 종성을 갖지 않은 자agotra들에게 이것(윤회와 열반에 대해 각각 고락의 과실과 공덕을 보는 것)은 존재하지 않는다[RG, I, v.41cd](RG, 36,9).

[11] 눈을 갖지 않은 자acakṣus는 빛나는 태양을 보지 못한다[RG, I, v.153cd](RG, 74,2).

이 게송의 해석은 쉽지는 않다. 나는 여기서 일체중생 중에 '종성gotra을 갖지 못한 자'나 '눈cakṣus을 갖지 못한 자'의 존재가 인정되고 있는 것으로 생각한다.

같은 사실을 대승『열반경』의 "일천제불성불一闡提不成佛"교설에 대해서도 말할 수 있다.『열반경』의 두 한역과 티베트어역 중에서 가장 성립이 오래되고,『열반경』산스크리트 원전과 가장 가깝다고 생각할 수 있는 법현法顯 역(417년)『대반니원경』의「문보살품」제17은 "일천제icchantika는 영원히 성불할 수 없다"는 교설을 다음과 같이 설하고 있다.

[12] 一闡提輩亦復如是. 於如來性不能開發起菩提因(대정12, 893a10-11).

따라서 적어도 여래장사상의 입장을 쉽게 '구경일승'이라고 규정할 수는 없는 것이 명백할 것이다.

또 다카사키 박사가 앞 논평에서 여래장에 대해 "그 있다고 하는 의미를 실체, 실재로서가 아니라 이른바 실존으로서 파악해야 하지 않을까 하고 생각한다. 그리고 이 실존은 무아인 존재다" 하고 논하고 있는 것에 대해서도 나는 찬성할 수 없다. '실존'이라는 말의 의미가 내게는 명확하지 않지만, 여래장을 과연 실체나 실재가 아니라 '무아인 실존'으로 설하고 있었을까.

나 자신은 이미 본론 첫 부분에서 서술한 것처럼, 여래장사상은 불공인 것 요컨대 영원불변의 실재, 항상한 실체로 설해졌다고 생각한다. 그러나 "여래장이나 불성은 영원불변의 실재가 아니다" 하는 사고방식은 여래장사상이 주류를 이뤄온 중국이나 일본 불교 전통에서는 꽤 유력한 것이었다고 말할 수 있을 것이다. 예를 들면 중국불교에 큰 영향력을 가진 『불성론』을 영역한 샐리 킹 Sallie King은 내 dhātu-vāda 가설에 대해 다음과 같이 말하고 있다.

> 그러면 내 첫 번째 결론은 dhātu-vāda 형태와 같은 불성사상에 관한 주장은 오류라는 것이다. 불성은 구제론적 방책이고 존재론적으로 중성이기 때문이다.[21]

여기서 '불성 Buddha-nature'이 존재론적으로는 중성 ontologically neutral이고, 구제론적 궁구·방책 soteriological device이라는 것은 다카사키 박사의 "실재나 실체가 아니라 무아인 실존"이라는 이해와 가까울 것이다. 그러나 나는 이하에서 "여래장=불성"은 영원불변하는 실재인 자아 ātman로서 요컨대 공이 아닌 불공인 것으로 설해졌다는 사실을 제시하고자 한다.

2.
여래장과 자아

여래장이나 불성이 불교가 본래 그 존재를 부정했다고 간주되는 "자아 ātman"로 설해졌다는 것은 여래장이나 불성을 설하는 경전을 읽으면 쉽게 이해할 수 있을 것이다. 먼저 "일체중생에게 불성 buddha-dhātu이 있다 一切衆生悉有佛性"는 선언을 한 것으로 알려져 있는 대승『열반경』을 보자. 법현 역『대반니원경』「애탄품」 제4에는 다음과 같이 설해져 있다.

[13] 彼佛者是我義. 法身是常義. 泥洹是樂義. 假名諸法是淨義(대정12, 862a13-14)

여기서 '彼佛者是我義'란 "붓다 buddha란 자아 ātman를 의미한다"라는 의미다.[22] 그 '자아'가 다시 '상' '락' '정'이라고도 불린다. 여기서 '상' '락' '정'인 '자아'의 존재를 긍정하고 있다고 생각한다. 따라서 같은「애탄품」에서는 다시 명확하게 다음과 같이도 설하고 있다.

[14] 比丘. 當知有我有常有樂有淨(대정12, 862b18)

이「애탄품」은 대승『열반경』 중에서도 가장 고층에 속하는 것으로 간주된다.[23] 여기서는 아직 "불성 buddha-dhātu"이라는 말은 사용하고 있지 않다. 하지만 '彼佛者是我義'라는 문장의 '불'이 나중에 '불성'이라 불리는 것으로 발전하기 때문에, 대승『열반경』에서 설하는 "불성 buddha-dhātu"을 "자아 ātman"로 보는 것에는 문제가 없을 것이다. 이 점은 법현 역『대반니원경』에서「애탄품」보다 나중에 성립했다고 간주되는「여래성품」 제13이 다음과 같이 설하고 있는 것으로부터도 이해할 수 있을 것이다. 여기서 '여래성 tathāgata-dhātu'이란 '불성 buddha-dhātu'의 동의어이기 때문이다.

[15] 眞實我者是如來性. 當知一切衆生悉有(대정12, 883b15-16)

그러면 그 "불=불성=자아"는 영원불변의 실재·실체가 아니라 "무아인 존재"로서 설해졌는가. 그렇지 않다. [13]에서 '彼佛者是我義'을 설하는 「애탄품」에는 다음과 같이 설한다.

[16] 當知我者是實, 我者常住, 非變易法, 非磨滅法, 我者是德, 我者自在(대정12, 863a13-14)

여기서 "불=불성=자아"는 '실' '상주' '비변역법' '비마멸법' '덕' '자재'로서 요컨대 변화와 소멸하는 일이 없는 상주불변의 실재로 설해져 있다.

'자아'가 아니라 '무아'가 원시불교 이래 불교의 중심적 교리라고 간주되어 왔다는 사실을 생각하면, 『열반경』「애탄품」에서 '불'을 '상' '락' '정' '실' '자재'인 '자아 ātman'라고 단언하는 것에 대해서는 상당한 반발이 예상되었을 것이다. 말할 것도 없이 그때까지 불교의 근본사상이라고 간주되어 온 '무아'의 교리가 역전되어, 마치 힌두교에서 설하는 '자아'의 가르침을 불교라고 선언하는 듯하기 때문이다. 그래서 「애탄품」의 작자로서는 불교가 본래 부정했다고 간주되는 '자아'의 존재를 처음으로 명확히 긍정할 때 상당히 용의주도한 준비를 하고, 사람들을 설득시킬 수 있는 논리를 구축해야 했을 것이다. 예를 들면 「애탄품」은 다음과 같이 설한다.

[17] 但汝等比丘. 先所修習無常苦空非我想者, 非眞實修(대정12, 862b7-8)

이것은 석가불이 비구들에게 대해 "그대들이 앞서 pūrvam 요컨대 이제까지 수습해 온 '무상' '고' '공' '비아'의 '상 saṃjñā'은 진실한 수습이 아니다" 하고 알리는 가르침이다. 여기 나오는 '공'이란 단어는 담무참 曇無讖 역 『대반열반경』의 대응부분과 티베트어역 대응부분에는 나타나지 않는다.[24] 그러나 '무상' '고' '비아'를 원시불교 이래의 기본적 교의로 보는 것에 이론은 없을 것이다. 예를 들면 원시불전인 『율장』 「대품」에는 다음과 같이 설해져 있다.

[18] "비구들이여, 어떻게 생각하는가. 색 rūpa은 상주 nicca인가 무상 anicca인가." "스승이여. 무상입니다." "그러면 무상한 것은 고 dukkha인가 낙 sukha인가." "스승이여. 고입니다." "그러면 무상이고, 변역의 법 vipariṇāma-dhamma인 것을 '이것은 내 것 mama이다' '이것은 나 aham다' '이것은 내 자아 āttan다' 하고 간주하는 것이 타당한가." "스승이여 타당하지 않습니다."(Vinaya I, 14,5-10)

여기서는 '색'에 대해 '무상' '고' '비아'를 말하고 있다. 이후에는 같은 문장이 5온 중 다른 4온인 수상행식에 대해서도 반복된다. 요컨대 "5온(=일체법)은 '무상' '고' '비아'다" 하는 교설이 여기서 설해지고 있다.

따라서 앞서 「애탄품」 [17]의 '先所修習無常苦空非我想者, 非眞實修'라는 경문은 원시불교 이래 설해온 '무상' '고' '비아'의 교설을 이미 과거의 것先으로 부인하고, 새롭게 '아' '상' '낙'의 교리를 수립하고자 하는 것이다. 따라서 그 '자아 ātman'의 교리를 새롭게 수립할 때 「애탄품」이 사용한 비유 하나가 앞서 '비진실수'로 끝나는 경문 [17] 직후에 놓인 다음과 같은 "유리보 vaiḍūrya-maṇi의 비유"였던 것이다.

곧 어떤 사람들이 물가에서 놀고 있을 때, 한 사람이 유리보를 물속에 떨어뜨렸다. 그래서 그것을 찾기 위해 사람들이 물속으로 들어간다. 어떤 사람은 '벽돌'을, 어떤 사람은 '나무'를 들고 각각 수면 위로 올라와 그것을 보고 '이것은 유리보가 아니다' 하고 생각한다. 그런데 유리보는 여전히 물 밑에서 빛나고 있다. 이때 한 '지혜로운' 사람이 물속에 들어가 그 유리보를 얻는다는 비유다.

이 비유가 의미하는 것은 명확하다. 곧 '유리보'는 '자아 ātman'를 의미하고, 어리석은 사람들은 '벽돌'이나 '나무'라는 '자아가 아닌 것 非我'을 들고는 '이것은 유리보(=자아)가 아니다'하고 생각했다는 것이다. 이것은 전형적인 "비아설 非我說"이다. 요컨대 "자아는 존재하지 않는다" 하고 설하는 "무아설"이 아니라, "이것은 자아가 아니다" 하고 설하는 "비아설"인 것이다. 이 "비아설"은 '자아 ātman'의 존재를 승인한 후, '자아' 이외의 것에 대해 '이것은 자아가 아니다' 하고 말하는 것이다. 이 의미에서는 "비아설"은 "유아 有我설"에 기반한 것이고, 바로 이 점을 이 "유리보의 비유"로 설하는 것이다.

그러나 주의깊게 읽으면 앞서 『율장』 「대품」 구절 [18]에서 설한 것도 엄밀히 말하면 "5온 하나하나는 자아가 아니다" 하는 의미의 "비아설"인 것이 명확하다. 다만 그 5온을 일체법이라고 보고 "5온=일체법" 이외에는 아무 것도 존재하지 않는다고 생각하면 "5온은 자아가 아니다" 하는 주장은 그대로 "자아는 존재하지 않는다"고 하는 "무아설"도 함의할 것이다.

"유리보의 비유"로 "비아설"="유아설"을 설한 「애탄품」의 작자는 불교는 본래 "비아설"="유아설"을 설했다고 논하고 있는 것은 아니다. 『열반경』 이전의 불교를 일단은 "무아설"이라고 인정한 후, 그것을 부정하는 것으로서 "비아설"="유아설"

이라는 새로운 입장을 수립하고자 하고 있는 것이다. 요컨대 언젠가부터 정착한 "불교는 무아설이다" 하는 일반적 이해를 타파하기 위해 「애탄품」의 작자는 "유리보의 비유"를 고안하고, 다시 그 외에도 "객의유약客醫乳藥의 비유"[25]라는 것도 설하지 않을 수 없었던 것이다.

이것은 '옛 의사舊醫/先醫'(=외도)가 사용한 '유약'(=자아)을 나중에 온 '객의後醫'(=붓다)가 '독'이 있다고 하여 일단은 금지하지만, 그 후 왕의 병이 낫는 것을 보고 '객의'가 다시 '유약을 드십시오'하고 고했다는 이야기다. 여기서는 '객의'가 '유약'(=자아)을 일단은 금지한 이상, 붓다가 당초는 "비아설"이 아니라 "무아설"을 설했다는 것을 승인하고, 그 후 붓다는 외도와 마찬가지로 "유아설"을 설했다는 이해가 제시되어 있다고 생각한다. 그러면 외도先醫가 설한 '자아乳藥'와 붓다後醫가 설한 '자아乳藥'는 어떤 차이가 있는가. 여기에 대해서 명확한 설명은 제시되어 있지 않다. 오히려 양자는 동일한 것이라고 간주되어 있다고 보아야 할 것이다. 붓다後醫가 나중에 설한 '자아乳藥'를 설명하는 것으로서 '當知我者是實, 我者常住, 非變易法, 非磨滅法, 我者德, 我者自在'라는 경문 [16]이 놓여 있고, 이 경문이 "상주불변하는 실재"로서 '자아ātman'를 설하고 있는 것은 명백하기 때문이다.[26]

이 『열반경』 「애탄품」의 "불=자아"라는 주장을 직접 계승한 것이 『보성론』이다. 『보성론』도 "불[성]=자아"는 결코 "무아인 존재"가 아니라, "영원불변의 실재"라고 설하고 있다. 먼저 앞 [11]의 '눈을 갖지 않은 자는 … 태양을 보지 못한다'는 『보성론』 주석게송 후의 산문주석에는 범부·성문·독각·초발심보살이라는 네 종류의 사람은 '여래장tathāgata-garbha'을 볼 수 없다고 서술되어 있다. 그 중 성문과 독각은 그 후의 설명에서는 구별되지 않기 때문에, '여래장'을 볼 수 없는 사람은 실질적으로는 (1) 범부, (2) 성문·독각, (3) 초발심보살 3자로 좁혀든다. 그러면 왜 그들은 '여래장'을 볼 수 없다고 간주될까.

먼저 (1) 범부는 '유신견 satkāya-dṛṣṭi'을 갖고 '아집 ahaṃkāra'을 갖고 있기 때문에 '여래장'을 볼 수 없다고 설하고 있다. '유신견'이란 '아견 ātma-dṛṣṭi'과 같은 것으로 간주된다. 그러나 그렇다고 해서 그들 '범부'가 '상' '락' '정'인 영원불변하는 실재로서 '자아 ātman'의 존재를 인정하고 있다는 것은 아니다. 그렇다면 '범부'가 가진 '아견' '아집'이란 『보성론』 자신의 입장과 일치하는 것이 되어 버리기 때문이다.

요컨대 범부가 가진 '아견' '아집'은 무상한 '5온'이나 '신체' 등 '자아가 아닌 것'을 상주하는 '자아'로 오인하는 것을 말하는 것이다.[27] 이런 종류의 '아견'이 『율장』 「대품」의 [18]에서 확실히 부정되고 있었던 것이다.

다음으로 '여래장'을 볼 수 없는 두 번째 사람으로 간주되는 것은 (2) '성문'·'독각'이다. 그들은 '전도 viparyāsa' 요컨대 바른 견해와는 다른 견해를 갖고 있기 때문에 '여래장'을 볼 수 없다고 간주된다. 그러면 여기서 '전도'란 무엇인가. 그것을 『보성론』 산문 주석은 다음과 같이 설명하고 있다.

> [19] 그들은 여래장 tathāgata-garbha이 상주 nitya라고 이후에 uttari 수습해야 하지만, 상주라는 상 nitya-saṃjñā의 수습 bhāvanā과는 반대로 무상 anitya이라고 하는 상 想의 수습에 애착하고 있다. 여래장은 낙 sukha이라고 이후에 수습해야 하지만, …… 고 duḥkha라는 상의 수습에 애착하고 있다. 여래장은 자아 ātman라고 이후에 수습해야 하지만, …… 비아 anātman라는 상의 수습에 애착하고 있다. 여래장은 정 śubha이라고 이후에 수습해야 하지만, …… 부정 aśubha이라는 상의 수습에 애착하고

있다.

이와 같이 하여 모든 성문·독각은 법신 dharma-kāya의 획득을 결여한 길 mārga에 애착하고 있기 때문에, 그 최고의 상·낙·아·정을 상(相 lakṣaṇa)으로 하는 성(性 dhātu)은 그들의 [이해가 미치는] 영역이 아니라고 설한 것이다(RG, 74,11-19).

여기서 '이후에 uttari'라고 말한 것이 중요할 것이다.[28] 요컨데 그것은 『율장』 「대품」 [18]과 같이 '무상' '고'인 '5온을' "자아가 아니다" "비아다" 하고 수습하는 것만으로는 충분하지 않고, 이후에, 곧 '무상' '고'인 '5온'을 '비아'라고 간주하는 것 이외에, '상' '낙'인 '자아'가 존재하는 것을 이해해야 한다는 의미일 것이다. 따라서 『보성론』은 [19] 후에 『열반경』 「애탄품」의 "유리보의 비유"를 인용하고,[29] 그들의 "비아설" = "유아설"이라는 입장의 근거로 삼고 있는 것이다.

3.
여래장과 공

이미 서술한 것처럼 『보성론』 [11]에서 '태양을 보지 않는' 사람들은 산문주석에서 실질적으로는 세 가지로 분류하고, 그 중 세 번째 사람을 '초발심보살'로 간주한다. 그 원어는 "nava-yāna-saṃprasthita"다. 이것은 '새롭게 [대]승으로 출발한 자'를 의미한다. 이 '초발심보살'은 『보성론』 주석문에서는 『승만경』의 호칭에 기반하여 '공성에 의해 혼란된 마음을 가진 자 śūnyatāvikṣipta-citta'라고도 불리고, '여래장에 관한 공성의 도리 tathāgatagarbha-śūnyatā_artha-naya'를 잃어버린 자라고 설명되고 있다.[30]

여기서 '새롭게 대승으로 출발한 자'와 '공성에 의해 혼란된 마음을 가진 자'라는 두 단어의 의미를 함께 생각하면, 여기서 "여래장을 볼 수 없는 자"로 간주되는 것은 초기 대승경전인 『반야경』의 공사상을 지지하는 사람들, 특히 나가르주나(Nāgarjuna 龍樹)를 따르는 중관파 Mādhyamika를 가리킬 것이라는 사실은 쉽게 추측할 수 있다. 요컨대 영원불변의 실재인 '자아'로서 '여래장'의 존재를 설하는 여래장사상은, 같은 대승불교이긴 하지만, 초기 대승불교 사상을 대표하는 『반야경』의 공사상을 부정하는 안티테제로서 이후에 설해진 것이라는 의식을 『보성론』의 작자는 갖고 있었던 것이다. 이 점은 『보성론』 제1장 본송에 다음과 같이 설해져 있는 것으로부터 이해할 수 있을 것이다.

> [20] 일체 sarva는 구름·꿈·환영처럼 완전히 공 śūnya이라고 알아야 한다고 [이전에] 여러 [경전]에서 설했는데, 여기서 iha 또 punas 왜 이와 같이 불성 buddha-dhātu이 모든 중생에게 있다 asti고 제불은 설했는가[RG, I, v, 156] (RG, 77,12-15).

여기서는 "일체법은 공 śūnya이다" 하는 공사상이 이전에 설해지고, "불성 buddha-dhātu이 있다 asti" 하는 여래장사상이 이후에 설해졌다는 인식이 나타나고 있다. 그것과 동시에 '공 śūnya'과 '유 asti'라는 두 술어는 모순이라는 이해도 서술되고 있다. '불성이 모든 중생에게 있다'는 주장은 앞의 본송 [20]을 주석하는 『보성론』 제1장 제160게송에서는 '[불]성 dhātu이 있는 것 dhātv-asti'이라는 말로 표현되고 있다.[31] 아마 여기에 근거하여 다카사키 박사는 앞의 논평에서 '확실히 이것은

śūnyavāda에 대한 dhātvastivāda지만' 하고 서술한 것일 게다.

이와 같이 여래장사상 곧 "dhātvastitva" 혹은 "dhātvastivāda"란 초기 대승을 대표하는 『반야경』의 공사상과 상반하는 것으로 정립되었다고 생각된다. 따라서 그 "dhātu"를 실체 혹은 실재가 아니라 "무아인 실존"으로 간주하는 것은 적절하지 않을 것이다. 그러나 『반야경』의 공사상이 이른바 대승불교의 공유재산으로 간주되고, 어떤 대승불교사상도 표면적으로는 그 공사상을 표방해야만 했다고 생각한다. 따라서 여래장사상도 공을 설해야만 하는 책무를 지고 있었다. 그것을 실제로 설한 것이 『보성론』에서 말하는 '여래장에 대한 공성의 도리'라는 교리였던 것이다. 그러면 그것은 "여래장은 공이고 실재하지 않는다" 하고 설한 것일까. 실은 완전히 그 반대다.

『보성론』이 '여래장에 관한 공성의 도리'라는 교리를 설할 때 전거로 인용한 것은 『승만경』의 다음과 같은 경문이다.

[21] 여래장 tathāgata-garbha[A]은 분리되고 vinirbhāga, 지智와 떨어진 mukta-jña,[32] 모든 번뇌의 껍질 kleśa-kośa[B]에 대해서는 공 śūnya이지만, 갠지스 강의 모래 수를 넘은, 분리되지 않은, 지智와 떨어지지 않은 불가사의한 붓다의 모든 속성 buddha-dharma[C]에 대해서는 불공 aśūnya이다(RG, 76,8-9).

이것을 『보성론』의 주석게송에서는 다음과 같이 바꿔 말하고 있다.

[22] 성 dhātu[A]은 분리되어 있는 특징을 가진 객[진] āgantuka[B]에 대해서는 공 śūnya이지만, 분리되어 있지 않은 특징을 가진, 무상 anuttara의 제법[C]에 대해서는 불공

aśūnya이다[RG, I, v, 155] (RG, 76,3-4).

여기서 '공 śūnya'이란 어떤 의미를 가진 것일까. 그것을 『보성론』의 산문주석에서는 『승만경』 경문 [21]을 인용한 직후에 다음과 같이 설명하고 있다.

[23] 이와 같이 evam '어떤 것[B]이 어떤 것[A]에 없을 때, 그것[A]은 그것[B]에 대해 공 śūnya이다 yad yatra nāsti tat tena śūnyam 하고 바르게 본다. 그러나 그것[A]에 뭔가 남아있는 것 avaśiṣṭa[C]이 있을 때, 그것[C]은 그것[A]에 존재하는 것 sat으로서 있다 asti고 여실하게 yathā-bhūtam 안다'(RG, 76, 9-10).

[21] [22]에서 '공 śūnya'이라는 형용사는 "~을 갖지 않은" "~을 결여하고 있는 void of"이라는 의미임을 알 수 있다. 마치 "컵에 물은 없지만 우유는 있다"고 하는 것을 "컵은 물에 대해서는 공이지만 우유에 대해서는 불공이다" 하고 표현하는 것과 마찬가지다. [21]의 용어를 사용하면 '여래장'[A]에 '번뇌의 껍질'[B]은 없지만 '붓다의 모든 속성'[C]은 있다는 사실을 『보성론』은 '여래장에 관한 공성의 도리'라고 칭하고 있는 것이다. 이 '여래장' '번뇌의 껍질' '붓다의 모든 속성'이라는 3자를 [23]에 보이는 3자와 맞추어 보면 각각이 그 A, B, C에 해당한다는 것은 명확할 것이다.

여기서 주의해야 할 것은 『보성론』 산문주석 [23]에서 괄호로 묶은 부분은 인용 형식을 완비하고는 있지 않지만, 실질적으로는 원시불전의 『소공경』, 팔리불전으로 말하면 『중부』(*Majjhima-nikāya* MN) 제121경 *Cūḷasuññata-sutta*로부터 인용이라는 점이다.[33] 이 『소공경』은 단계적인 선정의 심화를 설하는 경전이다. 거기서는 팔리어로 '공 suñña'이라는 형용사와 함께 '불공 asuñña'이라는 형용사도 사용하고 있는 것이 특징적이다. 이 경전은 먼저 불타가 녹모강당에서 아난다에게 다음과 같은 비유를 설하면서 시작한다.

[24] 예를 들면 이 녹모강당[A]은 코끼리·소·말·양[B]에 대해서는 공suñña이다. …… 그러나 비구승단[C]이라는 불공인 것asuññata만은 있다[34](MN, III, 104, 14-17).

먼저 여기서 '공'이란 "void of …"를 의미하고, "컵은 물에 대해서 공이다" 하는 것과 논리적으로 동일하다. '녹모강당'[A]에 '코끼리' 등[B]은 존재하지 않지만, 거기에는 '비구승단'[C]은 존재한다는 것이다.

그러면 이 비유로 붓다는 무엇을 설하고자 하는가. 그것이 계속하여 [24]에 다음과 같이 서술된다.

[25] 그것과 마찬가지로 아난다여. 비구는 마을이라는 상 saññā을 사유하지 않고 amanasikaritvā, 사람이라는 상을 사유하지 않고, 숲 arañña이라는 상을 조건으로 paṭicca 하나인 것 ekatta을 사유한다. …… 그는 다음과 같이 안다. '마을이라는 상을 조건으로 발생하는 모든 번뇌 daratha는 여기에 없다. 사람이라는 상을 조건으로 발생하는 모든 번뇌는 여기에 없다. 그러나 숲이라는 상을 조건으로 있는 하나인 것이라고 하는 이 번뇌만은 있다. …… 숲이라는 상을 조건으로 있는 하나인 것이라고 하는 이 불공인 것 asuññata만 있다'(MN, III, 104,21-28).

그리고 이 직후에 『보성론』 [23]에서 괄호로 묶은 부분과 거의 일치하는 정형구가 놓여있는 것이다. 이 정형구 중의 A B C를 『소공경』 [25]에 맞추어 보면 '숲이라는 상'이 A, '마을이라는 상· 사람이라는 상을 조건으로 발생하는 번뇌'가 B, '숲이라는 상을 조건으로 있는 번뇌'가 C에 해당한다고 생각할 수 있다. 다만 『소공경』 [24][25] 어느 쪽에서도 '공 suñña'과 '불공 asuññata'이라는 두 형용사 사이에 엄밀한 의미에서는 모순이 존재하지 않는다. 요컨대 양자에서 '공'의 의미가 다르다. 거기서 '공 suñña' 쪽은 구격명사와 결합하여 "~에 대해 공이다" "~을 결여하고 있다 void of"를 의미하는데 대해, '불공 asuññata' 쪽은 "존재하지 않는 것은 아니다" "존재한다(not inexistent, existent)"를 의미하기 때문이다. 그리고 이 '존재하는 것'이 위의 정형구에서는 '남아있는 것(avasiṭṭha, avaśiṣṭa)'이라는 단어로 표현되고 있다. 이 단어에 의해서도 시사되듯이 이 '남아있는 것'은 다시 이후의 깊은 선정 단계에서는 그 존재가 부정되는 것이다. '숲이라는 상' 다음에는 '대지라는 상'을 사유하는 것에 의해 앞 단계에서 '남아있는 것'으로서 존재하고 있던 '숲이라는 상을 조건으로 있는 번뇌'가 부정되고, 다음 단계에서는 '공무변처상 空無邊處想'을 사유하는 것에 의해 '대지라는 상을 조건으로 있는 번뇌'가 부정되어 가는 것처럼, '남아있는 것'으로서 '존재하는 것' '불공인 것'은 선정의 심화와 함께 차례로 부정되어 가는 것이다. 이와 같이 선정은 다시 '식무변처상 識無邊處想' '무소유처상 無所有處想'으로 순차적으로 깊어져 간다. 마지막으로 '무상심정 animitto cetosamādhi'이라는 선정에 들어가, 여기서 '심해탈 心解脫'이 달성된다. 거기서도 다시 생명이 있는 한 '신체 kāya'와 '생명 jīvita'을 조건으로 하는 '번뇌'는 '남아있는 것'으로서 있다고 설한다. 그리고 『소공경』은 이것을 아는 것을 '최고· 무상의 공성 이해 parama_anuttarā suññata_avakkanti'라고 부르고 있다.

이상이 『소공경』이 설한 내용의 요약이다. 이 경전의 공사상 특히 『보성론』 [23]에도 인용된 정형구에 나타난 공 이해를 유가행파 Yogācāra가 자신들 공이해의 기초로 채용하고, 『보살지 *Bodhisattvabhūmi*』, 『아비달마집론 *Abhidharmasamuccaya*』, 『중변분별론 *Madhyāntavibhāga*』, 그리고 이미 본 것처럼 『보성론』 산문주석에 인용한다.

이 중 『보성론』과 유가행파의 관계에 대해서는 다카사키 박사가 다음과 같이 서술한 견해를 오늘날에는 정설로 보아야 할 것이다.

> 『보성론』도 특히 주석에서 보는 한, 유가행파의 술어가 많이 사용되고 있고, 『장엄경론』의 게송을 인용한 것도 보이기 때문에 유가행파의 소산이라는 사실은 거의 틀림없을 것이라고 생각한다.[35]

그렇다면 유식사상을 설하는 『섭대승론』이나 여래장사상을 설하는 『보성론』이 모두 유가행파의 소산이라는 것이 된다. 양 문헌에 앞선 [7]의 '무시시 無始時의 계 anādikāliko dhātu'라는 게송이 인용되는 것으로 보아도 유식사상·여래장사상을 설하는 유가행파의 근본이론은 "기체"인 dhātu [A]의 존재를 설하는 dhātu-vāda 基體說고, 이 dhātu-vāda를 『소공경』의 정형구에 나타난 공이해에 기반하여 설한 것이 유가행파였다는 것이 내 기본적 이해다.

유가행파가 『소공경』의 정형구를 처음 인용한 문헌은 『보살지 *Bodhisattvabhūmi*』 (BBh, Dutt ed.)라고 생각되므로, 『보살지』 「진실의품」에서 문제의 정형구가 어떻게 해석되고 있는지를 이하에서 보기로 한다. 거기서는 '잘못 이해한 공성(惡取空 durgṛhītā śūnyatā)'과 '잘 이해한 공성(善取空 sugṛhītā śūnyatā)'이 대비되고, 그것이 차례로 설명된다. 후자의 설명에 문제의 『소공경』 정형구가 인용되지만, 전자인 '잘못 이해한 공성'의 설명에서 이미 이 정형구가 의식되고 있는 것을 다음 구절에 의해 이해할 수 있을 것이다.

[26] '잘못 이해한 공성'이란 무엇인가. 사문 혹은 바라문이 어떤 것[B]에 대해 공yena śūnyam인 바로 그것[B]을 [있다고] 인정하지 않고, 어떤 것[A]이 공yat śūnyam이라는 바로 그것[A] 조차도 [있다고] 인정하지 않는다면, 이것이 '잘못 이해한 공성'이라고 말한다. 왜 그런가. 어떤 것[B]에 대해 공이라는 바로 그것[B]은 존재하지 않으므로asat, 또 어떤 것[A]이 공이라는 바로 그것[A]은 존재하므로sat 공성이 성립하기 때문이다. 모든 것sarva이 존재하지 않는다면, 어디서 무엇이 무엇에 대해 공이 될 것인가(BBh, 32,5-9).

여기서 서술되고 있는 것은 공에 관한 『소공경』의 정형구에서 A의 존재와 B의 비존재다. 요컨대 "yena śūnyam"[B]뿐 아니라 "yat śūnyam"[A]도 존재하지 않는다고 곧 일체가 존재하지 않는다고 본다면, 그것은 '잘못 이해한 공성'이 되는 것이다. 이것은 명확히 "일체는 공이고 존재하지 않는다" 하고 설하는 『반야경』이나 그것을 계승한 중관파 공사상에 대한 유가행파의 비판이다. 유가행파는 '소 등'[B]을 결여한 '녹모강당'[A]과 같이, 혹은 "물[B]에 대해 공인 컵[A]"과 같이, "공인 것yat śūnyam"[A] – 이것을 티베트불교에서는 '공성의 기체stong gzhi'"라 부른다 – 만은 존재한다sat고 주장하고 있는 것이다.

그러면 '잘 이해한 공성'은 어떻게 설명되고 있을까. 다음과 같다.

[27] 어떻게 '잘 이해한 공성'이 되는가. 다음과 같이 yatas '…… [정형구] …….
이것이 여실하고 전도가 없는 공성의 이해 śūnyatā_avakrānti다.'[36] 곧 전술했듯이 색 rūpa 등이라고 불리는 사상(vastu 基體)[37][A]에 '색' 이라는 가설 prajñapti-vāda을 본성 ātman으로 하는 법 dharma[B]은 존재하지 않는다. 그러므로 색 등으로 불리는 그 사상[A]은 '색' 등의 가설을 본성으로 하는 것[B]에 대해서는 공 śūnya이다. 그런데 색 등이라 불리는 그 사상[A]에 대해 남아있는 것 avaśiṣṭa이란 무엇인가. 그것은 그와 같은 tad eva '색'이라는 가설의 소의 āśraya[A]다.
그는 그 양자 ubhaya, 곧 존재하고 있는 사상뿐인 것 vastu-mātra[A]과, 사상뿐인 것에 대한 가설뿐인 것[B]을 여실히 알고, 존재하지 않는 것[B]을 증익하지 samāropayati 않고, 존재하지 않는 것[A]을 손감하지 apavadate 않는다. 부가하지 않고 줄이지 않으며, 취하지 않고 버리지 않는다(BBh, 32,11-19).

여기서 '……'로 생략한 부분에 『소공경』 정형구가 놓여있다. 여기서도 문제가 되고 있는 것은 A와 B 2항뿐이다. 곧 '색' 등으로 불려 가설되는 것[B]은 그 가설이 이루어져 있는 기체(vastu, āśraya)[A]에는 존재하지 않는 것을 "A는 B에 대해 공이"라고 한다. 그렇다고 해서 "가설의 기체"[A]가 존재하지 않는다는 것은 아니다. 그것은 확실히 존재한다고 말한다.

요컨대 『보살지』「진실의품」 모든 논의의 요점은 "일체법은 공이고 존재하지 않는다"는 『반야경』이나 중관파의 주장에 대해 "가설의 기체"고, "공성[A에 B가 없는 것]의 기체"이기도 한 "기체"[A]는 존재한다고 설하는 것이었다. 이것은 바로 "dhātu-vāda"를 설하는 것이다.

여기서 다시 『보성론』 본송 [20]에 대해 생각해 보자. 거기서는 붓다가 먼저

"일체법은 공 śūnya이다" 하고 설하고, 나중에 "일체중생에게 불성 buddha-dhātu이 있다 asti" 하고 설해졌는데, 이 두 설이 모순은 아닌가 하는 문제가 제기되었다고 생각된다. 문제의 중심은 "일체법은 공이고 존재하지 않는다" 하는 것이 바른 것인가 혹은 "기체 dhātu[A]만은 존재한다" 하는 것이 바른 것인가 하는 점이다. 『보성론』 본송 [20]에서 '불성 buddha-dhātu은 있다 asti'고 서술된 주장은 주석게송인 제1장 제160송에서는 이미 서술한 것처럼 '성 dhātu이 있는 것 astitva'이라는 말로 표현되고, 다시 그것이 '궁극의 논서 uttara-tantra'라는 『보성론』 자신의 입장이라고 명언되었다. "기체 dhātu는 있다"는 것이다.

이 "기체설 dhātu-vāda"을 명시하는 점에서 말하면 『승만경』 경문 [21]보다도 역시 『보성론』에 인용된 다음 경문이 중요할 것이다.

> [28] 그러므로 세존이시여. 여래장 tathāgata-garbha[A]은 결합해 있는 saṃbaddha, 분리되지 않은 avinirbhāga, 지혜와 떨어지지 않은 amukta-jñāna, 무위 asaṃskṛta의 제법[C]에 대해 토대 niśraya, 장소 ādhāra, 머무는 곳 pratiṣṭhā[基體]입니다. 세존이시여. 여래장은 결합해 있지 않은, 분리되어 있는, 지혜와 떨어진, 유위 saṃskṛta의 제법[B]에 대해서도 토대, 장소, 머무는 곳입니다(RG, 73,2-5).

여래장사상에서도 가장 중요한 것은 B도 아니고 C도 아니라, 유위법[B]·무위법[C]을 포함한 일체법의 단일한 "기체"로서 "dhātu"[A]의 존재라는 사실이다.[38]

이미 반복해서 서술한 것처럼 이와 같은 주장은 『반야경』이나 중관파의 공사상 곧 "일체법은 공이고 존재하지 않는다" 하는 공사상과는 모순이다. 『반야경』의 최고 형태를 보여준다고 간주되는 『팔천송반야경 *Aṣṭasāhasrikāprajñāpāramitāsūtra*』(AS, Vaidya ed.) 제1장은 다음과 같이 설한다.

[29] 세존이시여. 환영 māyā과 색 rūpa은 다르지 않습니다. 세존이여. 색이야말로 환영이고, 환영이야말로 색입니다(AS, 8,29-30).[39]

이 표현은 5온 중 수상행식에 대해서도 반복된다. 여기서 말하는 것은 '색' 등의 5온=일체법은 '환영' 곧 실체 없는 것이고, 실재하지 않는다는 의미일 것이다. 따라서 『보성론』 본송 [20]에서는 '일체는 공이다 śūnyam sarvam'라고 하는 『반야경』의 공사상을 가리키고 있다고 생각된다.

또 나가르주나의 『근본중송 *Mūlamadhyamakakārikā*』(MK, de Jong ed.) 제24장 제1송에서 '이 일체는 공이다 śūnyam idaṃ sarvam' 하고 말하는 것도 나가르주나 자신의 중관파로서 입장을 보여주고 있다. 여기서 '공 śūnya'이라는 것은 유가행파의 해석처럼 '~을 결여하고 있다' '거기에 ~이 없다 void of ~'는 의미가 아니라, 단순히 '존재하지 않는다 inexistent' 하는 의미인 것은 다음과 같은 『근본중송』 제1장 제1송이 보여주고 있다.

[30] 모든 법 bhāva은 스스로 발생하는 것도, 다른 것으로부터 발생하는 것도, 양자로부터 발생하는 것도, 우연히 발생하는 것도 [아니다.] 어떤 것도 어디에서도 결코 존재하지 않는다 na vidyate(MK, I, v. 1).

『근본중송』 제1장 제1송에서 설한 것은 "일체법은 존재하지 않는다 na vidyate"는 것이다. 이것이 중관파에게 "일체법은 공이다" 하는 것의 의미다.

유가행파가 "x는 공이다" 하고 말할 때, x의 실재성은 부정되기는커녕 긍정된다. 그것은 "컵은 물에 대해서 공이다" 하는 언명이 "컵에서 물의 비존재"를 서술할 뿐으로, 컵의 존재를 부정하지 않는 것과 마찬가지다. 이에 대해 중관파가 "x는 공이다" 하고 말하는 것은 "x는 존재하지 않는다"는 것을 의미한다. 따라서 "일체법은 공이다" 하는 『반야경』의 주장은 "일체법은 존재하지 않는다"는 의미로 이해되는 것이다.

이 점에서 중관사상과 여래장사상에 관한 나가오 가진 長尾雅人 박사의 다음과 같은 평가는 적절할 것이다.

> 후자에 따르면 공성의 진정한 의미는 '무'고, 철두철미하게 다만 무다.[40]
>
> 여래장에서 본질인 이 불성은 동시에 존재하면서 비존재하는 것일 수는 없다. 그것은 철두철미, 순수히, 영원히 절대적인 '존재'일 뿐이다.[41]

여기서 '후자'란 중관파를 가리키고 '그것'은 '불성'을 가리키고 있다. 따라서 여기서 나가오 박사는 중관파 공사상의 '무'의 입장과 여래장사상의 '유'의 입장을 완전히 모순인 것으로 파악하고 있다. 이 견해에 나도 찬성한다.

나아가 나가오 박사는 위 언급 뒤에 주를 붙여서 다음과 같이 서술한다.

> 내게는 여래장이 뭔가 최고의 지위를 점하고 있는 것처럼 보인다. 그것은 바라문 철학에서 brahman, ātman 등 '절대적 존재'와 몹시 닮은 지위다.[42]

'여래장'='불성'이란 영원불변의 실재인 '자아'ātman고, 여래장사상은 기본적으로는 힌두교의 brahman=ātman 사상의 불교판 Buddhist version일 뿐이라는 내 견해에서 보면, 이 나가오설에도 찬성하지 않을 수 없다.[43] 따라서 '여래장'='불성'은 실체·실재가 아니라 "무아인 존재"라는 해석은 아마 성립하지 않을 것이다. 본 논문 처음에 서술한 것처럼 여래장과 공은 모순인 것이다.

4.
끝으로 – 여래장사상의 전개

이상 서술한 사견에 대해 다음과 같은 반론이 예상된다. 그것은 여래장사상은 "dhātu-vāda 基體說"로서, 실재론적이고 "유"적인 경향을 점차 강화해 갔을지도 모르지만, 초기에서는 그와 같은 실재론적 경향을 그 정도로 명확히 보여주지 않았던 것은 아닐까 하는 반론이다. 이 반론에는 확실히 일리가 있다. 내가 "dhātu-vāda 基體說"라고 부르는 사상 형태는 『승만경』『부증불감경』『보성론』에서는 매우 명료하다. 하지만 그 이전에 성립했다고 간주되는 『여래장경』이나 대승 『열반경』에는 그 정도로 명확히 설해져 있다고는 생각할 수 없기 때문이다.[44] 아마 이와 같은 이해에서 시모다 마사히로 下田正弘는 다음과 같이 서술하고, 내 견해를 비판한 것일 게다.

dhātu의 근본 의미를 locus로 하는 것에 이견은 없지만, 『열반경』의 경우에는 붓다의 element, 나아가서는 essence에 가까운 의미로 사용되고 있고, locus의 의미로 해석하는 것은 불가능하다.[45]

그러나 시모다가 다시 아래와 같이 말할 때, 이 주장에 반드시 찬성할 수는 없다.

따라서 열반경이 『여래장경』을 전제로 하고 있고 garbha와 dhātu가 동의어라고 해석한다면, 그 garbha는 중생 안에 포함되어 있는 '태아'라는 의미일 수밖에 없다. 일부 연구자 사이에서 확신되고 있지만 오해해서는 안 될 것은, 적어도 이 열반경의 dhātu는 현상을 성립시키는 장소 등이 아니라, 억지로 말하면 처격 용법에서도 알 수 있듯이 중생 쪽이 dhātu를 포함하는 장소라는 것이다.[46] (밑줄=필자)

『열반경』「애탄품」의 [13] [14] [16] 및 "유리보의 비유"에서는 '상' '낙' '정'인 '자아 ātman'의 존재가 인정되고 있다. 이 '자아'가 「여래성품」 [15]에 이르러 '여래성 tathāgata-dhātu'이라 불렸다. 따라서 "일체 중생에게 불성이 있다"(*asti buddhadhātuḥ sarvasattveṣu=一切衆生悉有佛性(대정12, 881b24))는 「분별사정품」 제10의 주장에는 하등 기이한 곳이 없다. '자아 ātman'는 바로 "일체중생의 [신체] 안에 있는 것"으로 생각되고 있기 때문이다. 그러나 이 때문에 '중생 쪽이 dhātu를 포함하는 장소다' 하고 이해하는 것은 타당하지 않다. "Brahman"="ātman"은 우파니샤드 문헌에서는 [9]에서 설하는 것처럼 만물의 단일한 "기체"임과 함께 모든 중생의 신체 안, 특히 '심장 hṛdaya'에 있다고 간주되기 때문이다.[47]

"dhātu-vāda 基體說"가 『여래장경』이나 『열반경』에는 명확한 형태로는 설해 있지 않다는 것을 인정한다고 해도, 이미 본 것처럼, '무주'를 설하는 『유마경』 경문

[4]에는 "dhātu-vāda"가 설해져 있다. 게다가 『유마경』은 지겸 支謙에 의한 한역(3세기 전반)이 존재하는 것에서도 알 수 있듯이, 그 성립은 '2세기'로 간주되기도 하는 오래된 대승경전이다. 거기에는 다음과 같은 문장이 있다.

[31] dharmakāyās tathāgatāḥ nāmiṣakāyāḥ[48]

如來法身 非思欲身(대정14, 523c6) [지겸 역]

모든 여래 tathāgata는 법신 dharmakāya이지, 육신 āmiṣakāya이 아니다.

한편 『열반경』 「순다품」에는 다음과 같은 문장이 있다.

[32] 如來法身 非穢食身(대정12, 860b11)

이 문장도 『유마경』과 같은 범문[31]을 원문으로 한다고 생각되고 있다. 따라서 『유마경』과 대승 『열반경』 양자가 밀접한 관계에 있는 것은 명백하다. 후자의 "법신상주 法身常住"설도 『유마경』이 설한 것의 연장선상에 있다고 보인다.

또 『여래장경』에 영향을 준 『성기경』에도 [3]에 보이는 것처럼 "dhātu-vāda"가 설해져 있기 때문에, 『여래장경』 이전에 "dhātu-vāda"가 이미 설해져 있었다는 것은 확실할 것이다.

게다가 『여래장경』은 『열반경』에 앞서, 이미 '자아 ātman'의 존재도 인정하고 있었다고 나는 생각하고 있다. 곧 이 경에서 '일체중생은 여래장 tathāgata-garbha이다' 하는 선언이 이루어진 것은 명백하다. 이 '여래장 tathāgata-garbha'이라는 말은 '연꽃의 안(padma-garbha 蓮華藏)'이라는 단어와 관련하여 서술되었다는 점이 중요하다. 『여래장경』에는 아홉 가지 비유가 설해져 있다. 그 중에서도 가장 중요한 것은 첫 번째 비유다. 그 취지를 요약하면 "연꽃의 안padma-garbha에 여래가 있는 것처럼, 일체중생 안에 여래가 있다"는 것이다. 따라서 이 첫 번째 비유에서 설하는 '일체중생은 여래장tathāgata-garbha이다' 하는 선언은 "일체중생 안에 여래가 있다" 곧 "일체중생은 여래라는 내용물garbha을 갖고 있다tathāgata-garbha" 하는 의미로 이해해야 한다. 여기서 "tathāgata-garbha"라는 소유복합어의 후분을 이루는 "garbha"라는 명사는 '태아embryo'가 아니라 '내용물content'을 의미하는 것이다.[49]

그렇다면 왜 『여래장경』은 "ātman"의 존재를 인정한다고 말할 수 있는 것일까. 그것은 '연꽃의 안padma-garbha'이라는 단어에서 '연꽃padma'이 '심연화(心蓮華 hṛt-padma/hṛdaya-puṇḍarīka)' 곧 "연꽃의 형상을 한 심장"을 가리킨다고 생각하기 때문이다. 게다가 불교 이전에 성립한 고우파니샤드 이래의 힌두교 전통에서는 "자아ātman는 심장hṛdaya 안에 있다"고 간주되어 왔기 때문에, 『여래장경』의 첫 번째 비유는 '연꽃(=심장, padma) 안에 있는 '자아ātman'를 '여래tathāgata'라고 설한 것이라고 이해할 수 있다. 따라서 『여래장경』의 '일체중생은 여래장이다' 곧 "일체중생은 여래라는 내용물을 갖고 있다" "일체중생 안에 여래가 있다"라는 선언은 실은 "일체중생 안에 자아ātman가 있다"는 주장과 동의어인 것이다. 그러므로 『열반경』 「애탄품」에서 설한 "붓다=자아"라는 주장은 이미 『여래장경』에서 불명확하지만 제시되어 있었다고 보아야 할 것이다.

그런데 '일체중생은 여래장tathāgata-garbha이다' 하는 선언에서 '일체중생'의 술어였던 '여래라는 내용물을 가진tathāgata-garbha' 이라는 형용사(소유복합어)는 그 후

하나의 명사로 독립하여 "여래라는 내용물"(여래=내용물)이라는 의미가 되고 "일체중생"이 아니라 "일체중생 안에 있는 어떤 것"이 '여래장 tathāgata-garbha' 곧 '여래라는 내용물'로 불리게 된다.

말할 것도 없이 이 "tathāgata-garbha"라는 명사가 다시 『열반경』에 이르러 '여래성 tathāgata-dhātu', '불성 buddha-dhātu'이라고 불리게 된다. 그러면 왜 『열반경』은 "일체중생 안에 있는 것"을 "tathāgata-garbha" 대신 "tathāgata-dhātu"로 표현한 것일까. 혹은 그와 같이 표현할 필요가 있었던 것일까.

먼저 생각할 수 있는 것은 "일체중생 안에 '여래라는 내용물 tathāgata-garbha'이 있다"고 말해도 이것은 논리적으로는 '일체중생은 여래장이다' 하는 선언에 의해 설해진 "일체중생 안에 여래가 있다"는 주장과 변함이 없다는 점이다. 그러나 이 주장은 생각해 보면 기이한 것은 아닐까. 이 주장을 읽은 독자는 "도대체 우리 신체 안 어디에 여래가 있는가" 등으로 의심스럽게 생각할 것이다.

실은 "일체중생 안에 여래가 있다"고 하는 『여래장경』의 주장은 원래 "일체중생 안에 여래의 지혜 tathāgata-jñāna가 있다"고 하는 『성기경』의 "미진함천微塵含千의 비유"에 영향을 받아 형성된 것이었다.[50] 따라서 "일체중생 안에 있는 어떤 것"이 『여래장경』에서는 '여래의 지혜'에서 '여래' 그 자체로 변경되었다고 볼 수 있다. 『성기경』처럼 "일체중생 안에 여래의 지혜가 있다"고 한다면 사람들에게 기이한 인상을 주지 않았을 것이지만, 『여래장경』처럼 "일체중생 안에 여래 그 자체가 있다"고 하는 것은 너무 기이하지 않았을까. 그러나 『여래장경』이 "일체중생 안에 있는 것"을 '여래의 지혜'에서 '여래' 그 자체로 굳이 변경한 이유는, 이미 서술한 것처럼, "padma-garbha"의 비유를 사용하여 "여래=자아"라는 "ātman"론을 주장하기 위해서였다고 생각한다.

그러나 "일체중생 안에 여래가 있다"는 주장이 사람들에게 품게 할 기이한 인상을 불식하기 위해서는 "일체중생 안에 있는 것"으로 간주되는 '여래tathāgata' 혹은 '여래라는 내용물tathāgata-garbha'을 다시 다른 말로 표현할 필요가 생겼을 것이다. 그래서 『열반경』에서 채용한 것이 "tathāgata-dhātu"라는 말이었다고 생각할 수 있다. 그러면 왜 이 말을 채용한 것일까. 혹은 엄밀히 말하여 왜 "tathāgata-garbha"라는 복합어의 후분을 이루는 "garbha"가 "dhātu"로 바뀌었던 것일까.

이 점에 대해 시모다는 다음과 같은 견해를 서술하고 있다.

> 이 dhātu는 바로 '신체적 요소의 dhātu'라고 생각할 수밖에 없다. 이제까지의 흐름을 보면, 그것은 śarīradhātu와 강하게 결합한다. 불교 일반의 많은 문맥에서 이 dhātu는 유골을 의미한다.[51]

대승『열반경』이 "tathāgata-garbha" 대신에 "tathāgata-dhātu" "buddha-dhātu"라는 말을 채용한 배경에는 불타의 유골 곧 불사리 관념의 중시가 있는 것이다.

"dhātu"가 붓다의 사리(舍利 śarīra=遺骨)를 의미하는 것은 확실하다. 나 자신도 일찍이 원시불전의『열반경』에서 붓다의 유체를 화장한 후, 그 상태를 서술한 '유골sarīra만이 남았다'라는 경문에 대해 다음과 같이 논했다.

> 여기서 화장에 의해 무로 돌아간 육체가 "B"로 생각되고, 화장에도 불구하고 존속하여, 그 후에도 영원히 계속해서 존재한다고 간주되는 유골이 "A" 곧 상주불변하는 "아트만"이라고 간주되고 있는 것은 명확할 것이다.[52]

이 영원불멸하는 "아트만"과 동일시되고, "아트만" 그 자체에 단순히 대체되고 있을 뿐인 "유골"로서 "dhātu"가 대승 『열반경』에 이르러 "불성"(buddha-dhātu 붓다의 기체, 붓다의 유골)이라고 표현되는 것에 조금도 논리적 비약은 없다.[53]

여기서는 원시불전 『열반경』의 "sarīra"="dhātu"가 대승 『열반경』의 "buddha-dhātu"로 발전한다는 이해를 서술한 적이 있다.

그러나 대승 『열반경』이 "tathāgata-dhātu"라는 용어를 채용한 배경으로서, 유골로서 "dhātu" 곧 "śarīra-dhātu"만을 강조하는 것은 적절하지 않을 것이다. 왜냐하면 먼저 첫 번째로 대승 『열반경』「분별사정품」에서 "일체중생에게 불성 buddha-dhātu이 있다고 선언했을 때, 이 "buddha-dhātu"라는 말은 그것을 읽은 독자에게 "붓다의 유골"을 의미한다고 이해될 일은 없었을 터이기 때문이다. 요컨대 이 말은 "유골"이 아닌 "어떤 것"의 의미를 독자는 당연히 이해할 것으로 경전 작자가 사용하였다고 생각한다. 그러면 그 의미란 무엇일까.

대승 『열반경』이 "일체중생 안에 있는 것"을 "tathāgata-garbha"에서 "tathāgata-dhātu"로 바꾼 이유로서, 역시 가장 중시해야 할 것은 앞서 다카사키 박사가 장문의 논평 끝에 "다시 거슬러 올라가면 팔리 『상응부』의 '제법의 본성(dharmatā 규칙)으로서의 sā dhātu'에 이른다" 하고 지적한 다음과 같은 『상응부 Saṃyutta-nikāya』 경문에 나타난 "dhātu"일 것이다.

[33] 비구들이여. 연기 paṭiccasamuppāda란 무엇인가. 비구들이여. 생이라는 연 paccaya으로부터 노사가 있다. 여래들이 [세상에] 출현해도, 여래들이 출현하지 않아도 이 계(dhātu 기체)는 머무는 것 ṭhita이고, 법으로서 머무는 것 dhammaṭṭhitatā이고, 법

의 결정성 dhammaniyāmatā이고, 이것을 연으로 하는 것 idappaccayatā이다. 그것을 여래는 현등각하고 현각한다(SN, II, 25,17-21).

여기서 '연기'가 여래의 출세·불출세에 관계없이 영원히 존재하는 "진리"로서 "dhātu"라 불리고 있다. 게다가 이 경문 [33]과, 내 견해에 따르면 "dhātu-vāda"를 설한다고 생각되는 『대승아비달마경』의 게송 [7]에 대해 히라카와 아키라平川彰 박사는 다음과 같이 논하고 있다.

그러나 이 게송에 『상응부』의 12연기를 계로 보는 설을 결부시켜도 전혀 무리가 없다. 상술한 것처럼 12연기로서 '계'는 여래의 출세·불출세에 관계없이 상주하기 때문에 '무시시래'라고 말해도 좋다.[54]

계로서 연기는 단순한 도리가 아니라 '실재'다. 이와 같이 연기를 계로 보는 점에서 연기 이해에서 원시불교와 대승불교에 그다지 차이가 없었다는 것을 알 수 있다.[55]

이에 대해서는 나도 기본적으로 찬성한다.[56]

그런데 만약 『대승아비달마경』의 게송 [7]이 원시불전에 있는 『상응부』 경문 [33]의 "dhātu"설을 의식하여 형성되었다고 한다면 『대승아비달마경』 보다 성립이 오래된 대승 『열반경』이 "tathāgata-garbha"를 대신해 "tathāgata-dhātu"라는 단어를 채용했을 때도, 이 동일한 경문 [33]의 "dhātu"설을 의식하고 있었다는 것은 당연히 생각할 수 있는 것이 아닐까. 그러므로 내게는 이 『상응부』 경문 [33]이야말로 대승 『열반경』이 '불성 buddha-dhātu'이라는 말을 채용하게 된 진정한 근거라고 인정하고 싶은 것이다. 실로 이 경문이야말로 불교에서 여래장사상 전개의 진정한 기원이었다. 다카사키 박사가 지적하듯이, 이 경문이 후세에 준 영향은 압도적인 것이었다.

그러면 『대승아비달마경』의 게송 [7]에 "dhātu-vāda"가 설해져 있다고 한다면, 『상응부』 경문 [33]에도 그것이 설해져 있는 것일까. 혹은 경문 [33]에서 "dhātu"라는 말도 "기체"를 의미하는 것일까. 일견 그와 같이 이해하는 것은 불가능해 보인다. 그러나 여기서 주목하고 싶은 것은 '머무는 것 ṭhita/sthita'이라는 말이다. 이것은 적어도 "A에 B가 있다고 하는 처격 관계와 관련하는 말일 것이다. 그렇다면 '머무는 것' = "dhātu"란 그 처격 관계에서 "기체"(A)일까 아니면 "초기체"(B)일까 하고 묻는 것이 가능할 터다.

여기서는 "dhātu"가 "초기체"를 가리키고 있다고는 생각하기 힘들다. 먼저 첫째, "dhātu"의 원의는 역시 '놓은 장소' '기체'라고 생각한다. 둘째, 여래의 출세·불출세에도 불구하고 영원히 존속한다고 간주되는 "dhātu"가 만약 "초기체"라면, 그것은 너무나 불안정한 존재라고 할 수밖에 없을 것이다. 히라카와 박사는 위 인용문에서 '실재'라는 말을 사용했지만 『찬도갸우파니샤드』 [9]에서도 보인 것처럼, 만물의 근저에 확고부동한 것으로서 존재하고 있는 "기체"야말로 '실재 sat'라는 사고방식은 이른바 인도사상의 공통 이해일 것이다. 그렇다면 『상응부』 경문 [33]에서 말한 "dhātu"란 '실재'임과 동시에 "기체"라고 간주되고 있다고 볼 수 있지 않을까. 또 내가 그 "dhātu"설을 계승하고 있다고 간주하는 대승 『열반경』의 "buddha-dhātu"라는 말에서도 "dhātu"는 역시 "기체"라는 의미를 보존하고 있고, 그렇기 때문이야말로 '실재'라고도 간주되고 있다고 생각할 수는 없을까.

이상, 이 논문의 결론을 말하면 "dhātu" = "buddha-dhātu" = "tathāgata-dhātu", '계' = '불성' = '여래장'은 '자아 ātman'이고 '실재'여서 '공'이 아니라는 것이다.

---

1 졸저 『縁起と空』(大藏出版, 1987: 1-9).

2 袴谷의 본각사상 비판 및 '비판불교'의 제창에 대해서는 袴谷憲昭 『本覺思想批判』(大藏出版, 1989), 『批判佛教』(大藏出版, 1990) 참조.

3 袴谷의 논문 세 편 및 「如來藏思想は佛教にあらず」를 포함한 내 논문 다섯 편의 영역, 더불어 袴谷와 내 본각사상 비판과 여래장사상 비판에 대한 평가와 반론 등을 집성한 영어 논문집이 다음과 같이 출판되었다. Jamie Hubbard & Paul Swanson eds., *Pruning the Bodhi Tree - The Storm over Critical Buddhism*, University of Hawai'i Press, Honolulu, 1997. 이 논문집은 2004년에 『修剪菩提樹』(上海考籍出版社)로 중국어로 번역되었다.

4 『縁起と空』(大藏出版, 1987: 5-6).

5 『縁起と空』(大藏出版, 1987: 313).

6 이 점에 대해서는 졸저 『佛教思想論』 上(大藏出版, 2004) 제2장 「瑜伽行派とdhātu-vāda」 참조.

7 『縁起と空』(1987: 233-236). 졸저 『禪思想の批判的研究』(大藏出版, 1994: 401-405, n.177; 554-557) 참조. '所住'는 '소의'와 마찬가지로 "기체"를 의미할 것이다.

8 현장은 "apratiṣṭhāna"를 '無所住'(대정14, 573b21)라고도 번역한다.

9 大正大學綜合佛教研究所梵語佛典研究會 『梵藏漢對照 『維摩經』』(大正大學出版會, 2004: 268,16) 참조.

10 大正大學綜合佛教研究所梵語佛典研究會 『梵藏漢對照 『智光明莊嚴經』』(大正大學出版會, 2004: 88,2-3) 참조.

11 "dharma-dhātu"가 "제법의 기체"를 의미하는 것은 『현관장엄론』*Abhisamayālaṃkāra* 제1장 제39송에 나타나 있다. 이에 대해서는 『縁起と空』(1987: 7) 참조.

12 『梵藏漢對照 『智光明莊嚴經』』(2004: 108,2-4). 다만 "katamo bhedaḥ"는 "katamo 'bhedaḥ"로 교정했다.

13 『대승아비달마경』에 대해서는 勝呂信靜 『初期唯識思想の研究』(春秋社 1989: 195-197, n.10) 참조. 또 스구로 박사는 같은 책에서 '이 경은 『섭대승론』에서 설하는 내용이 불설에서 유래하는 것을 보여주기 위한 전거(성전으로서 근거)로 삼기 위해 만들어진 것은 아닐까. 혹은 무착 자신이 만들었을 가능성도 생각할 수 있을 것이다'(『初期唯識思想の研究』(1989: 194)) 하는 주목할 만한 견해를 서술했다.

14 후출하는 『승만경』 [28] 문장에 보이는 이른바 "염정의지"설에서도 같은 사고방식을 인정할 수 있을 것이다. 또 "dhātu"의 어의를 "hetu"因라고 설명하는 것은 유가행파의 일반적 해석이다. 이것은 『섭대승론석』(대정31, 324a23), 『중변분별론석』*Madhyāntavibhāgabhāṣya*(Nagao ed, 24,2), 『보성론』(RG, 72,10) 등에서 인정된다.

15 『섭대승론』(대정31, 133b14-15). 長尾雅人 『攝大乘論 和譯と注解』(講談社, 1982: 75-76, 付錄 9) 참조.

16 RG, 72,13-14 참조.

17 高崎直道『大乘佛教思想論 II』(高崎直道著作集 第3卷, 春秋社, 2009: 430-431).

18 高崎直道『大乘佛教思想論 II』(高崎直道著作集 第3卷, 春秋社, 2009: 430).

19 高崎直道『如來藏思想の形成』(高崎直道著作集 第4卷, 春秋社, 2009: 149) 참조. 또 한역에서 한 곳에만 '일승'(대정31, 831b1)이라고 되어 있는 곳은 범어 원문(RG, 36,13-14)에서는 '3[승] 중 어느 하나의 법'이라는 문장을 번역한 것으로 보인다. 高崎直道校註『寶性論 法界無差別論』(新國譯大藏經 論集部 I, 大藏出版, 1999: 188, n.4) 참조.

20 『보성론』은 본송과 주석게송과 長行釋이라는 세 층으로 이루어져 있는 것을 高崎 박사가 해명했다. 高崎直道『寶性論』(講談社, 1989: 389-396) 참조. 본론에서는 長行釋을 산문주석이라고 부르고자 한다.

21 King. S. B., "The Doctrine of Buddha-Nature is Impeccably Buddhist", *Pruning the Bodhi Tree*, 190,10-12: My first conclusion, then, is the assertion concerning Buddha-nature thought as a form of dhātu-vāda is false, for Buddha-nature is a soteriological device and is ontologically neutral.

22 이 "붓다란 자아를 의미한다"는 주장은 이후의 두 번역본 곧 담무참 역과 티베트어역(북경판 No.778)에서는 주어와 술어가 역전되어, '我者卽是佛義'(대정12, 377b21), '자아란 붓다의 의미다'(Tu, 32b4-5)하는 주장으로 변경되었다. 이 변경은 "붓다란 자아를 의미한다"라는 너무나 명료한 아트만설을 불교적으로 유화하고자 하는 시도에서 이루어진 것일 게다. 졸론「『涅槃經』とアートマン」『前田專學博士還曆記念論集 "我"の思想』(春秋社 1991: 150) 참조.

23 下田正弘『涅槃經の硏究 – 大乘經典の硏究方法論試論』(春秋社 1997: 162, 176) 참조.

24 담무참 역(대정12, 377c28-29)에서는 '무상'과 '고'의 상만 언급되고, 티베트어역(Tu, 33b3)에서는 '고' '무상' '비아' '부정'의 상이 언급된다. 그러나 [17]에서 '무상' '고' '공' '비아'라는 네 가지를 열거한 것은 북전 아함에서는 일반적이라는 사실을 藤田宏達 박사가 논증하고 있다. 藤田宏達「原始佛教における空」(佛教思想 7『空』下(平樂寺書店, 1982: 422-423)) 참조.

25 이 비유에 대해서는 橫超慧日『涅槃經』(サーラ叢書 26, 平樂寺書店, 1981: 98) 참조.

26 따라서 나는 橫超慧日의 다음과 같은 견해에는 찬동할 수 없다.
"앞서 무아로 부정되었던 자아와 지금 자아로 긍정되는 자아는 그 본질이 완전히 다른 것에 주목해야 한다. 앞서는 자아를 개체적으로 혹은 실재적으로 생각하고 있었기 때문에, 그러한 것을 부정하는 의미에서 무아라고 설한 것이다. 지금 긍정되는 자아는 실체로서 존재하는 것이 아니라 법성이 진실로 상주고, 스스로 주체가 되어 다른 것의 소의가 되면, 그 자신의 본성이 불변하는 것을 자아라고 이름한 것일 뿐이다"(橫超『涅槃經』1981: 100-101).

27 "비아인 것"을 '자아'로 오인한다는 의미에서 '아집'은 "유아설"에서도 당연히 부정된다. 곧『보성론』제1장 본송60(이 본송을 세는 방법은 高崎 校註『寶性論 法界無差別論』에 따른다)(RG I, v, 157)에서는 붓다가 다섯 가지 오류를 버리기 위해 "일체중생에게 불성이 있다"고 설했다고 한다. 그 하나가 "ātma-sneha"(자아에 대한 애착)다. 중요한 것은 어떤 텍스트에서 '아집'이 부정된다고 해도, 거기서 반드시 "자아가 존재한다"는 견해가 부정된다고 할 수는 없다는 점이

다. "자아가 존재한다"고 인정해도 "비아인 것"을 "자아"로 집착하는 '아집'은 부정되기 때문이다.

28 『보성론』 [19]에서 "uttari"라는 단어는 다음과 같은 『보성론』 제1장 제160송의 "uttari"와 관련되어 있을 것이다.
"앞서 pūrvam [일체법은 공이고, 환영과 같다고] 확정했기 때문에 또 이 구경 uttara의 논서 tantra에서 tantre punar ihottare 다섯 가지 오류를 버리기 위해, 性이 있다는 사실 dhātv-astitva이 설명되었다."
여기서 "uttara"는 "이후" "더 뛰어난" "궁극의"를 의미하고 "uttara-tantra"는 『보성론』의 별명이다. 『보성론』 [19]의 "uttari"와 이 게송에서 "uttara"를 거의 동의어라고 간주하면 『보성론』은 "무아" "고" "비아"를 설하는 원시불교보다, 또한 "일체법은 공이다" 하고 설하는 초기대승불교(『반야경』)보다 "이후의" "더 뛰어난" "최후의" 설을 설한 것이라는 자부를 갖고 있었던 것이 확실하다.

29 RG, 74,22-75,11.

30 RG, 74,6; 75,13-14.

31 미주 28) 참조.

32 이 "mukta-jña"라는 단어에 대해서는 高崎直道「AMUKTAJÑAの語義について」(『如來藏思想 II』法藏館 1989: 40-47) 참조.

33 『소공경』의 공사상과 유가행파의 수용에 대해서는 長尾雅人「空性における「余れるもの」」(『中觀と唯識』岩波書店, 1978: 542-560), 向井亮「『瑜伽論』の空性説 –『小空經』との關連において–」(『印度學佛敎學硏究』22-2, 1974: 368-375), 藤田宏達「原始佛敎における空」(p.450-457), 袴谷憲昭「空性理解の問題點」(『本覺思想批判』p.39-52) 참조.

34 팔리 불전에서 [24]의 끝부분은 "yadidaṃ bhikkhusaṃghaṃ paṭicca ekattaṃ"으로 되어 있다. 이 중 "paṭicca ekattaṃ"이라는 단어는 '然有不空, 唯比丘衆'(대정1, 737a9)이라는 한역에 대응하지 않는 것으로 보인다. 따라서 "...saṃghaṃ"이라는 목적격 형태는 불합리하다. 따라서 이 단어를 생략하고 번역했다.

35 高崎『寶性論』p.396.

36 여기까지가 『소공경』의 인용이다.

37 "vastu"는 '物' '事'뿐만 아니라 '依' '依處' '依事'로도 한역되듯이, "사물"뿐 아니라 "기체"도 의미한다는 사실을 알지 못하면, [27]의 논의를 정확히 이해할 수 없다.

38 유위법과 무위법의 "단일한 기체"라는 사고 방식은 『지광명장엄경』 [5]에도 설해져 있다.

39 이 경문은 상대적으로 오래되었다. 이는 『도행반야경』(179년 역)에 '爾天中天, 幻與色無異也, 色是幻, 幻是色'(대정8, 427a20-21)이라고 번역되어 있는 것으로부터 이해할 수 있을 것이다.

40 長尾「空性における「余れるもの」」p.546.

41 長尾「空性における「余れるもの」」p.552.

42 長尾「空性における「余れるもの」」560, n.36.

43 다만 長尾박사가 유가행파의 사상과 여래장사상을 구별하여, 후자를 순수하게 '존재'를 설하는 것이라고 보고, 전자를 '존재와 비존재라는 이중성' '허망분별과 공성 사이에 발견되는 이중 구조'(長尾「空性における「余れるもの」」 p.554)를 설한다고 간주하는 것에 대해서는 찬동할 수 없다. 『소공경』의 정형구를 인용하는 것에서 알 수 있듯이, 두 사상은 모두 "공성의 기체"[A]의 존재를 설하는 "dhātu-vāda"라고 생각하기 때문이다.

44 다만 법현 역 『대반니원경』「애탄품」에는 '百穀藥木, 及諸珍寶, 皆從地出. 一切衆生, 依得生長. 如來如是. 出生妙善諸甘露法'(대정12, 861c5-7)이라는 경문이 있다. 이 경문에는 '地'='여래'를 "기체"로 하여 '妙善'이 발생한다는 "dhātu-vāda"가 설해져 있는 것이다. 게다가 이 「애탄품」은 이 경문 이후에 '불'='자아'를 설하는 [13]이 서술하고 있기 때문에, 「애탄품」은 '지'='여래'='불'='자아'라는 "dhātu-vāda"가 설하고 있다고 생각한다.

45 下田正弘「ブトゥンの如來藏解釋」(山口瑞鳳監修『チベットの佛教と社會』(春秋社, 1986: 337, n.22).

46 下田『涅槃經の研究』 p.269.

47 이에 대해 金澤篤「シャンカラとhṛdaya」(『"我"の思想』) 449-462, 졸저『禪思想の批判的研究』 p.248-251 참조.

또 *Bhagavadgīta*(BhG)에는 '일체중생에게 있는 아트만(자아)을 보고, 또 아트만에서 일체중생을 본다'(BhG VI, 29abc)는 구절이 있다. 이 구 후반은 '자아'(brahman=ātman)가 일체중생의 "기체"고, 전반은 일체중생이 "자아"의 "기체"라고 설하고 있는 것처럼 보인다. 그러나 전반은 단순히 일체중생의 [심장] 안에 "ātman"이 있다는 것을 서술하는데 지나지 않고, 일체중생이 "ātman"의 "기체"라고 서술하고 있는 것은 아니다. 이 점은 다음 게송에서도 알 수 있을 것이다. '일체중생 萬物은 내게 있지만, 나는 그들에게 머물지 않는다'(BhG, IX, 4cd), '내게 mayi 이 일체는 고정되어 있다'(BhG, VII, 7c), '나는 모든 것의 기원 prabhava이다. 나로부터 mat-tas 모든 것이 발생한다'(BhG, X, 8ab). 여기서는 '나'aham="ātman"="brahman"을 만물의 "기체" "원인"으로 하는 "dhātu-vāda"가 명확히 설해져 있다.

48 『梵藏漢對照『維摩經』』(132,2)

49 나는 일찍이 『여래장경』의 "tathāgata-garbha"를 '여래의 용기'로 번역했지만(『禪思想の批判的研究』 p.494-496), Zimmermann교수의 연구 특히 "garbha"를 "inside"로 번역하는 해석(Zimmermann M., *A Buddha Within: The Tathāgatagarbhasūtra*, Tokyo, 2002: 40-46, 59-62)을 받아들여, 자설을 교정했다. 이 교정에 대해서는 『佛教思想論 上』 p.453-454, n.138 참조.

50 高崎直道『如來藏思想の形成 II』(高崎直道著作集 第5卷, 春秋社, 2009: 249-250), 高崎『寶性論』 248, n.3, 졸저『禪思想の批判的研究』 p.478-483 참조.

51 下田『涅槃經の研究』 p.268-269.

52 졸론「『涅槃經』とアートマン」 p.143-144.

53 졸저『縁起と空』 p.266.

54 平川彰「縁起思想の源流」(平川彰博士古稀記念論文集『佛教思想の諸問題』春秋社 1985: 27)

55 平川彰「縁起思想の源流」(平川彰博士古稀記念論文集『佛教思想の諸問題』春秋社 1985: 27-28).

56 그러나 平川박사는 그 후 「縁起と界」(『平川彰著作集 第1巻 法と縁起』 春秋社 1988: 561)에서 『대승아비달마경』의 "dhātu"에 대해 다음과 같이 논한다.
"따라서 '계'는 원인의 의미지만, 이른바 '제1원인'과 같은 실체는 아니다. 그러므로 '무시시래'라고 해도 그것이 '계'가 모든 존재에 우선하는 제1원인, 만물을 출생시키는 근본실재와 같다고 간주되지는 않는다는 사실은 말할 필요 없다." (밑줄=필자)
여기서 박사는 '계'에 대해 '실재'에서 '비실재'로 의견을 수정한 것으로 보인다.

제7장

열반경과 동아시아 세계

후지이 교코

1.
시작하며

『열반경』에는 석존의 만년부터 입멸, 다비, 사리 8분까지 기술한 이른바 소승 『열반경』과 대승불교 흥기 후에 편찬된 대승 『열반경』 두 종류가 있다. 후자는 『승만경』 등 여래장계 경전과 거의 동시대에 인도 대승불교에서 성립했다고 간주되고 있다.[1] 소승 『열반경』과 대승 『열반경』 양자는 동일하게 붓다의 열반을 테마로 하지만 그 성립 시기에는 큰 간격이 있다. 내용적으로도 후자는 전자에 없는 대승사상을 설하고 있어서 큰 사상적 진전이 보인다. 이 대승 『열반경』이 5세기 초에 동아시아 한자문화권에 전래된 이후, 중국·한반도·일본의 3국 불교에 미친 사상적 영향은 지극히 큰 것이었다.

대승 『열반경』은 붓다의 죽음에 대한 대승불교도의 한 가지 해석이 담긴 책이다. 경은 붓다의 죽음을 직접적인 모티프로 하여, 붓다의 영원성의 근거를 그 본질인 법신에서 구하고, 그 법신의 상주성에 기반하여 붓다의 영원성 곧 여래상주如來常住를 주장했다. 그때 열반의 4덕 '상락아정常樂我淨'을 발판으로 종래 불교에서는 터부시되었던 '자아ātman'라는 말을 그 4덕의 하나로 사용하여 상주하는 여래를 형용하고 있다. 그리고 경은 다시 여래상주(如來常住=法身常住)에서 한발 나아가, 붓다와 동일한 상주하는 법신이 중생 자신에게 내재한다고 하고, 중생 안에 있는 그 법신을 불성(佛性 buddha-dhātu)이라 부르고 '일체중생실유불성一切衆生悉有佛性'을 주장했다.

본고는 이 대승 『열반경』이 동아시아 한자문화권 불교에서 어떻게 해석·수용되어, 또 어떤 사상적 영향을 주었나 하는 것을 중국불교를 중심으로 검토하고자 한다.

2.
대승『열반경』의 한역

대승『열반경』 한역 텍스트에는 그 권수가 1, 2권인 소본 텍스트와 그 이상인 대본 텍스트 두 가지가 있다. 소본 대승 텍스트로서 유일하게 현존하는 것은 서진西晋 축법호竺法護 역『방등반니원경』뿐이다. 게다가 이 텍스트 내용은 대본 대승 텍스트와 공통하는 것이 없고, 불신상주佛身常住도 아직 설해져 있지 않다. 따라서 본고에서 대승『열반경』으로 취급하는 것은 대본 텍스트다. 현존하는 대본 텍스트는 다음 4본이 있다.

① 법현法顯 역『대반니원경』 6권, 동진東晋 의희義熙 13-14년(417-418) 역.
② 담무참曇無讖 역『대반열반경』 40권, 북량北凉 현시玄始 3-10년(414-421) 역. (북본)
③ 혜엄慧嚴·혜관慧觀·사령운謝靈運 등에 의한 40권본의 재치본再治本『대반열반경』 36권 (남본)
④ 야나발다라若那跋陀羅 역『대반열반경후분』 2권, 7세기 전반 역.

① 법현 역 6권본『대반니원경』번역 상황은『출삼장기집』제8에 실린 경의 후기에 따르면 다음과 같다.

의희 13년 10월 1일, 사공司空이라는 직책을 가진 사석謝石이 세운 도량사道場寺에서 이 방등대반니원경을 번역하다. 14년 정월 2일에 이르러 교정을 마치게 되었다. 선사禪師 불대발타佛大跋陀가 손에 호본胡本을 들고 보운寶雲이 전역傳譯하다. 그때 자리에 250인이 있었다.

의희 13년(417) 10월부터 시작해 다음 해 정월 2일에 끝났으므로 정확히 3개월간의 역업이다. 호본을 송출誦出한 불대발타는『여래장경』을 번역한 불타발타라佛陀跋陀羅다. 번역 장소도 같은 건강建康의 도량사다. 이때 전역자 보운은 남조불교계에서 가장 범어에 능숙한 사람이고『승만경』을 번역할 때도 전역을 맡은 사람이었다. 텍스트의 경제목 아래에는 역자로 '동진 평양平陽사문 법현 역'이라고 되어 있지만, 법현이 직접 번역에 관여했는가는 의문이다. 경의 후기에 있는 것이 실상일 것이다.

다음으로 ②『대반열반경』40권, 이른바 북본『열반경』번역은 담무참이 북량 현시 10년(421)에 완료하였다.『고승전』권2에 실린 그의 전기에 따르면 이것은 3회로 나누어진 번역에 의한 것이라고 전한다. 담무참은 범본을 갖고 북량의 수도 고장姑臧에 들어가 3년간 중국어를 배운 후 그 범본을 번역했다. 이것이 40권 중 앞 10권이다. 그러나 번역 후 아직 품수가 부족하다는 것을 알고 원본을 구하기 위해 중인도로 돌아갔지만, 얻지 못한 채 귀국길에 올랐다. 귀로인 우전于闐에서 열반경중분의 원본을 얻고 그것을 고장에서 번역했다. 이것이 제2회 번역이다. 이 번역 후 다시 품수가 부족하여 시자를 우전으로 파견하여 열반경후분을 얻고 그것을 번역했다. 이것이 제3회 번역이다. 초분에서 후분까지 합해서 40권이 된 것이다. 담무참은 이 번역 후에도 열반경후분 곧 「다비품」을 포함한 부분이 아직 부족하다고 하여, 십 수 년 후 북량 의화義和 3년(433)에 경의 후분을 찾아 여행을 떠났지만, 40리를 가다가 하서왕河西王 몽손蒙遜이 보낸 자객에게 암살당했다고 한다.

후세 고가쿠布施浩岳 박사는 이 3회 분역에 대해 담무참이 매회 미완의 원본을 입수하고 번역 후 그 품수 부족을 알았다고 할 것이 아니라, 초분 10권, 중분까지 20권은 각각 완결된 경전이었고, 열반경 텍스트 그 자체가 40권으로 정리되기 이전에 앞 10권, 20권으로 발전하였기 때문이라고 하고 있다. 요컨대 경전 성립의 3단계가 그대로 번역에 반영되어 3회 분역으로 나타난 것이다.[2]

그러나 『출삼장기집』 권8 소재 작자미상의 「대반열반경기」에서는 처음으로 담무참이 한역한 것은 첫 5품뿐이고, 이 부분은 지맹智猛이 인도에서 가져온 호본으로서, 잠시 동안 고창국高昌國에 있었던 것이라고 한다. 뒤 제6품 이후는 원래 돈황에 있었던 호본을 담무참이 번역한 것이다. 하지만 아직 부족분이 있어서 그것을 구해, 인도의 도인에게 받은 2만 5천 게송 상당의 호본 텍스트를 한역했다고 한다. 이와 같이 담무참 역 40권 텍스트의 한역에 대해서도 불명확한 점이 많다.

다시 덧붙이자면, 현존하지는 않지만, 지맹에게 20권본의 번역이 있었다. 지맹(智猛 ?-453)은 서역 구법승의 한 사람이다. 혜교慧皎 『고승전』 권3 소재의 전기에 따르면 후주後秦 홍시弘始 6년(404)에 동지 15명과 장안을 출발하여 계빈罽賓, 가비라위국迦毘羅衛國을 거쳐 화씨성(華氏城 Pātaliputra)에 이르러, 여기서 『니원경』 『마하승기율』의 호본을 얻었다고 한다. 이 호본을 갖고 돌아와 양주에서 원가元嘉 원년(424)에서

14년(437) 사이에 번역한 것이 『니원경』 20권이다. 다만 이 20권본은 일찍부터 결본이 되어, 이미 『출삼장기집』 권2에는 결본으로 취급하고 있다. 지맹이 번역할 때 이미 담무참의 40권본이 번역되어 있고, 그 수치본修治本인 36권본도 완성되어 있었기 때문에 그의 20권본은 별로 주목받는 일 없이 일찍부터 사라져 버렸을 것이다.[3]

이상과 같이 한역 대승 대본 『열반경』 현존 텍스트에는 6권본, 40권본, 36권본과 『대반열반경후분』 2권이 있다. 티베트어역 텍스트로서는 한역으로부터 중역인 40권본과 『후분』을 합한 것에 상당하는 것 및 법현의 6권본에 상당(40권으로 말하면 최초 10권)하는 것이 있다

티베트어역 텍스트 두 종 중 후자는 한역 6권본보다 증광이 있고 40권본보다는 작으며, 정확히 6권본과 40권본 중간에 위치하는 것으로 간주되고 있다. 현재 이 티베트어역 텍스트의 내용까지는 인도불교의 소산인 것이 확인되어 있지만, 40권본의 제11권 이후 30권 및 『후분』은 인도불교 성립의 확실성이 보증되어 있지 않다. 그러므로 지맹의 20권본의 존재는 6권본 및 그것에 상당하는 티베트어역과 40권본과 사이의 틈을 메우는 것일 가능성을 보여주는 것이기는 하지만, 그것이 사라진 지금은 가능성을 시사하는 것에 머물 수밖에 없다.[4]

3.
열반종의 성립

법현역 6권본 『열반경』 번역으로부터 4년 후인 421년에 북지에서 담무참이 40

권본(북본)을 한역하였다. 그것이 남조 유송劉宋 430년 말에 남도 건강建康에 전해졌다. 그 북본에 혜엄과 혜관, 사령운 등이 6권본과 대비하면서 장 구분을 세분화하거나 자구의 수정이나 삭제 등 수정을 더해, 36권본의 개정본을 작성했다. 이것을 남본이라고 한다. 이 남본 완성(436년경) 이후, 남조의 불교인과 이후 수당의 불교인들은 주석을 작성하거나 할 때 이 남본에 많이 의거하고 있다.

『열반경』은 6권본 번역 이후 얼마 지나지 않아 동진의 불교계에 수용되고 연찬되었다. 그것은 경이 붓다의 불신상주를 설하여 여래의 상주성을 주장하고, 동시에 그 상주성의 근거인 법신이 중생에게 불성으로 내재해 있다는 '일체중생실유불성'을 주장한 것에 기인한다. 중생에게 내재하는 성불의 가능성으로서 불성의 설시는 대승불교의 이상인 일승개성사상一乘皆成思想에 명확한 근거를 주는 것이었기 때문이다.

또 중국불교계에서는 동진 이래 신멸神滅·신불멸神不滅론이 흥기하였다. 당시 유학자 등이 신멸론을 주장한 것에 대해 불교인은 3세 응보의 인과설을 제창하고 '신'(神, 자기 심신의 주체)의 불멸을 주장하고 있었다. 그 '신'은 윤회전생의 주체로 상정되는 것이다. 불교 무아설에 저촉하는 그와 같은 주체가 중국에서는 얄궂게도 불교인이 주장하는 상황이 되었다. 그 교리상 모순을 해소한 것이 불성설이었다. 경이 설하는 불성은 본래 그와 같은 윤회의 주체는 아니지만, 중국불교인들은 깊은 반성없이 불성과 '신'을 동일시함으로써 그 교리적 모순을 해소하는 교설로서 불성설을 수용했던 것이다.[5]

그런데 법현의 6권본 『열반경』 번역을 계기로 그 교설내용을 수용하여 찬앙讚仰하고, 나아가 깊이 연구 해석하려는 불교인들이 나타났다. 후세에 이와 같은 『열반경』을 중심으로 하는 학계, 혹은 사람들의 그룹을 열반종이라고 부른다. 이 열반종은 중국불교에서 가장 빠른 종파의 성립으로 간주된다. 그러나 종파라고 해도 오늘날 일본불교에서와 같은 의미에서 종파는 아니고, 어떤 특정한 경론을 찬앙하거나 연구하는 학파나 학계 정도의 의미다. 따라서 불교인 한 사람이 복수의 종파에 소속하고 있는 것도 드물지 않다. 남조 양梁의 3대 법사라 칭해진 개선사開善寺 지장智藏, 광택사光宅寺 법운法雲, 장엄사莊嚴寺 승민僧旻 등은 『열반경』을 강구한 열반사였지만, 동시에 『성실론』도 정통했다. 때문에 이후의 천태 지의智顗나 삼론의 길장吉藏으로부터 성실사成實師, 성론사成論師 등으로 불리고 있다. 이 열반종, 열반학파의 흥망성쇠을 개관하면 크게 동진의 수용 초기부터 남북기, 수당 이후로 나눌 수 있을 것이다. 그 큰 구분 중에 이하에 따로 각 시대를 대표하는 불교인을 뽑아 『열반경』 수용과 해석을 검토해 보자.

4.
도생과 『열반경』

도생(道生 355-434)은 라집羅什 문하 4걸의 하나로 불린다. 도생은 장안의 라집을 떠나 의희 5년(409)에는 남도 건강으로 돌아가고, 여기서 6권본 『열반경』을 보게 되었다. 경에는 '모든 중생에게 남김없이 불성이 있다'고 반복해서 설해져 있었다. 그러나 그 직후에 '다만 일천제를 제외한다'고 하여 일천제(一闡提 icchantika)가 '실유불성'의 유일한 예외로 거론되어 있었다. 이 일천제는 경에서는 선근을 끊은 자, 『열반경』에 대한 비방자, 보리의 원인이 없는 자, 치료할 수 없는 병자 등 극언으로 비판되고 있다. 그들에게는 성불의 원인을 부여할 수 없고 따라서 성불 불가능이라고 간주되어 있다. 『고승전』이나 『출삼장기집』 소재의 전기에 따르면, 도생은 이 일천제에 대해 경의 취지로부터 일천제에게도 불성이 있고 성불이 가능하다고 설했다. 그러나 이 천제성불설은 경문에 위배하는 삿된 설로서 남조의 불교계로부터 축출되었다. 그는 소주蘇州 호구산虎丘山으로 피하고 나중에 여산廬山에 들어갔다. 그러나 이후에 담무참역 북본이 건강에 전해지고, 법현역 6권본 부분에는 없는 후반부분이 명확해졌다. 그 후반 부분에는 일천제성불이 설해져 있었다. 덕분에 그는 면목을 세우고, 이후 점점 경의 강설에 주력해 여산에서 『열반경』 강설 중에 시적했다고 한다.

위 도생의 천제성불설 주장 고사는 도생이 경을 얼마나 깊이 이해하고 있었던가 하는 점을 말하는 것으로 간주되는 경우가 많다. 그러나 그 배경에는 중국불교의 대승개성사상의 발로라는 측면이 있었던 것으로 생각한다. 그것은 약간 후대에 일분불성불一分不成佛을 인정한 법상종에 대해 중국불교가 권대승權大乘이라는 딱지를 붙였던 것과 같은 사정일 것이다. 오히려 도생의 『열반경』 이해를 잘 보여주는 것은 그의 불성설이다.

『출삼장기집』이나 『고승전』 전기에 따르면, 그에게는 『니원경』에 대한 의소義疏가 있었다고 한다. 또 『불성당유론佛性當有論』 『변불성의辨佛性義』라는 불성에 관한 두 논서가 존재했다고 하지만, 지금은 둘 다 소실되었다. 현존하는 도생의 저작은 『묘법연화경소』 2권뿐이다. 그러나 도생의 설이 인용되어 있는 후술하는 『대반열반경집해』나 『주유마注維摩』, 거기에 당나라 초 혜균(慧均=均正)의 『대승사론현의기』, 길장의 『대승현론』 등의 기술로부터 어느 정도까지 그의 주장을 엿볼 수 있다. 그것에 의해 도생의 불성설을 검토해 보자. 『대승사론현의기』는 다음과 같이 설명한다.

첫째 도생 법사가 주장하기를 당유當有를 불성의 체體로 한다고 말한다. 법사의 뜻은 다음과 같다. 모든 중생에게 불성이 있다거나 없다고 말해도 반드시 청정하게 깨닫고, 깨달을 때는 사구백비四句百非를 벗어나고 3세에 포함되지 않는다. 하지만 아직 깨닫지 않은 중생에 근거해 사구백비를 바라보면, 당과當果라고 해야 한다는 것이다(『신찬속장경』 권46, 601a).

여기에 따르면, 도생은 당유當有를 불성의 체體, 본질로 했다고 한다. 당유란 무엇인가. 그것은 지금은 없지만 미래에 있어야 하는 것이라는 의미다. 도생의 설에서는 현재 중생에게는 불성이 없지만, 장래에 성불하여 붓다의 깨달음을 얻는 때에는, 모든 언설을 벗어나고 과거·현재·미래 어디에도 포섭되지 않는 상주라고 한다. 그러나 그것을 아직 깨닫지 않은 중생의 관점에서 말한다면, 일체중생에게 아직 불성은 없고 '당유'(있어야 하는 것)가 된다. 깨달음이라는 불과도 현재는 획득해 있지 않기 때문에, '당과當果'라고 해야 한다고 말한다.

이와 같은 생각에서 보면, 불성은 중생에게 본래적으로 내재하는 것 곧 '본유本有'가 아니라, 깨달을 때 처음으로 존재하는 것 곧 불과 그 자체를 의미하게 된다. 그 불과는 중생에게는 장래에 실현해야 할 결과이기 때문에 당과로 간주되고 있다. 곧 불성은 불과佛果지 불인佛因은 아닌 것이다.

또 다음으로는 『열반경집해』 권54 「사자후품」의 해석 중 경문의 '과과果果'라는 말에 대한 도생의 해석을 보자. 여기는 경이 12인연에 대한 관지觀智를 인인因因으로 하고 있는 부분에 이어서, 대열반을 과과로 하고 있는 부분을 해석한 것이다.

> 도생이 말한다. 성불하여 대열반을 얻는 것이 불성이다. 이제 또 나누어서 둘로 한다. 성불은 이치에 따라서 이 결과에 이르는 것이다. 이미 대열반을 얻으면, 뜻은 뒤에 있다. 이것을 과의 과라고 말한다(대정37, 547c).

도생이 '성불하여 대열반을 얻'는 것이 불성이라고 서술하고 있는 점은 그에게 불성이란 불과를 의미하고 있는 것일 뿐임을 보여준다. '성불은 이치에 따라서 이 결과에 이르는 것'이라고 한 것은 성불 곧 불과는 '이치'에 의해 이루는 것임을 보여준다. 이 '이치'라는 것은 『묘법연화경소』나 『열반경집해』, 『주유마』 등 도생설 중에 자주 보이는 것이다. 단적으로 말하면 진여·법성의 이치 혹은 제법실상諸法實相 등과 동의어다. 예를 들면 『열반경집해』 권51에 "도생이 말한다. 상·무상 내지 정·부정이란 실상의 이치를 말한다. 그러므로 법과 같지 않다"(대정 37권, 532c)라고 한다. 여기서 말하는 실상의 이치와 동일한 것이다. 이 이치를 증득함으로써 성불하고, 대열반을 획득하기 때문에 대열반은 과 이후의 과라고 한다. 이 예에서도 성불·열반이 불성이라고 하는 것은 불성을 불과로 파악하는 당유론이라는 사실을 알 수 있다.

그러나 또한 동시에 도생에게는 이것과 정반대인 불성본유론佛性本有論도 보인다. 본유론本有論이란 불성은 본래적으로 중생에게 내재한다는 설이다. 예를 들면, 『열반경집해』 권18 「여래성품」에 '빈녀의 비유'에 대한 해석에서 다음과 같은 구절이 있다.

> 도생이 말한다. 본래부터 불성이 있는 것本有佛性은 곧 중생을 자념慈念하는 것이다(대정37, 448b-c).

위 문장 처음에 '본유불성'이라고 말하고 있는 것으로부터 불성을 본유로 하고 있다는 것을 알 수 있다. 또 다음으로 같은 품의 '진금장眞金藏의 비유' 해석에서서는 다음과 같이 말한다.

> 도생이 말한다. '장'이란 상락常樂의 이치가 숨어서 아직 발하지 않은 것이다(대정 37, 448c).

상락의 이치란 열반의 상락아정이라는 4덕 중 상·락을 말한다. 그 이치가 숨어서 드러나 있지 않은 점을 '장'이라고 한다는 것이다. 이치는 본래 존재하고 있는 것이지만, 그것이 번뇌에 덮여 현현하지 않는다는 해석이다. 이것은 본유설에 상당한다고 말할 수 있다.

또 앞서 당유론의 예로 든 『열반경집해』 권54 「사자후품」의 해석 중에 경이 12인연의 관지를 인인으로 하고 있다는 부분에 대한 해석에서 앞서 든 예의 전반부는 다음과 같다.

> 도생이 말한다. 지혜가 12인연을 깨닫는 것은 인因의 불성이다. 지금 나누어서 둘로 한다. 이치는 깨달음을 얻음으로써 획득한다. 이치에 따르기 때문에 불과를 성취하므로 이치를 불인佛因으로 한다. 깨달아서 이미 이치를 얻으면, 깨달음을 이치의 인因으로 한다. 이것을 인의 인이라고 말한다(대정37, 547c).

이것은 경이 12인연과 관련시켜 불성에 인因·인인因因·과果·과과果果라는 네 가지를 설하고 있는 부분에 대한 해석이다. 12인연을 깨닫는 것을 인불성因佛性이라고 한다. 이 경우 이치와 그 이치를 증득하는 깨달음이라는 두 가지를 상정한다. 이치는 불과佛果를 완성시키기 위한 인因이고, 그 이치는 깨달음에 의해 증득되는 것이므로 이치에 대해 깨달음은 그 인因이 되기 때문에, 불과에서 보면 깨달음은 인인因因이 된다. 곧 인불성에 인因과 인인因因이라는 두 가지를 나눈다고 하는 해석이다. 여기서는 불성을 인因으로 하고 있는 것이 확실하다.

하지만 앞서 당유론에서 든 예문은 경문의 취지에 따라 불성을 불과로 파악하고, 지금과 마찬가지로 성불과 대열반이라는 두 가지를 생각해 성불을 과果, 대열반을 과과果果로 하고 있다. 이것은 불성을 인因으로 하는 해석과 정반대다. 불성을 인으로 하는 것은 본유론이 된다. 도생은 경의 취지에 따라 어떤 경우에는 불성을 불과로 하고, 또 어떤 경우에는 불인이라고도 하고 있는 것이다. 이렇게 되면 도생의 불성설을 당유론 혹은 그 역인 본유론 중 어떤 하나로 규정하는 것이 곤란하다고 생각한다.

탕용통湯用彤은 저서 『한위양진남북조불교사漢魏兩晋南北朝佛敎史』에서 도생의 불성설에 대해 "도생의 이야기인 불성의 당유론은 상세하지 않다"고 하면서도, 동시에 다른 곳에서 "도생의 말을 해석하면 실은 본유를 주로 한다"고 서술하고 있다.[6] 이것은 적절하지 않다.

어쨌든 도생의 불성설에는 당유론과 그 반대인 본유론 양쪽이 보인다는 것을 알 수 있다. 그러면 왜 정반대 주장이 동일인에게 보이는가. 실은 경 자체에 본유론, 당유론 양쪽에 상당하는 경문이 보이는 것이 그 주요한 원인이다. 예를 들면 경의 「여래성품」에는 다음과 같은 구절이 있다.

선남자여. 중생의 불성도 이와 같다. 모든 중생이 [불성을] 볼 수 없는 것은 그 보물을 가난한 사람이 알지 못하는 것과 같다. 선남자여. 나는 지금 널리 모든 중생에게 있는 불성이 모든 번뇌에 덮여있는 것을 보여준다. 그 가난한 사람에게 순금의 창고가 있어도 보지 못하는 것과 같다(대정12, 648b).

가난한 여인의 집안에 금장金藏이 있는 것을 가난한 여인 자신은 알지 못한다는 비유로 불성이 중생에게 본래적으로 내재하고 있어도 중생은 번뇌 때문에 그것을 볼 수 없다고 설하고 있다. 이와 같은 경문은 불성의 중생에게 본래 있다는 사실을 설하는 것이다. 한편 다음과 같은 문장은 어떨까.

불성이란 진정한 해탈이다. 진정한 해탈이란 곧 여래다(「사상품」 대정12, 635c).

불성이란 곧 여래다(「성행품」 대정12, 691a).

선남자여. 불성이란 곧 일체제불의 무상정등정각과 중도의 종자다(「사자후품」 대정12, 768a).

불성이란 곧 제일의공第一義空이다. 제일의공을 중도라고 이름한다. 중도란 곧 불佛이라고 이름한다. 불을 열반이라고 이름한다(「사자후품」 대정12, 768c).

이 경문을 보는 한, 불성은 붓다의 깨달음, 붓다 그 자체, 곧 불과라고 이해할 수밖에 없을 것이다. 이와 같이 불성에 본유론과 당유론이 있는 것은 경문 자체에 정반대의 기술이 보이는 것이 주요한 원인이다.

사실 당유론은 도생 한 사람이 제창한 것은 아니다. 길장의 『대승현론』 권3의 기술이 "여러 옛 스승은 많이 이 뜻을 채용한다"고 한 것처럼, 수당 이전에 적지 않은 불교인 사이에서 지지되고 있었던 듯 하다. 경문에는 두 가지 설명 방식이 있지만 경 본래 취지에 따르면 역시 모든 중생에게 불성본유가 본의라고 생각할 수 있다. 그러나 도생을 비롯한 불교인들이 불성당유론을 주장한 것은 중생의 현실에 대한 엄격한 현실 직시의 눈과 그 반성에서 도출된 수도의 필요성에 의한 것이라고 생각할 수 있다. 불성본유와 중생성불 사이에는 커다란 간격이 있다. 불성의 본유를 수용하면서 현실의 중생에게는 그것이 존재하지 않는다는 것은 논리상 모순이다. 하지만 불도 수행이라는 관점에 설 때는 미혹한 중생에게는 불성은 없고 수행에 의해 그것을 달성한다는 현실의 발걸음 안에서는 무리없이 불성당유론이 수용되었을 것이다.

5.
남북조의 『열반경』 수용 – 법운을 중심으로

남북조기 불교는 정치적 지역적으로 남북으로 이분되어, 각각 특징적인 발달을 이루고 있다. 북조는 북방에서 중원에 들어온 이민족 지배의 왕조다. 불교도 유교나 신흥 도교와 마찬가지로 민심 통치 수단 중 하나고, '황제즉여래皇帝卽如來'라는 풍조 아래 학문적 이해보다 실천적 성격을 강하게 띄고 있었다.

한편 남조는 송宋· 제齊· 양梁· 진陳 및 단기간의 왕조가 교체했지만, 원래 동진

東晋 이래 한인 지배의 왕조다. 제왕을 중심으로 하는 지배체제는 변하지 않았지만, 남조에서는 '황제즉보살 皇帝卽菩薩'로 위치했다. 제왕 가운데서도 열렬한 불교신자가 있었다. 양무제 등은 자신을 '삼보의 노예'라 부르고 돈돈한 불교신앙을 갖고 있었다. 이와 같이 불교는 우대받고 있었다고 말할 수 있다. 그리고 불교에 자유로운 학문 기풍이 유지되고, 학문적 이해의 불교가 중심이었다.

위와 같은 상황에서 열반종 학승에 의한 『열반경』 연구가 이루어졌다. 북조에서도 담연(曇延 516-588)이 『열반경의소』 15권을 저술했지만, 역시 흥성한 것은 남조불교에서였다. 후세 고가쿠 박사의 『열반종의 연구 涅槃宗の研究』에서는 당시 학승들이 열거되고 있다.[7] 남조에서 저명한 열반경 연구자는 보량(寶亮 444-509)과 양 梁의 3대 법사라고 칭해지는 장엄사 승민(467-527), 개선사 지장(458-522), 광택사 법운(467-529) 등일 것이다.

보량은 송말 양초 사람이다. 『고승전』 권8 소재의 전기에 따르면, 양무제가 그에게 『열반경』의 주석인 『열반의소』 십여만 자를 짓도록 하고, 무제가 스스로 서문을 쓰고 있다. 양의 3대 법사인 승민은 보량의 제자다. 지장은 『열반경』의 의소를 지었다고 한다. 법운은 승민과 마찬가지로 보량의 제자로, 무제에게 『열반경』을 강의했다고 한다. 그러나 이 학승들이 지은 소는 오늘날 현존하지 않고, 그 내용을 알 수는 없다.

그래도 문헌으로 현존하고, 도생을 비롯한 남조 열반종 학승의 『열반경』 해석을 모은 것으로 『대반열반경집해』 72권(현존 71권)이 있다. 이 소는 초권에서는 도생, 승량 僧亮, 법요 法瑤, 보량 등 10인의 서문을 나열하고, 다시 「석명제일 釋名第一」부터 「판과단제팔 判科段第八」까지 8과에 의해 경의 취지를 밝히고 있다. 거기에 10인의 해석 외에 도혜道慧, 법지法智, 명준明駿 등 여러 학승의 해석이 붙어 있다. 그리고 제2권 이후가 경의 「서품」부터 「교진여품」까지 수문해석으로 이루어져 있고, 학승 십 수 인의 해석이 소개되어 있다. 때문에 이 『대반열반경집해』는 중국 남조불교 『열반경』 이해의 집대성이라고도 말해야 할 것이다. 편자는 『속고승전』 등에 따르면 건원사建元寺 법랑(法朗 혹은 僧朗)으로 간주되고 있다.

이와 같은 문헌 자료나 이후 길장의 『대승현론』, 혜균의 『대승사론현의기』 등의 기술에 따르면, 남조 열반종 학승의 『열반경』 불성 이해의 초점은 불성이 당유인가 본유인가 하는 문제, 불성의 정인正因은 무엇인가 하는 문제였다고 한다. 불성의 당유와 본유에 대해서는 앞서 도생의 불성설에서 서술한 그대로다. 불성의 정인이란 무엇을 불성의 정인 곧 본질로 파악할 것인가 하는 문제다. 여기에 대해서는 길장이 『대승현론』 권3에서 "고래로부터 전하기에 불성을 해석하는 것이 같지 않다. 크게 여러 학승이 있으나 바로 지금 11가를 내어 이견으로 삼는다"(대정45, 35b) 라고 서술하고, 그때까지 행해진 11가의 해석을 약술하고 있다. 그것은 다음과 같다.

> 제1가家가 말한다. 중생을 정인불성으로 삼는다. 그러므로 경에 이르기를 "정인이란 모든 중생이다. 연인緣因이란 6바라밀이다" 하고 말한다. 이미 정인이란 중생이라고 말했으므로 중생을 정인불성으로 삼는다고 알라.
>
> 제2사師는 6법을 정인불성으로 삼는다. 그러므로 경에서 "6법과 즉하지도 않고 6법과 분리되지도 않는다. 6법이란 5음과 임시적 자아假人다" 하고 말한다. 그러므로 6법이 정인불성임을 알라.
>
> 제3사는 마음을 정인불성으로 삼는다. 그러므로 경에서 "마음을 가진 자는 반드

시 무상보리를 얻을 것이다" 하고 말한다. 심식을 갖고 있으므로 목석이나 무정물과는 다르다. [마음을] 연마하고 수습하면 반드시 성불한다. 그러므로 마음이 정인불성임을 알라.

제4사는 명전불후冥傳不朽를 정인불성으로 삼는다. 이 해석은 앞서 마음을 정인으로 삼은 것과 다르다. 왜 그런가. 지금 곧 바로 신식神識에 명전불후의 성품이 있음을 밝히고 이것으로 정인을 삼을 뿐이기 때문이다.

제5사는 고통을 피하고 즐거움을 구하는 것을 정인불성으로 삼는다. 그러므로 경에 "만약 여래장이 없다면 고통을 혐오하고 열반을 즐겨 구할 수 없다" 하고 말한다. 그러므로 고통을 피하고 즐거움을 구하는 작용이 정인불성임을 알라.

제6사는 진신眞神을 정인불성으로 삼는다. 만약 진신이 없다면 어찌 진불眞佛을 이룰 수 있겠는가. 그러므로 진신이 정인불성임을 알라.

제7사는 아뢰야식의 자성청정심을 정인불성으로 삼는다.

제8사는 당과當果를 정인불성으로 삼는다. 곧 이것은 당과의 이치다.

제9사는 붓다의 이치를 획득하는 것을 정인불성으로 삼는다.

제10사는 진제를 정인불성으로 삼는다.

제11사는 제일의공을 정인불성으로 삼는다. 그러므로 경에서 "불성이란 제일의공이라고 이름한다"고 하였다. 그러므로 제일의공이 정인불성이라고 알라.

다만 하서의 도랑道朗법사는 담무참 법사와 함께 『열반경』을 번역하였다. 가까이 3장을 모시고 『열반의소』를 지었다. 『불성의』를 주석함에 바로 중도를 불성이라 하였다. 이후 여러 학승들은 모두 도랑법사의 『의소』에 따라 『열반경』을 강의하고 내지는 『불성의』를 주석할 수 있었다.

이상의 설은 간략하지만, 혜균의 『대승사론현의기』 제7의 기술에 의해 이것을 보충할 수 있다. 위 11가 중 제8사의 당과를 정인불성으로 하는 설은 앞서 본 도생의 설이다. 또 제5사의 고통을 피하고 즐거움을 구하는 것을 정인불성으로 하는 것은 광택사 법운의 설이다. 이것은 『승만경』에 의거하여 세운 설이다. 그러면 다음으로 이 광택사 법운의 불성설을 보기로 하자.

광택사 법운은 『속고승전』의 전기에 따르면, 『법화경』, 『유마경』, 『성실론』, 『열반경』을 강구했다고 한다. 오늘 날 현존하는 것은 『법화의기』 8권뿐이다. 이 소는 일본의 쇼토쿠태자 聖德太子 찬이라고 간주되는 3경소 중 하나인 『법화의소』가 '본의 本義'로 하고, 그 설을 많이 인용하고 있는 것으로 알려져 있다. 법운의 불성설을 검토할 경우, 법운의 『열반경』에 대한 소가 남아 있지 않기 때문에 다른 불교인들에 의한 법운설의 인용이나 소개를 검토자료로 할 수밖에 없다. 그것이 보이는 것이 앞서 인용한 길장의 『대승현론』과 아래 인용하는 혜균의 『대승사론현의기』 등이다. 그것들에 의해 법운의 불성설을 보자. 혜균 『대승사론현의기』 제7 「불성의」에 이하와 같은 문장이 있다.

> 제6. 광택사 법운법사 말한다. 마음에 고통을 피하고 즐거움을 구하고자 하는 본성 避苦求樂性의 뜻을 정인의 본질로 삼는다. 만약 미혹을 등지는 본성을 이해하면, 보리로 향하는 본성 또한 목석 등의 무정물을 배제하는 [의미임을 알 수 있을] 것이다. 그러므로 『부인경』에 "중생이 만약 고통을 혐오하지 않으면 열반의 뜻을 구하지 않는다"라고 하였다. 주석하여 말한다. 이 마음에 생사을 등지려는 본성이 있고, 중생의 선의 뿌리가 되므로 정인으로 삼는다. 또 이것은 2제를 벗어나지

않는다. 또 때로 스승인 보량법사의 뜻을 이용하여 말한다. "마음에 진여성 眞如性이 있는 것을 [불성의] 진정한 본질 正體로 삼는다"(『신찬속장경』 권46, 601a)

이것은 혜균이 정인불성에 대해 곧 불성의 본질에 대해, 본3가와 말3가를 정리하는 가운데 말의 제6가로 광택사 법운의 설을 소개한 것이다. 이것에 따르면 법운은 『승만경』에 의거하여 중생이 가진 '피고구락의 본성'을 불성의 정인으로 한다고 한다. 『승만경』에서는 중생이 고통을 혐오하고 즐거움을 구하는 성향의 근원이 여래장이라고 한다. 법운은 '피고구락'이라는 중생의 성향 그 자체가 정인불성이라고 했다는 것이다. 그 의미에서는 『승만경』 쪽이 여래장이라는 근원적인 것이 있고 그 작용으로 '피고구락'이 있다고 하고 있는 것으로서, 더 실체적인 유적인 설명방식이다. 법운은 불성(=여래장)을 경과 같은 근원적·본체적인 파악방식이 아니라, 이른바 작용적으로 파악하는 것이다. 이것은 반야의 공적인 이해를 보여주고 있다고 할 수 있을 것이다. 이것은 법운이 『법화경』을 해석할 때, 불성·여래장적 해석을 거의 도입하지 않는다는 사실을 상기시키는 것이다.[8] 예문의 끝에 법운은 스승인 보량의 '마음에 진여의 본성이 있는 것을 [불성의] 진정한 본질로 삼는다'고 한 설도 인용하고 있다. 보량의 설로 진여의 '체 體'가 아니라 '성 性'으로 하고 있다는 점에서, 불성의 실체적인 파악방식으로부터 벗어나 있는 것처럼 보인다. 이 스승의 설을 다시 구체적인 중생의 마음 작용으로 나타내고 있는 것으로서 『승만경』의 '피고구락'설을 채용한 것은 아닐까 하고 추측한다.

다음으로 법운의 『법화의기』 「방편품」의 4불지견 四佛知見 해석 중에 다음과 같은 기술이 있다.

이제 광택법사가 해석하여 말한다. "지견은 다만 한 중생의 당래 當來 불과다. 중생에게는 본래부터 이 당과 當果가 있다. 다만 옛부터 5탁이 강하고 장애 또한 무거워 대승을 듣는 것을 감당하지 못한다. 그 때문에 당과가 있다고 설하면 이 당과의 의미에 폐쇄 閉의 뜻이 있다. 오늘날 경이 교설하여 중생이 모두 미래에 성불한다고 말하는 것을 들을 수 있다. 이것은 개방 開의 뜻이다(대정33, 603c).

이에 따르면 법운은 불지견을 '한 중생의 당래 불과'로 하고 있다. 그리고 이 당과는 본유라고 서술하고 있다. 이 글에서는 불성이나 여래장이란 단어는 쓰고 있지 않다. 하지만 당과가 본래적으로 중생에게 있다고 하는 표현은 불성 개념을 염두에 두고 사용하고 있는 것처럼 보인다. 그래도 본유로 간주되고 있는 것이 당과라는 사실은, 이 불과가 현실에서는 존재하지 않고 장래에 실현되는 것을 의미한다. 요컨대 본래부터 유로 간주되고 있는 것은 장래에 불과 실현의 가능성뿐이라는 사실이다. 장래에 불과 실현 가능성의 설시라고 한다면, 『열반경』 불성설에 근거하지 않고도, 『법화경』의 개성 皆成 사상으로 충분하다. 이로부터 법운이 「방편품」의 불지견 단락 해석에서 불성설을 이용하고 있지 않다고 생각하는 것도 가능하다. 반대로 만약 불성설을 염두에 둔 해석이라고 한다면, 그 경우는 법운은 불성을 불과로 파악하고, 그것은 현재가 아니라 장래에 실현되는 것이라는 불성당유론에 서 있다고 말해도 좋을 것이다. 이 추측을 더 확실히 하는 것은 마찬가지로 「방편품」에 있는 '불종종연기 佛種從緣起' 구절의 해석이다. 이는 다음과 같다.

'법이 항상 존재하지 않는 것을 아는 것 知法常無性'이란 모든 선법 萬善法에 3승의 본질이 없다는 것을 아는 것이다. '불종종연기'란 만약 불과에 근거해 만선을 바라보면, 이 불과는 만선을 말미암아 얻는다. 거듭하여 인을 이름하여 연으로 삼는다. 그러므로 '불종종연기'라고 한다(대정33, 607c).

불과는 모든 선에 의해 획득되기 때문에 만선은 불과에 대해 인因이 되고, 그 인을 연緣이라고 이름한다는 것이다. 따라서 법운은 불종이 만선에 의해 일어난다는 의미로 해석하고 있음을 알 수 있다. 이로부터 법운은 불종을 불과로 파악하고 있는 것을 이해할 수 있다. 불성설에서 불종을 이해하면 불종은 불성으로 간주되기 때문에, 법운에게 불성은 불과고 그가 당유론에 서 있는 것이 확실하다.

법운의 불성설에 대해서는 의거할 자료가 적다는 제약이 있지만, 그와 같은 상황에서도 이상 지적한 것은 확실시해도 좋다고 생각한다.

6.
남북조말에서 수당초의 『열반경』 수용 - 천태 지의를 중심으로

천태 지의(智顗 538-597)는 수말 당초 중국 천태종의 대성자다. 그는 수에 의한 남북 양조의 통일에 발맞추듯이, 남조의 학문적 이해와 북조의 실천이라는 각각의 특징을 병합한 교관쌍미敎觀雙美의 통일 불교를 수립했다. 수 양제煬帝는 진왕晋王의 작위를 받은 황태자 시절에 지의를 스승으로 보살계를 받고, 이후 천태 교단에 주요한 후견인이 되었다.

지의는 『열반경』에 관한 저작은 짓지 않았지만, 저작 중에 『열반경』을 대단히 많이 인용하거나 원용한다. 천태 3대부 중 『법화현의』와 『마하지관』 두 책에서 인용이나 원용한 것을 조사하면 『대지도론』과 나란히 『열반경』 인용이 가장 많다는 결과가 있었다.[9] 천태 교학에서 점하는 『열반경』의 비중은, 경의 인용·원용이 많은 것이 보여주듯이, 결코 가벼운 것이 아니다.

먼저 경의 지위에 대해서 살펴보자. 『법화현의』 권10의 대단 제5 '판교상 判敎相'에서 남북 양조에서 행하고 있던 '남삼북칠 南三北七'이라고 총칭하는 모든 교판을 소개하고, 그 하나하나에 대해 비판하고 있다. 지의가 '남삼'으로 하여 비판의 대상으로 채택한 것은 급 扱 법사(전기 불명)의 3시교, 종애 宗愛 법사(전기 불명) 및 장엄사 승민의 4시교, 정림사 定林寺 승유 僧柔·혜차 慧次와 도량사 혜관 慧觀의 5시교다. 마지막 5시교는 개선사 지장·광택사 법운도 의용하고 있었다고 한다. 이것들은 모두 전 생애에 걸친 석존의 설법 형식을 점 漸·돈 頓 2종, 혹은 이것에 부정 不定을 더한 3종으로 하고 이 중 돈교를 『화엄경』에 배대하고, 점교를 세분하여 3시에서 5시로 확대하여 경전들을 배열한 것이다. 이것들은 모두 남조 열반종 학승들이 세운 교판이다. 이들은 모두 『열반경』을 상주교 常住敎로 규정하고, 최고의 소의경전으로 규정하여 평가·배열한 것이다.

이에 대해 북조에서 행해지고 있던 여러 교판을 '북칠'로서 든 것은 다음과 같다. 첫째 북지사 北地師의 5시교로서, 북지사라고는 하지만 남조의 5시판에 의거해 조금 개량한 것이다. 이것은 유규 劉虬의 교판이라고 간주되고 있다. 둘째는 보리류지 菩提流支의 반만 半滿 2교판, 셋째는 혜광 慧光의 4종판, 넷째는 4종판에 『화엄경』을 따로 떼어 법계종 法界宗으로 더한 5종판이다. 다섯째는 4종판에 『법화경』을 진종 眞宗으로『대집경』을 원종圓宗으로 더한 6종판이다. 이것은 기사사耆闍寺 안름安廩의 교판이라고 한다. 여섯째로 유상有相 대승과 무상無相 대승 두 가지를 세운 것, 일곱째가 일음교一音教다. 이상 '북칠'의 여러 교판 중 첫째를 제외하면 모두 지론종地論宗 학승들이 세운 교판이다. 그 중에서도 가장 영향력 있었던 것이 지론종 남도파 비조인 혜광의 4종판이었다. 이 4종판은 (1) 인연종(因緣宗=毘曇), (2) 가명종(假名宗=成實), (3) 광상종(誑相宗=대품반야/삼론), (4) 상종(常宗=화엄/열반)이라는 4종파로 나눈 것으로서『화엄경』과『열반경』을 중시한 것이다.

이상이 지의가 열거하는 '남삼북칠'의 여러 교판이다. 이 교판으로부터 엿볼 수 있는 것은『화엄경』과『열반경』이 여러 경전 중에서 가장 높은 지위를 차지한다는 점이다. 지의 이전에 이 두 경이 중시되고 있었던 것은 당시 남북 양조를 통한 일반적인 풍조였다. 이와 같은 상황에서 지의는『법화경』을 최고로 선택하고, 석존 일대의 설법을『법화경』을 정점으로 하는 교판에 엮어 넣었다. 그때 문제가 된 것이 종래 중시되어 왔던『화엄경』과『열반경』의 지위다. 지의는 '남삼북칠'의 여러 교판을 열거한 후에 그 하나하나에 대해 비판을 행했다. '남삼'에 대해서는 5시교판을 대표로 파척하고 있다. 5시 교판이란 (1) 유상교有相教, (2) 무상교無相教, (3) 포폄억양교褒貶抑揚教, (4) 동귀교同歸教, (5) 상주교常住教가 초시부터 5시까지 배당되어 있는 것이다. 유상교란 3장경, 무상교란 반야경, 포폄교란『유마경』『사익경』등, 동귀교란『법화경』, 상주교란『열반경』을 그 내용으로 하고 있다.

이 중 제4시 동귀교에 대한 비판만 보면, 먼저 논점을 다음과 같이 든다.

다음으로 제4 동귀교를 비판한다. 바로 이것은 만선을 거둬 묶어 일승에 넣지만 불성을 밝히지 못한다. 신통으로 수명을 연장하여 과거로부터는 갠지스 강의 모래수를 초월하고, 미래에는 그 이상의 수를 배가해도 상주를 밝히지 못한다. 이것은 실로 그럴 수 없다(『법화현의』 대정33, 802c).

곧 『법화경』은 만선을 거둬 묶어서 일승에 섭입시키지만 아직 불성을 밝히고 있지는 않다. 불신佛身에 대해, 그 수명은 이제까지는 갠지스 강의 모래수를 넘는 장시간을 경과하고, 다시 미래에는 그것에 몇 배나 되는 수명이 있다. 하지만 그 수명은 붓다가 신통력으로 시간을 연장시킨 것이기 때문에 불신의 상주를 밝힌 것은 아니라는 사실을 지의가 반박의 대상으로 거론한 것이다. 위 설은 광택사 법운 등이 주장한 것이다. 지의는 이에 대해 (1) 『법화경』도 불성을 밝히고 있다. (2) 『법화경』이 설하는 불신은 『열반경』이 설하는 상주와 동일한 것이고 신통으로 연장한 것이 아니라는 두 가지 사실을 『법화경』과 『열반경』 경문이나 세친의 『법화론』을 인용하여 주장하고, 『법화경』이 제4시인 동귀교라는 것을 반박하고 있다. 요컨대 『법화경』도 『열반경』이 설하는 불성이나 불신상주를 설하고 있고, 가치적으로 『열반경』에 떨어지지 않는다는 것이다. 또 다음과 같이 말한다.

먼저 『열반[경]』은 여전히 3승의 득도得道를 갖추고 있다. 이 『[법화]경』은 순일무잡하다. 『열반[경]』은 다시 적迹을 드러내지 않고, 이 『[법화]경』은 본本을 드러내는 뜻이 밝다(『법화현의』 대정33, 803a).

『열반경』은 3승 각각의 득도를 말하지만, 『법화경』은 순일무잡, 곧 모두 한결같이 붓다를 향하는 보살이어서 승에 의한 구별이 없다고 한다. 또 『열반경』에는 본불

本佛·적불迹佛을 설하고 있지 않다고 하여『열반경』에 대한『법화경』의 우위성을 설하고 있다.

또 다음으로 제5시의 상주교에 대한 비판에서는『열반경』에서 설하는 상주·중생불성·일천제 성불이라는 세 가지가『열반경』에 특유한 것은 아니고, 제5시 이전 가르침에서 설해져 있는 것이기 때문에『열반경』만 상주교로 할 것까지는 없다는 것이다(『법화현의』 대정33, 803b).

이상은 남조의 5시판에 대한 것이다. 북조의 4종판 중 제4 상종에 대한 비판에서는『열반경』이 단순히 '상'만을 밝히고 있는 것이 아니라, '비상' 또는 '비무상', '능상能常'과 '능무상能無常'이라는 두 가지 상대하는 작용을 함께 밝히고 있기 때문에 '상'이라는 작용만 채택하여 상종이라고 해서는 안 된다고 비판한다.

지의는 이와 같이 선행하는 교판을 비판함으로써 자신의 가치판단에 의해 종래의『열반경』에 대한 평가를 뒤집고『열반경』에 대한『법화경』의 우위성을 설하고 있다. 그렇다면 지의는『열반경』을 자신의 교판에서 어떻게 규정하고, 또『법화경』과 어떻게 관계를 설정하고 있는가.『법화현의』 권10상 끝부분 이하의 대단 제5 '판교상'에서 다음과 같이 보여주고 있다. 곧 지의는 종래의 5시교판을 붓다의 설법 순서를 보여주는 것으로 채용하고, 화엄시·녹야시·방등시·반야시·법화열반시로 하여, 여기에『열반경』에서 설하는 우유에서 치즈醍醐까지 다섯 가지 맛을 배당했다. 그리고『법화경』을 앞으로『열반경』을 뒤로 하고, 뒤에 오는『열반경』의 청자는『법화경』을 설법할 때 뛰쳐나온 5천 명과 그 설법에 참여하지 못했던 자들을 대상으로 하는 것이라고 했다.

이와 같은『열반경』과『법화경』의 관계와 규정에 따라 후세에『열반경』은 '추설

追說'·'추민 追泯' 등의 호칭으로 불리게 되었다. 『열반경』이 『법화경』과 동시동미 同時同味라고는 해도, 실질적으로는 『법화경』 뒤에 오는 지위로 규정되고, 『법화경』 하위로 놓이게 된 것이다.

그러면 『법화경』 보다 하위로 규정된 『열반경』을 지의는 어떻게 수용하고 있을까. 지의의 불성설인 3인불성 三因佛性설은 그 성립을 『열반경』에 빚지고 있다. 곧 『열반경』 「사자후품」에서 설해진 불성에 대한 2세트의 원인인 생인 生因과 요인 了因, 정인 正因과 연인 緣因(『열반경』 대정12, 776a, 777b)에 의해 조직한 것이다. 3인불성이란 진성 眞性 곧 진여로서 정인불성과 실혜 實慧로서 요인불성, 그리고 방편 곧 지혜를 실현시키고 진여를 비추는 수단인 연인불성이라는 세 가지 불성을 말한다.

이 3인불성은 또 12인연과 결합되어 있다. 『열반경』은 "12인연을 관하는 지혜는 무상정등정각의 종자다. 이 뜻으로서 12인연을 불성이라고 이름한다"(『열반경』 대정12, 768b) 하고 설하고 있다. 지의는 『마하지관』 권9하에 "만약 무명을 전환하여 불지 佛智의 미묘함을 이루면 초발심에서 12인연이 3불성이 된다고 안다. 만약 전체적으로 12연을 관하면, 진여의 실제 이치는 정인불성이다. 12인연을 관하는 지혜는 요인불성이다. 12인연을 관하는 마음이 제행을 갖추는 것이 연인불성이다"(대정46, 126c) 라고 한다. 12인연의 이법이 정인불성, 12인연을 관조하는 지혜가 요인불성, 그리고 12인연을 관하는 마음이 실천행을 갖추고 있는 것이 연인불성이라는 것이다. 이와 같이 지의는 경이 설하는 12인연이 불성이라는 교설을 받들어 그 12인연을 3불성으로 이해하고, 이 12인연을 깨닫는 것이 불성을 드러내는 것일 뿐이라고 간주하고 있는 것이다.

『법화경』 지상주의에 선 지의에게 『열반경』은 극복해야 할 높은 벽이었다. 지의는 『열반경』에서 설하는 불신의 상주성과 불성이 『법화경』에도 설해져 있음을 주장하여 그 벽을 넘으려고 했다. 그러나 지의 자신의 불성설도 그 깊은 곳에서는 『열반경』에 크게 영향받아 형성된 것이었다.

지의보다 거의 한 세대 늦은 삼론의 길장에 대해 여기서는 기술할 여백을 갖고 있지 않다. 그러나 그도 지의와 마찬가지로 『법화경』에 불성과 불신상주가 설해져 있는 것을 많은 『법화경』 주석서 중에 드러내고 있다. 그에게는 『열반경유의』라는 『열반경』에 관한 저작이 있다. 그는 삼론의 무소득공 無所得空의 입장에서 『열반경』을 수용하는 등 경의 영향이 적지 않았다.

7.
동아시아불교에서 『열반경』의 의미 – 결론을 대신하여

지금까지 중국불교에서 『열반경』의 수용과 해석에 대해 각 시대 불교인들을 선택하여 점묘해 왔다. 『열반경』은 한자문화권에 번역된 이래 오늘날 현대불교까지 계속 영향을 미치고 있다. 그 주요한 원인은 경이 설하는 내용에 있다. 곧 경이 붓다의 상주성을 법신이라는 개념으로 교설로서 명확히 보여주고 있는 것, 그 법신이 불성으로서 중생에게 동일하게 내재하고 있는 것을 '일체중생실유불성'이라는 명확한 슬로건으로 설하고 있는 것이다.

중국을 중심으로 하는 동아시아불교는 대승불교가 대세를 점하고, 그 대승불교도 일승개성사상을 중심으로 하는 불교였다. 『법화경』은 『열반경』과 마찬가지로 동아시아 불교에서 오늘날까지 큰 영향을 미치고 있는 경전이다. 『법화경』은 그 개성사상의 근거를 『법화경』을 듣는 공덕에 의한 보살의 확신이라는 한 주제一事에 두고 있다. 중생성불의 가능성으로서 불성을 설함으로써, 『열반경』에서는 불성이 일승개성사상의 근거가 될 수 있었다. 이로부터 역으로 『법화경』 해석에 『열반경』 불성설을 끌어 오는 해석이 행해지게 되고, 그것은 오늘날 『법화경』 해석에까지 미치고 있을 정도다. 동아시아불교에서 『열반경』이 가지는 의미는 이와 같이 대단히 큰 것이라고 말해야 할 것이다.

---

1 高崎直道 『如來藏思想の形成』(春秋社 1974: 177-182). 『승만경』은 기원후 3세기 남인도 익슈바쿠 왕조 지배하의 불교교단에서 편찬되지 않았을까 하고 추측되기 때문에(Alex and Hideko Wayman: *The Lion's Roar of Queen Śrīmālā*, pp.2-3, New York and London, 1974), 대승 『열반경』의 성립도 이 무렵이지 않을까 생각하지만, 조금 빠를지도 모른다.

2 布施浩岳 『涅槃宗の研究』 前篇(國書刊行會, 昭和 48年 復刊: 108-112).

3 위에서 서술한 「대반열반경기」라는 지맹이 가져온 전5품 분량의 호본 텍스트와 지금의 한역 20권에 상당하는 호본 텍스트의 관계는 명확하지 않다. 또 「대반열반경기」는 그 내용에 사실과 모순이 많고 신빙성에 의문이 있다. 布施浩岳 『涅槃宗の研究』(p.113-115) 참조.

4 이상에 대해서는 下田正弘 『涅槃經の研究』(春秋社 1997: 156-159)에 자세하다.

5 또 유송 대에 구나발타라가 한역한 『승만경』에 여래장이 염(=생사윤회)과 정(=열반)의 의지라고 설해져 있는 것도 이러한 이해를 한층 촉진시켰다고 생각할 수 있다.

6 湯用彤 『漢魏兩晋南北朝佛教史』 下冊(臺灣商務印書館, 1982: 61).

7 布施浩岳 『涅槃宗の研究』(p.207-266).

8 『법화의기』 8권 중에는 '불성' '여래장'이라는 단어 용례가 발견되지 않는다. 법운은 대승 『열반경』도 많이 연찬했지만, 『법화경』 해석에 불성여래장사상을 도입하고 있지 않다.

9 『법화현의』에서 인용·원용은 졸론 「天台智顗における『涅槃經』の受容とその位置づけ」 (1) ~ (3) 大倉精神文化研究所編 『大倉山論集』 第23輯 41-74, 1988; 제24집 146-189, 1988; 제27집 165-195, 1990 참조. 또 『마하지관』에서 인용·원용은 丘山新·末木文美士·藤井教公·菅野博史共編 『摩訶止觀引用典據総覽』(中山書房, 1987년) 참조.

제8장

번뇌와 인식을 획정하다

유식과 여래장에서 2장설의 기원

A. 찰스 뮐러(요시무라 마코토 일역)

1.
서론

불교는 특히 명상 실천 중에 인간 마음의 문제에 주의를 기울이고, 감정과 인식의 범주를 구별하는 점에서 여러 종교 중에서 독특하다. 이 두 정신기능을 구별하는 일반적인 형식은 초기불교에서 인정되고 아비달마 철학에서 더 명확해 진다.[1] 하지만 해탈을 방해하는 고뇌와 인식의 장애가 '2장 二障' – 煩惱障과 智障(所知障)[2] – 이라는 이름 아래 조직된 것은 대승불교가 성숙하고 나서다.

2장은 유가행파 특유의 개념이라고 간주되기 쉽지만 실제로는 대승불교 공통의 카테고리다. 사실 적어도 동아시아에서는 이 내용이 세련되고 확대되어 가는 과정은 몇 가지 경우, 특히 여래장계 저작에서 광범위하게 나타난다.

1) 2장의 요인

대승 저작에서 2장이 등장하는 경우, 가장 공통적인 역할은 대승과 소승의 수행도 내용을 구별하는 것에 있다. 일반적인 특징으로서 2승(성문과 연각)의 수행은 명상의 초점 내지 적용이 번뇌장에 한정되어 있다. 보살의 수행은 2장에 모두 적용할 수 있는 것이다. 유식에서는 이것이 2승의 수행자는 그 깨달음이 무아의 인식에 한정되어 있고 결과적으로 소승의 열반을 성취할 뿐이지만, 보살은 다시 공의 인식에 통달하기 때문에 붓다와 동일한 보리를 성취할 수 있다는 것을 의미한다. 여래장의 저작에서는 통상 2장의 원인을 아집我執과 법집法執이라는 점에서 명확히 정의하는 것은 없다. 하지만 그 2장설은 기본적으로 이 일반적 틀에 동의하는 것이다.

유식과 여래장의 교의체계에서 2장에 대한 포괄적이고 조직적인 설명은 양자의 다른 교의가 완성한 것에 비하면 꽤 늦게 나타났다. 2장[에 대한 언급]은 처음에는 거의 보이지 않았지만, 후에는 수 세기에 걸쳐 광범위한 저작에서 차례로 출현의 빈도를 늘려 갔다. 가장 이른 단계에서는 2장에 대한 언급은 있어도 다른 설명은 거의 없고, 통상은 어떤 수행 단계의 완성 혹은 어떤 계위에 도달함을 나타내는 단순한 표시에 지나지 않았다.[3]

동아시아에서 가장 일찍 2장을 철저하게 정의하고, 체계화 하고자 한 것은 정영사 혜원[4](慧遠 523-592)의 『대승기신론의소』다. 『대정신수대장경』 세 쪽을 점하는 그 논의는 『의소』에서는 긴 부가설명으로 이루어져 있다. 『대승기신론』에서 2장은 모호한 형태로 소개되어 있고, 거의 설명이 제시되어 있지 않다. 또 비슷한 시기(아마도 조금 나중에), 지의(智顗 538-597)는 『마하지관』에서 2장에 대해 짧지만 중요한 분석을 행하고 있다.[5] 2장을 완전의 정의하고 체계화 하려는 시도는 7세기 중엽에 그 정점에 달한다. 『성유식론』이 유식파의 일반적인 견해에 기반하여 2장의 조직을 요약하고, 거의 같은 시기에 한국의 주석가 원효(元曉 617-686)가 2장설의 '걸작'인 『이장의』을 지은 것이다.

이 [2장에 관한] 전면적인 연구서(『한국불교전서』에서 25쪽, 영역으로 200쪽 이상)는 혜원의 것과 마찬가지로 『대승기신론』의 주석을 짓는 과정에서 쓴 부가설명이다. 너무 대작이 되었기 때문에 원효는 그것을 분할하여 간행하기로 한 것일 게다. 『이장의』는 동아시아불교 마음 철학의 역사에서, 단순히 2장에 대한 논의가 아니라 철저한 분석과 종파 중립성이라는 점에서 결정적으로 중요하다. 『이장의』에서 원효는 2장설에 대한 다른 두 가지 흐름 – 우리가 오늘날 말하는 유식계(『해심밀경』·『유가론』·『불지경론』 등의 저작에 유래하는 동아시아 유식/법상 계보라고 간주된다)와 여래장계(『승만경』·『보성론』·『대승기신론』 등의 저작에 유래한다)[6] – 을 처음으로 꿰뚫은 것이다.

2) 2장과 관련한 문제점

아주 일반적인 의미에서 말하면, 2장은 그 구조와 기능으로 보면 유식과 여래장에서 완전히 동일하다. 두 교학체계에서 2장은 번뇌와 인식의 문제를 구별하는 역할을 하고 있다. 양쪽 모두 번뇌장은 소승의 수행에 의해 대치할 수 있고, 소지장은 보살이 가진 대비와 공관에 의해서만 제거할 수 있다는 것에 일반적으로 동의하는 것이다. 2장은 또 모든 범위에서 두 교의체계에 공통하는 다른 다양한 개념에 종속하고 관계한다. 예를 들면, 훈습薰習의 역할과 범위, 현행現行과 수면隨眠의 구별, 복수의 심층의식에 뿌리박힘, 수행도의 어느 단계에서 제거, 그리고 샤마타止와 비파샤나觀라는 근본적인 해독제(pratipakṣa 對治)에 의한 그것들의 처치 등이다.

또 두 계통에 공통적인 2장을 정의할 때, 많은 영역에서 몇 가지 문제가 존재한다. 그것의 해결을 향한 양자의 대처는 각각의 인식기능에 대한 독자의 해석과, 그것을 수행에 적용하는 것에 대해 많은 것을 보여주고 있다. 그 중에서도 가장 현저한 것의 하나로, 악성惡性이라고 간주되는 심소는 구체적으로는 고뇌煩惱인가, 아니면 인식所知인가 하는 (유식에서는) 대단히 근본적인 문제가 있다. 많은 경우 번뇌의 범주는 명백하고(예를 들면 覆·嫉 등), 견見·의疑·만慢 등의 심소는 유식파에서 통상은 번뇌로 분류되는 것이지만, 그것들은 또 인식적 특성도 가진 것이기 때문이다.

한 가지 더 발생하는 문제는 2승에 상정되는 잠재능력의 제한을 어떻게 볼 것인가 하는 것이다. 2승들은 (모든 불교 참고서에서 말하듯이) 번뇌를 제거하는 것만 가능하고 소지장은 제거할 수 없다고 간주된다. 이것은 성문과 연각이 인식 문제에는 완전히 대처할 수 없다는 것을 의미하는 것일까. 또 보살이 대처하는 인식 문제에는 번뇌라는 함의가 전혀 없다는 사실을 의미하는 것일까. [이 문제는] 최종적으로는 2장이라는 광대한 카테고리의 기본적인 구분과 관련되어 있다. 이 선긋기는 도대체 어느 정도 강고한 것일까. 2장이 어떤 형태로 서로 영향을 미치는 것이나, 상대방과 같은 방식으로 작용하는 것은 없는 것일까. 만약 있다고 한다면, 그것은 어느 정도일까.

2.
정영사 혜원의 여래장적 2장설

혜원은 2장의 내용을 주로 '4(번뇌)주지'와 '무명주지' 교리로 설명한다. 그것들은 먼저 『승만경』이 설하고, 후에 『보성론』이나 『불성론』, 그리고 그 이후의 저작에 등장하는 것이다. 이들 여래장 저작이 설하는 '4주지'[7]는 현재화 한 활발한 번뇌를 불러일으키는 네 가지 기반이다. 또 번뇌가 자고 있는 상태에 있을 때는 그것을 유지한다고 간주되고 있다. 달리 말하면, 그것은 2장이 잠재해 있는 국면이고, 의미상으로는 유식에서 말하는 '종자' 개념에 상당하는 것이다. 『승만경』에서는 그것들은 활발한, 혹은 생기한 번뇌(起煩惱. 유식의 '纏'이나 '현행번뇌'와 유사하다)와 대비된다. 4주지는 이하와 같다.

1) 견일처주지(見一處住地 다만 하나의 의지처를 보는 주지)
2) 욕애주지(欲愛住地 욕계의 대상에 애착하는 주지)
3) 색애주지(色愛住地 색계의 대상에 애착하는 주지)
4) 유애주지(有愛住地 무색계의 대상에 애착하는 주지)

다섯 번째 주지는 '무명주지(無明住地 avidyā-vāsabhūmi)'다. 이것은 잠재해 있는 국면의 무지를 의미하고 있다. 그것은 선천적으로 마음에 깊이 뿌리박혀 있는 것이고, 제거하기 대단히 어려우며, 다른 4주지의 기초가 되는 것이다. 따라서 이것은 번뇌가 발생하기 위한 기초이기도 하다. 무명주지에 앞의 4주지를 더해 5주지라 한다.[8]

혜원은 이 구조를 2장에 적용하는 데는 해석상 3단계 가능성이 있다고 한다. 그것은 어떤 종류의 심소가 번뇌적이고, 어떤 종류가 인식적인가를 정하는 일종의 순응율sliding scale에 의해 구별된다. 3단계는 4주지 내지 5주지 틀 전체에 걸쳐 설명된다. 그것은 이하와 같다.

1) 최초 단계는 가장 간단하고, 용이하게 이해할 수 있다. 이 단계에서는 4번뇌주지를 직접 번뇌장에 배당하고 무명주지를 직접 소지장에 배당하고 있다.

2) 두 번째 해석은 5주지의 본성 五住性 전체가 번뇌장을 구성하고, 사상 事象을

적절히 인식할 수 없는 것 事中無知이 소지장을 구성한다고 간주된다. 이 해석에서 무명은 두 가지 형태로 구별된다. 곧 이치에 관한 혼란(迷理無明, 理中無知)과 현상에 관한 혼란(迷事無明, 事中無知)이다. 혜원은 이 해석이 『기신론』의 2애(煩惱礙·智礙)라는 사고방식과 같다고 한다.

3) 세 번째 해석은 5주지가 미리무명 迷理無明·사중무지 事中無知와 함께 '번뇌장'이라고 간주되고, 차이를 식별하는 작용 그 자체만이 '지애'로 남아 있다.[9]

이것을 도표화하면 이하와 같다.

	번뇌장	지장
1	4住煩惱	無明住地
2	5住性緒＋迷理無明(5住性決)	事中無知
3	5住性＋迷理無明＋事中無知	分別緣智

제1 단계에서 이미 인식의 문제가 번뇌의 문제와 명확히 구별되어 있다. 인식에 대해서는 두 번째와 세 번째 단계로 진행하는데 따라 차례로 초점이 좁아진다. 인식의 오류는 먼저 '망념 忘念'에 의해 분별하는 인식으로 정의되고, 다시 분별하는 인식 그 자체라고 정의된다. 첫 번째 단계에서 보인 세간에 대한 욕망과 혐오라는 4주지로부터 무명주지를 분리하는 번뇌와 인식의 간단한 구별은, 대체로 말하면, 유식파의 기본적인 설명에 들어 맞출 수 있다.[10]

제2 단계의 범주에 대해, 혜원은 이것이 『대승기신론』 2애설에 상당하는 것이라고 한다. 곧 이것은 원효가 이후에 '은밀 隱密'이라고 규정하는 범주고, 어떤 종류의 인식 문제에 대한 자각이 첫 번째 단계에서는 취급되어 있지 않았다는 것을 주로 보여주고 있다. 구체적으로는 보살이 언제나 진여에 대한 명상에 침잠하는 것이다.

제3 단계의 범주에서 흥미로운 것은, 필자가 보는 한, 이것이 원효에 의해서는 승인되지 않고 필자가 아는 어떤 여래장 저작에서도 뭔가 근거를 갖고 직접적으로 설명된 적이 없다는 사실이다. 이것은 5주지 전체와 미리무명 및 사중무지 모두가 번뇌장이 되고, 연지(緣智=분별지)만이 소지장이 된다는 정의다. 여기서는 다시 조건이 엄격해진다. 소지장은 더 좁은 범위의 정신 기능을 방해하는 작용이라고 간주되고, 그것 자체에는 본래 부정적 의미가 전혀 없다.

그러나 그것은 모든 마음 작용이 붓다의 깨달음에 대한 장애라는, 여래장 저작에 나타나는 기본적인 견해와 서로 용납하지 않는다고 할 수도 있다. [다만] 이들 세 가지 해석의 전거에 대해 말하면, 하나의 해석이 어떤 특정한 저작 내지 저작군의 문장에 언급되는 일은 없다. 혜원은 [복수 저작의] 다른 부분, 때로는 같은 저작의 다른 부분에서 염오와 잘못된 인식의 다양한 형태의 관계를 설명하는 독특한 방법을 선택하고 있는 것이다.[11]

여기서 가장 중요한 것은 혜원의 분석이, 원효가 『이장의』를 짓고 현장이 『불지경론』을 번역하기까지는, 동아시아에서 2장의 결정적인 시스템이 된다는 사실이다. 위에서 서술한 것처럼, 여래장이든 유식이든 그 때 참조 가능한 경론에는 이것에 필적하는 조직적 논의가 전혀 없었기 때문이다. 동아시아라는 관점에서 보면, 완전히 발전한 유가행유식파의 2장에 관한 정의(『불지경론』이나 『성유식론』에 보인다)는, 실은 이 혜원의 저작에서 형성된 여래장 버전의 2장설이 성숙한 후에 나타나는 것이다.[12]

3.
유식의 2장설

유식경전에서 설명되듯이, '번뇌장'이라는 용어는 주로 중생에게 고통과 불안을 초래하는 불선성不善性의 심소를 가리키고 있다. 거기에는 여섯 가지 근본번뇌, 스무 가지 수번뇌로서 열거되는 것, 그리고 그것으로부터 파생한 것이 포함된다. 『유가론』·『불지경론』·『성유식론』 등에 보이는 가장 표준적인 유식의 정의에 따르면, 수번뇌는 인아견(我執, 我見 ātma-grāha, ātma-dṛṣti 등)에서 발생한 것으로, 성문과 벽지불의 수행에 의해 끊어진다고 한다.

[이것에 대해] 소지장은 법아견(法執 dharma-grāha)이라는 근본적인 오류로부터 발생한다고 간주되고 있다. 그것은 개념[화한 것]의 오류고, 그 중 가장 미세한 것은 철저하게 공을 깨달은 보살만 영구히 끊을 수 있다. 또 소지장은 번뇌장의 기초가 된다. 유식 수도론인 5위는 보살이 2장의 현행, 종자 및 습기를 억누르는 능력에 의해 구별되고 있다.

유식 전통에서 2장에 관한 가장 이른 언급은 『해심밀경』에 보인다. 그 후 많은 문헌에 단편적으로 출현하지만, 『유가론』이나 『섭대승론』 및 『변중변론』 등 주요한 유식 문헌 중 어느 것도 통일적이고 철저하며 조직적인 논의는 포함하고 있지 않다.[13]

『유가론』에서 2장과 관련한 논의의 다양성은 문헌의 복합적인 성격을 반영하고 있다. 그 논의는 개괄적이고 조직적이지 않으며 계속해서 다른 문제를 취급하기 때문이다. 자주 나타나는 것은 『해심밀경』과 기본적으로 같은 논의다. 거기서는

2장이 수행의 최종적 성취[를 나타내는 것]으로서, 단순히 10지나 다른 단계에서 끊어지는 모든 장애를 정리하기 위해 인용된다.[14]

하나 더 자주 보이는 것이 『유가론』의 2장, 특히 번뇌장의 설명에서 오래된 아비달마 양식이 혼합된 것이다. 이 경우 2장의 하나 혹은 둘 다 정장定障 혹은 해탈장 解脫障과 함께 언급된다. 이것은 단계적으로 발전한 『유가론』의 중층성을 보여주는 증거의 하나다.[15]

개괄하면 『유가론』에서는 2장을 한 세트로 여기는 생각은 아직 충분히 확립되어 있지 않다. 바로 그 때문에 번뇌장이 업장(業障 karmāvaraṇa)이나 이숙장(異熟障 vipākāvaraṇa) 등 광범위한 장애와 함께 다양한 상황에서 언급되는 것이다.[16] 『유가론』에는 보살과 이승을 순수함, 지혜의 성취, 자비 등에서 비교하는 문장도 적지 않게 존재한다. 그러나 그것은 2장으로부터 해탈이 이후에 표준화된 인무아·법무아 정의에 직접 관련되는 것과는 아무 관계도 없다. 그것은 「진실의품」에서 2장이 인용되기까지는 나타나지 않는 것이다. 「진실의품」은 진여에 대한 파악이 점차 심화하는 네 단계를 설하고 있다. 넷 중에서 제3과 제4는 2장의 제거를 반영한 인식 단계라고 정의된다.

정통적인 유식에서 2장설의 완성 형태는 『불지경론』에서 가장 잘 볼 수 있다. 『불지경론』에는 가장 중요한 시점에서 2장을 상세히 취급하는 꽤 긴 한 장이 있다. 거기서는 2장의 내용, 기능 및 제거에 대해 설하고 있다. 『성유식론』에서 2장의 요약은 명백히 『불지경론』에서 직접 유래하거나, [그것과] 공통의 원천으로부터 유래하는 것이다. 그것은 원효도 입수 가능했던 것 같고, 『불지경론』에 보이는 많은 문장이 『이장의』에서 전거를 적시하지 않고 인용되고 있다.[17]

따라서 『불지경론』은 정통 유식이라고 간주되는 것 중에, 2장을 체계화 한 최초기 자료로 규정할 수 있다. 다만 그 논의의 요점은 더 간결한 형태로 『성유식론』에 제시되고 있고, 중요한 보충자료도 포함되어 있다. 따라서 여기서는 『성유식론』의 논의를 보고자 한다.[18] 『성유식론』의 논의는 이하와 같이 시작한다.

번뇌장이란 무엇인가. 변계소집실아遍計所執實我에 집착하는 살가야견薩迦耶見을 상수로 하는 128근본번뇌[19] 및 그것으로부터 파생한 수번뇌다. 이것은 모두 중생의 심신에 고뇌를 초래하고, 열반을 방해하기 때문에 번뇌장이라고 불린다(대정31, No.1585, 48c6-9: 煩惱障者. 謂執遍計所執實我薩迦耶見而爲上首百二十八根本煩惱. 及彼等流諸隨煩惱. 此皆擾惱有情身心能障涅槃名煩惱障).

소지장이란 무엇인가. 변계소집실법遍計所執實法에 집착하는 살가야견을 상수로 하는 견見·의疑·무명無明·애愛·에恚·만慢 등이 알아야 할 대상의 도착이 없는 본성을 덮고, 보리를 방해하기 때문에 소지장이라고 불린다(대정31, No.1585, 48c10-12: 所知障者. 謂執遍計所執實法薩迦耶見而爲上首, 見疑無明愛恚慢等. 覆所知境無顚倒性能障菩提名所知障).

여기서 '견·의·무명·애·에·만 등'이 열거되고 있는 것에 주목하고자 한다. 이 심소의 조합은 근본번뇌의 조합과 동일하다. 그것이 마음을 혼란시키는 것으로서 번뇌장과 소지장 양쪽에 포함되어 있는 것은 아주 모호하다. 이것을 규기가 놓칠 리 없다. 그는 이 점에 대해 이 번뇌는 양쪽에서 거론되지만, 그것은 미묘한 점에서, 강도라는 면에서, 혹은 상황에 따라, 차이가 있다고 알아야 한다고 설명한다(『성유식론술기』, 대정43, No.1830, 560c1-4). 이 [『성유식론』의] 문장을 쓴 사람 자신도 그 모호함을 알고 있었고, 다음 문장에서 변호해야 함을 느끼고 있었다. 그것이 본론의 요점을 이루는 다음 문장이다.

> **【질문】** 만약 소지장에 견·의 등이 있다고 한다면, 왜 그것들은 경전에서 무명주지[의 일부]가 된다고 간주되고 있는가. [그것은 번뇌의 문제지, 인식의 문제는 아니라고 엄밀히 구별되어야 한다.]
>
> **【대답】** 무명이 확장하는 것도 일반적으로 무명이라고 한다. [그 경우] 견 등도 있어야 한다. 번뇌종자가 견일처·욕·색·유애라는 4주지를 구성할 때, 어떻게 그것들이 만이나 무명을 결여하는 경우가 있을 것인가. [그것들은『성유식론』에서는 소지장이라고 간주된다.] (대정31, No.1585, 48c23-26)

여기서 혜원의 분석 도식, 특히 제1 단계의 해석을 되짚어 보고자 한다. 거기서는 4번뇌주지가 직접 번뇌장으로 분류되고, 무명주지가 소지장으로 분류되어 있다. 그러나 더 중요한 것은 주지住地라는 여래장적 용어가 동아시아 유식을 결정지운 이 [『성유식론』]에 언급되고 있다는 사실이다. 주지는 확실히 여래장의 체계와 관계하는 개념이고,『승만경』·『보성론』·『불성론』등에 언급되어 있다. 하지만 현장의 유식학파와 관련한 저작 어디에도 나타나지 않는다. 이것은 대장경 디지털 검색으로 쉽게 확인할 수 있다. 나아가 말하면, 여래장 경론 어디에도 그와 같은 서술 방식으로 주지가 2장과 '직접 관련되어' 논해지는 곳은 없다. 그와 같은 기술은 혜원의『대승기신론의소』밖에 나타나지 않는 것이다. 이것은『성유식론』의 저자가 명백히 혜원의 2장설을 이용하고 있다는 것을 의미한다. 혜원의 2장설은 유식학파 사상에서 뭔가 관심을 불러일으켰던 것 같다. 『성유식론』이 기반하고 있는 『불지경론』 문장에는 이 기술을 제외하고 모두 나타난다. 아마도 이 문장은 당시의 관심에 답하기 위해, 현장이 『성유식론』을 저술할 때 삽입한 것일 게다. 그 후 규기 『성유식론술기』의 2장설에서는 무명주지 등 여래장의 전문술어가 자주 나타나게 되었다.

이와 같이 보면, 여래장문헌에 기반한 혜원의 2장설과 유식문헌에 기반한 『성유식론』의 2장설 사이에는 번뇌장과 소지장의 의미 및 양자 관계의 이해에서 명백한 불일치가 있다는 것을 알 수 있다. 위에서 서술한 것처럼 그 요점은 결국 다음 두 가지 관계성 문제와 얽혀 있는 것이 분명하다. 첫째, 2승이 소지장을 완전히 제거하지 않는다는 것은 사실인가. 또 보살은 번뇌에 대처하는 것이 제한되어 있다는 것은 사실인가 하는 것이다. 둘째, 2장은 정말 두 개의 엄밀히 구별되는 범주일까. 또 인식의 문제와 번뇌의 문제는 서로 영향을 미치는가. 만약 그렇다면 어느 정도인가 하는 것이다. 유식과 여래장 두 전통의 모든 주석가는 2장이 각각에 기능하는 것은 쉽게 인정할 것이다. 그러나 양자가 중복하는 정도에 대해서 반드시 동의할 리는 없다. 첫째에 대해 『성유식론』은 다음과 말한다.

> 2승은 다만 번뇌장을 끊을 수 있을 뿐이다. 보살은 둘을 모두 끊는다. 영원히 두 종류를 끊을 수 있는 것은 다만 성도 聖道 뿐이다[20](대정31, No.1585, 48c28-29: 二乘但能斷煩惱障. 菩薩俱斷. 永斷二種唯聖道能).

[이에 비해] 혜원은 명백히 더 유연한 태도를 취하고 있다.

[얕은 견지에서 보면] 2승은 다만 번뇌[장]을 제거할 뿐이고 보살은 다만 지장을 단멸할 뿐이다. [더 깊은 단계의 해석에서는] 2승이 지장을 부분적으로 제거하지 못할 리는 없다. 다만 끊어지는 것이 약하기 때문에 미세한 것(=智障)을 말하지 않고 거친 것(=煩惱障)에 의할 뿐으로 이것을 설하지 않는다. 보살도 번뇌장을 끊지 않을 리가 없다. 그러나 끊어지는 것이 미세하기 때문에 거친 것을 말하지 않고 미세한 것에 의할 뿐으로 이것을 설하지 않는다(대정44, No.1843, 188c29-189a2: 二乘之人但除煩惱. 菩薩之人唯滅智障. 二乘非不分除智障. 所斷微劣隱細從麤. 是故不說. 菩薩非不除斷煩惱. 所斷相微隱麤從細. 是故不說).

한편 두 번째인 2장 사이의 상호관계에 대해서는『성유식론』은 둘의 작용에 사실상 중복이 있는 것을 인정하고 있다.『성유식론』은 다음과 같다.

소지장도 열반을 방해한다. 어떻게 보리를 방해할 뿐이라고 말하는가. 번뇌는 다만 열반을 방해할 뿐이라고 말한다. 그것이 어떻게 보리를 방해하지 않을 수 있을까. 성스러운 가르침은 가장 뛰어난 작용에 의해 도리를 설한다고 알아야 한다. 사실은 둘다 공통적으로 두 결과를 방해하는 것이다(대정31, No.1585, 56a3-6: 所知障亦障涅槃. 如何但說是菩提障. 說煩惱障但障涅槃. 豈彼不能爲菩提障. 應知聖教依勝用說. 理實俱能通障二果).

이 인용문에서는『성유식론』자체가 위에서 서술한 3승을 엄격히 구별하려는 입장을 문제시 하고 있는 것처럼 보인다. 그렇다고 하더라도 이 점에서는『성유식론』과 혜원은 어떤 불일치도 보이지 않는다. 사실 혜원은 다음과 같이 그것을 다시 명확히 설하고 있다.

【질문】 왜 4주지를 모두 번뇌장이라고 하고, 무명만을 지장이라고 간주하는가.

【대답】 사실은 서로 공통된다. 다만 이 [문맥에서]는 2장을 분별하여 은隱·현顯에 의해 이름 붙이는 것이다. [그것들은] 동일하게 은·현이 있지만, 작용의 강도에 의해 각각 두 가지 이름이 붙여진다. 4주 번뇌가 현기現起한 결과 업을 일으키고 고뇌가 발생한다. 그 의미가 강하기 때문에 경향으로서 번뇌라고 이름 붙인다. 범부의 미혹은 [지혜에 의한] 이해와는 본질을 달리 한다.[21] 장애[의 인식]에서 멀고, 지혜[의 의미]가 약하기 때문에 지장이라고는 이름 붙이지 않는다. 무명의 어두운 미혹은 지혜에 의한 이해로부터 멀리 있다. 장애[의 인식]에 가깝고, 지혜의 의미가 강하기 때문에 지장이라고 이름 붙인다. 본성으로서 무지는 현기하지 않기 때문에, 업을 일으키고 고통의 과보를 초래하는 일은 없다. 고통이 약하기 때문에 번뇌장이라고는 이름 붙이지 않는다(대정44, No.1843, 188c18-25: 何故四住遍名煩惱障. 無明獨爲智障. 答. 理實齊通但今爲分二障差別隱顯爲名. 等就隱顯各隨功强以別兩名. 四住煩惱現起之結發業生劳乱. 義强偏名煩惱. 异心之惑與解別體. 疏遠翳障智微劣. 故不名智障. 無明闇惑正遠明解. 親近翳障智義强. 故名智障. 任性無知非是現起. 不能發業招集苦報. 劳乱微劣故不名煩惱障也).

이와 같이 혜원과 『성유식론』은 모두 2장이 더 현저한 경향으로부터 그와 같이 이름 붙이게 되었다는 사실을, 그리고 더 깊은 단계의 분석에서는 양자를 분리할 수 없다는 것이 명백하다는 사실을 주저없이 인정하고 있다. 그렇다면 다음으로 이 문제가 원효에 의해서 어떻게 취급되었는지 보기로 하자.

4.
원효와 『이장의』

혜원으로부터 1세기 후 원효는 『기신론』 주석을 쓸 때, 2장에 관한 매우 간결하고 불가해한 기술에 대처할 수밖에 없었다. 그것은 혜원이 『승만경』에 기반한다고 규정하고 있음에도 불구하고, 실제로는 혜원 독자의 용어와 조직에 의해 씌어져 있었다. 또 『기신론』 자체는 『승만경』이 설하는 번뇌와 무명의 구조에 직접 관계가 있다는 것을 보여주지 않았다. 원효는 동시에 『유가론』이나 『불지경론』 등 현장이 새로 번역한 모든 유식문헌 연구에 몰두하고 있었다. 그것은 그의 2장에 관한 상세한 설명 중에 이들 문헌을 널리 인용하고 있는 것에서 명백하다.

『이장의』에서 원효는 2장의 의미를 개설한 후, 『기신론』의 2장(=二碍)을 소개하고 있다.

> 또 그것은 '번뇌애 煩惱礙'·'지애 智礙'라고도 한다.[22] 6종 염심이 사념을 일으키고 특성을 취하면, 그것은 평등성에 반하고, 특성으로부터 분리되어 움직이게 된다. 적정을 등지기 때문에 '번뇌애'라고 이름한다. 근본무명은 제법의 무소득성에 미혹되어, 세속의 인식을 방해하지 않는 것이 없다. 불완전한 이해를 불러일으키기 때문에 '지애'라고 이름한다. 이 중 '번뇌'는 방해하고 있는 오류를 명칭으로 한 것이다. '지'는 방해되고 있는 덕을 명칭으로 한 것이다(HBJ, I .790a5: 或名煩惱礙智礙者. 六種染心動念取相, 違平等性, 離相無動, 由乖寂靜, 名煩惱障. 根本無明正迷諸法無所得性, 能障俗智無所不得. 由不了義, 故名智礙. 此中煩惱是當能礙果名. 智是從彼所礙德稱).

『기신론』에서 번뇌애는 '진여를 깨닫는 근본적인 지혜를 방해하는 것'으로 정의된다.[23] 그것이 기본적인 감정의 혼란을 구성하는 것에 더해, 명백히 인식적인 의미를 포함하고 있는 것을 의미하고 있다. 때문에 원효는 『기신론』의 번뇌애 해석이 표준적인 유식의 2장 내용을 모두 포괄하고 있다고 설명한다. 또 『기신론』의 지애도 유식의 그것과 다른 해석, 구체적으로는 외계의 사상을 완전히 구별할 수 없는 것으로 간주되고 있다. 곧 그것은 보살의 '세간적으로 저절로 작용하는 인식'(世間自然業智 보살의 중생교화에 사용된다)이다(『기신론』(대정32 No. 1666, 577c32)). 이 인식 문제의 분류는 혜원이 말하는 '이중무지'(理中無知 진여로부터 [분리될 때] 최초의 마음 작용–번뇌의 근원) 및 '사중무지(事中無知=智碍)'와 동일한 것이라고 말할 수 있을 것이다. 따라서 『기신론』은 혜원의 분류로 말하면 제2단계에 상당한다.

원효는 혜원을 따라서 『기신론』의 2애를 『승만경』의 4주지 + 무명주지에 관한 제2 단계 해석에 연관시키고 있다. 거기서는 지장이 사중무지로 간주되고, 번뇌장이 5주성서 五住性緖와 미리무명(迷理無明=五住性結)이라고 간주되고 있었다. 이 해석을 유식의 체계와 구별하기 위해 원효는 『기신론』의 2애 해석을 은밀문 隱密門이라고 이름하고 표준적인 유식의 설명을 현료문 顯了門이라고 이름하고 있다.[24]

2애에 관한 『기신론』의 설명은 '본각 本覺'과 '시각 始覺', '무시무명 無始無明' 및 고통으로 전락, 업이 아홉 단계로 일어나는 과정의 기술 – 그것은 마음의 첫 움직임에서 시작한다 – 을 통해 이루어진다. 『기신론』의 번뇌애는 유식문헌에서 정의되듯이 인아견으로부터 일어나는 여섯 가지 근본번뇌에 기반한 것이라기보다는 '근본무명'이나 '불각'이라고 불리는 이 '마음의 첫 움직임'이라고 정의된다. 사람들은 다음과 같이 일심 一心인 진여의 적정하고 단일한 본성을 알 수 없다.

1. 이 [근본]무명 때문에 마음이 업으로서 움직이기 시작하고, 악순환으로 향한다. 이하를 지각하는 것.
2. 인식하는 주체 能見.
3. 인식되는 대상 境界.
4. 지각에 의한 구별 智.
5. 지속 相續.
6. 집착 執取.
7. 이름을 붙여서 정의하는 것 計名字.
8. 업을 일으키는 것 起業.
9. 고통과 윤회 業繫苦.

번뇌장의 출발점은 유식사상에서 말하듯 자신의 잘못된 구상화가 아니라, '진여를 지각할 수 없는 것'이라고 정의된다. 원효는 다음과 같이 말한다.

2장의 구성에 관한 설명에 두 가지 기초적인 해석이 있다. 현료의 해석(=유식)과 은밀의 해석(=여래장과 『기신론』)이다(HBJ, I .790a12: 第二出體, 略有二門. 謂顯了門及隱密門).

현료 해석은 다음과 같다.

인집 人執을 시작으로, [여섯 가지] 근본번뇌, 분 忿· 한 恨· 부 覆 등의 수번뇌가 번뇌장의 본질이다. 그것과 관계하는 것, 동시에 일어나는 것, 그것이 일으키는 작용, 발생하는 결과도 모두 번뇌장의 본질이 된다(HBJ, I. 790a16: 人執爲首, 根本煩惱, 忿恨覆等諸纏煩惱, 是爲煩惱障之自性. 論其眷屬, 彼相應法, 及所發業, 竝所感果報, 相從通入煩惱障體).

이 정의는 일반적인 유식의 설명과 일치함에도 불구하고, 『성유식론』의 설명과는 다른 점에 주의할 필요가 있다. 128번뇌(10번뇌의 확대)를 '근본번뇌'라고 간주하고 있지만, 원효는 여섯 가지 근본번뇌와 스무 가지 수번뇌(사실은 『성유식론』에서 표준화된 것)를 인용한다. 따라서 원효의 입장은 『유가론』은 말할 것도 없이 『불지경론』이나 『성유식론』 내부 논의와 모순이 아니다. 그의 입장은 대체로 일반적으로 인정되고 있는 유식의 틀에서 심하게 일탈하는 일이 없다.

소지장은 법집 法執을 시작으로 망상분별 忘想分別 및 법애 法愛· 만 慢· 무명 등을 그 본질로 한다. 그것에 부수하는 [정신적인] 것, 동시에 일어나는 것, 그것이 파악하는 특징도 그 중에 들어간다(HBJ, I. 790a20: 所知障者, 法執爲首, 妄想分別, 及與法愛慢無明等, 以爲其體. 論其助伴者, 彼相應法, 竝小取相, 亦立其中).

원효는 다음으로 『기신론』에서 설하는 2애의 '은밀'에 대해 설명한다.

6종 염심이 번뇌애의 본질이고, 근본무명이 지애의 본질이다. 6종 염심이란 (1) 집착에 동반하는 더러움, (2) 부단에 동반하는 더러움, (3) 분별지에 동반하는 더러움, (4) 현색(現色 형태로 나타나는 것)에 동반하지 않는 더러움, (5) 능견심(能見心 주관적으로 보는 마음)에 동반하지 않는 더러움, (6) 근본업에 동반하지 않는 더러움이다.[25] …… 이 6염이라고 불리는 번뇌애[의 해석]은 앞의 현료문(표준적인 유식의 해석을 의미한다)의 2장의 내용을 모두 포함하고 있다(HBJ, I, 795a2: 六種染心是煩惱礙體, 根本無明是智礙體. 言六染者, 一執相應染, 二不斷相應染, 三分別智相應染, 四現色不相應染, 五能見心不相應染, 六根本業不相應染. …… 此煩惱礙六染之中, 已攝前門二障皆盡).

혜원이 확립한 번뇌와 인식의 구분과 같이, 원효는 『기신론』의 인식과 번뇌가 두 가지 서로 다른 영역을 구성하고 있다고 본다. 소지장에 관해 말해지는 유일한 요소는 불명료한 것을 어떻게 인지하는가 하는 문제다. 정의상, 번뇌는 일어나지만, 그것은 마음이 진여로부터 멀어지는 최초의 움직임 이후기 때문에 두 영역 사이에는 전혀 혼란이 보이지 않는다. 한편 『기신론』이나 『승만경』 등의 문헌은 여섯 가지 근본번뇌나 스무 가지 수번뇌 등을 포함한 유식의 심소 분류를 사용하지 않는다. 그러나 『승만경』 시스템과 『기신론』 시스템 사이에는 해석에 뭔가 거리가 있다. 유식에서 2장의 배치는 혜원이 분석한 5주지의 첫째·둘째 단계에는 정당하고 용이하게 배당할 수 있다. 하지만 그것을 『기신론』의 청정한 마음에서 분리되는 아홉 단계에 배당시키려 하면, 의疑나 만慢과 같은 유식의 기본적 심소조차 틀림없이 일곱 번째 혹은 여덟 번째 주위에 위치하게 될 것이다. 곧 염오심 중에 여섯 종류 – 그것은 기본적으로 사고의 첫 순간에 일어나 있다 – 에서는 인식의 오류가 어떻게 전개하는가 하는 미묘한 분석 쪽에 중점이 놓여있는 것이다.

지금까지 유식, 혜원, 그리고 『기신론』의 관점에서 각각의 장障의 학설을 보아 왔다. 원효는 어떻게 이 난문을 정리했을까. 그것은 (1) 3승 각각의 범위, (2) '번뇌이자 인식'인 심소의 분류, (3) 2장이 상호간에 영향을 미치는 것의 일반화에 관해서다. 3승의 구별에 관한 문제에 대해 원효는 다음과 같이 말한다.

> 소지장에서 [2승이] 끊는 것과 끊지 않는 것이 있다. '지혜만'으로 해탈하는 사람(아라한)은 완전히 [소지장을] 끊은 일이 없다. [지혜와 명상을] 함께 하여 해탈하는 사람은 소지장의 일부분을 끊을 수 있다. …… 『유가론』은 다음과 같이 설한다. "또 해탈은 소지장으로부터 해탈에 의해 특징 지워진다. 이것으로부터 성문과 벽지불도 소지장[을 끊는 것]에서 마음이 해탈에 도달한다."[26](HBJ,I. 809b14: 所知障中, 有斷不斷. 慧解脫人, 都無所斷. 俱解脫者, 分有所斷. …… 如瑜伽說. 又諸解脫由所知障解脫所顯. 由是聲聞及獨覺等, 於所知障心得解脫故)

이와 같이 원효는 『유가론』에서 증문證文을 인용하지만, 그것은 『성유식론』이 무시한 것이었다.[27] 또 원효는 『이장의』 몇 군데에서 보살과 2승이 그들 범위에서 2장을 제거하는 것이 '더 좋을' 것이지만, 그들이 다른 종류[의 2장]을 제거하는 것이 전혀 불가능한 것은 아니라고 서술하고 있다. 그러나 더 귀찮은 문제는 실제로 2장을 정의하는 것, 특히 그 경계선에 있다. 원효는 『이장의』 첫 부분, 2장의 기본적 정의를 서술하는 곳에서 이 문제를 다루고 있다.

> 번뇌장은 탐·진 등의 혹惑이고, 고통을 본성으로 한다. 상황에 따라 현행하고 심신을 괴롭힌다. 그러므로 번뇌라고 이름한다. 이것은 본체에 그 작용 측면에서 이름을 붙인 것이다. 또 [그것은] 3계 안에서 미혹하는 것이다. 번뇌의 과보로 중생을 괴롭히고 적정으로부터 분리시킨다. 그러므로 번뇌라고 이름한다. 이것은 원인에 대해 결과를 설하여 이름을 설명한 것이다(HBJ,I. 789c11-13: 煩惱障者,

貪瞋等惑, 煩勞爲性. 適起現行, 煩亂身心. 故名煩惱. 此當體從功能立名. 又復能惑界內. 煩惱之報, 逼惱有情, 永離寂靜. 故名煩惱. 是爲因中說果名也.).

소지장이란 무엇인가. 사상의 본성과 진여의 본성이 두 가지 지혜[28]에 의해 비춰진다. 그러므로 소지라고 이름한다. 법집 등의 미혹은 지혜의 본성을 방해하고, 명확한 관찰을 불가능하게 만든다. 대상의 본성을 덮고 감추기 때문에 명확히 관찰하는 마음이 드러나지 않는다. 이 의미에서 소지장이라고 이름한다. 이것은 덮은 것과 그 작용에서 이름을 붙인 것이다[29](HBJ, I. 789c17: 所知障者. 塵所有性, 如所有性, 二智所照. 故名所知. 法執等惑, 遮止之性, 不成現觀. 覆弊境性, 不現觀心. 由是義故, 名所知障. 此從所弊及用得名).

그러나 인집 人執 등의 미혹도 부분적으로 대상 인식을 방해한다. 다만 그것들은 무상보리를 방해하지 않고, (고위의 보살과 제불이 구사하는) 모든 대상[에 대한 완전한 인식]을 방해하지 않는다. 그것들을 끊었다고 해도 깨달음을 얻을 리는 없다. 이로부터 그것들을 소지장이라고는 이름하지 않는다. 법집 法執 등의 미혹도 부분적으로 생사를 초래하는 원인이 된다. 다만 그것들은 2승의 열반을 방해하지 않고, [중생을] 분단생사에 머물게 하지 않는다. 그것을 끊지 않아도 도리를 깨닫는 일이 있다. 이로부터 그것들을 번뇌장이라고 이름하지 않는다(HBJ, I. 789c21: 然, 人執等惑, 亦有障於小分境智. 而未遮於無上菩提, 亦不弊於一切種境. 雖已斷此, 不得彼故. 是故不立所知障名. 法執等惑, 亦有小分惑生死義. 而不弊於二乘涅槃, 亦不止於分段生死. 雖不斷此, 而證理故. 是故不受煩惱障名).

여기서 원효는 3승의 관계와 마찬가지로, 2장의 관계도 중복되어 있는 것을 설명하고 있다. 그리고 그 정밀성에서 『성유식론』과 혜원을 능가한다. 『성유식론』은 더 깊은 단계의 해석에서는 2장은 완전히 상호간에 작용한다고 말하고, 혜원은 그것을 강조의 정도 문제라고 설명했다. 이에 대해 원효는 여기서 2장이 상호 영역을 '완전히' 포함할 리는 없다는 것, 또 그것은 단순히 2장 중 하나의 의미가 '강조되었다'는 것만은 아니라는 사실을 설명하고 있는 것이다. 2장 각각을 다른 쪽이 작용하는 영역으로 확장시키는 것에는 그 범위에 명확히 한계가 있는 것이다.

5. 결어

지금까지 유식과 여래장에서 2장설의 전개와 관련하여 상호작용의 특징을 해명하기 위해, 대단히 좁은 범주에 초점을 맞추어 왔다. 양자 간의 영향과 그 성과의 정도는 각 전통에서 2장에 관한 언급 대부분이 다른 쪽과 분리되어 있지 않기 때문에 어느 정도 명확하다. 무엇보다 중요한 것은 쌍방의 기술에는 2장이 일종의 가명 – 진여에 대해 뭔가 구별을 지시하는데 사용되는 임시적 이름 – 이라는 공통의 이해가 있다는 사실이다. 인간의 마음은 결국 부분으로 분할할 수 없다. 진여를 2제, 체용, 공유에 의해 세분하는 것이 불가능한 것과 같다. 그것들은 모두 더 광대한 전체에 관한 어떤 모습을 가리킬 뿐이다.

『성유식론』과 혜원의 유식 분류에서 소지장도 되고 번뇌장도 된다고 하는 '번뇌장이자 소지장'이라고도 말해야 하는 것에 관해서는 어떻게 생각해야 할까. 정밀도에 집착하는 것으로 알려진 유식학자들은 더 명확히 구별하고 있을 것처럼 생각되지만, 이 점에 대해서는 모호하다. 한편『기신론』은 (적어도 이 점에 관해서는) 대단히 명료하다. 무구한 청정함은 마음이 최초로 움직이기까지는 평정한 상태에 있지만, 한번 사고가 시작하면 그것은 번뇌가 된다. 그러나 그 번뇌의 본성은 심진여心眞如로부터 분리되는 첫 번째부터 적어도 여섯 혹은 일곱 번째에 걸쳐 보이는 것처럼, 유식의 논의에서는 틀림없이 인식의 오류에 포함되는 형태다.『기신론』에서 번뇌의 범위는 청정이나 적정으로부터 분리되어 가는 기본적인 움직임에 초점을 좁히는 것이다. 그것은 고뇌가 일어나는 문제를 거의 완전히 인식적인 오류와 관련한 일련의 대단히 미묘한 움직임과 연관된 지각의 문제로 전환한 것이다.

한편『기신론』에서 지애는 정확히 또 하나의 방향을 가리키고 있다. 지애는 고도의 수행자가, 자신의 명상 때문에, 세계에서 상호작용의 가능성을 방해받고 있다는 오류를 보여주고 있다. [명상에 전념하는] 그들은 세계에서 타자를 교화하기 위한 분별지의 적절한 사용이 불가능하고, 적절히 궁리하는 능력 내지 수단을 사용할 수 없다. 유식의 2장도 미묘하고, 그것을 이해하고 대처하는데는 보살 수준의 정신적 발전이 필요하다. 그러나 그것은 모든 사람들이 경험하는 기본적이고 보편적인 인식의 오류다.

인식에 대한 사고방식으로 두 체계에서 크게 다른 것은『기신론』에 있는 두 인식의 형태를 엄격하게 구별하고자 하는 강한 관심이다. 곧 진여의 근본원리를 파악하는 인식과 일상의 사상을 파악하는 인식이다. 더 강한 관심은 아마도 후자에 있을 것이다. 이것을 다름 아닌 여래장적 대승불교의 특색이라고 말하는 것이 가능할까.

여기서 명백한 관심은 원리의 인식에 몰두하는 것을 피해, 적절히 [중생을] 교화할 수 있도록 하는 것이다. 『유가론』이나 『성유식론』을 포함한 유식 문헌에서도, 후득지라는 잘 알려진 유식 용어처럼, 이 구별에 대해서는 뚜렷이 자각하고 있다. 그러나 후득지는 유식의 2장 논의에서는 볼 수 없다.

한편 『기신론』의 초점은 잘못된 인식의 기본적 특성[의 파악]에 좁혀져 있기 때문에 그 방향성은 인간행동에서 업의 정확한 의미를 상세히 논하는 것 – 업이 윤리적 불선성인가 선성인가 무기성인가 하는 유식에서 규정된 평가구조에 보이는 논의 – 등과는 결부하지 않는다. 이것이 여래장 저작보다 『유가론』 등 유식 문헌이 결국은 불신론· 정토론· 계율 등 다른 법상의 설명에 사용되는 이유일 것이다.

1 모든 심적 장애를 인식 대 번뇌라는 방향에서 정리하는 명확한 분류는 주로 대승불교 유식과 여래장 체계에 보이지만, 그 선구적 구조라 할 수 있는 것은 아비달마 문헌에 나타난다. 거기서는 예를 들면 번뇌장이 解脫障과 대조되고 있다. 거기서는 번뇌장이 현행 번뇌라 불리고, 不染汚慧의 발생을 방해하며, 그 결과 '慧解脫'에 도달하는 것을 방해한다고 간주된다. 번뇌장을 타파하고, 혜해탈에 도달하는 것이 가능했다손 치더라도 아직 더 미묘한 해탈장에 의해 방해되고 있다. 그것은 멸진정에 도달하는 것을 방해한다. 따라서 후자('定障'이라고도 불린다)는 두 종류의 해탈 俱解脫을 방해한다고 말한다. 전자는 염오무지로 이루어지고 후자는 불염오무지로 이루어진다. 『아비달마대비바사론』(대정27, No.1545, 724b29)에서는 '四正斷'의 첫 두 가지가 첫 번째 장을 제거하고 뒤 두 가지가 두 번째 장을 제거한다고 설한다.

2 '智障'이라는 역어는 현장 이전 유식 및 여래장 문헌에 나타난다. '소지장'은 현장의 번역에서 사용되어 동아시아 유식 전통에서 후세 저작의 표준이 되었다. 그러나 지의가 이미 6세기에 '所知礙'라는 표현으로 '소지'의 의미를 갖게하는 것에 주의해야 한다. 예를 들면 『마하지관』(대정46, No.1911, 85c18) 참조.

3 필자는 유식 경전의 2장설에 관해 Muller(2013)에서 논했다.

4 吉津宜英는 1972년에 혜원의 저술을 정확히 검토하였고(「慧遠の『起信論疏』をめぐる諸問題」), 그것을 나중에 平川彰『佛典講座 22 大乘起信論』(대장출판, 1973: 399)가 지지하였다. 그 논의는 이 주석이 아마 혜원 시대보다 나중에 씌어졌을 것이라는 사실을 인정하기에 충분한 것이다. 그럼에도 불구하고 그것이 혜원의 생각에 가까운 사람(들)-제자의 한 명일 가능성이 높다 - 에 의해 씌어지고, 결과적으로 그의 중요한 가르침을 보여준다고 하는 개연성에 대해서는 누구도 논의하지 않는다. 간략화하기 위해 이 장에서는 이 주석을 '혜원의 소'라 부르기로 한다.

5 『마하지관』(대정46, No.1911, 85b22-c22) 참조. 혜원과 지의는 거의 동시대인이다. 정확히 누가 최초로 썼는지는 알기 힘들다. 그러나 지의의 저작은, 적어도 그 일부는, 훨씬 철저한 혜원의 저작을 증류한 것처럼 보인다. 따라서 필자는 지의가 혜원의 저작을 읽은 것이고, 그 역은 아니라는 가정 하에 논의하고 있다.

6 『이장의』 전문에 주석을 단 영역으로 Muller(2012)가 있다. 『이장의』의 내용과 구조에 대해서는 Muller(2000, 2003, 2004) 참조.

7 필자는 영역에서, Alex Wayman의 『승만경』 번역에 따라, 주지를 'enterenchment'로 번역하고 있다. 다만 Wayman은 무명주지와 관련해서 'enterenchment'라는 용어를 사용할 뿐으로서, 4번뇌주지는 'static defilments'로 부르고 있다. 그러나 모든 경우에 'enternchment'의 의미가 잘 들어맞는다고 생각한다. Wayman(1974: 84, n.56) 참조. Diana Paul은 BDK 佛敎傳道協會의 『승만경』 번역에서 'stages'라고 번역하고 있지만(Paul 2004: 32), 이 역어가 주지의 의미 내용을 반영하고 있다고는 생각할 수 없다.

8 이 구조가 표준으로 하는 것은 『승만경』(대정12, No.353, 220a1-8) 문장이다.

9 『대승기신론의소』(대정44, No.1843, 188c3-9).

10 이 범주에 주어진 설명(『승만경』과 혜원의 『의소』에 보이는)은 2승과 보살을 (2장에 대처하는 능력이라는 점에서), 유식에서 설명되는 것과 유사한 입장으로 규정할 수 있다. 『승만경』(대정12, No.353, 220a13-15) 참조.

11 필자는 현재 원효가 이 [제3 단계] 범주를 채용하지 않은 이유에 대해 다음과 같이 추측하고 있다. 앞의 두 단계와 비교하면 전거를 별개의 문구로부터 구하고, 그것 자체가 엄밀한 논의가 되어 있지 않기 때문에, 그는 이것을 별개의 범주로 세울 필요성을 못 느끼지 않았을까 하는 것이다.

12 여기서 흥미로운 것은 어떻게 2장의 표현이 갑자기 비약적으로 상세하고 정확하게 되었는가 하는 것이다. 『해심밀경』·『유가론』·『섭대승론』의 모호하고 불완전한 문장에서 『불지경론』·『성유식론』의 체계적인 표현에 이르기까지, 양자 사이를 가교하는 2장설의 중간적 발전을 포함한 순수한 유식 문헌은 하나도 없다. 그러나 이 사이에 여래장 문헌에서 2장 모델은 혜원과 지의의 분석에도 있는 것처럼 『승만경』·『보성론』·『본업경』·『기신론』 등의 저작에서 중요한 발전을 경험하고 있다. 이 사실은 유가행유식파의 지도자들이 여래장적 구조를 자신의 2장설에 채용하고자 하지 않았다손 치더라도, 그 문제에 관한 세련 정도를 보여주기 위해 자신의 주장을 더 뒷받침해야 할 압력을 느끼고 있었을 가능성을 시사하고 있다. 이에 대해서는 후술한다.

13 『변중변론』 제2장은 2장 이론을 설명하는 자료로 자주 채택된다. 그러나 2장이 이 장의 첫머리와 마지막에 인용되어 있지만, 중간에서 이루어지는 논의는 여기서 설하는 2장의 표준형에 쉽게 대응할 수 있는 표준적 2장설 조직의 발전에는 도움이 되지 않는다. 『유가론』은 번뇌와 인식의 오류에 관한 광범위한 논의를 포함하고 있지만, 2장이라는 표제어 아래, 단일한 곳에서 조직화한 방법으로 이루어지고 있지는 않다.

14 예를 들면 『유가사지론』(대정30 No.1579, 495c5-8, 496c5, 562b26, 727c11-16) 참조.

15 예를 들면 『유가사지론』(대정30 No.1579, 354a13)에는 '煩惱障解脫'이 '定障解脫'이나 '俱障解脫'과 병치되고 있다. 그와 같은 문맥에서는 결코 번뇌장이 인아견에서 일어난다고 정의되는 일은 없다. 그것은 다만 일반적으로 '고통을 야기하는 것'이라고 말해질 뿐이다. 유사한 예는 『유가사지론』(대정30, No.1579, 425b18, 427a16)에서 볼 수 있다. 그 외에도 '타파해야 할 장애'라고 이름하는 부분은 수많이 있지만, 거기에는 그 내용이나 의미를 특별히 설명하는 것은 없다. 또 『유가사지론』(대정30, No.1579, 656a12-21)에는 번뇌장과 소지장을 12항목의 리스트에 포함하고 있지만, 번뇌장을 열 번째(그것을 제거하면 慧解脫이 된다), 소지장을 열두 번째(그것을 제거하면 如來心得解脫이 된다), 멸진정을 그 중간인 열한 번째(그것을 제거하면 俱分解脫이 된다)로 기재하고 있다.

16 예를 들면 『유가사지론』(대정30 No.1579, 446a18).

17 『이장의』에서 원효는 전거의 인용에 관해 대단히 부지런하다. 『유가론』이나 『기신론』, 그 외 경전을 인용할 때는 반드시 명확히 그 서명을 제시한다. 그 이유는 틀림없이 그것들이 '聖教'이기 때문이다. 한편 다른 학자의 의견을 인용할 때는 통상 그 출처를 제시하지 않는다. 그러나 『이장의』에서는 『불지경론』과 같은 문장이지만, 전거를 제시하지 않는 문장이 많다. 원효가 왜 이름을 들지 않고 『불지경론』을 사용했을까. 『불지경론』의 어떤 부분은 그것이 공표되기 전에 동아시아에서 유통하고 있었고, 원효는 그것을 동시대 학자의 의견이라고 생각했던 것은 아닐가. 대단히 흥미로운 문제다.

18 소스가 되는 문장은 『불지경론』(대정26 No.1530, 323b-c) 참조.

19 『불지경론』과 『성유식론』에서 128번뇌를 '근본번뇌'라고 부르는 것은 드물다. 근본번뇌라는 용어는 위 두 논서나 다른 유식문헌에서는 거의 항상 6근본번뇌고, 그에 이어서 20수번뇌가 서술되기 때문이다. 128이라는 숫자는 4제나 3계라는 다양한 관계에서 10使(=10번뇌)를 조작하는 것으로부터 도출된다. 10사는 둘로 나뉜다. 첫 다섯 가지는 이근에게 특유한 것으로서, 身見·邊見·邪見·見取見·戒禁取見이다. 다음 다섯 가지는 둔근에게 특유한 것으로서 欲(혹은 愛)·瞋(혹은 恚)·痴·慢·疑다. 원효는 128이라는 숫자가 어떻게 생겼는지 『이장의』(HBJ, I.798b6-14)에서 설명한다.

20 2승이 소지장을 제거하는 것을 금하는 다소 엄격한 분류가 유식 전체에 적용될 리는 없다. 이하에서 보듯이, 원효는 2승이 몇 가지 소지장의 제거를 인정하는 문장을 『유가론』에서 인용한다. 규기도 이 문장에 대한 주석에서는 온화한 입장을 취하고, 그 경계선이 그 정도로 견고한 것은 아니라는 사실을 인정하고 있다. 『성유식론술기』(대정43, No.1830, 562c17-19).

21 유식의 有身見(薩迦耶見 satkāyadṛṣṭi)과 동일하다.

22 '번뇌애'와 '지애'라는 용어는 『기신론』에 처음 나타나고, 그것과 직접 연관된 주석서에서 사용되어 가는 것에 지나지 않는다. 여기서는 『기신론』(대정32, No.1666, 577c20-25)에 설해진 2장 설명을 간결하게 정리한다. 이것은 나중에 2장의 '은밀' 해석이라고 정의된다.

23 『기신론』(대정32, No.1666, 577c21): 又染心義者, 名爲煩惱礙. 能障眞如根本智故.

24 몇 명의 한국인 학자(특히 화엄·기신론 전문가)로부터, 유식의 2장을 '현료문'으로 하고 여래장의 2장을 '은밀문'으로 하는 원효의 분류가 여래장 전통을 더 높이 평가하고자 하는 원효의 '교판'으로서 가치관이 되어 있다는 해석이 필자에게 제시되었다. 그러나 필자는 이와 같이 읽을 필요성도, 명확한 정당화도 인정할 수 없다. [이제까지는] 확실히 『기신론』을 크게 존숭한 원효를 '여래장사상가'로 부를 수 있었지만, 『이장의』와 그의 모든 저작 내용 많은 부분이 이와 같은 판단에 반대하고 있다. 첫째, 원효가 일생을 건 '화쟁'의 계획에는 대승의 다양한 교리가 각각의 입장에서 역할을 담당하는, 상호간에 보완적인 것으로 간주된다. 여기에는 어떤 교리에 특권을 주기 위해 사용하는 교리적 분류를 행하는 것에 전체로서 반대하는 경향이 있다고 할 수 있다. 원효 자신은 어떤 특정한 종파에도 속하지 않고, 그 때문에 어떤 종파의 이해와 관련한 요구도 없었다. 둘째, 이 '은밀'과 '현료'라는 구별 이외에 어떤 개인적 기호를 나타내거나, 어떤 가치 판단을 보여주거나 하는 역할을 하는 말은 『이장의』 자체에는

전혀 보이지 않는다. 필자는 이 이름을 '현료'와 '은밀'이라는 액면 그대로 받아들이는 것이 타당하다고 생각한다. 유식의 설명은 정연하고 조직적으로 구조화된 체계에 수렴하고, 원류에서 지류로 확장해 가는, 곧 了義 nītārtha다. 한편 『기신론』 체계는 다소 복잡하고 역설적이어서 이해하기가 비교적 어려운, 곧 不了義 neyārtha다.

25 이들 6종 염심은 위에서 서술한 진여에서 차례로 분리되는 9단계 중 첫 6단계와 같지만, 반대 순서로 나열되어 있다.

26 아비달마 이래의 혜해탈과 정해탈 개념이 포함되어 있는 이 문장은 『유가론』(대정30, No.1579, 645c10-11)의 인용이다.

27 그러나 『성유식론』이 무시한 이 교리는 오래된 아비달마 해석이기 때문에 일부러 생략했다고 할 수도 있다.

28 여기서 원효는 또 『유가론』의 개념을 채택하고, 『성유식론』의 해석이 아니라 혜원의 해석을 반영하고 있다. 그것은 혜원에 의해 事智·理智로 표현된, 다양한 [사상의] 인식과 진여의 인식 간의 차이다. 『유가론』(대정30, No.1579, 427c1-7) 참조. 원효는 『유가론』 문장에 기반하여 이와 같은 참조를 행하지만 『불지경론』과 『성유식론』은 소지장에 대해 두 가지 인식을 구별하지 않는다.

29 다시 말하면, 인식하는 작용 그 자체에 관한 문제고, 그것은 인식된 대상이 소지장이 되는 것과 같은 것이다. Paul Swanson이 "Chih-I's Interpretation of Jñeyāvaraṇa: An Application of the Three-Fold Truth Concept"라는 논문에서 설명한 것처럼, 2장에서 주관성과 객관성에 관한 문제는 지의에 의해 통찰적이고 교육적인 방법으로 추구되었다. 이에 관한 지의의 논의에 대해서는 『마하지관』(대정46, No.1911, 85b22-c26) 참조. 이에 이어지는 부분에서는 표준적 정의에 의한 명쾌한 구별이 반드시 엄밀한 精査를 견딜 리는 없다는 사실을 보여주고 있다.

약호

Apitan piposha lun (阿毘曇毘婆沙論) (*Abhidharma-mahāvibhāṣāśāstra*) by Kātyāyanīputra 迦旃延子, 60권, 대정28, No.1546, 1b-414c.

Baoxing lun (佛性分別大乘究竟要義論) (*Ratnagotravibhāga-mahāyānottaratantra-śāstra*) 4권 대정31, No.1611. 813a-848a (究竟一乘寶性論 혹은 寶性論으로 줄임).

Bian zhongbian lun (辨中邊論) 玄奘, 3권, 대정31, No.1600, 464b-477b.

Cheng weishin lun (成唯識論) 玄奘, 10권, 대정31, No. 1585, 1a-59a.

Dashing qixinlun yishu (大乘起信論義疏) 慧遠, 2권, 대정44, No.1843. 175a-201c.

Fodijing lun (佛地經論) 親光造 玄奘譯, 7권, 대정26, No.1530. 291b-328a.

Foxing lun (佛性論) 天親造 眞諦譯, 4권, 대정31, No.1610. 787a-813a.

Jieshenmi jing (解深密經) (*Saṃdhinirmocana-sūtra*) 玄奘, 5권, 대정16, No.676. 688b-711b.

Ijang ui (二障義) (*System of the Two Hindrances*) 元曉, 1권, HBJ, I.789c-814b.

Renwang huguo bore boluomi jing (仁王護國般若波羅蜜多經) 不空, 2권, 대정8, No.246, 834c-845a.

Shengman shizi hu yisheng da fangbian fangguang jing (勝鬘獅子吼一乘大方便方廣經) (*Śrīmālādevī-siṃha-nāda-sūtra*), 求那跋陀羅 1권, 대정12, No.353, 217a-223b.

Yuqie shidi lun (瑜伽師地論) (*Yogācārabhūmi-śāstra*) 玄奘, 100권, 대정30, No.1579, 279a-882a.

참고문헌

Cook, Frances H.

1999 *Three Texts on Consciousness-only*, Berkeley: Numata Center for Buddhist Translation and Research.

Hirakawa, Akira

1973 Daijō kishinron, Tokyo: Daizō shuppan.

Keenan, John P.

2000 *The Scripture on Explanation of the Underlying Meaning*. Berkeley: Numata Center for Buddhist Translation and Research.

Muller, A. Charles

2000 "On Wŏnhyo's Ijangui." *Journal of Korean Buddhist Seminar* 8, 322-336.

2003 "Wŏnhyo's Interpretation of the Hindrances." *International Journal of Buddhist Thought and Culture* 2, 123-135.

2004 "The Yogācāra Two Hindrances and their Reinterpretations in East Asia." *Journal of the International Association of Buddhist Studies* 27, 207-235.

2007 "Explanation of the Essence of the Two Hindrances through Ten Canonical Texts." *Korean Buddhism in East Asian Perspectives*, Seoul: Jimoondang, 191-213.

2013 "The Contribution of the Yogācārabhūmi to the Development of the System of the Two Hindrances." Ulrich Timme Kragh, ed. *The Foundation for Yoga Practitioners: The Buddhist Yogācārabhūmi Treatise and Its Adaptation in India, East Asia, and Tibet*. Cambridge: Harvard University Press. 1192-1211.

Muller, A. Charles, and Cuong T. Nguyen, ed.

2012 *Wŏnhyo's Philosophy of Mind*. Honolulu: University of Hawai'i Press.

Paul, Diana Y.

2004 *The Sūtra of Queen Śrīmālā of the Lion's Roar*, Berkeley: Numata Center for Buddhist Translation and Research.

Swanson, Paul L.

1983 "Chih-I's Interpretation of jñeyāvaraṇa: An Application of the Three-Fold Truth concept." *Annual Memoirs of the Ōtani University Shin Buddhist Comprehensive Research Institute* 1,

51-72.

Wayman, Alex, and Hideko Wayman

1974 *The Lion's Roar of Queen Śrīmālā*. New York: Columbia University Press.

Yoshizu Yoshihide

1972 "Eon no Kishinron-shō o meguru sho mondai." Komazawa daigaku bukkyō gakubu ronshū 3.

HBJ = 韓國佛教全書, Seoul: Dongguk University Press, 1984.

大正 = 大正新修大藏經 (1924-35)

색인

[ㅅ]

[ㅇ]

[기타]

• 저자 소개

시모다 마사히로(下田正弘)

1957년 후쿠오카현 출생. 도쿄대학 대학원 박사과정 단위취득 퇴학. 1993년 문학박사. 현재 도쿄대학 대학원 인문사회계연구과 교수.

미하일 침머만(Michael Zimmermann)

1966년 독일 출생. 함부르크 대학 박사과정 수료(Ph.D). 현재 함부르크 대학 아시아 아프리카 연구소 교수, 동대학 누마타 불교학센터 센터장.

히노 에운(日野慧運)

1981년 기후현 출생. 도쿄대학 대학원 석사과정 수료. 현재 도쿄대학 대학원 박사과정 재적, 동 대학원 특임연구원.

하바타 히로미(幅田裕美)

1961년 홋카이도현 출생. 프라이부르크 대학 대학원 박사과정 수료(Ph.D). 현재 뮌헨 대학 연구원.

스즈키 다카야스(鈴木隆泰)

1964년 도쿄도 출생. 도쿄대학 대학원 박사과정 중도 퇴학. 박사(문학). 현재 야마구치 현립대학 교수. 동대학원 국제문화학연구과장.

가노 가즈오(加納和雄)

1974년 나라현 출생. 교토대학 대학원 박사과정 단위취득 퇴학. 현재 고야산 대학 준교수.

마츠모토 시로(松本史朗)

1950년 도쿄도 출생. 도쿄대학 대학원 박사과정 만기퇴학. 박사(불교학). 현재 고마자와 대학 불교학부 교수.

후지이 교코(藤井敎公)

1948년 시즈오카현 출생. 도쿄대학 대학원 박사과정 단위취득 만기퇴학. 현재 국제불교학대학원대학 교수, 홋카이도 대학 명예교수.

찰스 뮬러(A. Charles Muller)

1953년 미국 출생. 스토니브룩 대학 박사과정 수료. 박사(문학). 현재 도쿄대학 대학원 인문사회계연구과교수.

요시무라 마코토(吉村 誠)

1969년 도쿄도 출생. 와세다 대학 대학원 박사과정 수료. 박사(문학). 현재 고마자와 대학 불교학부 교수.

• 역자 소개

김성철

동국대 인도철학과를 졸업하고 같은 대학 대학원에서 석사와 박사 학위를 취득하였다. 현재 금강대학교 불교문화연구소 교수로 재직 중이다. 주요 논문으로 「초기 유가행파의 '여래장' 개념 해석」 I, II, 「종성의 본질에 대한 유가행파와 여래장사상의 해석」, 「종성 무위론의 기원에 관한 한 고찰」 등이 있고, 저 · 역서로 『유식과 유가행』(씨아이알), 『섭대승론 증상혜학분 연구』(씨아이알), 『초기불교의 이념과 명상』(씨아이알), 『무성석 섭대승론 역주』(씨아이알), 『천친조 진제역 불성론』(씨아이알), *The Foundation for Yoga Practitioners*(Harvard Univ.) 등이 있다.

시리즈 대승불교 8

여래장과 불성

초판발행 2015년 5월 20일
초판 2쇄 2018년 1월 12일

저　　자 시모다 마사히로 외
역　　자 김성철
펴 낸 이 김성배
펴 낸 곳 도서출판 씨아이알

책임편집 박영지
디 자 인 구수연, 윤미경
제작책임 황호준

등록번호 제2-3285호
등 록 일 2001년 3월 19일
주　　소 (04626) 서울특별시 중구 필동로8길 43(예장동 1-151)
전화번호 02-2275-8603(대표)
팩스번호 02-2265-9394
홈페이지 www.circom.co.kr

I S B N 979-11-5610-086-7 94220
979-11-5610-078-2 (세트)
정　　가 22,000원